AF636054

Joe Vogel

# Outdoor-Survival

## nur mit dem Messer

pietsch

Einbandgestaltung und Titelbilder: Patricia Braun

Bildnachweis: Alle Bilder und Illustrationen stammen, sofern nicht anders angegeben, von Johannes Vogel und Patricia Braun.

*Meinen treuen Kameraden und Brüdern im Geiste.*



ISBN 978-3-613-50816-3



2. Auflage 2023

Sie finden uns im Internet unter:
www.pietsch-verlag.de



Lektorat: Angela Saur, Susanne Fischer
Innengestaltung: Patricia Braun
Druck und Bindung: Graspo CZ, 76302 Zlin
Printed in Czech Republic

# Inhalt

## Verweise auf andere Bände der Buchreihe

Mit den folgenden Symbolen wird – jeweils mit Angabe der Kapitelnummer – auf weiterführende Informationen verwiesen, die in den Bänden »Tierische Notnahrung«, »Pflanzliche Notnahrung«, »Outdoor- und Survivalmedizin« bzw. »Trinkwasserversorgung in Extremsituationen« zugänglich sind.

**Tierische Notnahrung** (ISBN 978-3-613-50815-6)

**Pflanzliche Notnahrung** (ISBN 978-3-613-50763-0)

**Outdoor- und Survivalmedizin** (ISBN 978-3-613-50835-4)

**Trinkwasserversorgung in Extremsituationen** (ISBN 978-3-613-50852-1)

# 1 Vorwort

»Noch ein Survivalbuch?« Das war die wichtigste Frage, mit der ich mich beschäftigen musste, bevor ich vor fast 15 Jahren die erste Seite des Buchs *»Outdoor Survival mit dem Messer«* begann, das Ihnen hier in einer völlig überarbeiteten und erweiterten Auflage vorliegt.

Gab es denn nicht damals schon genügend deutschsprachige »Standardwerke« zu diesem Thema, und was sollte mein Buch zu etwas Besonderem machen?

Ich wollte mich ungern irgendwo zwischen den unzähligen bis dahin erschienenen Werken zum Überlebenstraining einreihen, sondern etwas Neues schaffen. Und so begann ich mit einer Bestandsaufnahme.

Für mich als »beruflichen Anwender« von Survivaltechniken ist theoretisches Grundwissen ähnlich wichtig wie das praktische Training. Die Basis meiner Arbeit ist es, so viel Wissen und Informationen wie nur möglich zu einem bestimmten Thema zu sammeln, bevor es an die ersten Tests geht. Das ist auch der Grund dafür, dass ich mittlerweile auf eine Survivalbibliothek mit – spezielle Fachliteratur mitgezählt – rund 200 Büchern zurückgreifen kann.

Ich begann damals also, nach und nach alle Werke zu durchstöbern, sie auf Gemeinsamkeiten zu untersuchen und zu analysieren, was noch fehlt. Dabei ließen sich alle Bücher grundsätzlich in zwei Gruppen einteilen: einerseits vertiefende »Spezialliteratur« zu den Themen Zoologie, Botanik, Navigation, Mykologie, Messertechniken oder Medizin, andererseits »allgemeine Survivalbücher«.

Letztere hatte ich zwar schon häufig durchgearbeitet, ohne jedoch auf die wichtigsten Gemeinsamkeiten zu achten. Wenige davon waren echte »Outdoorpraxisbücher« beziehungsweise »Expeditionshandbücher«, den Großteil bildeten leider Panoptiken bizarrer Techniken ohne jeden Praxisbezug. Ganze Wälzer mit Überlebenstechniken beschränkten sich darauf, alle nur erdenklichen Tätigkeiten in kurzen, kaum nachvollziehbaren Stichworten anzureißen. Irgendjemand mag in der Vergangenheit den Trend gesetzt haben, dass ein Survivalbuch nur dann gut sein kann, wenn buchstäblich alles darin vorkommt: Dutzende skizzierte Fallen (von denen realistisch etwa zwei funktionieren), Anleitungen zur Jagd mit Pfeil und Bogen, Autoverfolgungen, Selbstverteidigungstechniken und völlig antiquierte Ansichten zur Medizin werden da zum Besten gegeben genauso wie Anleitungen zur Hämorrhoidenentfernung *(sic)*, Weltuntergangsszenarien, Feuermachen mit Kaliumpermanganat oder Listen von essbaren Pflanzen, die vom Laien kaum erkannt werden können. Und oft offenbart der jeweilige Autor durch völlig falsche Beschreibungen oder Illustrationen gegenüber dem praxiserfahrenen Leser, dass er viele dieser Techniken noch nie erfolgreich angewendet hat.

Ähnlich der Belletristik haben diese Sammlungen natürlich jeweils ihr Zielpublikum und ihren Zweck. In den vergangenen zehn Jahren hat sich die Survivalszene enorm weiterentwickelt und differenziert. Mittlerweile durchkämmen hunderte »Bushcrafter« in ihrer Freizeit unsere Wälder, »Prepper« treffen sich konspirativ in aufgegebenen Industrieanlagen, um das Abseilen zu üben, und das Angebot verschiedener Kurse und Fortbildungen ist völlig unübersichtlich geworden. Hunderttausende Videos zum Thema überschwemmen das Internet.

Vieles, was da gelernt und gelehrt wird, ist eine tolle Freizeitbeschäftigung, manches schlicht und einfach falsch, und das allerwenigste kommt aus der praktischen Anwendung, wie sie für Extremreisen, Survivalprojekte oder auf Expeditionen erforderlich ist.

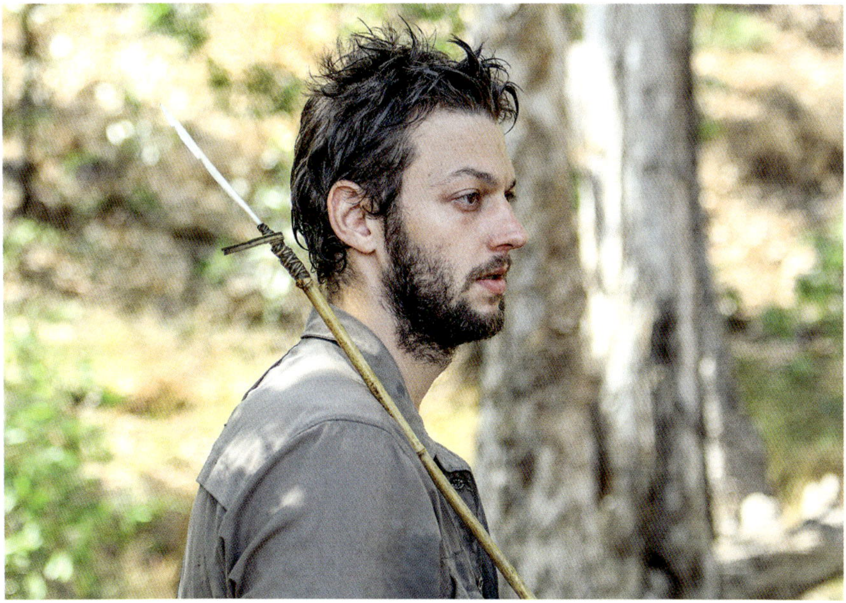

**Tagesmärsche entfernt von der Zivilisation. Es ist eine Lebensaufgabe, die einsamen und noch unberührten Stellen der Welt zu bereisen. Nur die richtige Vorbereitung verhindert dabei oft, dass ein kleines Problem zum lebensgefährlichen Unglück wird.**

Ich hoffe, dass Sie das nicht falsch vestehen: Auch ich liebe es, auf meinem Trainingsgelände irgendwelche Techniken zu üben, die mit Sicherheit *im Notfall* kaum ernsthaft Verwendung finden.

Aber müssen denn wirklich in fast jedem Survivalbuch *genau* die gleichen, in der Praxis wertlosen Basteleien erklärt werden, die das Thema »Survival« *ad absurdum* führen? Wo informiert sich der ernsthaft an Survival und Expeditionen Interessierte, der Anwender? Auf einer Film- oder Forschungsreise ist es meines Erachtens kein Mehrgewinn, zu wissen, wie mit einem Tampon Feuer gemacht werden kann. Vielleicht ist der Grund dafür, dass diese Werke nicht mehr in die Zeit zu passen scheinen, auch der, dass sich die Outdoor- und Reiseszene in den letzten Jahrzehnten grundlegend verändert hat. Die ersten deutschsprachigen zivilen Survivalbücher wurden in den Siebzigern geschrieben, also einer Zeit, in der Survival ein Kuriosum war. Nur sehr wenige Leser der damals entstandenen Werke hätten diese Anleitungen auch wirklich benötigen können. Abenteurer und Survivalreisende waren Pioniere auf ihren Expeditionen in die abgelegenen Regionen dieser Erde. Jene waren auch die Autoren der ersten Survivalbücher, die für ein Publikum gedacht waren, das sich mit Basteleien im Garten zufrieden gab. Es war weniger gefragt, eine ernsthafte Anleitung zum Überleben zu bieten als den Leser mit einem Sammelsurium lustiger Taschenspielereien zu versorgen, mit denen er Nachbarn beeindrucken und die Eltern schockieren konnte.

Heute sind die Intentionen oft anders. Geführte Reisen und Expeditionen sind en vogue. Flüge sind billig wie nie, und früher gemiedene Krisenregionen und Entwicklungsländer, die auch heute nicht sicher sind, wurden zu beliebten Reisezielen für alle erdenklichen Reiseformen. Dass Un-

gesamtes Leben meistern. Bevor ein Ureinwohner mit einem schweren und krummen Speer zur Jagd gehen würde, schält er ihn lieber stundenlang am Stein zu einer runden Form, sammelt Material zum Feuermachen, richtet den Speer und geht dann erst damit auf die Jagd. Er vertraut seinen Überlebenstechniken nicht weniger als sein eigenes Leben an. Sie würden ja auch nicht beim Reifenwechsel am Auto eine Schraube weniger eindrehen – »wird schon halten« –, sondern in diesem lebenswichtigen Bereich mit größter Perfektion vorgehen.

Genau darum soll es hier gehen. Um diese Tiefe zu erreichen, üben Sie bitte ohne spezielle Materialien, sondern lernen und üben alles mit den leeren Händen und verwenden höchstens ein Messer. Wenn Sie dieses ***Archaic Survival*** ohne Ausrüstung beherrschen, können Sie gerne Sägedraht und Parachord anwenden. Aber das Ziel muss immer bleiben, wortwörtlich alle Lebensbereiche selbst organisieren zu können.

## Das Messer im Notfall

Ganz klar ist es in Zeiten unverhältnismäßiger Waffengesetze deutlich schwieriger geworden, ständig ein Messer mit sich zu führen. Während ein in die Schule mitgenommenes und stolz herumgezeigtes Sackmesser bisher mit dem Einzug durch die Lehrkraft quittiert wurde, wird so etwas heute geradezu kriminalisiert. Natürlich hat ein Taschenmesser in Bubenhand in der Schule nichts verloren, die Reaktionen darauf zeigen jedoch, dass heute ein Messer eher mit einer Waffe gleichgesetzt wird als mit einem Werkzeug. Dies bewahrheitet sich insbesondere dadurch, dass das Führen von Messern ab einer bestimmten Länge oder Klingengeometrie heute genauso bestraft wird wie der Besitz eines Messers, das in irgendeiner Weise geöffnet wird, die dem Gesetzgeber missfällt. Als Waldläufer und Naturliebhaber sollte man sich jedoch nicht davon einschüchtern lassen, sondern darauf beharren, das Führen von Messern gemäß derzeitigem Gesetz als »berechtigtes Interesse« im Speziellen zur »Brauchtumspflege, dem Sport oder einem allgemein anerkannten Zweck« zu bewerten. Denn für uns Fischer, Segler, Kanufahrer, Fernwanderer und Survivalisten ist das Messer das wichtigste Werkzeug, das überhaupt mitgeführt werden kann. Welche großartigen Möglichkeiten eine Klinge bieten kann, werden wir weiter unten noch genauer erörtern. An dieser Stelle möchten wir jedoch feststellen, dass ein Messer zu jeder Reise- oder Trekkingausrüstung, sogar an den Gürtel beim Waldspaziergang gehört. Eine beliebte Bezeichnung solcher Messer ist in der Szene »EDC« beziehungsweise *Every Day Carry*. Traditionell hat auch noch fast jeder Nordwanderer oder Kanufahrer sein Messer am Gürtel oder im Hosensack. Dass das Mitführen einer Klinge für Notfälle bei nahezu jeder Outdooraktivität sinnvoll ist, werden wir sehen, wenn wir solche Beispiele für Notfälle betrachten.

Wenn wir versuchen, Situationen zu beschreiben, die das Anwenden von Survivaltechniken notwendig machen oder berechtigen, bewegen wir uns weit in hypothetische Szenarien hinein. Sie wissen sicherlich, dass die Wahrscheinlichkeit, mit dem Flugzeug im Dschungel abzustürzen und zu überleben gegen Null geht. Auch das Stranden auf einer einsamen Insel ist denkbar ungeeignet, um eine möglichst häufig auftretende Notfallsituation zu beschreiben. Tatsächlich versterben jedes Jahr Hunderte in der zivilisationsnahen Wildnis bei unscheinbaren Zwischenfällen. Viele von ihnen hätten möglicherweise mit dem richtigen Wissen überlebt. In Lebensgefahr zu geraten geschieht nämlich häufig und meist denkbar unspektakulär. Die Liste realistischer lebensgefährlicher Notfälle ist bei weitem umfangreicher als die Anzahl von Flugzeugabstürzen mit Überlebenden. Und in genau diesen Situationen macht es einen Unterschied, ob man das notwendige Können mitführt.

Stellen wir uns eine Familie vor: Vater, Mutter und ein zehnjähriges Kind. Im Winter bei strahlendem Sonnenschein ist sie in den Alpen auf einem gut beschilderten und geräumten Wanderweg unterwegs. Eine

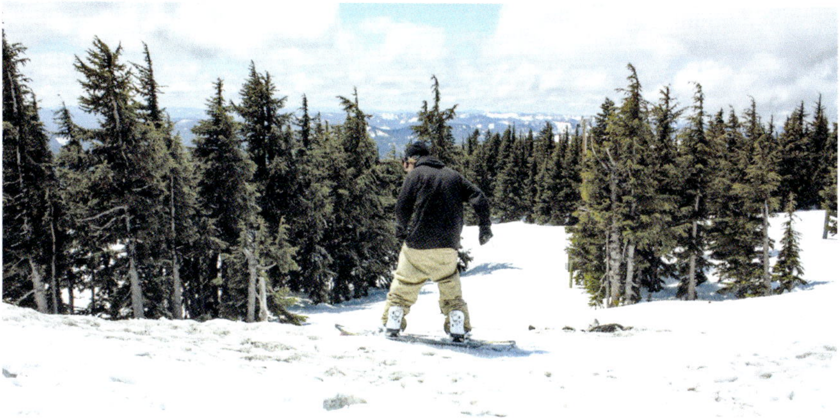

**Aus einer Nachmittagsrunde mit Ski oder Snowboard kann sich schnell ein lebensbedrohlicher Notfall entwickeln.**

schnelle Wetteränderung, das Einsetzen dichten Schneefalls erzeugt innerhalb einer halben Stunde höchste Lebensgefahr. Bei genügend Wind kann der »White Out« dafür sorgen, dass selbst ein Wegweiser in fünf Metern Entfernung übersehen wird. Die eintretende Dämmerung sorgt für weitere Orientierungsschwierigkeiten. Verirrt sich diese Familie, wie es jedes Jahr in den Bergen viele Male geschieht, kann das Wissen über den Bau einer einfachen Schneehöhle und benötigte Bodenisolation zwischen Leben und Tod entscheiden.

Eine ähnlich häufige Situation kann eine mehrtägige Kanutour in Skandinavien im Spätsommer zu einem Desaster werden lassen. Auf einem lebhaften Fluss kentert der Kanufahrer und verliert dabei in vielleicht 50 Kilometern Entfernung zur nächsten belebten Straße nicht nur die gesamte Ausrüstung, sondern ist außerdem vollständig durchnässt, vielleicht verletzt. Geschieht dieses Unglück während einer kälteren Jahreszeit, ist ein Versterben innerhalb der nächsten Tage durch Unterkühlung *(✚ K 16)* nicht nur möglich, sondern wahrscheinlich. Auch das wird jedes Jahr einer großen Anzahl von Soloreisenden in Skandinavien, Kanada und Sibirien zum Verhängnis. Ich könnte noch eine Vielzahl von unterschiedlichsten realistischen Notfällen anbringen, wie das Notlanden mit dem Gleitschirm oder Segelflieger nach dem Abdriften in unbekannte Regionen, ein Unfall mit einem Geländewagen auf einem 4WD-Track in Australien oder der Verlust des Rucksacks beim Furten eines Flusses.

Klar sollte geworden sein, dass solche Notfälle weit häufiger entstehen, als man es vermutet. Doch es sind genau solche Situationen, die oft mit dem richtigen Wissen und der notwendigen Übung gemeistert werden können.

Einige begeben sich außerdem auf Reisen oder Expeditionen mit dem Ziel, Survivaltechniken anwenden zu müssen, um bestimmte Aufgaben zu bewältigen und die eigene Belastbarkeit auszutesten. Bis auf die letzte Gruppe, zu der ich mich demütig zählen muss, geraten die Protagonisten der Survivalsituation praktisch ohne eigenes Beitun unerwartet in Lebensgefahr.

Es gibt zwei Dinge, die Sie in einem solchen Notfall vor Verletzung oder vorzeitigem Ableben schützen können: Erstens das Training und Wissen, wie Sie sich nach Totalverlust der Ausrüstung mit allem Lebensnotwendigen versorgen können: Unterkunft, Nahrung, Wasser, Feuer und dergleichen. Das lernen Sie beim Training des ***Archaic Survival*** besser als beim Training mit viel Survivalausrüstung. Das zweite: Mitführen eines geeigneten Werkzeugs, also eines brauchbaren Messers.

# 3 Verhalten im Notfall

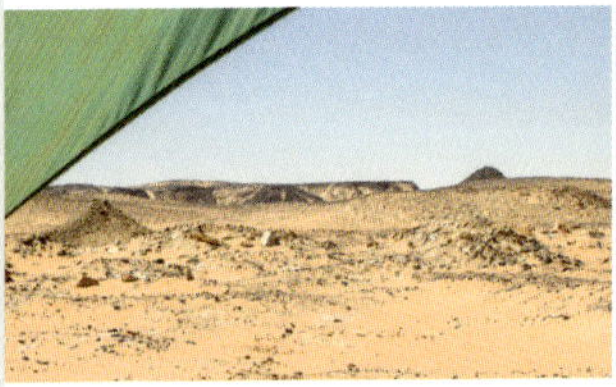

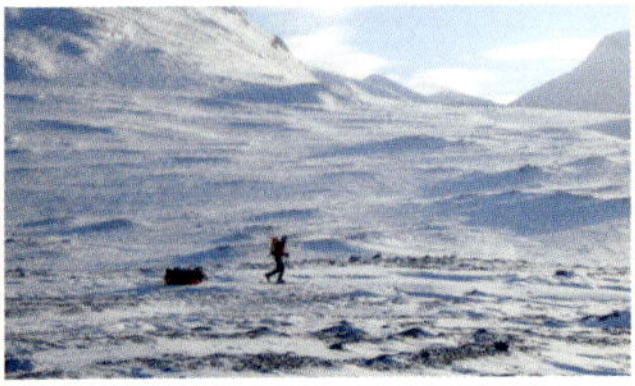

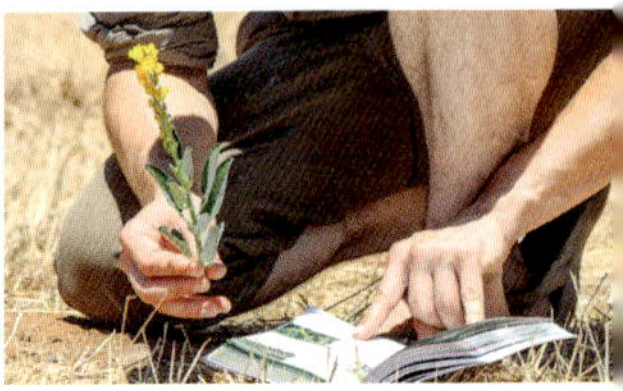

Ich muss zugeben, dass es durchaus nicht einfach war, eine praktische Anleitung zum Überleben zu verfassen. Eine solche soll dem Leser nämlich ein Übungsleitfaden sein, um sich auf einen etwaigen Notfall vorzubereiten. Dabei wäre meines Erachtens nichts falscher, als Ihnen als mündigem und auffassungsfähigem Leser eine »To-Do-Liste« vorzugeben, die genau so abgehandelt werden muss. Das hat unterschiedliche Gründe, auf die wir gleich eingehen werden.

Wenn Sie einmal in eine Notsituation geraten, müssen Sie selbstständig dazu in der Lage sein, die für Ihren Fall sinnvollsten Aktionen und Tätigkeiten zu wählen. Sie müssen fähig sein, zu entscheiden, was Ihnen wichtig ist und was Sie vernachlässigen können. Genau diese Entscheidungsfähigkeit ist das mentale Werkzeug, das dieses Buch neben den praktischen Fertigkeiten vermitteln soll.

## Selbsthilfe

Die Selbsthilfe von in Not Geratenen ist oft ineffizient, selten mit Bedacht ausgeführt und noch häufiger nicht ausreichend geplant. Hier spielen existenziell wichtige Funktionen unseres Körpers genauso eine Rolle wie eine anerzogene, zivilisatorische Schutz- und Fürsorgeerwartung. So variieren die Verhaltensweisen von Resignation oder untätiger Erwartung des »Rettungsteams« bis hin zu panischen, irrationalen und unbedachten Handlungen.

Oft fehlt die Einsicht, dass die derzeitige Situation *der* eingetretene Notfall und damit dennoch prinzipiell keine Ausnahmesituation ist. Der menschliche Organismus ist vielmehr ideal an diese Lage angepasst, ja sogar spezielle Hormonprogramme werden während Schock- und Notfallgeschehnissen abgespult. Schmerzempfinden wird gesenkt, Hunger und Durst werden unterdrückt, Herzschlag und Blutdruck steigen und die Aufmerksamkeit ist erhöht. Dennoch empfindet der Mensch genau dieses Gefühl als besonders bedrohlich und beängstigend. Manchmal ist es genau dieses durch zivilisationsnahes Stadtleben abgewöhnte und darum unerwartete Notfallprogramm, das Sie lähmt *(✚ K 13)*.

Es ist meistens alleine das Wissen, dass mit den richtigen Tätigkeiten eine solche Situation beherrscht und gemeistert werden kann, das uns eine überlegte Handlung und Planung erst ermöglicht. Survivaltechniken sind somit nicht nur praktisches Werkzeug, das Beherrschen derselben ist vielmehr eine Voraussetzung für das notwendige Selbstbewusstsein und einen erweiterten Handlungsspielraum. Sicherlich mag es seine Berechtigung haben, dem Leser von Notfallanleitungen Merksätze wie »S.T.O.P« (*Sit, Think, Observe, Plan*) an die Hand zu geben. In der eingetretenen Paniksituation sind es aber genau jene Sätze, an die man sich nicht mehr erinnert. Jede theoretische Übung, jede Planung wird obsolet durch fehlende Übung, eine nicht realistische Einschätzung der aktuellen Situation und durch die Existenz unbekannter und unerwarteter Faktoren.

Jeder Autofahrer hat zumindest einmal gesehen, wie eine stabile Seitenlage oder Herz-Lungen-Wiederbelebung funktioniert. Tatsächlich wendet sie jedoch nur ein Bruchteil im Notfall an. Sicherlich ist Ihnen auch bekannt, dass sich eine brennende Person schnellstmöglich auf den Boden legen und wälzen muss und auf keinen Fall fortlaufen darf, da dadurch die Flammen nur angefacht werden. Sie können sich ausrechnen, wie viele das tatsächlich so machen, wenn sie in Flammen stehen. Wer maritim reist, hat außerdem vermutlich schon mal gelesen, dass das Trinken von Salzwasser im Trinkwassernotfall meist tödlich endet. Und trotzdem werden Schiffbrüchige immer wieder tot oder schwer geschädigt aus den Rettungsbooten geborgen, weil sie Seewasser getrunken haben. Diese Liste von tödlichen Reaktionen wider besseres Wissen kann endlos weitergeführt werden. Sie soll Ihnen die Wichtigkeit der ständigen praktischen Übung, Gewöhnung sowie allmählich gewonnener Erfahrung verdeutlichen.

**HINWEIS:**

Eine Situation, die für Sie der Survivalnotfall sein mag, ist für andere Alltag.

Falls Sie in einen Survivalnotfall geraten, ist es natürlich wichtig, dass Sie den Kopf nicht verlieren. Wichtiger jedoch als die Abhandlung vorgeschriebener Regeln und Merksätze, die Ihnen jede Entscheidung abnehmen und Sie somit möglicherweise in einen Zustand von Passivität leiten würden, ist die Einsicht, dass etwas gemacht werden muss, und die Erkenntnis dessen, was Priorität hat. Wenn Sie quasi formell akzeptiert haben, dass Sie nun in einer Notfallsituation sind, können Sie nachdenken und sich für die richtige Aktion entscheiden. Das ist besonders wichtig, da es genügend Möglichkeiten gibt, beim untätigen Warten innerhalb von nur 24 Stunden an Unterkühlung, Dehydration oder Hitzschlag zu versterben. Außerdem ist bekannt, dass es durch Schocklethargie zu physiologisch nicht sicher erklärbaren Todesfällen kommen kann. Der Verlust der Hoffnung kann tatsächlich tödlich sein, genauso wie die Rettung aus der misslichen Lage: *der Bergungstod* (jener wird oft durch die Bewegung und einen Verlust der »Zentralisation« *(✚ K 16)* eines Unterkühlten bei der Bergung verursacht, tatsächlich gibt es ihn wohl auch ohne nachvollziehbare physiologische Gründe).

Etwas mehr über solche Gefahren können Sie dem Kapitel über Notfallmedizin entnehmen.

Wenn Sie unterschiedliche Notfallszenarien geübt haben, besteht meines Erachtens kein Grund, irgendwelchen Merksätzen zu folgen, sondern vielmehr sinnvolle und nachvollziehbare Techniken zu exerzieren, die Intuition, Erfahrung und menschlicher Verstand vorgeben.

## Prioritäten bei verschiedenen Witterungsbedingungen

Da es eine unendliche Vielzahl denkbarer Notfallsituationen gibt, ist es kaum möglich, allen eine entsprechende Abhandlung zu widmen. Hilfreich ist jedoch zu beachten, dass kaum ein Faktor unserem Bestreben so entgegensteht wie Witterung und Klima. Also werden die wichtigsten, unmittelbar lebenserhaltenden Maßnahmen jene sein, die uns vor den direkten Auswirkungen von Hitze, Kälte, Wind, Regen und Sonne schützen, also den Faktoren, die das kurzfristige Überleben gefährden. Da einige dieser Gefahren nicht ohne weiteres erkannt werden können, möchte ich einige Beispiele nennen, die Ihnen jedoch wie alle Anleitungen dieses Buchs nicht als Regel gelten sollen, sondern als Denkanstoß, um sich für unterschiedliche Szenarien eigene Prioritätenlisten zu erstellen.

## Hitze

***Sahelzone, Sahara, Outback, Subtropische Gürtel***

In Wüsten und Steppen oder Gegenden mit sehr hohen Temperaturen besteht die größte Gefahr in Dehydration und Überhitzung. Vorhandenes Wasser muss sofort rationiert werden, jede Anstrengung ist zu vermeiden und Schatten aufzusuchen.

Kleidung darf keine Hitze stauen, muss die Haut jedoch bedecken. Oberste Priorität ist es, den Wasserverbrauch zu reduzieren und Wasser zu finden.

Unterkunft, Nahrung und dergleichen sind in diesem Fall völlig unbedeutend und werden erst interessant, wenn Wasser gefunden werden konnte. Nachts wird es in Wüsten zwar kühl, Sie werden hier jedoch mit hoher Wahrscheinlichkeit nicht erfrieren.

1. **Schatten**
2. **Wasser**
3. **Feuer**
4. **Nahrung**

## Trockene Kälte

***Skandinavien im Winter, Nordamerika, Sibirien, Gebirge***

In subarktischen Gebieten oder im Gebirge besteht die Gefahr von Unterkühlung. Da Wasser in Form von Schnee vorhanden ist und ständig aufgenommen werden kann, besteht die größte Priorität in einem Windschutz, um den →Windchill zu reduzieren, und in einem Feuer. Die Auskühlung durch Bodenkontakt muss unbedingt verhindert werden.

Um den Energiebedarf der Wärmeerhaltung auf Dauer zu befriedigen, sollten Sie nach wenigen Tagen Nahrung suchen und aufnehmen.

Die Gefahr von Lawinen, Eisbruch und Schneestürmen erfordert äußerst sorgfältige Lagerplatzwahl. Ohne Zelt und Vegetation ist die Überlebenswahrscheinlicheit auf Dauer gering.

1. **Windschutz/Bodenisolation**
2. **Feuer**
3. **Nahrung**
4. **Wasser**

**Lebensfeindlich und bizarr. In Wüsten kann die Tagestemperatur weit über 40 °C steigen. Nur Wesen mit perfekter Anpassung können hier dauerhaft leben. Der Körper des Menschen gehört nicht dazu: Er muss ständig mit Wasser versorgt werden.**

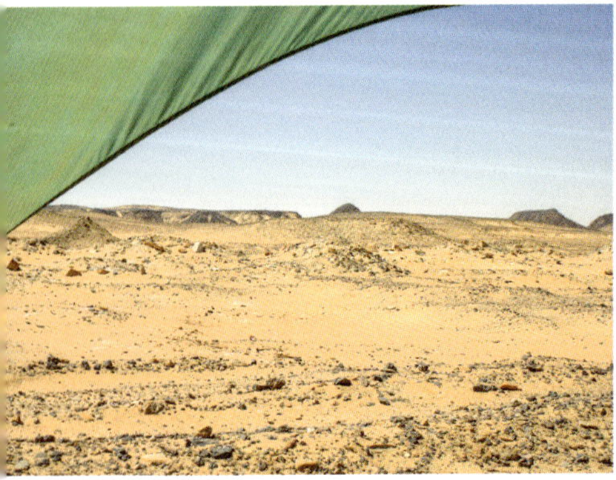

**Temperaturen unter dem Gefrierpunkt sind vor allem im Winter und nah den Polen zu erwarten. Nur zusätzliche Isolation durch Kleidung oder Behausung verhindert, dass der Mensch in wenigen Stunden erfriert.** *Abbildung von Norbert Hillebrand.*

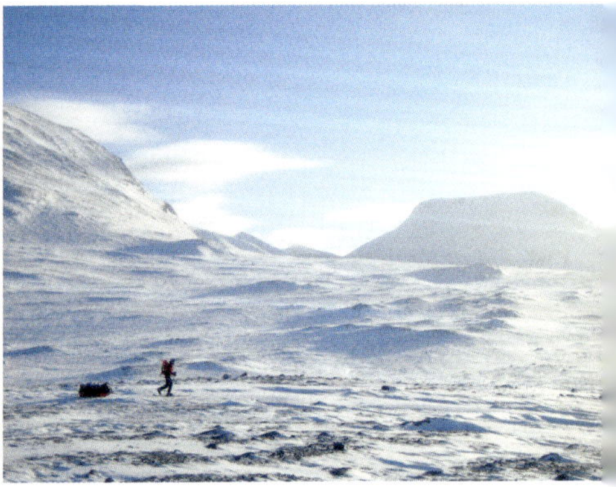

## Nasse Kälte

***Subtropische und gemäßigte Gebiete im Winter, Subarktik***

Der im kalten Regen durchnässte Körper kühlt weit schneller aus als in Schnee und Eis. So muss der in Not Geratene schnellstmöglich einen trockenen natürlichen Unterstand aufsuchen. Hier muss ein Feuer entzündet und erhalten werden, um die Kleidung zu trocknen beziehungsweise um sich aufzuwärmen. Danach ist umgehend ein dichter Unterstand zu bauen.

Kann kein Feuer entzündet werden, muss die Kleidung durch Bewegung getrocknet werden. Schlaf ist zu reduzieren und auf die Mittagsstunden zu verlegen, falls die Kleidung ständig nass ist.

Durch die feuchte Kälte sterben jedes Jahr viele Reisende selbst im Frühsommer oder Herbst.

1. **Feuer**
2. **Unterkunft**
3. **Wasser**
4. **Nahrung**

## Feuchte Hitze

***Tropischer Gürtel, Südostasien, Südamerika***

Selbst in tropischen oder subtropischen Gebieten mit höheren Temperaturen kann der Mensch schnell auskühlen, wenn er dauerhaft durchnässt ist. Hier besteht die Priorität darin, aus dem Regen zu kommen. Ein wasserdichter Unterstand ist also wichtig.

Andererseits verhindert die hohe Luftfeuchtigkeit, dass Schweiß den Körper über Verdunstung kühlt. Deshalb muss geeignete Wasserversorgung organisiert und die subjektive Körpertemperatur beobachtet werden. Nachfolgend sollte schnellstmöglich ein Feuer entzündet werden, um Insekten fern zu halten und um kontaminiertes Wasser zu behandeln.

Nach Möglichkeit sollte bis dahin Regenwasser zum Trinken aufgefangen worden sein. Auf Nahrung kann man in den Tropen prinzipiell vorerst verzichten, sofern der Mineralienhaushalt aufrecht erhalten wird.

1. **Unterkunft**
2. **Wasser**
3. **Feuer**
4. **Nahrung**

Zwar birgt nasse Kälte der großen bewaldeten Flächen im Norden die Gefahr der Unterkühlung, die reichlich vorhandenen Ressourcen lassen diese Regionen jedoch zum beliebten Ort zahlreicher Survivalprojekte werden.

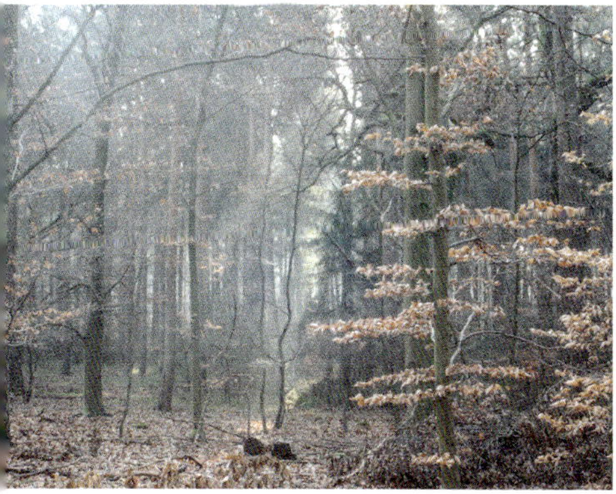

Das Leben pulsiert unter dem dichten Blätterdach. Wasser gibt es zu Genüge. Nässe, Tiere und Parasiten machen dem Tropenreisenden jedoch das Leben schwer. Der umkämpfte Lebensraum macht einige spezielle Überlebenstechniken notwendig.

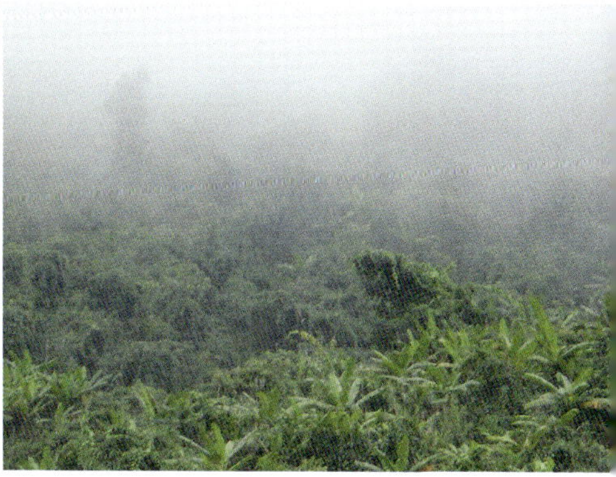

Wie Sie sehen können, bewerte ich ein Feuer und Unterkunft in den meisten Situationen besonders hoch. Mehr noch sind sie für einige Gegenden die einzige Möglichkeit, sich dauerhaft am Leben zu halten. Besonders wichtig ist außerdem Wasser, das als trinkbare Flüssigkeit manchmal direkt aus der Umgebung gesammelt werden kann, teilweise jedoch behandelt werden muss. Auch hierfür ist oft ein Feuer notwendig. Allen Ressourcen übergeordnet ist natürlich die Möglichkeit der Signalgebung oder Rettung.

Kreist ein Hubschrauber mit der Suchmannschaft über den Wipfeln des dichten Waldes, in dem Sie sich befinden, suchen Sie bitte nicht erst Trinkwasser, sondern machen sich an das Entzünden eines Signalfeuers. Außerdem ist daran zu denken, dass Sie sich nicht allzu weit von der Stelle entfernen sollten, an der Sie nach dem Bemerken Ihres Verschwindens aller Wahrscheinlichkeit nach gesucht werden. Vielmehr sollten Sie versuchen, an jene Stelle zu gelangen, wo Sie vermutet werden, wenn Sie zum Beispiel mit einem Segelflugzeug oder Gleitschirm vom geplanten Kurs abgetrieben worden sind. Dort werden Sie die ersten Tage und Wochen stationär verbringen müssen, bis alle Grundlagen gesichert sind. Außerdem verlassen Sie diese Region erst, wenn ausgeschlossen werden kann, dass Sie dort noch gesucht werden, wenn also das eigenständige Erreichen der Zivilisation notwendig ist.

Mit etwas Improvisationsgeschick und genügend Übung werden Sie feststellen, dass sich viele Situationen meistern lassen oder zumindest soweit verbessert werden können, dass Sie mindestens ein oder zwei Monate durchhalten. Mit Ausnahme von Hochgebirge und staubtrockener Wüste werden Sie oft sogar in der Lage sein, an vielen Orten der Erde *dauerhaft* in der Natur zu überleben. Zu leben.

**Viele Techniken und vor allem das Wissen unserer Vorfahren sind über die Jahrhunderte verloren gegangen oder wurden aufgegeben. Wer lernen möchte, als »Buschmann« zu leben, muss interdisziplinär recherchieren: Botanik, Zoologie, Ökologie und nicht zuletzt die handwerkliche Verarbeitung natürlicher Ressourcen.**

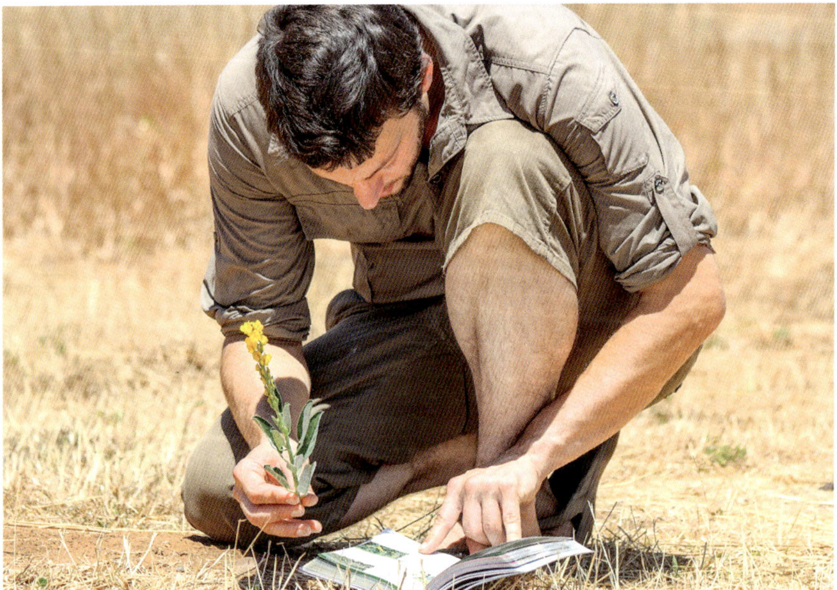

# 4 Messer

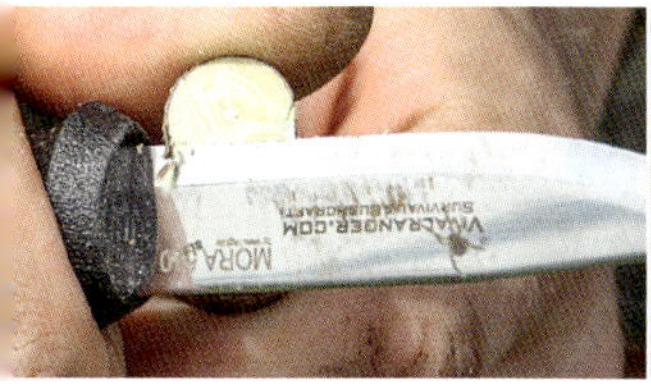
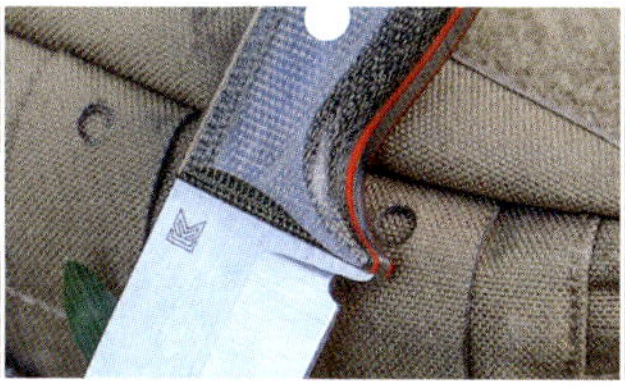
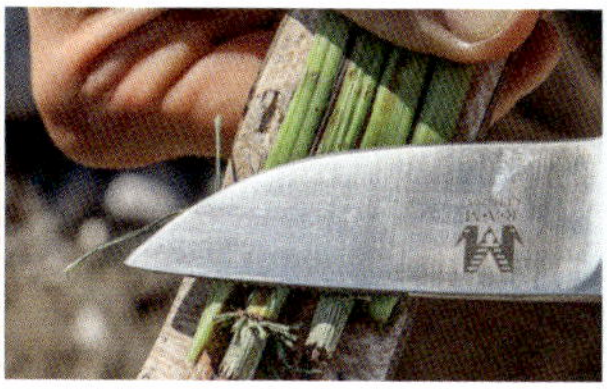

Um uns zu vergegenwärtigen, welche Werkzeuge draußen benötigt werden, betrachten wir einmal die minimalen Gemeinsamkeiten aller mechanischen Geräte, die wir im naturnahen Leben verwenden. Die hier meistens gebrauchten Werkzeuge ersetzen oft die starken Hände, stabilen Fingernägel und den massiven Kauapparat unserer Vorfahren. All jene Aufgaben wie Festhalten, Scharren, Graben, Brechen, Schneiden und Zermahlen können durch zwei Grundtypen von Werkzeugen ersetzt werden. Schneiden, Scharren, Graben und Ähnliches wird statt mit Fingernägeln und Zähnen mit Werkzeugen durchgeführt, von denen wir die Form von Grabstöcken, Spaten und Beilen ableiten können. Das Zermahlen, Festhalten und Brechen wird durch eine Reihe von Geräten ersetzt, die durch Druck oder Impuls eine Kraft auf einen Gegenstand ausüben. Was zuerst einfache Hebelklemmen und runde Steine oder Keulen waren, wurden Zangen, Schraubstöcke und Hämmer.

**HINWEIS:**

Wir können alle benötigten Werkzeuge mit einer alles ersetzenden Struktur herstellen: mit einem Messer.

Das Messer in der Hand des Menschen, früher in Form des Faustkeils, war und ist das mächtigste Werkzeug überhaupt. So ist auch für uns das Messer oder eine vergleichbare Klinge die Grundlage aller daraus abgeleiteten Werkzeuge.

Das Messer ist quasi das einzige echte »Multitool«, mit dem alle anderen Werkzeuge und Gerätschaften ersetzt, wichtiger jedoch: hergestellt werden können. Wenn man es sich genau überlegt, ist unsere gesamte Zivilisation, alle technischen Errungenschaften aus den Produkten des ersten →Faustkeils entstanden. Mehr noch, eine Mondrakete ist im Prinzip das logische Ergebnis des ersten groben Feuersteinblocks, aus dem eine kleine Klinge geschlagen wurde. Ich möchte hier nicht weiter in philosophische Tiefen vordringen. Klar sollte sein, dass zu allen Techniken und zum Bau der hier vorgestellten Behelfe eine Grundeinheit bestehen muss, mit der gearbeitet werden kann. Denn ohne Werkzeug kapitulieren wir sogar vor dem Versuch, einen fingerdicken Haselast durchzukauen.

Dieses Multifunktionswerkzeug, die einfache Klinge aus Stein oder Stahl, ist mit Abstand der wertvollste Ausrüstungsteil überhaupt. Mit der richtigen Technik vereinfacht das Messer viele Anwendungen oder macht sie erst möglich.

Das Messer ist mit dem richtigen Wissen Schlafsack, Regendach und Feuerzeug. Es ist Signalmittel, Wasserfilter und Notfallverpflegung. Es macht als Expeditionsteilnehmer oder Waldläufer also Sinn, mit großer Sorgfalt das richtige Messer zu wählen, es zu pflegen und Verlust oder Beschädigung unbedingt zu vermeiden. Wir werden später zwar einige Techniken kennen lernen, mit denen man einen Messerersatz fertigt, wenn Sie jedoch einmal damit gearbeitet haben, wissen Sie, dass diese Ersatzmittel deutlich schlechter funktionieren als eine moderne Klinge aus Stahl.

## Das richtige Messer

Es gibt kaum ein Thema in der Survival- und Outdoorszene, das so emotional diskutiert wird wie die Wahl des »richtigen« Messers. Leider gibt es eine große Anzahl von Messerkennern und -sammlern, die zwar hervorragendes Wissen über Stahlsorten, Kristallstruktur und Rockwellhärte einzelner Klingenzonen besitzen, dabei aber ganz vergessen, dass das Messer für uns Praktiker nur in seinem Einsatz und in der richtigen Verwendung seinen Wert findet.

So werden Klingen dadurch auf ihre »Survivaltauglichkeit« getestet, indem sie durch Stahl oder Stein getrieben werden oder zum Fällen von Bäumen eingesetzt werden. Besonders beliebte Messer sind dabei kiloschwere Chimären aus Beil und Messer, die aussehen wie eine Mixtur aus chinesischem Fleischerbeil und Latthammer. Diese »Survivaltools«, oft auch »WSK« (*Wilderness Survival Knife*) genannt, haben an verschiedenen Stellen Klingen, Sägezahnung und Ösen angebracht. Manche sind mit Winkelmesser oder sogar Sonnenuhren bedruckt. Und tatsächlich bescheinigen viele im Wintergarten durchgeführte Tests, dass damit auf Holz eingeschlagen und ein Stück Hasel mit der »Klinge für feine Strukturen« geschält werden kann. Sie ahnen sicherlich, worauf ich hinaus möchte. Der praktische Wert dieser Messer ist mit dem der in den neunziger Jahren aufgetauchten Rambomessern vergleichbar. Ich kenne kaum einen Survivalisten oder Waldläufer, der nicht eine solche Jugendsünde in irgendeiner Schublade versteckt hält. WSK und Rambomesser mit jeweils 700 bis über 1000 Gramm Gewicht sind zum Schnitzen, Hacken und Schneiden völlig unbrauchbar. Diese Messerformen stammen allesamt aus Kinofilmen, wo sie den einzigen Zweck

**Wir benötigen weder kiloschwere Schwerter noch einen einklappbaren Korkenzieher. Meist sind es kurze und einfache Klingen, mit denen am besten gearbeitet werden kann. In Survivalsituationen müssen größtenteils feine Strukturen bearbeitet werden. Stämme spalten und Buschwerk zerteilen sind dagegen die Aufgaben von speziellen Werkzeugen oder Behelfen.**

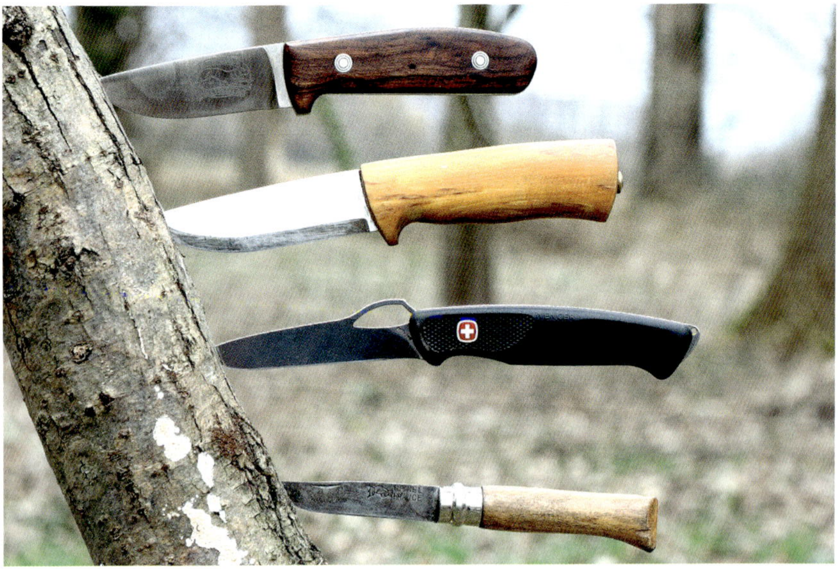

hatten, martialisch zu wirken. Wenn Sie möchten, können Sie Ihre Ausrüstung neben dem einfachen Messer mit einem leichten Beil mit 300 bis 400 Gramm Gewicht vervollständigen. Diese Kombination ist nicht nur leichter als die meisten WSK, sondern Sie können damit auch ernsthaft arbeiten. Sicher, es gibt einige große Messer namhafter Hersteller, die auf Expeditionen als Machetenersatz oder für spezielle Einsatzzwecke mitgeführt werden. Ich selbst verwende gerne ein großes Messer einer schwedischen Schmiede, das auf Expeditionen hauptsächlich zum Aufbrechen von Schildkrötenpanzern, Krebsen oder Röhrenknochen verwendet wird. Als »EDC« eignet es sich aber mit 700 Gramm Gewicht nicht.

Das Survivalmesser, auf das ich mich in den folgenden Kapiteln beziehen werde, ist jedoch ein einfaches, schlichtes und vor allem leichtes Messer, das auf Tour entweder jederzeit am Gürtel beziehungsweise um den Hals in einer festen Scheide getragen wird oder als Sackmesser an einer Leine gesichert in einer Hosentasche verstaut ist. Ein Survivalmesser ist ein Messer, mit dem im Notfall alle benötigten Behelfe hergestellt werden können. Das bedeutet jedoch nicht, dass es dazu besonders wuchtig sein soll oder einen Korkenzieher und weitere Funktionen besitzen muss. Es bedeutet vielmehr, dass es im Notfall am Mann sein muss. Das wirkliche Survivalmesser ist jenes, das zum Körperteil des Trägers geworden ist. Ein Messer, das draußen in der Natur ständig dabei ist, mit dem der Besitzer umgehen kann und an das er gewöhnt ist. Es stört weder beim Sitzen oder Liegen noch beim Laufen oder beim Knien im Kanu. Es ist das einzige wirklich zuverlässige und kleinste Survivalkit, es ist jedoch auch das Survivalkit, das am meisten Erfahrung und Übung verlangt. Der Großteil der Messer auf dem Markt ist für diesen Zweck ungeeignet, da sie einfach viel zu schwer und groß sind, als dass sie dauerhaft geführt werden können.

Vielleicht ist es etwas enttäuschend zu hören, dass Survivalmesser keine hunderte Euro kosten müssen (aber durchaus dürfen). Für 40 bis 100 Euro gibt es Dutzende

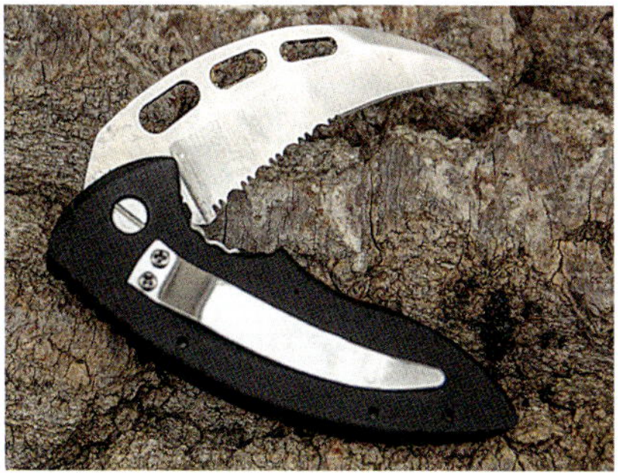

**Früher wäre das als *Fantasy-Messer* verkauft worden.**

hervorragende Messer. Es gibt wichtigere Eigenschaften als den Preis, die ein gut geeignetes Survivalmesser auszeichnen. Die Klinge sollte nicht sehr viel größer sein als die Handfläche des Trägers. Sie möchten mit der Klinge weder zustechen noch hacken. Deshalb machen weder Stilettform noch eine kopflastige Klinge Sinn. Um schwere Verletzungen zu vermeiden, muss die Hauptklinge entweder feststehen oder feststellbar sein. Klappmesser dürfen gerne auch eine einklappbare Säge haben. Feststehende Klingen sollten jedoch keinen Sägerücken besitzen. Diese sind meist nicht wirklich brauchbar. Sollte die Säge tatsächlich so scharf sein, dass damit richtig gesägt werden kann, ist sie zu gefährlich, da häufig mit Druck auf den Klingenrücken gearbeitet wird.

Die Hauptklinge sollte aufgrund der Verletzungsgefahr nur einseitig geschliffen sein. Ein Säge- oder Wellenschliff, wie er mittlerweile häufig aufgezogen ist, hat für uns keinen praktischen Wert. Er ist dafür geeignet, Brötchen aufzuschneiden und höchstens Sicherheitsgurte und Seile zu durchtrennen. In Holz verklemmt er.

Ist das Messer klappbar, sollte eine Öse angebracht worden sein, um es in Hosentasche oder Futteral zu sichern. Außerdem ist in diesem Fall ein Lanyard, ein weicher Anhänger aus Leine oder Stoff sinnvoll, um Druckstellen und Blasen durch die Klingenaufnahme zu vermeiden.

Feststehende Messer sollten eine sicher haltende und stabile Scheide aus Leder oder Kunststoff haben, die ein Austreten der Klin-

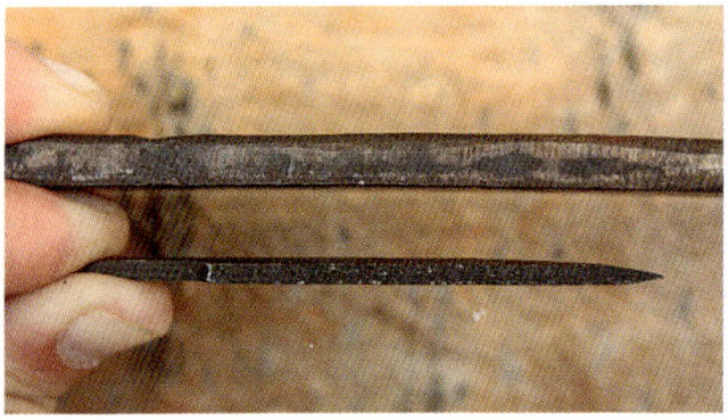

Leichtes Haumesser versus stabile Schnitzklinge.

ge auch bei unbeabsichtigter Belastung, wie etwa bei einem Sturz, verhindert. Der Messergriff sollte möglichst abgerundet, jedoch rutschfest sein. Eine leicht angedeutete Parierstange ist vorteilhaft, da sie das Hineinrutschen in die Klinge verhindert.

Ob die Klinge eines Survivalmessers ballig oder hohl geschliffen ist, ob sie aus einem Stück oder in Laminat gefertigt wurde, ob sie aus AUS6, VG10, gar CPM420V oder einem einfachen Kohlenstoffstahl geschmiedet worden ist, ist prinzipiell weniger wichtig. Wir können das Messer draußen abziehen oder nachschärfen, wenn es stumpf geworden ist. Der Grundschliff sollte jedoch so spitz gewählt worden sein, dass damit auch feine Strukturen geschnitten werden können.

Ein dicker Messerrücken ist zwar stabiler, erschwert dafür das präzise Arbeiten, das im Survivalfall deutlich wichtiger ist als das Hacken und Spalten. Der Stahl sollte vor allem so gewählt worden sein, dass er zu Hause scharf vorgeschliffen werden kann. »Scharf« bedeutet, dass man sich damit den Unterarm rasieren kann. Außerdem wird das Messer nach jeder Benutzung an der Hose trocken gewischt und nie nass eingepackt.

**HINWEIS:**

Das allerbeste Messer mit dem schnitthaltigsten Stahl und dem besten Schliff ist wertlos, wenn sein Träger damit nicht umgehen kann – oder wenn es zu Hause in der Vitrine liegt.

Wenn Sie ein wirklich gutes Messer möchten, nehmen Sie sich einige Jahre Zeit und testen eine Anzahl von preiswerten Modellen, bis Sie wissen, welche Klingenproportion und welcher Griff für Sie am besten passt. Günstige und gute Messer erhalten Sie beispielsweise aus den Schmieden »Mora«, »Helle«, »Lindbloms«, »EKA«, »Victorinox« oder »Linder«. Dann sprechen Sie beim Messermacher Ihres Vertrauens vor und lassen sich das perfekte Custom-Messer nach Ihren Vorgaben schmieden. Auf

Die Beanspruchung und der daraus entstehende Verschleiß einer Klinge können in Phasen aufgeteilt werden. Die Spitze wird selten eingesetzt. Häufig wird dagegen bei vielen Schnitz- und Schneidetechniken der Stahl direkt vor dem Griff belastet.

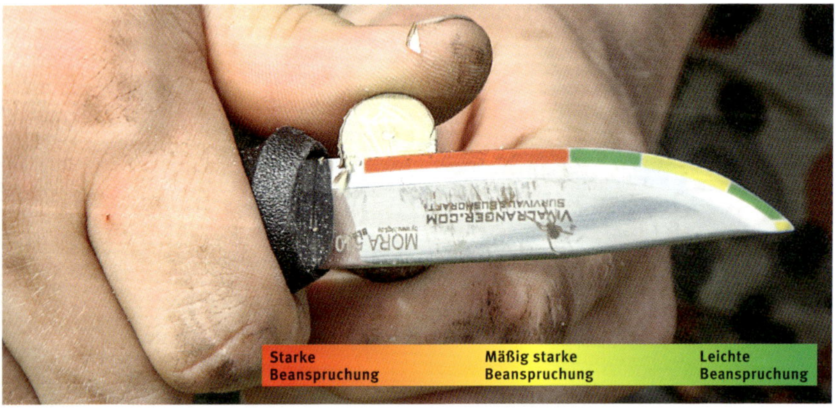

diese Weise gestaltete ich 2010 ein für den harten Einsatz gedachtes Messer, das nach 12 Jahren intensivster Nutzung und Weiterentwicklung nun in einer limitierten Serie als „Joe Vogel Evolution" vom Messermacher Roman Kasé neu aufgelegt worden ist. Für mich wichtige Eingenschaften sind neben einem zentralen Schwerpunkt eine Öse für die Fangleine, ein abgerundeter Griff mit gering ausgeprägter Parierstange, ein rechtwinkliger Schaberücken, Schleifkerbe und ein Flachschliff mit Mikrophase an der Flacherklinge. Die Schneide sollte außerdem aus rechtlichen und praktischen Gründen unter 12 Zentimetern lang sein.

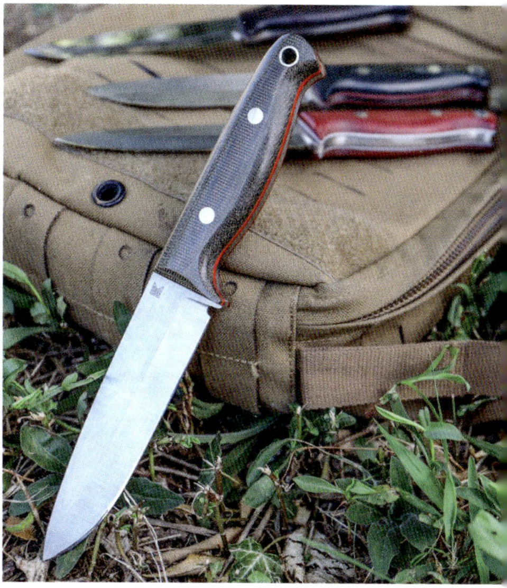

Das Messer, das ich im harten Einsatz verwende, kann Ihnen vielleicht als Anregung für eine Eigenkreation dienen.

## Verwendungsbereich

In der Diskussion um ein geeignetes Messer für Survivalzwecke werden gerne Allzweckgeräte wie Kampfmesser aufgeführt. Diese derben Klingen zum Drahtschneiden, Zustechen und Holzspalten haben meist ihren Ursprung im militärischen Bereich und sind für unsere Zwecke ungeeignet, da sie für ein ganz anderes Einsatzspektrum gedacht sind. Im Felde wird wohl kein Soldat auf die Idee kommen, Widerhaken in einen Speer zu schnitzen oder eine Spindel zum Feuerbohren vorzubereiten.

Andererseits schlage ich die Hände über dem Kopf zusammen, wenn ich sehe, dass jemand mit einem solchen Messer nach Wurzeln gräbt, in die Erde hackt oder Holz abhebeln möchte. Für diesen Zweck ist nie ein Messer gemacht worden. Messer beziehungsweise deren Klingen sind denkbar fragile Werkzeuge, die den ihnen zugedachten Einsatz mit Bravour erledigen, vor brachialer Gewalt jedoch kapitulieren. Keiner würde wohl auf die Idee kommen, mit einem Uhrmacherschraubenzieher den Straßenasphalt aufzumeißeln – außer einige Messerbesitzer.

Eine Klinge besitzt am Grat feinste und empfindlichste Metallschichten im submikroskopischen Bereich, idealerweise nur wenige Ångström dick. Mit ihr wird prinzipiell nur in der Ebene von Messerrücken zum Grat geschnitten.

Niemals wird ein Messer mit der Spitze voran in Holz gestoßen oder geworfen, nie wird mit ihm gebohrt oder auf einer harten Unterlage wie Stein geschnitten. Ganz besonders schlimm wirkt sich der Versuch aus, mit der Klinge zu hebeln. Die allermeisten Messer brechen dabei an der Spitze oder kurz vor dem Heft. Mit etwas Pech rutschen Sie mit der Hand in die stecken gebliebene Schneide (✚ K9). Mit einem Messer wird außerdem nicht gehackt. Ein Werkzeug, das dazu geeignet wäre, müsste so groß und schwer sein, dass es kaum zu etwas anderem taugt. Natürlich werden Sie entgegnen: Mit einer Machete kann man doch hacken, und indianische Ureinwohner kratzen damit auch dünnste Blasrohrpfeile in Form. Hierfür ist aber ein Vielfaches an Geschick von Nöten, als das mit einem angepassten Messer der Fall ist. Die meisten Träger von großen Hackmessern, die ich beobachtet habe, waren von der Klingenlänge überfordert. Zu lange und wuchtige Klingen sind also Spezialwerkzeuge, deren Einsatz gesondert geübt werden muss.

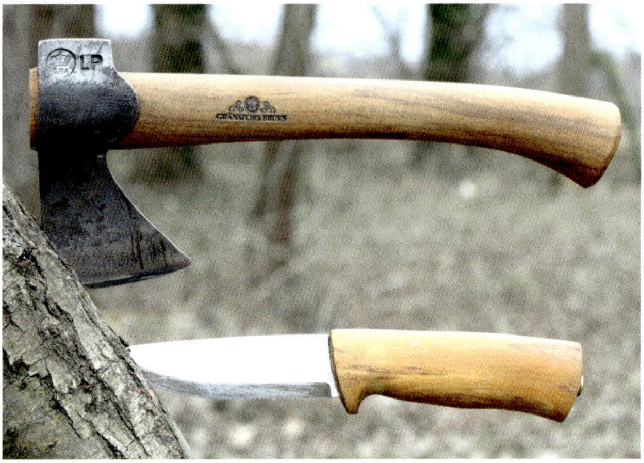


Bevor Sie kiloschwere WSK mitführen, die Sie kaum dauerhaft am Körper tragen werden und die zum Arbeiten ungeeignet sind, besorgen Sie sich lieber einen Beilkopf oder ein winziges Beil, das neben dem Messer in einem Holster getragen meist weniger als 350 Gramm auf die Waage bringt.

Ebenso ist die Technik des »Batoning« meistens sinnlos. Dabei wird zum →Spalten oder Durchtrennen von Holz mit einem Holzstück auf den Messerrücken eingeschlagen. Diese Technik ist erst in den letzten Jahren beliebt geworden und oft Ausdruck mangelnder →Schnitztechnik. Das Abtrennen von dicken Holzstäben oder Ablängen von Ästen ist mit anderen Techniken einfacher und präziser. Ich habe in meinem gesamten »Survivalleben« noch nie einen Buchenblock mit dem Messer per »Batoning« spalten müssen. Um ein Feuer zu entzünden, sammeln Sie dürres Holz und Reisig und spalten nicht von dicken Scheiten dünnere herunter. Hier ist sowieso eine Sägekante notwendig. Wenn Holz für das Feuer zu lang ist, brennen Sie es in der Mitte durch, und wenn ein Stamm für den Hüttenbau zu lang ist, suchen Sie sich einen anderen. Das geht alles schneller als der Klinge mit einem Prügel zu Leibe zu rücken.

Die bisher beobachtete Anwendung begrenzt sich also größtenteils auf das Spalten von Holzscheiten aus dem Baumarkt – zum Grillen im Vorgarten. Wenn Sie für einen speziellen Zweck beim Fallenbau etc. einen Ast anspalten müssen, können Sie dem Klingenrücken ein paar leichte Schläge mit der Faust »geben«. Wenn Sie davon ausgehen, dass Sie Holz spalten und hacken müssen, nehmen Sie besser einen scharfen und leichten Beilkopf mit (beispielsweise vom »Gränsfors Bruks Minibeil«) und schnitzen sich unterwegs einen Stiel. Damit haben Sie auch das richtige Werkzeug, und Sie liegen immer noch weit unter dem Gewicht eines Messers, das klaglos das »Batoning« mitmacht.

Wenn Sie Ihr Messer besonders schnell unbrauchbar machen möchten, müssen Sie es nur ein einziges Mal durch die Glut ziehen, um eine geröstete Nuss oder einen heißen Stein aus der Asche zu fischen. Der feine Grat verglüht in Bruchteilen einer Sekunde, das darunter gelegene Stahlgefüge wird nachhaltig zerstört, der Stahl wird »angelassen«. Für alle diese Anwendungen wie Graben, Hebeln, Spalten oder Glut schüren können wir aus Holz mit Hilfe der Klinge einen einfachen Behelf herstellen. Trotzdem beobachte ich immer wieder fassungslos, wie auf diese Weise ein Messer zerstört oder beschädigt wird.

Außerdem wird ein Messer nicht achtlos beiseite gelegt, sondern befindet sich entweder in Gebrauch oder in der Scheide beziehungsweise geschlossen in der Tasche. Bei einer unachtsamen Bewegung oder beim unbedachten Abstützen mit der Hand können umherliegende Klingen schwerste Verletzungen verursachen.

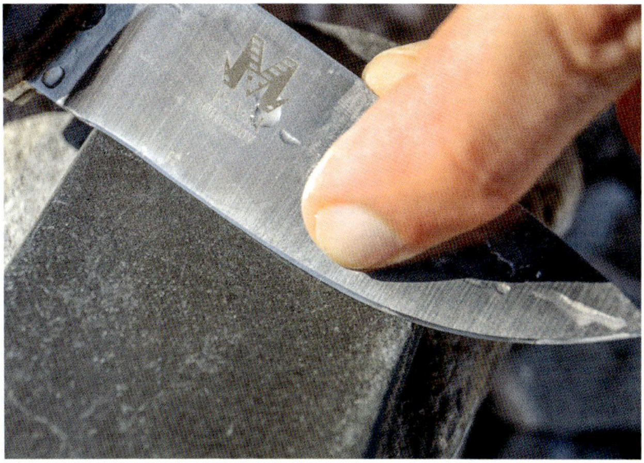

Mit einem einfachen Sandstein können unerwartet scharfe Ergebnisse erzielt werden. Die Oberfläche des Steins wird dafür mit Speichel und Abrieb versiegelt. Trotzdem würde ich in »zivilen Zeiten« nur ungern ein gutes Messer auf diesem Behelf bearbeiten.

# Schärfen

In Zeiten, in denen es selbstverständlich geworden ist, Messer mit Synthetiksteinen, Diamantsystemen oder Keramikscheiben zu schleifen oder schleifen zu lassen, werden die ursprünglichen Methoden immer weniger verwendet, obwohl sie mit einfachen und natürlichen Mitteln durchzuführen sind. Wer sein Messer draußen häufig über längere Zeit benutzt, hat an der Messerscheide eine kleine Diamantplatte aufgeklebt oder etwas Schleifleinen mit Körnung 3000 aufgenaht.

An diesen beiden Schleifbehelfen lässt sich die Klinge lange Zeit brauchbar nachschärfen. Falls eine solche Schleifvorrichtung nicht vorhanden ist oder die Klinge sehr stark verschlissen wurde, lässt sich aus der Natur ein akzeptabler Ersatz schaffen.

## Grobschliff

Um einen Grundschliff zu erneuern, wird ein Schleifmittel mit hoher Abrasion benötigt. Hier hat sich gezeigt, dass sich aus einem einfachen Kiesel ein guter und feinkörniger Wetzstein herstellen lässt. Dazu wird ein möglichst ebener und glatter Stein gesucht. Man findet solche häufig an Gewässerufern. So fein die natürliche Körnung des Steins auch sein mag, sie ist bei weitem zu grob, um einfach zum Schleifen verwendet zu werden.

Dazu muss der Stein zuerst vorbereitet werden. Mit einem zweiten Stein wird die mit Speichel angefeuchtete Oberfläche des Schleifsteins gerieben. Speichel eignet sich hierbei besser als Wasser, da er dickflüssiger ist und sich mit dem Abrieb zu einer Paste vermengt. Der Schleifstein wird nun so lange bearbeitet und regelmäßig angefeuchtet, bis er auf der gesamten Arbeitsfläche mit einer zähen, grauen und metallisch riechenden Masse bedeckt ist. Dieser Abrieb verstopft die grobe Oberfläche des Steins und erzeugt eine ziemlich feine Körnung. Der erste Schliff wird auf diesem Stein durchgeführt, indem das Messer mit flach aufgelegtem Grat wechselseitig 30 bis 40 Mal mit geringem Druck in Richtung der Schneide abgezogen wird. Danach wird etwas von der Paste auf einem flachen Holzscheit verteilt, auf dem weitere 30 Mal abgezogen wird.

Für den Schliff zu Hause gehen wir in ähnlicher Weise vor. Ein Schleifstein mit unterschiedlichen Körnungen, zum Beispiel 1000 und 6000, wird je nach Art in Wasser gelegt, bis er vollgesogen ist, oder mit einigen Tropfen Öl, Wasser oder Speichel befeuchtet. Das Messer wird mit dem Winkel des Grundschliffs auf den Stein aufgelegt. Mit leichtem Druck wird das Messer, während der Winkel mit beiden Händen stabilisiert wird, über den Stein geschoben. Beim Schieben, das einer Rasierbewegung gleicht, wird das Messer auf der Längsachse verschoben, um den Grat gleichmäßig zu schärfen. Dabei muss darauf geachtet werden, dass der Schliffwinkel stabil gehalten wird. Für die spitzennahen Bereiche wird das Messer beim Schliff der Form folgend zur Spitze hin mitgedreht. Nachdem die eine Seite fünf bis zehnmal über den Stein geführt wurde, wird dasselbe mit der anderen gemacht. Der Vorgang wird zuerst auf der groben Seite des Schleifsteins beziehungsweise mit einem Schleifstein mäßig feiner Körnung durchgeführt. Der während des Schliffs entstehende graue Schleier soll dabei nicht vom Stein abgewaschen werden, da er für die feine Schleifwirkung verantwortlich ist. Der Stein sollte jedoch nachgefeuchtet werden, wenn die Oberfläche eingetrocknet ist. Für die meisten Anwendungen ist die Klinge nun scharf genug.

## Feinschliff

Wenn das Schleifergebnis besonders fein sein muss, da kleine Strukturen in Holz bearbeitet werden sollen oder ein Tier geschlachtet wird, lohnt es sich, der Klinge regelmäßig einen Feinschliff zu verpassen. Hierzu gibt es einige natürliche Möglichkeiten.

Wir benötigen zum Schleifen ein Material, das härter ist als Stahl und feiner als Abrieb von Steinen. Dieses finden wir in Form von Kieselsäuren in einigen Pflanzen. Vor allem in Schachtelhalmen finden sich davon große Mengen in der Außenhaut. Mit Hilfe der harten Oberfläche der auch »Zinnkraut« genannten Pflanze wurde früher sogar Blech poliert. Um mit Schachtelhalm zu schleifen, werden möglichst lange Stielsegmente parallel nebeneinander gelegt. Die Oberseite wird mit dem Messerknauf etwas flach gedrückt und daraufhin wie oben beschrieben zum Schleifen verwendet.

Mit dem industriellen Schleifstein wird der Feinschliff durch ein wechselseitiges Abziehen über die sehr feine Seite des

**Von oben links nach unten rechts: Der Winkel des Grats wird durch Variation der Klinge gesucht und heftnah flach aufgelegt. Mit mäßigem Druck wird das Messer zum Ende des Schleifblocks geführt. Wo sich die Klinge verjüngt, muss der Griff in der Vertikalen mitgeführt werden, um dem Anschliff zu folgen.**

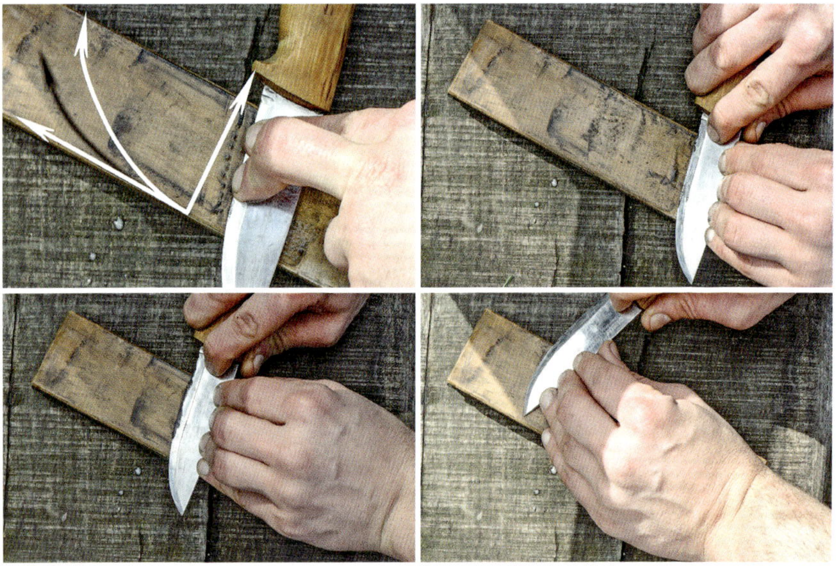

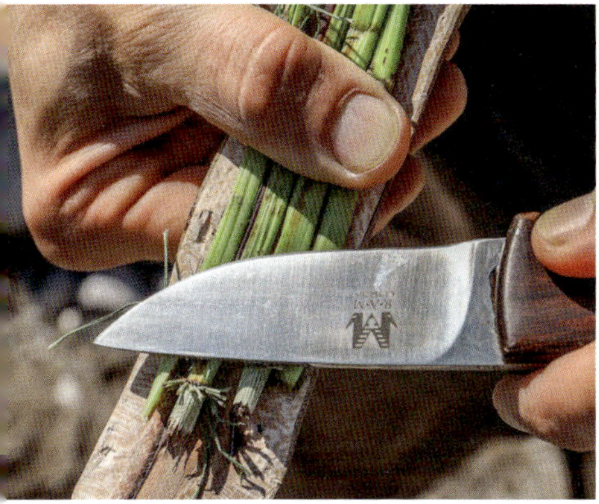

**Die flach gedrückten Stängel können ein Messer auf Rasierklingenschärfe bringen. Auf den Halmen ist in kurzer Zeit der silbergraue Abrieb von Stahl zu erkennen.**

Steins vorgenommen. Dabei wird vom Heft bis zur Spitze abgezogen. Auch hier wird eine Bewegung durchgeführt, als ob feine Schichten vom Schleifstein abgeschabt werden sollen. Jede Seite sollte abwechselnd etwa zehn Mal mit wenig Druck über den Schleifstein geführt werden.

### Aufrichten

Um dem Messer nach dem Schachtelhalmschliff die bestmögliche Schärfe zu verleihen, wird der Grat, also die mikroskopisch feinen und wild gebogenen Metallstreifen der Schneide, aufgerichtet. Hierzu kann entweder eine Niete der Messerscheide oder eine vergleichbare Struktur aus Metall verwendet werden. Ist kein Metall verfügbar, kann das Aufrichten auch am filzigen Trama von getrockneten Baumpilzen erfolgen. Das ist die dichte Filzschicht oberhalb der Röhren und unterhalb der Borke. Zum Abziehen wird das Messer in entgegengesetzter Richtung, also von Messerrücken zu Klinge über das Metall oder den Pilz geführt. Dieses Aufrichten trennt kein Metall aus der Schneide und kann häufig während des Arbeitens an harten Holzarten oder beim Verarbeiten von Tieren wiederholt werden. Wenn solche Materialien verfügbar sind, eignen sich neben Metallflächen oder einem Wetzstahl auch Gegenstände aus Keramik, Glas oder extrem fein polierte Steine aus Fließgewässern.

## Messerpflege

Mit Ausnahme von modernen Hochleistungsstählen besteht bei Messern ein gewisses Dilemma in der Materialauswahl. Stähle, die einfach zu schleifen sind und eine hohe Endschärfe erhalten, sind zumeist Kohlenstoffstähle. Diese haben jedoch die Eigenschaft schnell zu rosten. Nichtrostende Stähle sind mit einer größeren Menge Chrom legiert. Dies verhindert zwar, dass die Klinge schnell korrodiert, sie ist jedoch deutlich schwieriger zu schleifen und erreicht auch nicht die Schärfe von Kohlenstoffstählen. NIROSTA-Messer müssen kaum gepflegt werden.

Ich bevorzuge jedoch Messer mit rostendem Stahl, also mit hohem Kohlenstoff- und geringem Chromanteil in der Gratebene. Um zu verhindern, dass er unterwegs durch Oxidation Schaden erleidet, muss er deshalb hin und wieder gepflegt werden. Das hört sich aufwändiger an, als es ist. Für mich bedeutet es, die Klinge nach Berührung mit bloßen Fingern abzuwischen. Säurebestandteile des Hautfetts greifen die Schneide an.

Außerdem wird das Messer nach jeder Benutzung an der Hose trocken gewischt und nie nass eingepackt. Hier sind Lederscheiden genauso gut geeignet wie welche aus Kunststoff, da das Leder von innen mit wachshaltiger Schuhcreme imprägniert wer-

**An Stein, Pilz oder Schilf wird der Grat aufgerichtet.**

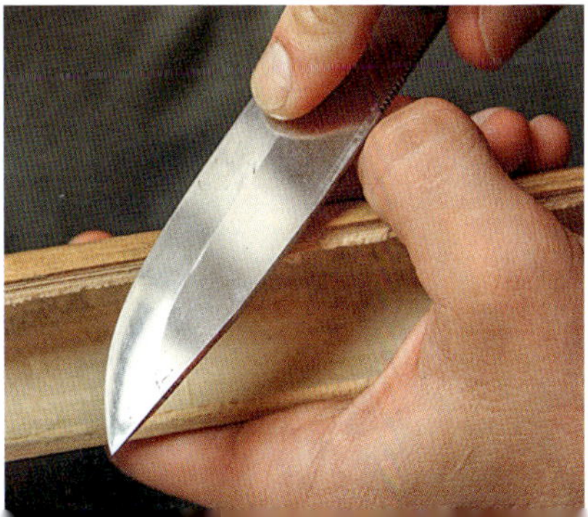

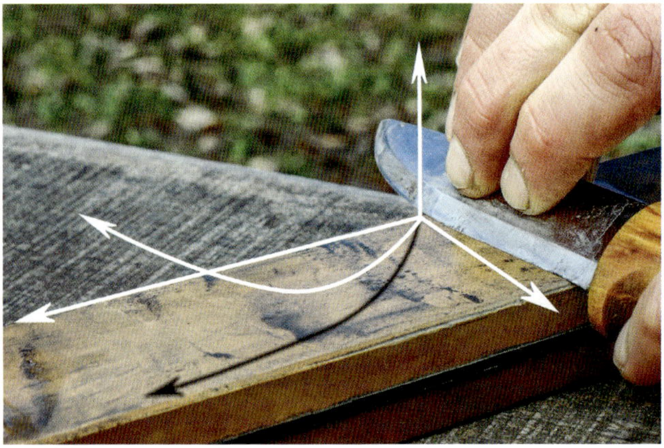

Häufig benutzte Messer bekommen durch den Schliff die notwendige Pflege. Der aufgelegte Grat wird nicht nur geschärft, sondern auch spiegelklar poliert. Wichtig ist hierbei, der Klinge beim Schliff in der Vertikalen zu folgen, da der Schliffwinkel an den Spitzenbereichen sonst zu klein wird. Zu beachten ist, dass der Grat beim Schleifen ständig flach aufliegen kann.

den kann. Diese wird nach und nach an die Klinge abgegeben und bildet einen schützenden Fettfilm. Klappmesser mit Holzgriff werden einmal im Jahr für eine halbe Stunde in warmes Leinöl getaucht. Das verhindert das Quellen des Holzes.

Unterwegs, wenn kein Fett verfügbar ist, reicht es, die Klinge einige Male durch die Haare gleiten zu lassen. Hier wird eine sehr feine Fettschicht auf den Stahl gelegt. Wer ein pflegeleichtes und gut schärfbares Messer benötigt, kann sich nach Laminatstählen erkundigen, die als Gratebene Kohlenstoffstahl besitzen, der durch ein Edelstahlsandwich geschützt wird.

# Messertechniken

Viele Arbeiten sind mit dem richtigen Werkzeug einfacher und schneller durchgeführt. Diese Werkzeuge können Sie aber nicht alle mitführen, sondern müssen sie häufig vor Ort herstellen. Das beginnt mit einfachen Grabhölzern und endet bei filigranen Fallen und präzise gebauten Feuerbohrern. In diesem Buch beschränken wir uns auf den Bereich, der zum unmittelbaren Erhalt der Leistungsfähigkeit in den ersten Tagen anfällt, vernachlässigen also bewusst Fallen und Jagdwaffen. Die dafür benötigten Schnitttechniken sind aber dieselben wie die hier vorgestellten.

## Schneidetechnik

Die grundlegende Verwendungstechnik des Messers ist – wie der Name sagt – immer eine Schneidebewegung. Um leicht durch Holz, Fasern, Haut oder Fleisch zu dringen, müssen Sie die Klinge immer in der Ebene ihrer Schneide bewegen, ähnlich dem Sägen. Prinzipiell ist das Schneiden nichts anderes als das Sägen, nur in einem sehr viel kleineren Bereich. Es werden keine Fasern aus dem Material herausgerissen wie durch einen Sägezahn, sondern einzelne Molekülverbindungen zerrissen. Ein häufiger Fehler, der zum Festsetzen der Klinge und dadurch auch zum Abrutschen und zu Verletzungen führt, ist das »Schaben« oder »Hobeln«, also das Eindrücken der Klinge, ohne sie zu bewegen. Bei manchen Schnitten kann das

Ein sauberer Schnitt gelingt bei harten Materialien wie Holz nur durch das »Säbeln« der Klinge.

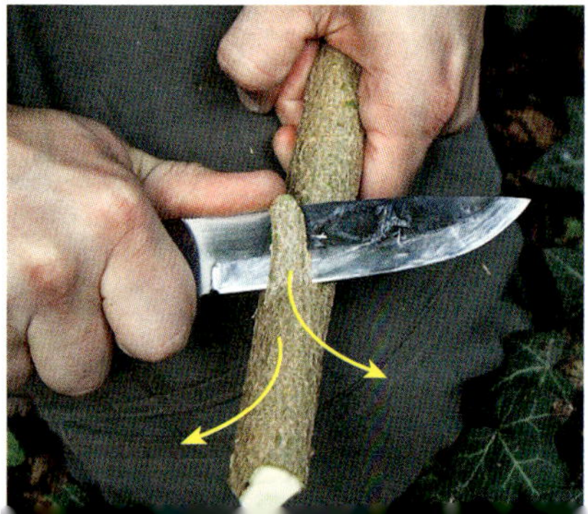

»Säbeln« auch durch ein Wippen ersetzt werden. Gewöhnen Sie sich an, bei jedem Schnitt diese Schneidebewegung durchzuführen – damit kommen Sie durch das härteste Holz.

## Abtrennen von Hölzern

Wenn Sie gewachsene Stämme oder Äste bis zu einem Durchmesser von 5–10 Zentimetern schnell und sicher abtrennen möchten, geht das in aller Regel mit einem kleinen Messer sehr viel schneller als mit einem Hackgerät oder einem Sägedraht. Wichtig ist hierfür zu wissen, dass die Fasern von Holz längs durch den Ast führen und durch Biegung eine enorme Spannung erhalten. Auf der konvexen Seite entsteht Zug, während auf der konkaven Seite Druck aufgebaut wird. Wird der Ast also unter Spannung gesetzt, können Sie die Klinge mit dem Daumen auf dem Klingenrücken ohne große Kraft in die Fasern treiben. Die Schnittrichtung ist dabei diagonal nach unten. Da die Fasern unter Spannung stehen, platzen sie regelrecht vom Holz, wodurch die »Spannungsphase« immer weiter durch den Ast wandert – nur der allerletzte Schnitt muss mit ein wenig Kraft angesetzt werden, da hier die Fasern ohne jegliche Belastung zertrennt werden müssen.

## Ablängschnitt

Wenn Sie vom Ende eines Astes ein Stück abtrennen möchten, um ihn auf bestimmte Länge zu bringen, können Sie das über einen Ablängschnitt am Knie machen. Gehen Sie mit einem Knie auf den Boden, stellen das andere Bein auf und legen die Hand mit dem Messer an das stehende Schienbein. Das Schnittgut wird von unten an die Klinge gelegt und nach hinten gezogen.

## Kraftschnitt

Der Kraftschnitt oder Power-Cut wird verwendet, um Hölzer abzulängen, zu zerteilen oder Endstrukturen wie Spitzen oder Haken aufzuschneiden. Hierbei wird das Messer so in der geschlossenen Faust gehalten, dass die Schneide in Richtung Daumenwurzel steht – also genau anders herum als ge-

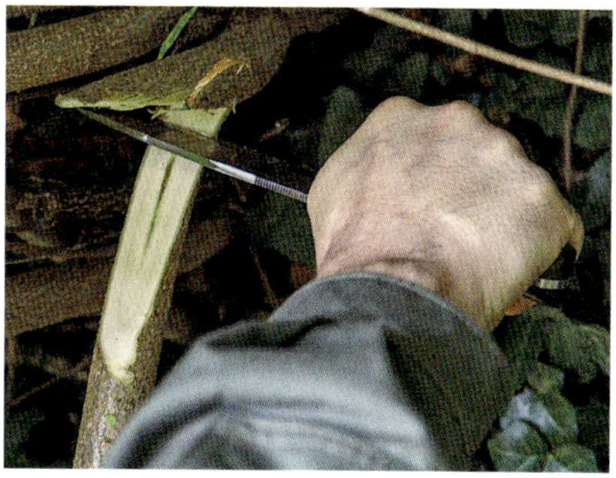

Ein Ast wird unter Spannung kurz über dem Boden schräg durch die Fasern abgetrennt.

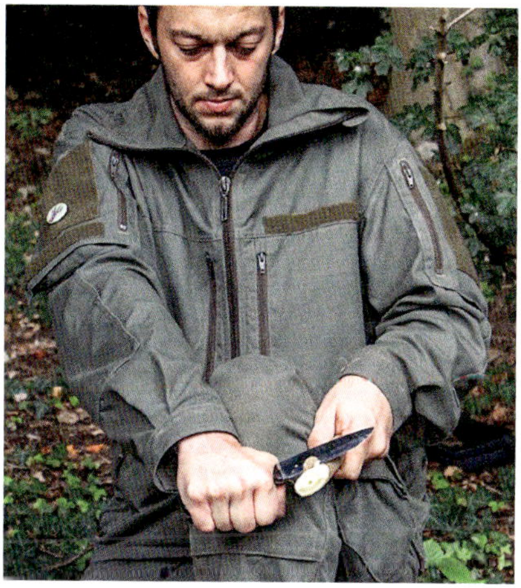

Grobes Ablängen von Ästen kann über einen kraftvollen Schnitt am Knie erfolgen. Jener ist zwar kräftig, aber weit weniger präzise als der Kraftschnitt.

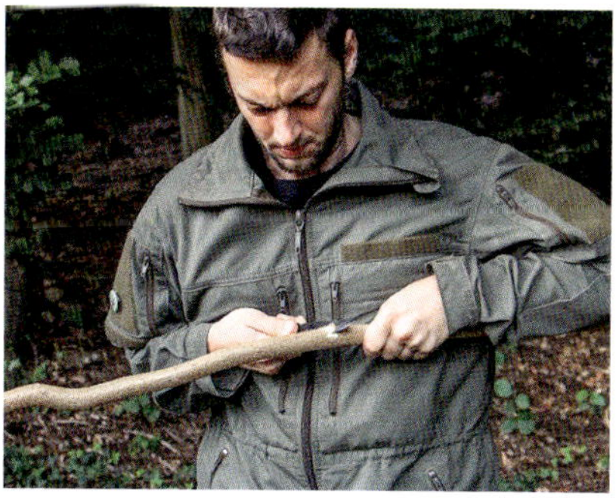

Wichtig beim Kraftschnitt ist, dass die Klinge senkrecht auf dem Brustbein aufliegt.

wohnt. Das Griffende wird auf dem Brustbein aufgelegt, und während beide Arme angewinkelt sind, legen Sie das Schnittgut von unten an die Schneide. Durch das Strecken der Rückenmuskulatur können Sie nun mit enormer Kraft beide Schultern nach hinten ziehen – die Klinge kann zentimeterdicke Scheiben vom Holz abtrennen. Vorteil dieser Technik ist außerdem, dass Sie sehr präzise arbeiten können.

## Präzisionsschnitt

Wenn ein Stab mit feinen Kerben, Haken etc. versehen werden sollen, arbeiten Sie mit beiden Händen am Messer. Vor allem wenn die Strukturen am Ende des Astes angebracht werden sollen, besteht die Gefahr, dass das Holz ausbricht. Also wird mit wenig Kraft gearbeitet. Das Messer wird in der Faust gehalten, dabei liegt der Daumen auf dem Klingenrücken. In der anderen Hand liegt das Holz, welches selbst von unten an die Klinge gesetzt wird. Jetzt drücken Sie mit dem Daumen der Hand, die das Holz hält, die Klinge in die Fasern. Dieser Schnitt ist höchst präzise, aber nicht sehr kraftvoll. Deshalb müssen meist mehrere dünne Fasern aufgefächert werden, die mit einem Kappschnitt herausgetrennt werden. Auf diese Weise lassen sich auch →feather sticks schneiden.

## Gegenschnitt

Diese präzise Technik sollten Sie nur anwenden, wenn Sie die Klinge einigermaßen geübt führen können. Sie wird als Gegenschnitt gegen einen Präzisionsschnitt geführt, um Haken frei zu schneiden oder Kerben zu säubern. Dabei schneiden Sie direkt in Richtung Ihrer Hand. Deshalb sollten Sie nur mit äußerster Vorsicht und mit wenig Druck arbeiten. Um ein Abrutschen zu verhindern, halten Sie das Holz mit einer Hand fest und drücken mit dem Daumen ebendieser Hand gegen die messerführende. So können Sie sehr langsam in die Fasern einschneiden – rutschen Sie ab, wird die Klinge vom Gegendruck an den Daumen abgebremst.

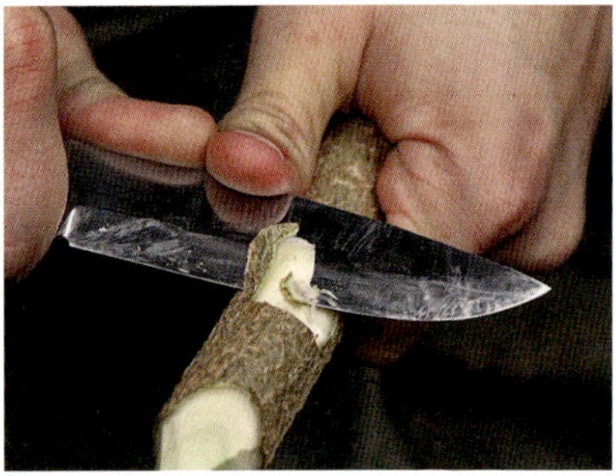

**Durch das Stabilisieren des Griffs mit beiden Daumen kann der Präzisionsschnitt sehr sauber und durch Klingenbewegung vergleichsweise tief erfolgen. Der Präszisionsschnitt lässt sich jederzeit stoppen.**

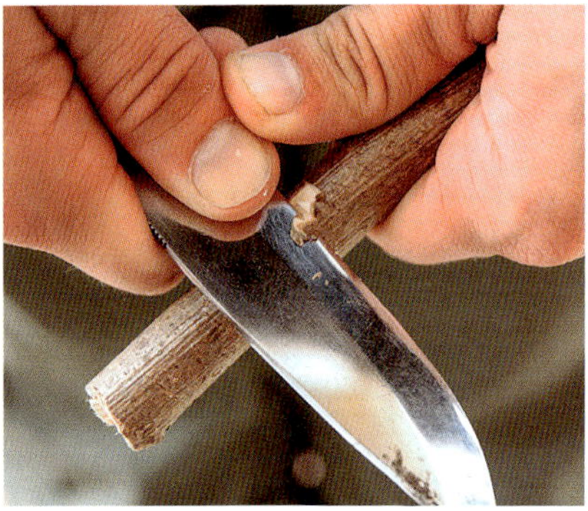

**Es lässt sich nicht immer vermeiden, gegen die Hand zu schneiden. In diesem Fall wird die Klingenhand ständig mit dem Daumen der anderen Hand gebremst. Beim Ausbrechen der Faser wird die Klinge gestoppt.**

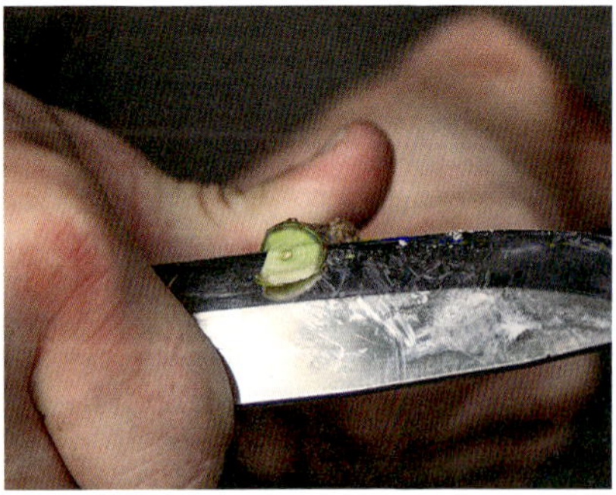

**Ein sauberes Ende ist oft eine wichtige Voraussetzung beim Bau improvisierter Gegenstände. Bleibt der Daumen beim Kappen gestreckt, kann nichts passieren.**

## Kappschnitt

Um einen zugeschnittenen Ast mit einem sauberen und flachen Ende zu versehen, nehmen Sie das Holz in eine Hand und führen es an die Klinge. Mit gestrecktem (!) Daumen der Führungshand kann das Ende nun über die Klinge geführt werden. Dabei wird das Messer relativ nahe an der Klinge gefasst, da sonst nicht genügend Platz für den gestreckten Daumen verbleibt. Wichtig ist, dass der abgespreizte Daumen keinesfalls näher an die Klinge gerückt wird – auch wenn das Holz festklemmt. Da Sie mit diesem langen Hebel über den Daumen nur relativ wenig Kraft erzeugen können, schnitzen Sie bei dieser Technik generell dünne Scheiben vom Ende herunter.

## Lochschnitt

Sollen Löcher oder Kerben zum Verzapfen geschnitten werden, ist die Gefahr groß, dass das Werkstück reißt und Sie mit der Klinge durch das Holz rutschen und die Griffhand verletzen. Halten Sie das Messer allerdings vorne an der Klinge fest, können Sie mit dem Daumen die Schnitttiefe genau regulieren. Dabei ist es wichtig, dass sich die Schneide auch unter Druck keinen Millimeter bewegen kann. Dazu wird die Klinge mit vier Fingern gegen den Handballen gepresst. Die Klinge lässt sich so quer zu den Fasern einstechen. Um ein Loch zu schneiden, flachen Sie das Holz etwas mit dem Kraftschnitt ab und stechen zwei mal etwa einen Zentimeter voneinander entfernt quer zur Faser ein. Rutschen Sie dabei ab und treffen die Griffhand oder den Oberschenkel, sind Verletzungen (wenn Sie überhaupt vorkommen) weit geringer, als wenn Sie die Klinge am Griff fassen und die gesamte Schneidenlänge eindringen kann. Nun können Sie die Fasern zwischen den Querschnitten vorsichtig mit demselben Griff herausschälen. Dasselbe wird von der anderen Seite gemacht, bis sich beide Löcher treffen.

Sie werden all diese Techniken ständig im täglichen Training anwenden. Dabei wechseln Sie irgendwann so flüssig, dass Sie sich wenig Gedanken darüber machen werden, welchen Schnitt Sie gerade anwenden. Dort wo bestimmte Schnitte Sinn machen, werde ich es im Folgenden entsprechend kennzeichnen.

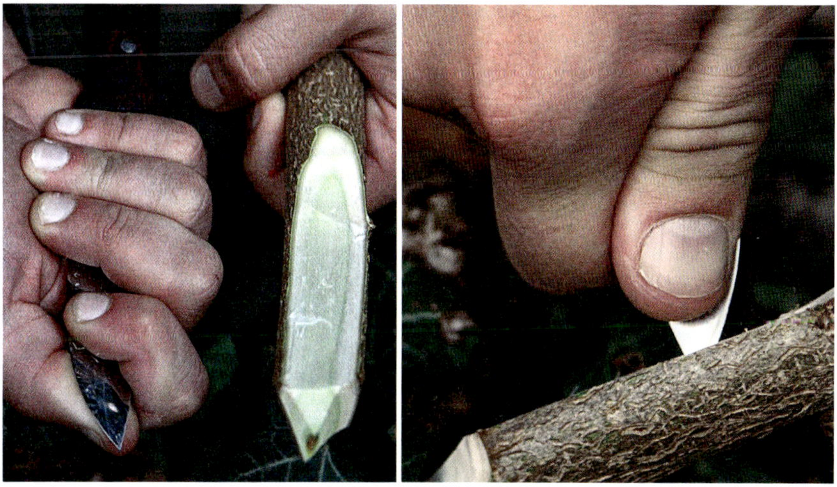

**Beim Griff an der Klinge darf sich das Messer auch unter Druck nicht bewegen. Dazu wird Druck auf die Klingenseite aufgebracht. Der Daumen lässt nur eine kleine Spitze zum Arbeiten im Holz frei. Sollten Sie durch das Holz rutschen, verhindert der Lochschnitt, dass die gesamte Klinge in Oberschenkel oder Hand versenkt wird.**

# 5 Das Survivalkit

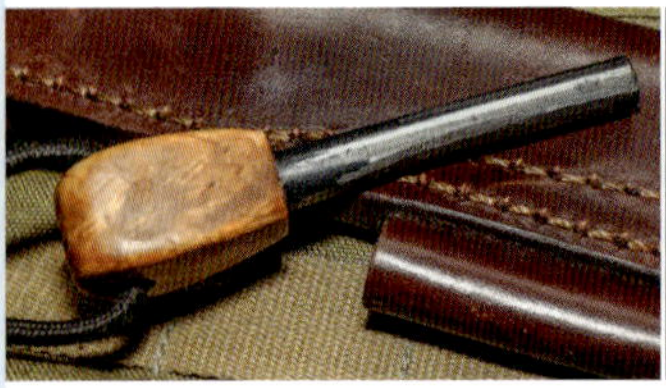
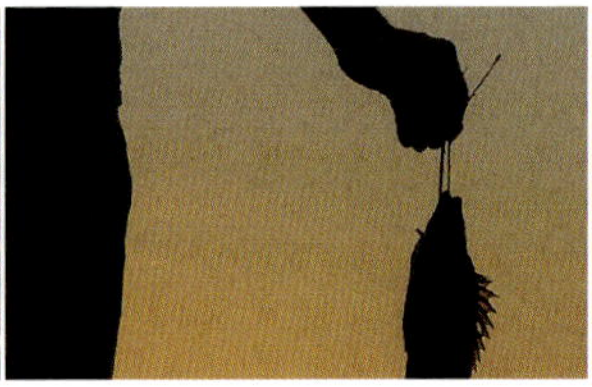
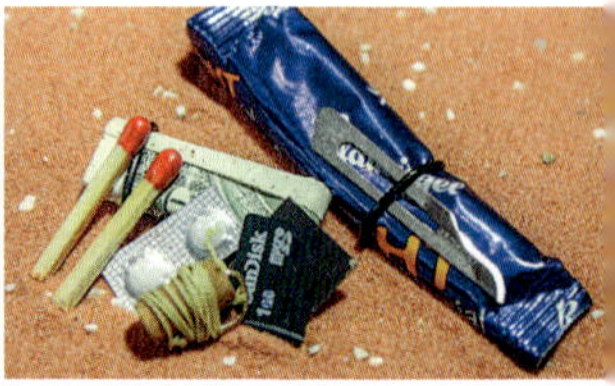

»Survivalkits« und »Survivalgürtel« sind ebenso wie die gesamte Überlebensausrüstung Gegenstand unzähliger Dispute in Büchern, TV-Shows und sozialen Netzwerken, die letztendlich nie zu einem befriedigenden Ergebnis führen.

Während die wirklich wichtigen Themen wie Pflanzenbestimmung und Feuertechniken schnell fallen gelassen werden, findet man dutzende Newsgroups, Internetforen und Diskussionsrunden, die sich eingehend mit Survivalgürteln, »Bug-out-bags« und Notfallpacks beschäftigen. Welches das beste, vollständige, das perfekt zusammengestellte Survivalkit sei, ist auch eine der Fragen, die mir recht häufig gestellt werden. Leider muss ich den Leser, der nun eine unreflektierte Aufzählung der wichtigsten Dinge für das Survivalkit erwartet, an dieser Stelle enttäuschen. Meines Erachtens ist ein umfangreiches Survivalkit, sogar das Prinzip als solches, schlicht wertlos.

Die Ausrüstung für den Verlust der Ausrüstung ist meiner Meinung nach ein Widerspruch in sich. Ein Survivalkit stellt größtenteils eine Begründung dar, einige Techniken nicht beherrschen oder sich mit manchen Themen nicht auseinandersetzen zu müssen. Wenn ich mir solche Listen anschaue, frage ich mich oft, was das mit einer Notfallausrüstung zu tun haben soll. So werden unter anderem ein Navigationsgerät, Nägel, eine Rettungsdecke, Angelausrüstung, Feuerstarter, Schreibgeräte, Notspiegel, Erste-Hilfe-Ausrüstung, Brennstoff, Draht, Nähzeug, Signalfackeln, Energieriegel, Drahtsäge, Lupe, Entkeimungstabletten, eine Blechdose, meterweise Aquarienschlauch und vieles mehr in eine Gürteltasche oder in einen kleinen Rucksack gepackt.

Diese Tasche, an der idealerweise noch eine Schusswaffe, eine Wasserflasche und das Messer hängen sollen, wiegt deutlich mehr als drei Kilogramm. Diese Ausrüstung hat wirklich rein gar nichts mehr mit einem Überlebenskit zu tun. Ich bewerte sie scherzhaft eher als Material für einen gut ausgerüsteten Campingurlaub. Das besondere Merkmal dieser Tasche ist, dass sie so unbequem und unhandlich sein wird, dass sie im Kanu oder Kajak genauso wenig getragen werden kann wie unter dem Hüftgurt des Rucksacks bei Wandertouren. Eine solche Survivalausrüstung kann sehr wohl für gezielte Survivalprojekte als Basis verwendet oder als Notausrüstung im Auto oder Segelflieger platziert werden. Im unerwarteten Notfall wird sie aber neben dem Rambomesser liegen – zu Hause.

Die meisten dieser Ausrüstungsteile sind außerdem überflüssig und oft redundant. Wer sich unbedingt mit diesem Gewicht belasten möchte, packt einen leichten Daunenschlafsack, einen kleinen Wasserfilter, ein Gasfeuerzeug und ein Mobiltelefon (besser ein Satellitentelefon) ein. Sie werden auf das gleiche Gewicht und Volumen kommen, aber deutlich bequemer leben.

Das wirklich wichtige und unverlierbare Survivalkit ist alleine unsere mentale Kraft, die praktischen Fertigkeiten und körperli-

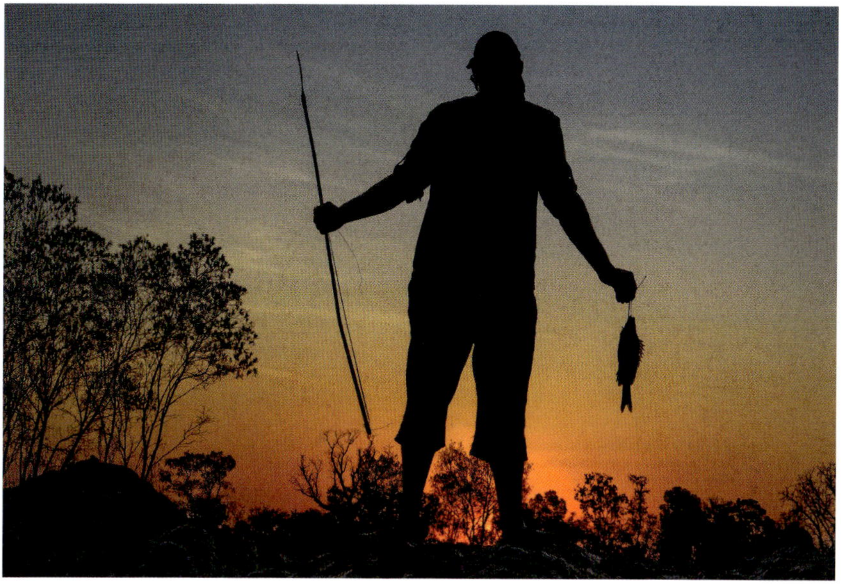

**Einige Expeditionen verkommen heute zur reinen Materialschlacht. Dagegen kann es den besonderen Reiz ausmachen, wichtige und lebensnotwendige Grundlagen erst unterwegs zu besorgen. Das notwendige Handwerkszeug ist ebenso leicht wie unverlierbar: das Survivalkit im Kopf.**

chen Fähigkeiten, die erweitert, vervollständigt, trainiert und erhalten werden möchten. Auch ein Messer, selbst die Kleidung kann verloren gehen. Ein Survivalkit macht außerdem nur dann Sinn, wenn es ständig bei sich getragen wird. Das ist bei einer solchen oben genannten Gürteltasche alleine schon aus praktischen Gründen nicht möglich. Zumindest habe ich bis jetzt noch nie jemanden mit umgeschnalltem Überlebensgürtel getroffen. Wenn Sie im Survivaltraining noch nicht so weit fortgeschritten sind, um zum Beispiel auf ein Feuerzeug verzichten zu können, ist das nicht schlimm. Erstens haben Sie den Ansporn, die Ihnen noch fehlenden Techniken zu erlernen, zweitens spricht auch nichts dagegen, für den Notfall ein kleines Survivalkit zusammenzustellen, sofern Sie auch wirklich bereit sind, es *outdoor* ständig zu tragen. Das kann eine wasserdichte Dose sein, mit einem Feuerstarter, ein wenig Schnur, Rettungsdecke, etwas Draht und einigen kleinen Angelhaken mit Vorfach, oder einige am Klappmesser gesicherte Hilfsmittel. So eine unverlierbare »Survivalleine« mit Feuerstarter, Messer, Knopfkompass und Signalpfeife habe ich früher gerne zum Training verwendet. Sie können sich auch beim Sattler an Ihre Messerscheide eine kleine Röhre ansteppen lassen, die als Futteral für den Funkenstein dient, eine wichtige Ressource, da Feuer mit natürlichen Methoden nicht immer gelingen will. Mit dieser Kombination ist Ihnen im Notfall besser geholfen als mit Aquariumschlauch und schießendem Kugelschreiber.

**HINWEIS:**

Alleine das Wissen und Ihre Fertigkeiten können Sie nicht verlieren.

Dabei müssen Sie unbedingt daran denken, dass selbst diese kleine Ausrüstung viel Übung verlangt. Wer einen Magnesiumfeuerstarter als »Lebensversicherung« im Kanu mitführt und diesen noch nie verwendet hat, muss sich nicht wundern, dass er nach einem Kentern kein Feuer zustande bekommt. Diese Geschichte hört sich zwar wie an den Haaren herbeigezogen an, sie ist aber tatsächlich geschehen, was man lange Zeit in der Kommentarspalte eines großen Hamburger Outdoorversandes nachlesen konnte. Selbst wenn Sie einige Streichhölzer mitführen, brennt deswegen noch lange kein Feuer. Schlecht vorbereitete Feuerstellen können Sie manchmal auch mit 20 Zündhölzern und einem halben Liter Benzin nicht entfachen.

Vielleicht ist das Zusammenstellen von »Survivalkits« auch deshalb so beliebt, weil diese Tätigkeit daheim im warmen Wohnzimmer vonstatten geht. Dabei stellt man sich gerne vor, wie man im Notfall welchen Gegenstand verwenden würde, denn die meisten der notwendigen Techniken wurden real noch nie getestet. So kann man am Kamin bei einem heißen Tee vom abenteuerlichen Notfall träumen. Das ist schön, hat mit Survival trotzdem nichts zu tun.

Verzichten Sie vor allem darauf, anscheinend billige kommerzielle Survivalkits zu kaufen. Diese sind schwer und meist prall gefüllt mit minderwertigen Gegenständen, teilweise sogar funktionslosen Repliken wie einseitig bedampften Rettungsspiegeln oder »Magnesiumfeuerstartern« aus unbrennbarem Aluminium (kein Scherz).

Sie können sich für das Training ein *Trainingskit* zusammenstellen, das beispielsweise bei Fernreisen auch als Notfallkit im Fahrzeug liegen kann oder bei Expeditionen zusammen mit Wasserlagern positioniert wird. Achten Sie dabei darauf, dass alle Gegenstände so hochwertig sind, dass sie auch nur als Einzelstücke eingepackt werden müssen: also ein gut funktionierender Funkenstahl oder ewiges Streichholz anstatt eines Gasfeuerzeugs, eines Päckchens Streichhölzer *und* eines schlechten Funkenstahls (so sind die allermeisten Survivalkits allerdings zusammengestellt). Abgedeckt werden sollten die Faktoren, die innerhalb kurzer Zeit Ihren Aktionsradius bzw. Ihre Leistungsfähigkeit einschränken können.

Ein solches Kit enthält beispielsweise eine Ausstattung für die folgenden Bereiche:

- **Feuer:** Feuerstahl, Feuerzeug oder wasserfeste Streichhölzer
- **Trinkwasser:** kleiner Einmalwasserfilter, dünnwandige Blechtasse, Trinkblase
- **Werkzeug:** ein kleines und scharfes Messer, ein guter Sägedraht
- **Notnahrung:** Draht, Angelleine mit Haken
- **Unterkunft:** Rettungsdecke, Biwaksack
- **Rettung:** Signalpfeife, Signalspiegel, Kompass, Rauchpatronen, Geld
- **Sonstiges:** Parachord, Nadeln, Verbandspäckchen, kleine Stirnlampe, beglaubigte Kopien der Ausweisdokumente.

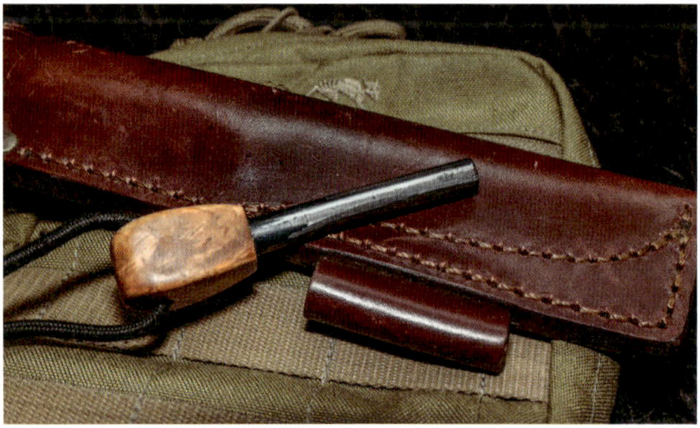

Haben Sie einen Funkenstahl an der Messerscheide und das Messer auch unterwegs immer am Mann, sind Sie für die meisten Notfälle gewappnet (das notwendige Wissen vorausgesetzt).

Ein kleines Survivalkit, das hilfreich sein kann, wenn Sie manche Techniken (noch) nicht beherrschen, und das immer am Mann sein muss, da es sonst im Survivalnotfall (Verlust aller Ausrüstung) nicht verwendet werden kann:

- **Feuer:** Feuerstahl
- **Notnahrung:** 10 Meter geflochtene Angelleine mit Haken
- **Wasser:** robustes Kondom zum Wassertransport, Wassereintkeimungstabletten
- **Rettung:** Knicklichter, Geld, beglaubigte Kopien der Ausweisdokumente
- **Sonstiges:** einige Meter Parachord, kleine LED-Lampe, Skalpell oder Rasierklinge.

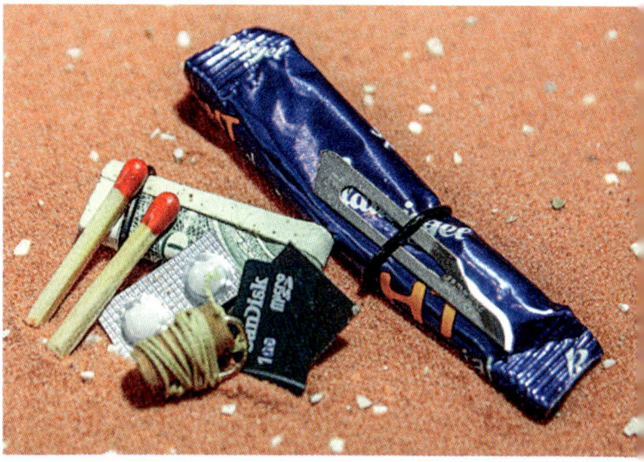

**Streichhölzer, Wasserentkeimungstabletten, Angelmaterial, Skalpell, Kondom, etwas Geld und Ihre Dokumente können Sie wasserfest einschweißen und mehrere dieser kleinen Sets auf Kleidung, Rucksäcke, Fahrzeug etc. verteilen.**

Wenn Sie ein winziges Backup verwenden möchten, schweißen Sie fest in Kunststoff ein oder platzieren in einem dichten Metallröhrchen:

- zwei Wasserentkeimungstabletten
- zwei wasserfeste Streichhölzer mit Reibefläche
- ein Skalpell
- ein Kondom
- etwas Geld
- geflochtene Angelleine mit Haken
- Ausweisdokumente eingescannt und auf einer Micro-SD Karte gespeichert.

Das letzte Survivalkit ist eines, das diesen Namen auch verdient. Sie können meinetwegen fünf davon zusammenstellen und eines im Stiefel einnähen (diese verlieren Sie wohl eher selten), eines im Gürtel platzieren, in der Hemdtasche, am Uhrband, an der Gürtelscheide etc.

Diese Survivalkits sind in aller Regel schnell zusammengestellt. Üben Sie damit, dann wissen Sie, was ausgetauscht oder verbessert werden muss. Ohne Übung ist Ausrüstung nichts wert. Vor allem trainieren Sie jedoch alle Techniken auch möglichst ohne Hilfsmittel.

Gehen Sie raus in die Natur, in den Wald! Testen Sie aus und lernen Sie aus Fehlern, die Sie begehen. Das ist das Survivalkit, das Sie sich aneignen sollten. Vielleicht findet sich auch ein Kamerad, dem es ähnlich viel Spaß macht, frierend im Schlamm am qualmenden Feuer zu liegen und mit Ihnen den mitgebrachten Schokoriegel zu genießen. Wenn Sie Geld ausgeben möchten, belegen Sie Pflanzenbestimmungskurse an der Volkshochschule oder vervollständigen Sie Ihre Bibliothek.

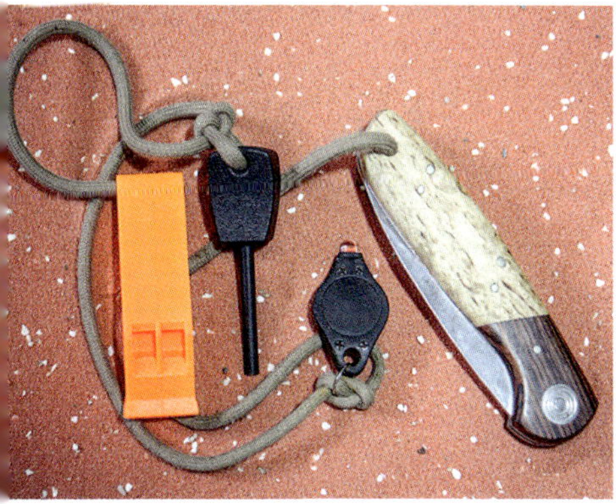

**Eine »Survivalschnur« zum Training und Mitführen in der Hosentasche.**

# 6 Behelfe

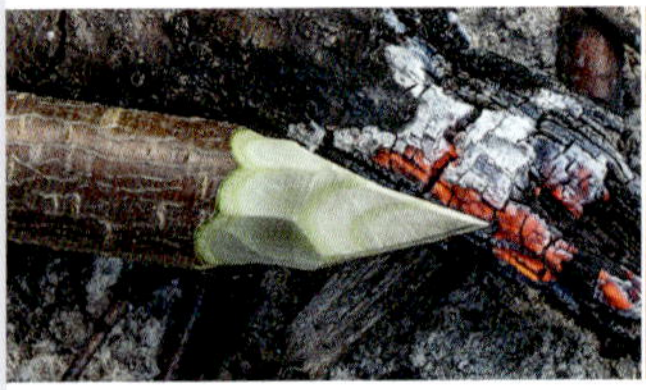
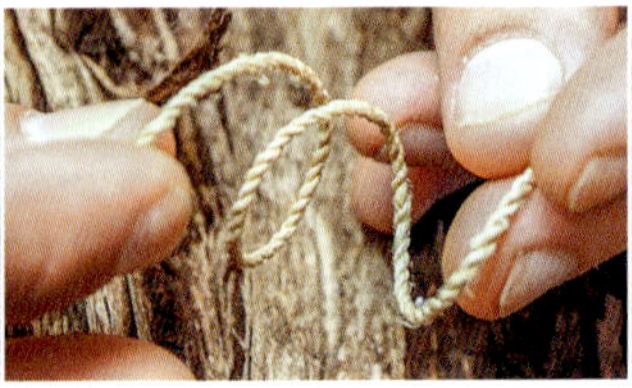
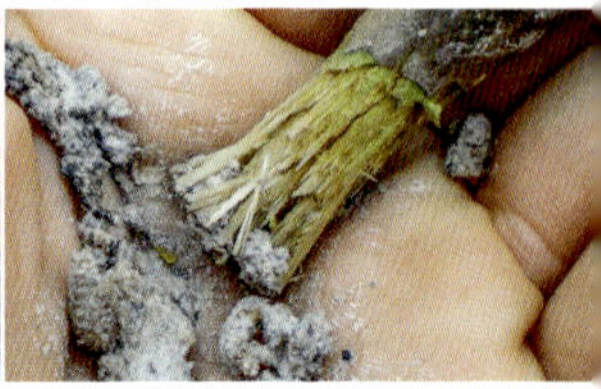

In einer Notfall- oder Trainingssituation, in der wir die wichtigen und gewohnten Hilfsmittel unserer hoch technisierten Zivilisation entbehren, wird eine deutliche Verbesserung der Situation durch einige improvisierte Werkzeuge und Arbeitsmaterialien erreicht. Die große Herausforderung für jene, die sich auf die Erfahrung vollständig fehlender Hilfsmittel vorbereiten möchten, ist die Festigung des Improvisationsgeschicks und die Übung einiger einfacher Techniken, den sogenannten »primitive skills«.

Wenn wir primitive skills möglichst effektiv ausüben wollen, kommen wir nicht umhin, unsere bekannten technischen Errungenschaften in eine einfachere Version zu überführen. Deshalb ist es im Notfall unsere Pflicht, all jenes zu verwenden und zu verwerten, das sich als hilfreich erweisen könnte.

Darum werden Sie also im Notfall beispielsweise aus Teilen Ihrer Kleidung Schnüre herstellen, die zum Feuerbohren oder Verbinden von Wunden verwendet werden. Wenn Sie das in ziviler Umgebung üben, sollten Sie trotzdem den Ansporn haben, es beispielsweise mit vollständig selbst hergestellter Leine zu schaffen. Auf diese Weise können Sie im eingetretenen Notfall auch ein Feuer herstellen, wenn Sie es (aus Gründen, über die hier keine Vermutungen angestellt werden mögen) nackt entfachen müssten. Im Folgenden werden deshalb auch entsprechende Möglichkeiten angesprochen, wo verwertbare Materialien gefunden werden können.

In diesem Kapitel ist also eine Anzahl von improvisierten Werkzeugen beschrieben, die im Überlebenstraining beziehungsweise im Notfall bei bestimmten Techniken Verwendung finden. Es wird an entsprechender Stelle in den jeweiligen Kapiteln auf das passende Werkzeug verwiesen.

## Grabhölzer

Beim Überleben in der Natur ist zu erwarten, dass Sie häufig die Erdoberfläche aufreißen müssen, um zum Beispiel an Wurzeln und Knollen zu gelangen, oder wenn Sie einen Pfahl sicher im Boden verankern möchten. Den weichen Waldboden werden Sie mit den bloßen Händen wahrscheinlich noch aufgraben können. Anders sieht es schon auf einer

**Die Vierkantspitze des Grabstocks. Durch die angephasten Kanten erlaubt dieser Behelf einen robusten Einsatz. Der Grabstock gehört mit zu den wichtigsten Werkzeugen.**

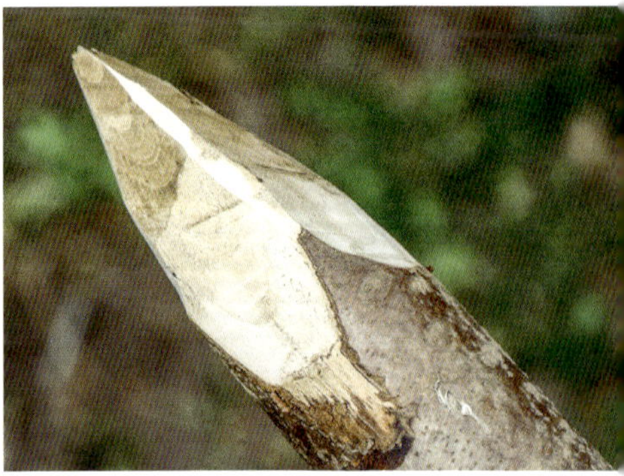

Wiese aus, wenn Sie eine Löwenzahnwurzel ernten möchten. Wenn der Boden direkter Sonnenstrahlung ausgesetzt wurde, ist er oft so ausgedörrt, dass hier unbedingt mit Werkzeugen gearbeitet werden muss. Kommen Sie in diesem Fall bitte nicht auf die Idee, mit Ihrem Messer zu graben. Davon abgesehen, dass Sie mit Sicherheit auf Sandkörner und kleine Kiesel stoßen und Scharten in den empfindlichen Grat schlagen werden, besteht das Risiko, dass das Messer abbricht. Hier möchten wir mit einem Grabstock arbeiten, wie er in vielen primitiven Kulturen eingesetzt wurde und noch heute in abgewandelter Form Verwendung findet. Obwohl der Boden außerordentlich fest sein kann, ist man in der Lage, mit einem Grabstock einzelne Schollen abzusprengen, die aus der Grube ausgehoben werden können. Hierzu ist es notwendig, einen möglichst stabilen und harten Holzpfahl zu einem Grabstock zu formen. Ein solcher Grab- und Hebelstock ist eines der wichtigsten Werkzeuge, das bei vielen unterschiedlichen Tätigkeiten Anwendung findet.

Mit diesem Universalwerkzeug können nicht nur Gruben und Brunnen ausgehoben oder Knollen ausgegraben werden, sondern auch lockeres Holz zerteilt und schwere Steinplatten angehoben werden. Um den vielen unterschiedlichen Anwendungszwecken gerecht zu werden, wähle ich eine zweispitzige Grabstockform. Um diese zu fertigen, suche ich mir einen stabilen Ast von Armdicke. Er sollte aus hartem und flexiblem Holz bestehen. Ideal geeignet ist Robinie, Hasel oder Hainbuche. Prinzipiell können jedoch alle Harthölzer genommen werden, die stabil sind und einigermaßen gerade gewachsene Äste ausbilden.

Der Ast wird nun an einer möglichst geraden Stelle so abgelängt, dass er etwa eine →Elle misst. Die beiden Enden werden nun unterschiedlich geformt. Für extrem harte Böden und stabiles Material erhält ein Ende eine Vierkantspitze, deren Spitzenwinkel etwa 60 bis 70 Grad beträgt. Hierzu wird zuerst an zwei gegenüberliegenden Seiten ein Keil mit dem passenden Winkel geschnitten. Nun wird 90 Grad dazu versetzt ein weiterer Keil aufgeschnitzt, der die Spitze damit zum Vierkant formt. Die andere Seite des Stabs wird so bearbeitet, dass eine meißelartige Spitze entsteht. Mit dieser wird in lockerem Boden gescharrt, morsches Holz gespalten und Erde aus Gruben geräumt. Besonders wichtig für die Stabilität der beiden Spitzen ist, dass jeder Grat einmal angephast wird. Dies machen Sie, indem von jeder Kante mit dem Messer ein Span von etwa einem Millimeter Breite abgenommen wird. Nichts behindert das Eindringen der Spitze in das Material mehr als ein umgebogener Grat. Die beiden Enden werden möglichst im Feuer →gehärtet. Solche Grabstöcke können tagelang in Verwendung sein, bevor sie nachgespitzt werden müssen.

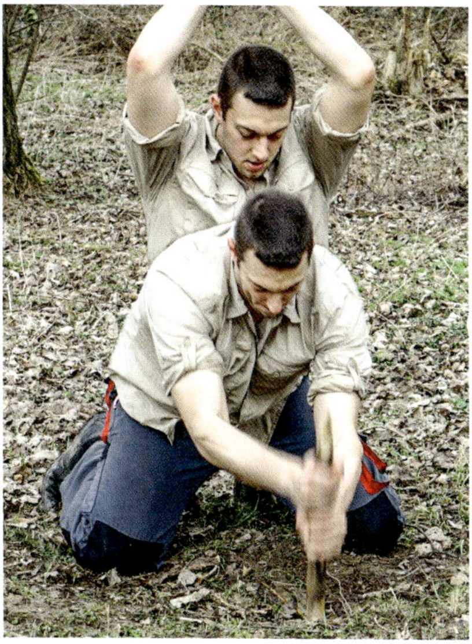

**Mit Schwung zwischen die Knie geschlagen kann mit Hilfe des Grabstocks auch härtester Boden aufgerissen werden, um beispielsweise Knollen zu erreichen oder nach Wasser zu graben.**

Einen stabilen Grabstock herzustellen ist aufgrund seines großen Durchmessers und der Härte zwar zeitaufwändig, es lohnt sich aber dennoch, da mit ihm viele Tätigkeiten deutlich schneller abgeschlossen werden können als mit einer dünnen und instabilen Struktur.

Eingesetzt wird er, indem er kniend mit beiden Händen umfasst und mit Schwung über dem Kopf zwischen die Knie geschlagen wird. Beim Herausziehen aus dem Erdreich kann ein wenig in Körperrichtung gehebelt werden, um die Wirkung zu verstärken.

Da Schäden an der Spitze des Grabstocks beim ausgiebigen Arbeiten nicht ausbleiben werden, kann sie alle paar Tage neu angespitzt werden. Dabei sollten Sie jedoch nicht das Messer verwenden, da Sediment in die oberen Holzschichten eingearbeitet worden ist, was der Klinge schaden könnte. Vielmehr wird die Spitze auf einem rauen Stein nachgeschmirgelt. Nach dieser Prozedur muss die Spitze neu gehärtet werden. Mit vergleichbaren Werkzeugen werden heute noch im Busch Knollen ausgescharrt, da eine spitze Struktur besser in den ausgedörrten und lehmigen Steppenboden eindringt als etwa ein Spaten. Die modernen Ableger der Grabhölzer bestehen jedoch meist aus einem Holzschaft, in den ein rund angeschliffenes Stück Baustahl eingesetzt wurde.

## Hammer, Keulen

Ein Werkzeug, das besonders beim Bau von Notunterkünften und beim Zerkleinern von Holz Verwendung findet, ist eine Art Hammer oder Keule. Prinzipiell besteht diese aus dem gleichen Stück wie das Grabholz, jedoch ohne Spitzen. Mit diesem einfachen Schlägel können Keile in Holz eingetrieben oder Stäbe zum Sichern der Notunterkunft in den Boden geschlagen werden. Hier ist es natürlich von Vorteil, wenn Sie einen Ast mit stabilem Seitentrieb in die Form eines Hammers bringen können. Diese Aufgabe wird ohne Säge jedoch unverhältnismäßig viel Zeit benötigen. Falls sich solche Formen jedoch auffinden lassen, sind sie zu bevorzugen.

Mit so einem Holzprügel können Sie mit der richtigen Technik auch Steine zerschlagen, was beim Bau eines einfachen Messerersatzes Anwendung findet. Hierzu wird ein etwas kleinerer Stein über einen dünnen Holzstab auf den zu bearbeitenden gelegt. So entsteht eine kleine Wippe. Der Schwerpunkt sollte zunächst auf der Seite liegen, die der zukünftigen Bruchkante gegenübersteht. Nun wird mit dem Prügel auf die wenige Millimeter angehobene Seite der Wippe geschlagen. Hierbei entsteht ein hoher Impuls, der in der Lage ist, den darunterliegenden Stein zu zerbrechen. Der besondere Vorteil dieser Technik ist, dass der Stein weniger zum Splittern neigt, was die Verletzungsgefahr senkt. Außerdem kann eine Steinplatte auf diese Weise ziemlich präzise bearbeitet werden. Der Hammer findet ferner Verwendung beim Zerklopfen von fasrigen Knollen und Rhizomen sowie beim Zerdrücken von Samen.

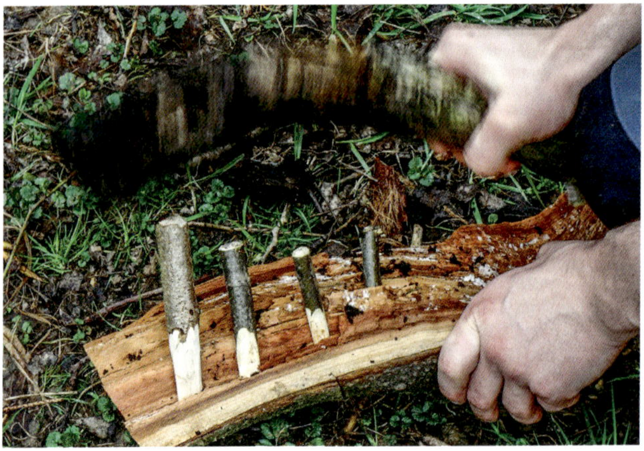

**Eine einfache Keule kann viele notwendige Aufgaben wie das Eintreiben von Keilen in Holz erleichtern. Auch bei der Zubereitung von fasriger Nahrung findet der »Hammer« Verwendung.**

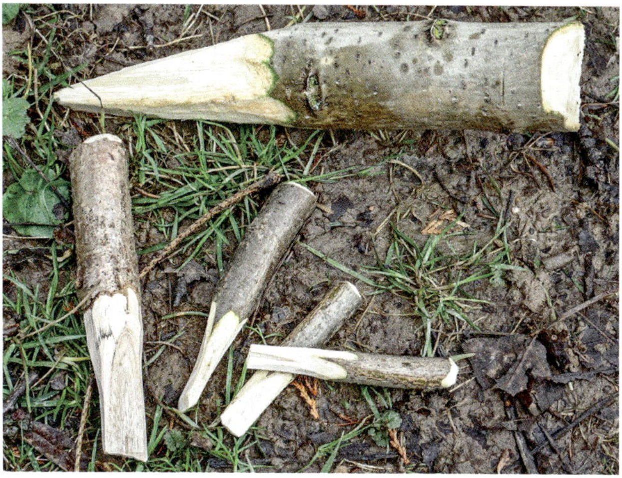

Ein Sortiment unterschiedlicher Spaltkeile. Sie sind innerhalb weniger Minuten geschnitzt und können vielfältig verwendet werden. Unterlassen Sie es unbedingt, das Messer in Holz zu treiben, eine normale Klinge ist dafür nicht geeignet. Es ist einfach, brauchbare Spaltkeile zu produzieren. Nacheinander in Holz getrieben, können damit selbst äußerst stabile Materialien wie Obstholz zerteilt werden.

## Spaltkeile

Wenn Sie Holz ohne Werkzeuge bearbeiten müssen, ist eine Reihe von kleinen und etwas größeren Keilen besonders hilfreich. Die meisten Holzarten können mit diesen Spaltinstrumenten halbiert werden, um zum Beispiel Bretter zum Feuerbohren oder Schüsseln zum Kochen herzustellen. Selbst stabilere Hölzer können auf diese Weise zerteilt werden, wenn sie einen kleinen Spalt besitzen oder Angriffsfläche an einem Astloch bieten.

Außerdem kann mit einem großen Keil ein Pfosten im Boden stabilisiert oder gesichert werden, indem er seitlich daneben in den Boden getrieben wird.

Zur Fertigung von Spaltkeilen werden aus möglichst stabilen Ästen diverser Durchmesser die gewünschten Formen hergestellt. Dabei sollten Sie daran denken, dass ein Keil meist nur einmal verwendet werden kann, weshalb nicht zu viel Mühe in den Bau investiert werden sollte. Keile sind besonders dann eine große Hilfe, wenn Sie nicht einmal ein Messer zur Verfügung haben. Wenn Sie mit einem Messer ein Holz spalten möchten, müssen Sie dabei extrem vorsichtig vorgehen. Dabei wird das Messer mit leichten Schlägen auf den Messerrücken in das Holz getrieben. Dabei darf der Schlag nur absolut senkrecht ausgeübt werden. Andernfalls können Sie große Stücke aus der Klinge schlagen oder Ihr Messer bleibt stecken und zerbricht bei den Befreiungsversuchen. Dieses sogenannte »Batoning« ist jedoch auch das gröbste, was Sie Ihrer Klinge antun können. **Am besten verwenden Sie Ihren Stahl jedoch für nichts anderes als zum Schneiden oder Schnitzen.**

Um zum Beispiel dicke Äste zum Bau einer Hütte zu schneiden, ist es in der Regel ausreichend, den Ast unter Spannung zu bringen und das Messer auf der konvex gespannten Holzseite von oben nach unten durch die Fasern zu drücken. Die Holzschichten biegen von selbst zur Seite und lassen die Klinge mit wenig Kraft durchdringen. Auf diese Weise können Sie selbst einen kleinen Stamm sehr viel schneller durchtrennen als durch Hacken.

## Zangen

Bei einigen Techniken wird es notwendig sein, besonders heiße Gegenstände wie glühendes Holz oder erhitzte Steine zu transportieren. An dieser Stelle sei davor gewarnt, eine improvisierte Isolation aus

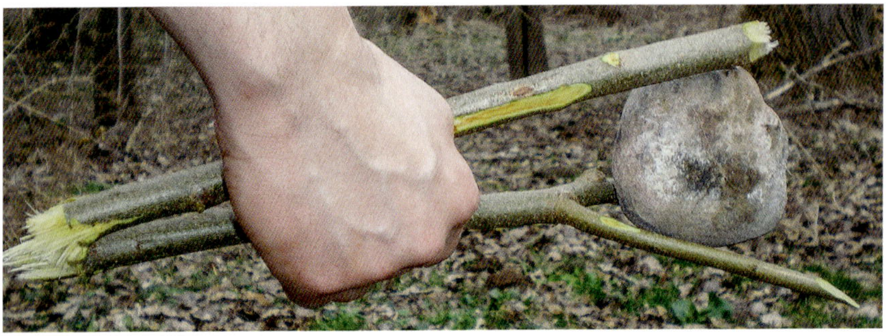

**Um heiße Kastanien und anderes aus der Glut zu holen: Diese einfache Zange kann runde Gegenstände fest umklammern und sicher halten. Wenn Sie schon einmal versucht haben, einen heißen Stein auf zwei Stäben zu balancieren, werden Sie den Wert dieses Werkzeugs zu schätzen wissen.**

Pflanzenmaterial um den Stein zu legen, um diesen mit den bloßen Händen aufzunehmen. Die gesamte Hitze kommt in einem Moment hindurch und Sie können sich die Finger schlimm verbrennen (✚ *K 16*). Die beste Methode hierfür ist eine kleine improvisierte Zange. Um eine solche herzustellen, wird eine Astgabel aus Holz mit möglichst langen Fasern gesucht. Ideal geeignet ist Hartriegel. Hasel wäre auch geeignet, verzweigt sich jedoch meist nicht oft genug. Etwa in 25 bis 30 Zentimetern Entfernung zur Astgabel wird das Holz erwärmt und langsam umgebogen, bis eine Haarnadelform entstanden ist. Das Material wird dabei voraussichtlich brechen, durch die Hitze bleiben jedoch einige Fasern intakt, weshalb die halbierte Rute so zu einer Pinzette oder Grillzange geworden ist. Einige Zentimeter die Astgabel überragend wird der gerade Teil der Zange abgeschnitten. Mit dieser Konstruktion können runde Gegenstände sicher gehalten werden. Sollte kein geeignetes Holz aufzutreiben sein oder müssen schwere Gegenstände transportiert werden, findet entsprechend eine stabile Astgabel sowie ein gerader Ast, vergleichbar mit einem Salatbesteck, Verwendung.

## Rahmen

Regelmäßig benötigen Sie torsionsfeste Strukturen, um beispielsweise einer Kiepe einen Rucksackrahmen oder eine Form zum Aufspannen von Fasern oder des Regenschutzes zu bauen. Dazu können Sie natürlich erst einmal grobe Formen durch →Biegen und Richten formen. Schneller geht das allerdings mit einer einfachen Holzverzapfung, die mit einer Leine gesichert wird.

Dazu flachen Sie die beiden Äste, die verbunden werden sollen, an der entsprechenden Stelle etwas ab, legen sie im gewünschten Winkel übereinander und markieren jeweils die Position durch einen Kratzer. Nun verbinden Sie die vier Schnittpunkte der Markierung durch kreuzweise eingewippte Schnitte. Mit dem →Lochschnitt entfernen Sie die an den langen Seiten liegenden Dreiecke und schneiden jeweils nach, bis zwei Keile bis zur halben Tiefe des

**Einen Ast abgeflacht und mit zwei dreieckigen Kerben versehen: Eine einfache, aber feste Verzapfung.**

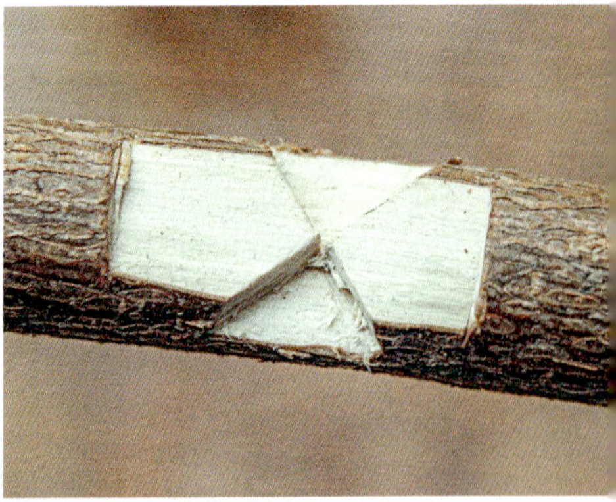

Holzstücks ausgeschnitten sind. Nachdem Sie das ebenfalls am Gegenstück gemacht haben, können Sie die Hölzer aufeinander stecken – idealerweise hält diese Verbindung schon von alleine. Sie sollten aber zur Sicherheit einige Wicklungen Schnur über die Kreuzstelle legen und festknoten. Nun haben Sie eine sichere Verbindung in gewünschtem Winkel.

## Biegen und Richten

Wenn Sie frisch geschnittene Äste zum Beispiel beim Bau einer Notunterkunft biegen oder krumme Stöcke richten möchten, können Sie das mit Feuer einfach machen. Hierzu wird der Ast an der entsprechenden Stelle über der Glut langsam und unter ständigem Drehen erwärmt. Dabei soll die Hitze nicht so stark sein, dass das Holz →gehärtet wird. Drehen Sie den Ast einige Minuten in einer Hitze, die Sie mit der Hand nicht länger als eine Sekunde aushalten, und testen, ob sich das Holz schon verformen lässt. Ist das Material zu trocken, können Sie etwas Schlamm um die Stelle packen. Hierdurch entsteht Wasserdampf, der die Holzfasern aneinander vorbeigleiten lässt. Haben Sie eine Biegung erreicht, an der das Holz leicht zu knistern beginnt, erwärmen Sie die Stelle wieder, bis Sie sie weiter biegen können. Sie biegen einiges über die gewünschte Form hinaus, da sich zum plastischen Verformen ein elastischer Anteil gesellt, der sofort zurückfedert, wenn die Spannung gelöst wird. Ist das Holz in der gewünschten Form (bzw. etwas darüber hinaus), halten sie es so fest, bis es sich abgekühlt hat. Bei dicken Ästen kann das durchaus fünf Minuten dauern.

Nach dem Abkühlen biegt sich der Ast noch ein wenig zurück, hält aber im Großen und Ganzen seine Form.

## Härten

Holz, aber auch viele andere Materialien wie Knochen und Haut lassen sich in der Hitze des Feuers härten. Die Technik ist ebenso alt wie effektiv. Allerdings scheint es mittlerweile ein paar Missverständnisse zu geben, wie Holz gehärtet wird. Wenn Sie Holz in die Glut stecken und dort liegen lassen, verkohlt bzw. verbrennt es. Sie haben dann bestenfalls einen Kohlestift für Höhlengraffiti (das kann natürlich auch Vorteile haben, wenn Ihr Verschwinden über die nächsten drei Jahrtausende unbemerkt bleibt).

Der Vorgang erfolgt ähnlich wie beim Richten und Biegen über der Glut – aber bei deutlich höheren Temperaturen. Langsam und bei ständigem Drehen wird die gewünschte Stelle des Werkstoffs über die Glut gehalten. Dabei wird nicht nur das Wasser aus den Poren verdampft (dann wäre tro-

Frisches Holz lässt sich, langsam erhitzt, in Form bringen. Nach dem Abkühlen bleibt diese erhalten.

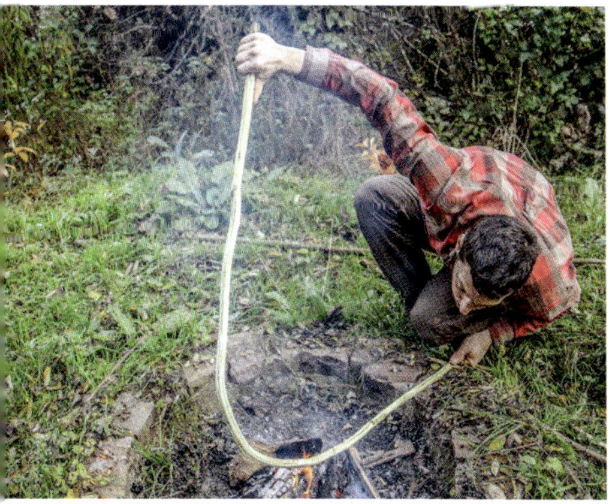

Das Härten erfolgt in der Glut, nicht in der Flamme. Gehärtetes Holz verfärbt sich rötlich.

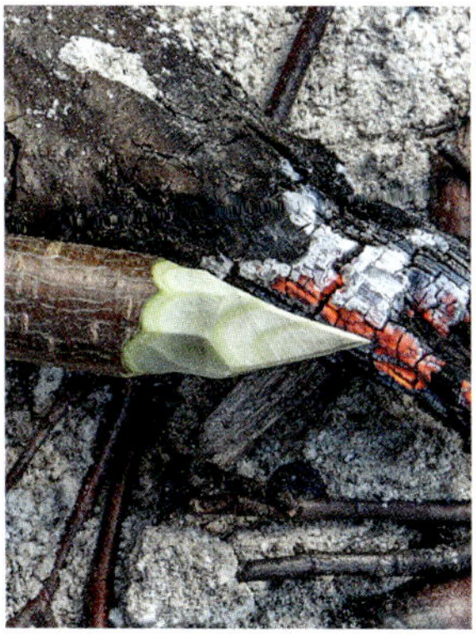

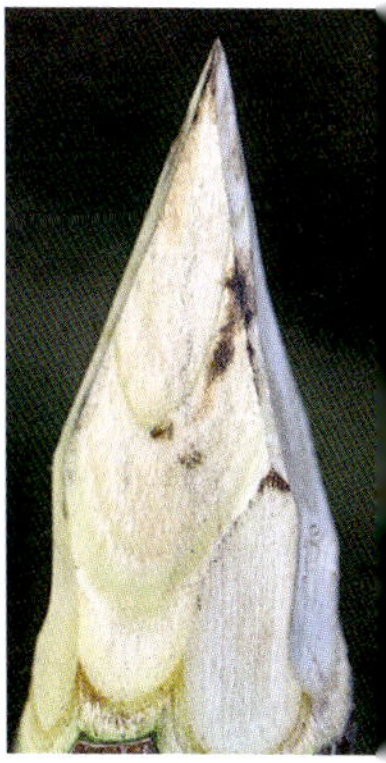

ckenes Holz immer gehärtet), sondern es passiert noch etwas anderes. Im Pflanzensaft bzw. im Holz liegender →Zucker, Alkohol und Zellstoff (bei anderen Werkstoffen vergleichbare Bestandteile) löst sich aus der Molekülstruktur, schmilzt und verglast dabei. Dies funktioniert aber nur, wenn die (starke) Hitze so dosiert wird, dass diese Stoffe sich nicht zersetzen. Sie erkennen zu starke Hitze daran, dass der Werkstoff zu qualmen beginnt. In diesem Fall lassen Sie ihn kurz abkühlen. Das Holz sollte beim Härten rötlich werden und leicht glänzen. Der dabei entstehende Geruch ist ein Röstaroma und genau das passiert beim Härten auch. Ähnlich wie die geröstete Kaffeebohne wird das Material aber nicht nur hart, sondern auch spröde. Deshalb sollte man sich genau überlegen, welche Stelle wo geröstet wird.

Erfahrungsgemäß lässt sich Material mit einer geringen Eigenfeuchtigkeit besser härten als vollständig durchgetrocknetes. Eine gute Härtung erkennen Sie am Klang, wenn mit ungehärtetem Material aus demselben Werkstoff dagegen geschlagen oder gekratzt wird.

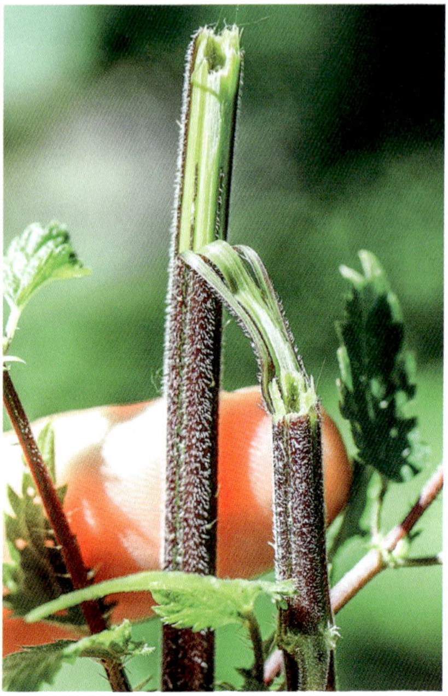

**Sowohl von frischen als auch von abgestorbenen Brennnesselhalmen können stabile Fasern gewonnen werden.**

## Schnüre

Mit zu den wichtigsten improvisierten Materialien zum Durchstehen des Notfalls sind Schnüre zu zählen. Für eine Vielzahl von Arbeiten werden Schnüre, Kordeln und einfache Fasern benötigt. Zusammengefügte Holzteile beim Bau der Unterkunft können gesichert werden und spätestens für das Feuerbohren werden gute und robuste Leinen gebraucht. Es ist erst einmal nicht so einfach, geeignete Materialien aus der Natur für stabile Leinen zu finden. Mit ein wenig Erfahrung wissen Sie jedoch bald, was verwertet werden kann und was eher ungeeignet ist. Prinzipiell sind für starke und störrische Taue eine Vielzahl von frischen Rinden oder grünen Trieben oder dünnen Wurzeln geeignet. Wenn aber weiche und flüssig laufende Schnüre benötigt werden, muss man sich Gedanken machen, welche Eigenschaften unsere Rohstoffe haben müssen. Zum Feuerbohren brauchen Sie eine besonders starke Leine.

Es macht im Notfall Sinn, die Senkel aus den Schuhen zu benutzen. Da sich diese mit der Zeit abnutzen, ist die Wahrscheinlichkeit groß, dass die Schnürbänder bald verschlissen sind. So besteht auch bei der Verwendung solcher Schnüre die Notwendigkeit, das verbrauchte Material zu ersetzen. Neben den Schuhen bieten Kleidungsstücke eine gute Möglichkeit, als Schnurrohstoffe zu dienen. Hierzu werden lange Streifen gerissen, was zum Beispiel leicht am unteren Bund des Hemdes geschehen kann. Solche Gewebe können einfach verkordelt werden.

### Fasergewinnung

Um alleine aus natürlichen Stoffen eine gute Leine zu produzieren, können Sie in unterschiedlicher Weise verfahren. Zu Beginn aller Schnurproduktionsprozesse steht die Suche nach Fasern. Hier kommen nur pflanzliche Stoffe zur Verwendung, da die Wahrscheinlichkeit sehr gering ist,

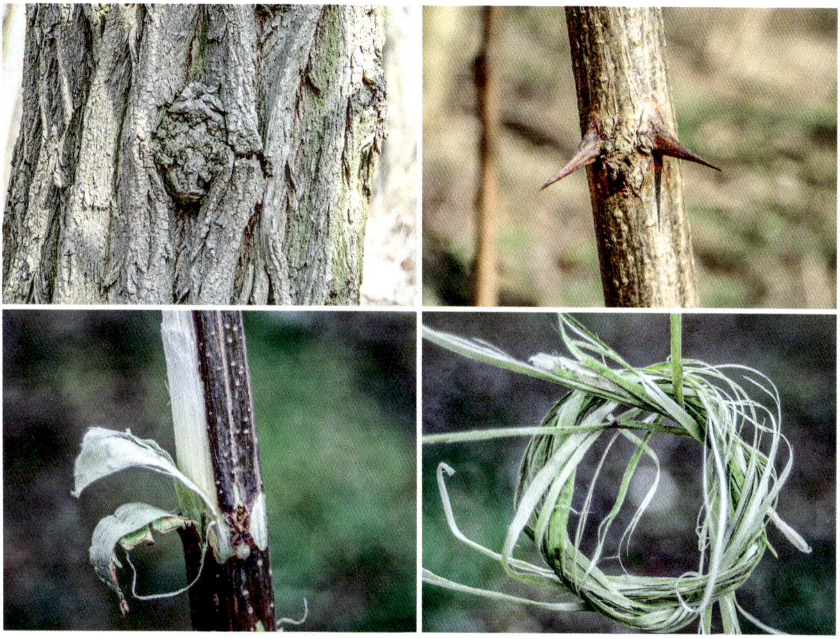

**Robinie wächst fast in allen klimatischen Regionen und ist einfach zu erkennen an der groben aufgebrochenen Borke und den paarweise angeordneten Stacheln auf der Außenhaut der Äste. Die mittlere Schicht unter jungen Trieben kann in gleichmäßige, unglaublich stabile Fasern aufgetrennt werden.**

tierische Fasern wie Sehnen oder Haar zu erlangen. Sollten Sie dennoch Zugang zu diesen Stoffen haben, können diese analog zu den pflanzlichen verwendet werden. Um Fasern zu gewinnen, kommen prinzipiell drei unterschiedliche Materialgruppen in Frage. Wenn Sie grobe Leinen fertigen, die beispielsweise beim Bau der Unterkunft eingesetzt werden, lässt sich die frischen Rinde von jungen sogenannten Wassertrieben oder von stark flexiblen Ruten wie denen der Weide verwenden. Wassertriebe sind die etwa anderthalb Meter langen und maximal einen Zentimeter dicken Triebe, die im Frühjahr aus umgestürzten Bäumen oder abgebrochenen Ästen fast senkrecht in die Höhe schießen. Hier eignen sich jedoch bei weitem nicht alle Holzarten gleich gut.

Die Borke wird vollständig vom Ast entfernt. Dazu kann man diesen auf einer Seite aufschneiden und die Rinde in einem Stück abziehen. Nach Möglichkeit wird diese in gleichmäßig breite Riemen gerissen. Etwas besser eignet sich die Wachstumsschicht unter der Rinde einiger Bäume. Besonders wertvoll ist vor allem die lederartige Schicht, die unter der knorrigen Borke der Robinie oder Scheinakazie abgezogen werden kann, sowie der stabile Bast, den Sie unter der Rinde von Linden finden. Solche Kambiumstreifen lassen sich mit dem Fingernagel in gleichmäßige, etwa einen Millimeter breite Fäden auftrennen. Diese Fasern sind außerordentlich reißfest und flexibel.

Mit den Materialien können Sie feine und stabile Kordeln herstellen, die bei sorgfältiger Fertigung auch zum Bau eines Feuerbogens genommen werden können. Kambium eignet sich übrigens aus verschiedenen Gründen nicht als Nahrung, was an dieser Stelle nur kurz angesprochen werden soll. Neben der Tatsache, dass bei Giftpflanzen im Kambium große Mengen der giftigen Stoffe gespeichert sein können, besteht das

Kambium tatsächlich aus einer einzigen Zellschicht, umlagert von unverdaulichen Verbänden wie Cellulose und Lignin, mit geringsten Mengen von in Flüssigkeit gelösten Nährstoffen. Der Nährwert dieser Schicht ist vernachlässigbar gering.

Die letzte Materialgruppe besteht aus den Fasern kleiner, krautiger Pflanzen. Aus den Stängeln der großen Klette oder der Brennnessel lassen sich ideale Materialien gewinnen. Die Stängel der Klette können zu diesem Zweck selbst nach dem Absterben im Herbst auseinander geklopft werden. Dabei werden lange Faserbündel freigelegt, die geordnet und zu einem länglichen Verbund zusammengelegt werden können. Brennnesseln werden für die Schnurproduktion geerntet, indem mit einem beherzten Griff der Halm der Pflanze ausgerissen und von unten nach oben abgestreift wird. Dabei werden die glasartigen Brennhaare gebrochen, die danach nicht mehr die Haut zu durchdringen vermögen. Idealerweise werden Sie bei diesem Vorgang noch nicht einmal gestochen.

Die Halme werden von Blättern befreit und mit dem Messerknauf etwas flach gedrückt, bis ein Bruch entsteht, dem folgend die Brennnessel der Länge nach gespalten werden kann. Die holzigen Bereiche werden dadurch entfernt, dass der Halm in die Richtung der roten oder grünen Hüllschicht gebrochen wird. Wer dies vorsichtig macht, kann eine zusammenhängende, glasig schimmernde Schicht erhalten, die verkordelt von Hand kaum durchgerissen werden kann. Für besonders feine Schnüre werden diese Faserschichten in einzelne Stränge aufgeteilt. Außerdem seien hier noch die Halme von allen möglichen Grasarten, →Binsen und Schilf genannt. Diese deutlich gröberen Kordeln haben jedoch eine weit geringere Haltbarkeit.

## Kordeln

Der Start zum Kordeln ist im Prinzip immer der gleiche. Unterschiede werden dadurch notwendig, dass dünnere Fasern einfacher zu verarbeiten sind als störrische Halme. Um eine möglichst lange und durchgehend

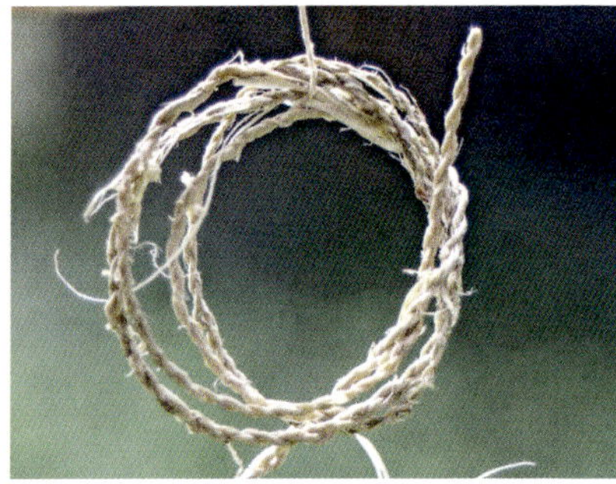

**Mit Übung innerhalb von zwanzig Minuten hergestellt: ein Meter feine Angelleine.**

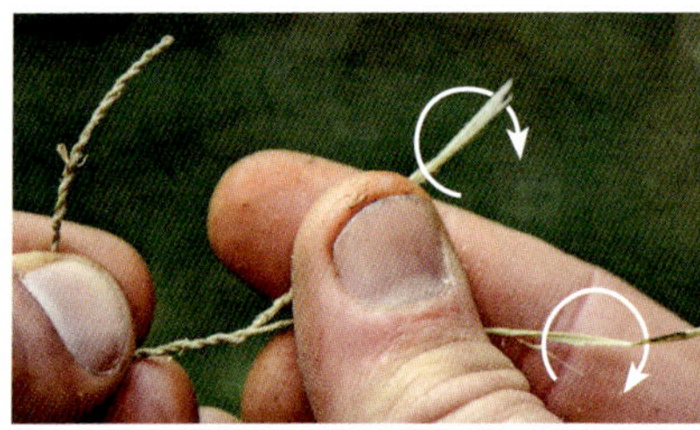

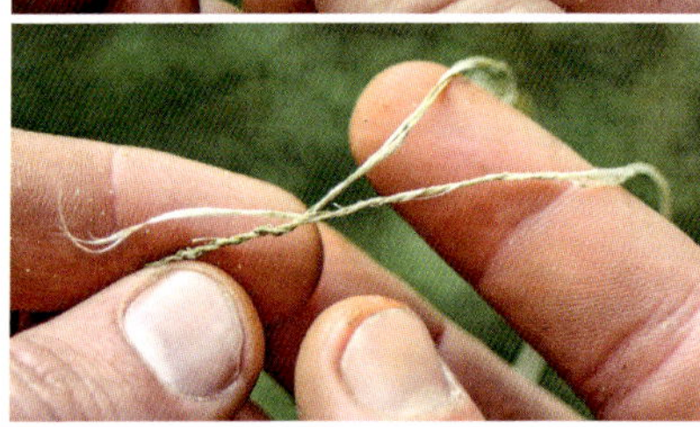

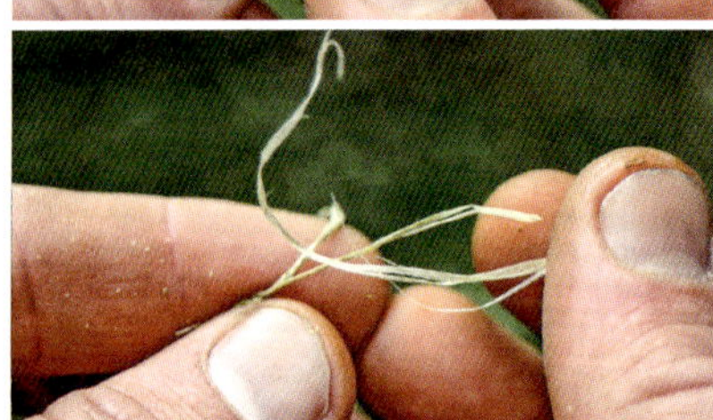

**Das Verkordeln von Naturfasern kann eine lebensnotwendige Technik sein. Dafür wird ein Strang dezentral geknickt und durch unabhängig aufgebrachten Drall auf beide Enden in die gleiche Richtung mit sich selbst verkordelt. Ist das Ende einer der Fasern erreicht *(Mitte)*, wird mit etwa fünf bis zehn Zentimetern Überlappung eine neue Faser aufgelegt und zuerst mit der auslaufenden verdrallt. *Unten:* Nun wird mit dem Doppelstrang weiter gekordelt, als ob es sich um eine einzige Faser handelte.**

stabile Schnur zu kordeln, wird das erste Faserstück dezentral geknickt und zu einer Haarnadel zurückgelegt. Es ist wirklich wichtig, dass dieser Knick nicht in der Mitte des Faserstücks erfolgt, da bei jedem Anfügen einer neuen Faser eine Schwachstelle erzeugt wird, die vom zweiten, durchgehenden Faserstrang ausgeglichen werden muss. Die beiden nebeneinander gelegten Teilstränge werden nun jeweils in die gleiche Richtung gedreht.

Achten Sie dabei darauf, dass das entstandene Auge sich nicht einfach zukordelt. Es muss daran gehindert werden, da ein unkontrolliertes Verkordeln zu einer instabilen und ungleichmäßigen Schnur führt. Also wird mit einem Finger dieses Auge festgehalten, bis beide Stränge einige Male um ihre eigene Achse gedreht wurden. Dabei muss das jeweils ruhende Ende festgehalten werden, damit es sich nicht wieder aufdreht. Nachdem deutliche Spannung auf dem Auge zu fühlen ist, wird dieses langsam und kontrolliert zusammengeführt, bis sich einige Windungen als Kordel gebildet haben. Nun werden die beiden einzelnen Stränge wieder einige Male gedreht. Bevor das nächste Mal zusammengekordelt werden kann, wird die schon entstandene Schnur gegen den Drall etwas aufgewunden und dann erst zusammen mit den neu aufgelegten Windungen verdreht. Dadurch werden Ungleichmäßigkeiten der Fasern ausgeglichen.

Mit etwas Übung können Sie die beiden Kordelenden auch gleichzeitig in einer Hand zwischen Daumen und Zeigefinger oder mit der Handfläche auf dem Oberschenkel verdrehen. Dabei ist es hilfreich, wenn die zugeführten Fasern vorher etwas zwischen den Händen verzwirbelt wurden, da dadurch glatte Strukturen aufgehoben werden, die beim Verdrallen stören. Außerdem muss beachtet werden, dass die beiden Stränge jeweils einzeln in die gleiche Richtung gedreht und nicht unbeabsichtigt übereinander gelegt werden.

Ist das Ende eines der beiden Stränge erreicht, wird eine neue Faser aufgelegt. Diese muss mindestens fünf, besser zehn Zentimeter überstehen. Zugeführte Fasern werden mit den schon aufliegenden verdreht und verkordelt. Sie arbeiten weiter, als ob es sich um die gleiche Faser handelt, bis das Ende des anderen Stranges erreicht wird.

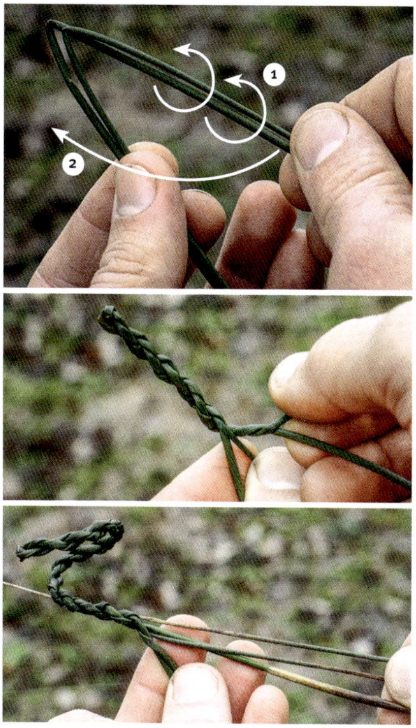


**Grobe Schnüre lassen sich aus Binsen oder anderen Halmen erzeugen. *Oben:* Die gegeneinander gelegten ersten zwei Stücke werden abgeknickt. Nun wird der rechte Strang zuerst zwei mal nach außen gedreht (1) und danach sofort über den anderen geführt (2), der damit zum rechten Strang wird, und so weiter. *Mitte:* Innerhalb kürzester Zeit entsteht durch das Verkordeln von Binsen eine störrische, aber robuste Kordel. *Unten:* Ist das Ende der einen Seite erreicht, werden zwei weitere Halme aufgelegt und einfach mitgeführt. So können in kurzer Zeit endlos lange Leinen hergestellt werden.**

Der Abschluss der Leine muss mit einem Knoten über beide Stränge fixiert werden. Wenn Sie die Schnur noch stabiler machen möchten, legen Sie zwei oder mehr dieser Stränge nebeneinander und verknoten sie am oberen Ende. Dieser Zopf wird analog verarbeitet. Alle Einzelkordeln werden gedreht, bis gleichmäßige Spannung den Zopf kordeln lässt. Hier ist jedoch unbedingt zu beachten, dass der Drall nun in die entgegengesetzte Richtung erfolgen muss. Andernfalls öffnen und zerstören Sie die schon gefertigten Kordeln. Außerdem können die Einzelstränge einer solchen Mehrfachkordel nicht einfach durch Anfügen verlängert werden, sondern müssen verknotet werden.

Um mit Gras, Binsen oder einem vergleichbar störrischem Material zu kordeln, nehmen Sie zwei Büschel und legen sie so übereinander, dass die oberen Enden jeweils in unterschiedliche Richtung zeigen. Dezentral wird dieser Zopf abgeknickt. Nun verfahren Sie folgendermaßen: Sie halten das Auge des Zopfes fest und greifen in das rechts liegenden Büschel. Dann drehen Sie dieses zweimal nach rechts um die eigene Achse und legen es direkt danach über die rechte Seite vor den zweiten Strang. Diesen drehen Sie zweimal um die eigene Achse und legen ihn gleichermaßen über die rechte Seite nach vorne. So verlängern Sie die Kordel bis zum Ende, wo mit deutlich mehr Überstand als 15 Zentimetern ein neues Faserbündel aufgelegt wird. Solche Taue sind ziemlich ungleichmäßig. Auf diese Art lässt sich jedoch sehr schnell und effektiv eine dicke und sehr stabile Leine herstellen, die für viele robuste Zwecke genügt.

Neben Kordeln oder Schnüren lassen sich eine Anzahl natürlicher Pflanzenteile wie Wurzeln und junge Triebe von Brombeeren, Hopfen und Labkraut als Bindemittel verwenden. Wirklich stabil und dabei geschmeidig sind jedoch die Schnüre aus Brennnesseln, Klette oder Robinie.

## Knoten

Natürliche Leinen lassen sich meist nicht so einfach verknoten wie Parachord oder Angelschnur. Ähnlich wie beim Abtrennen von Holz in den Randbereichen starke Spannungen auftreten, entsteht beim Verknoten eine kaum vorstellbare Kraft in der Leine. In aller Regel reduziert ein Knoten die Haltekraft um mindestens 50 Prozent – bei industriell

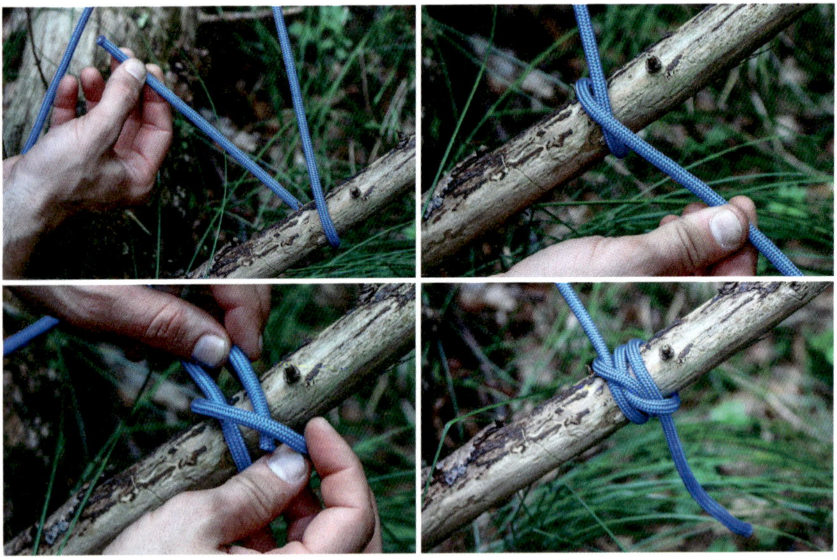

**_Oben links:_ Die Leine wird einmal um den Gegenstand gewickelt. _Oben rechts:_ Auf der Vorderseite überkreuzt die Leine sich selbst und wird ein weiteres Mal gewickelt. _Unten links:_ Nach der zweiten Umrundung wird das Schnurende in die Lücke gesteckt, die an der Überkreuzungsstelle entstanden ist. _Unten rechts:_ Hält der Knoten noch nicht fest genug, wird eine weitere Wicklung »in sich selbst« gelegt.**

gefertigten Schnüren. Natürliche Fasern mögen das Knicken, wie es beim Knoten benötigt, wird überhaupt nicht. Darum werden Sie auch nur wenige natürliche Fasern mit einem →»Altweiberschlupf« bzw. »Hausfrauenknoten« versehen können, ohne dass die Leine schon beim Zuziehen reißt. Der hier geeignete Knoten ist ist der »Mastwurf« oder »Webeleinstek«. Bei diesem Knoten wird die Leine nicht in einem engen Radius geführt, vielmehr klemmen sich die Fasern bei den Wicklungen gegenseitig fest.

**Für eine spätere Anwendung, das Feuerbohren, können Sie den Webeleinstek auch »legen«. Dazu wird die Leine mit zwei hintereinanderliegenden Einzelwicklungen versehen, von der die vordere hinter die danach folgende gelegt wird.**

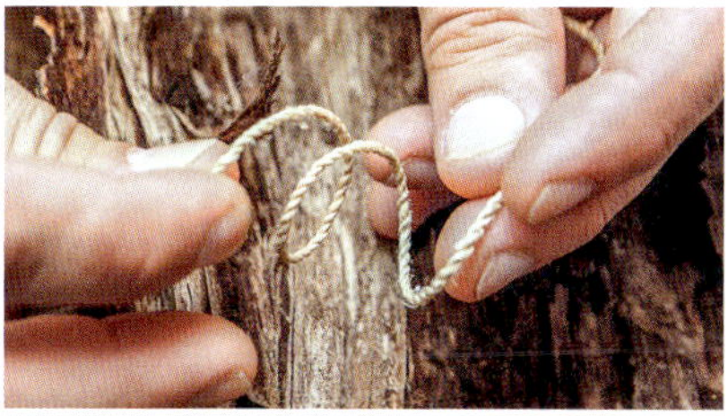

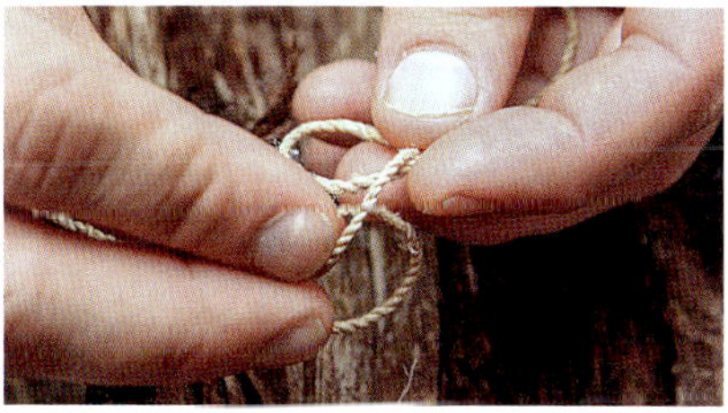

## Messerersatz

Manchmal wird man nicht umhin kommen, sich einen geeigneten Ersatz für sein Messer zu suchen. Egal wie sorgsam damit umgegangen wurde, es besteht die Möglichkeit das Messer unwiederbringlich zu verlieren. Einmal unachtsam in die Scheide gesteckt, dabei vergessen es zu sichern oder beim Abtrennen überhängender Äste in einen See oder reißenden Fluss fallen lassen – das Messer ist verloren. Außerdem muss auch der Fall bedacht werden, dass schlicht kein Messer mitgeführt wurde. Dies mag tatsächlich der häufigste Fall sein, auch wenn es für mich persönlich unverständlich ist, draußen irgendetwas ohne Messer am Gürtel zu unternehmen. Viele Wanderer, Kanufahrer, Segel- oder Gleitschirmflieger haben aber keine Klinge dabei.

In diesem Fall muss schnellstmöglich ein Ersatz improvisiert werden. Die einzigen natürlichen Materialien, die stabil genug sind, um eine improvisierte Klinge zu bilden, sind Knochen, Horn und Zähne, die mit viel Glück aus liegen gebliebenen Wildtierkadavern entfernt werden können. Weniger gut geeignet sind Steine, die aber viel häufiger verfügbar sein werden.

Natürlich lassen sich mit etwas Übung aus Feuerstein scharfe und einigermaßen stabile Klingen herstellen. Es ist aber absolut unrealistisch, Sie im Falle des Messerverlustes auf Flintsteinsuche zu schicken. Diese Steine kommen im Binnenland örtlich nur sehr begrenzt vor und werden im Notfall mit Sicherheit nicht zum natürlichen Repertoire gehören. Falls Sie trotzdem das Glück haben sollten, einen solchen sogenannten Hornstein zu finden, zerschlagen Sie ihn, indem Sie ihn auf einen Stein werfen, wobei Sie das Gesicht wegdrehen. Die entstehenden Splitter sind so schnell, dass sie mit Leichtigkeit durch Augenlider dringen (✚ *K 14*). Sie werden dabei einige Stückchen erhalten, die als Klinge verwendet werden können. An die-

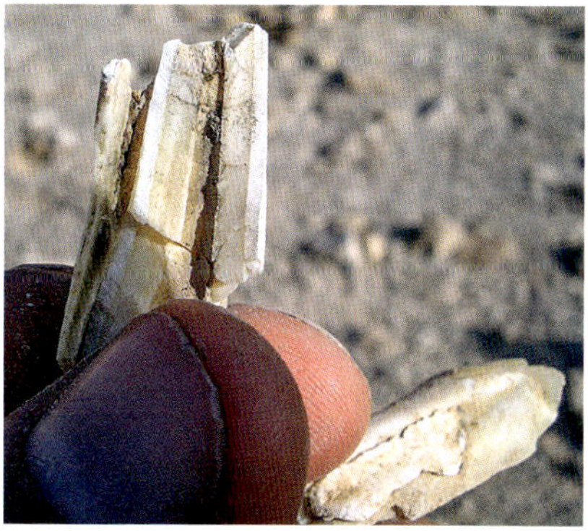

**Ein zersplitterter Kamelzahn. Die Schmelzschlinge erzeugt eine fast zwei Zentimeter lange und rasiermesserscharfe Schneide, die zwar spröde, jedoch relativ abnutzungsfest ist.**

ser Stelle soll deshalb nicht weiter auf Retouchiermethoden oder ähnliches eingegangen werden. Kunstvolle Feuersteinklingen sind Werkstücke, die ihre Begründung in der experimentellen Archäologie und dem »Steinzeitrevival« haben. Beides sind ernst zu nehmende Tätigkeiten, die aber nichts mit Survival im eigentlichen Sinne, also mit dem Überleben mit vermutlich natürlich verfügbaren Ressourcen zu tun haben.

## Knochen, Horn, Zähne

Werkzeuge, die Sie aus den unverrotteten Resten von Tieren herstellen können, sind teilweise gut zum Schneiden und Schaben von weichen Holzarten geeignet. Messer aus Knochen werden von einigen Ureinwohnern heute noch verwendet, um traditionell gejagte Tiere zu zerlegen. Besonders gut geeignet sind die großen Röhrenknochen der Extremitäten. Zwar haben Rippen eine schöne Klingenform, sie sind jedoch bei weitem nicht so stabil, da ihre Belastung bei Lebzeiten nicht so hoch war. Dadurch ist die Dichte des Knochens geringer, weshalb er nach dem Tod außerdem schneller demineralisiert und spröde wird.

Um einfache Klingen zu fertigen, kann ein Knochen unter Torsionsbelastung gebrochen werden. Dabei entstehen die gefürchteten Spiralbrüche, die lange skalpellartige Schneiden bilden. Die Kanten dieser Brüche sind so scharf, dass sie oft nicht einmal nachgeschliffen werden müssen.

Zähne werden ähnlich vorbereitet. Sie werden auf einem Stein zerschlagen, wodurch Splitter entstehen, die mit denen von Feuersteinen vergleichbar sind. Der Zahnschmelz besteht aus Hydroxylapatit, der härtesten tierischen Verbindung überhaupt.

Diese Splitter sind deshalb besonders lange scharf. Um mit diesen kleinen sogenannten Flakes zu schneiden, werden sie in einen hohlen Stab eingedrückt. Dadurch entsteht eine Art Skalpellklinge. Richtig große Klingen können aus den gesplitterten Schmelzschlingen von Backenzähnen aus Pflanzenfressergebissen gefertigt werden.

Jene werden in einen Holzgriff so eingelassen, dass ein halbmondförmiges Schabemesser entsteht. Diese Klingenformen sind in vielen Kulturen verwendet worden und werden im Busch gelegentlich heute noch benutzt. Wenn Sie eine Schmelzklinge jedoch wie ein gewöhnliches Messer verwenden, wird diese bald zersplittern.

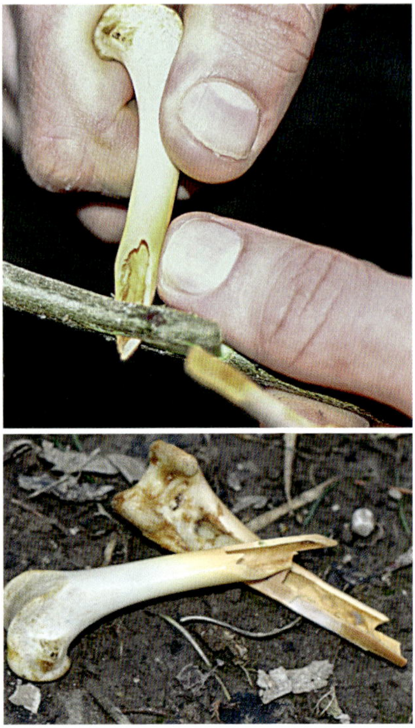

**Aus einem gebrochenen Knochen lassen sich einigermaßen stabile Klingen brechen. Je nachdem, wie lange der Knochen schon entfettet und demineralisiert ist, kann damit durchaus auch Holz geschnitzt werden.**

Horn wird auf einem Stein zu einem Keil angeschliffen, der an eine →Tantoklinge erinnert. Dieser hat einen deutlich stumpferen Winkel als die Klingen aus Knochen und Zähnen, ist aber dafür besser geeignet, um grobe und stabile Hölzer zu bearbeiten. Wenn der Anschliff jedoch zu scharf ist, knickt das relativ weiche, aber flexible Horn um und verliert die Schärfe. Zum regelrechten Schneiden eignet sich ein Hornmesser deshalb weniger.

## Stein

Meistens werden Sie Steine als Klingenersatz finden können. Hier unterscheiden wir zwischen zwei Anwendungsmethoden. Mit Steinen kann aufgrund der rauen Oberfläche ein Werkstoff durch Raspeln oder Schleifen bearbeitet werden. Dazu wird ein möglichst gleichmäßig gekörnter und flacher Stein auf den Boden gelegt und an einer Seite, wie auf Seite 40 erläutert, zerbrochen. Dabei sollte eine etwa rechtwinklige Kante entstanden sein, die einen sägeartigen Grat aufweist.

Auf der gebrochenen Fläche können Werkstoffe abgerieben oder Spitzen und Kanten in Form gebracht werden. Mit dem Grat selbst können Kerben, Scharten oder ähnliche Formen eingebracht werden. Diese Klinge kann auch dazu benutzt werden, Holzruten anzusägen, um sie danach klein zu brechen.

Eine Klinge wird aus den meisten natürlichen Steinen nicht so recht herzustellen sein. Mit etwas Glück zerbricht einer von vielleicht zehn zerschlagenen Steinen zu einem spitzen Splint, der wie ein Faustkeil verwendet werden kann. Mit dieser Form kann schabend oder hackend auf ein Werkstück geschlagen werden, um es zu schälen oder beispielsweise Spitzen auf Pfähle zum Eintreiben in den Boden zu fertigen.

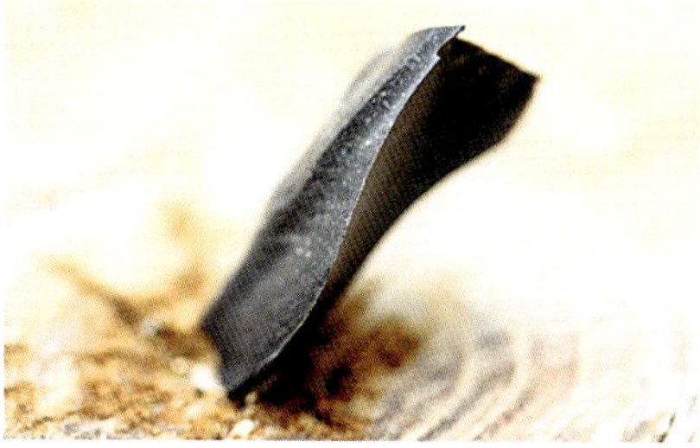

Steinklingen können sehr scharfe Kanten haben.

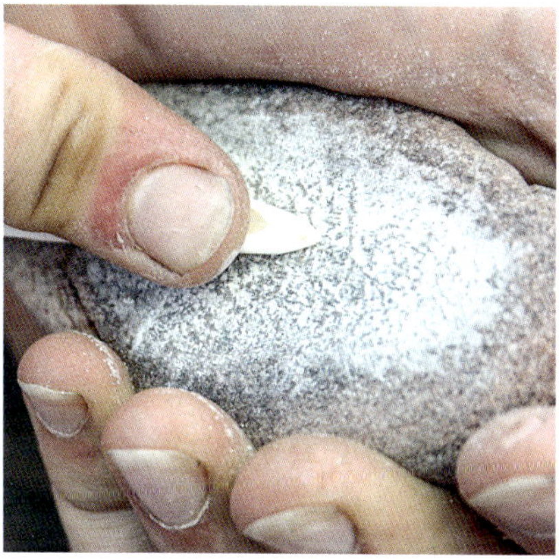

Statt als Messer kann ein Stein auch in Form einer Feile zum Bearbeiten von Holz und Knochen eingesetzt werden. Grobe Formen können dabei an einer gebrochenen Kante in das Material geraspelt werden.

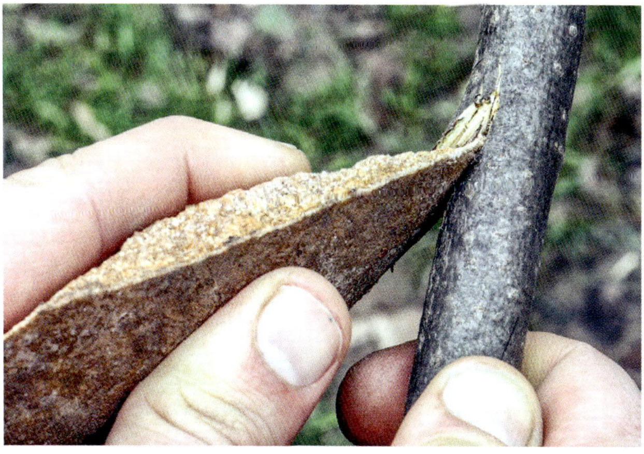

Ihre Faustkeile werden selten aus Feuerstein bestehen. Gesplitterte Kiesel oder Sandstein können jedoch ähnlich verwendet werden. Hierbei ist jedoch ziemlich viel Kraft von Nöten, um in das Holz einzudringen.

## Persönliche Hygiene

Auch im Notfall sollten Sie zumindest die grundlegende Körperhygiene nicht vernachlässigen, da dies Krankheiten wie Infektionen und →Ekzeme *(✚ K7)* vermeiden kann. Sie sollten sich also regelmäßig waschen. Es muss nicht der morgendliche Sprung in den eiskalten Quellbach sein, aber die empfindlichen Körperregionen sollten im Laufe des Tages einmal gewaschen oder mit einem feuchten Kleidungsstück abgewischt worden sein. Das gilt natürlich nur, wenn ausreichend Wasser zum Trinken verfügbar ist. Während Märschen durch Wüsten oder Steppen hatte ich häufig genug das zweifelhafte Vergnügen, mich Wochen lang nicht waschen zu können, und kenne und fürchte daher die schmerzhaften Komplikationen, die daraus entstehen können.

Nach einiger Zeit wird sich in den Hautfalten und Rissen sowie unter den Nägeln von Händen und Füßen allerhand organisches Material ansammeln, das entfernt werden sollte. Sie nun auf die Suche nach →Saponaria, dem Seifenkraut, zu schicken, wäre ziemlich unrealistisch. Also suchen wir uns eine andere Möglichkeit, Seife zu ersetzen. Hier haben sich zwei Materialien als brauchbar erwiesen. Einerseits können Sie zum Zwecke der Reinigung eine Hand voll weißer Asche mit etwas Wasser aufschlämmen und mit heißen Steinen zu einer Paste einkochen.

**Improvisierte Zahnpflegemittel sind abends in wenigen Minuten hergestellt.**

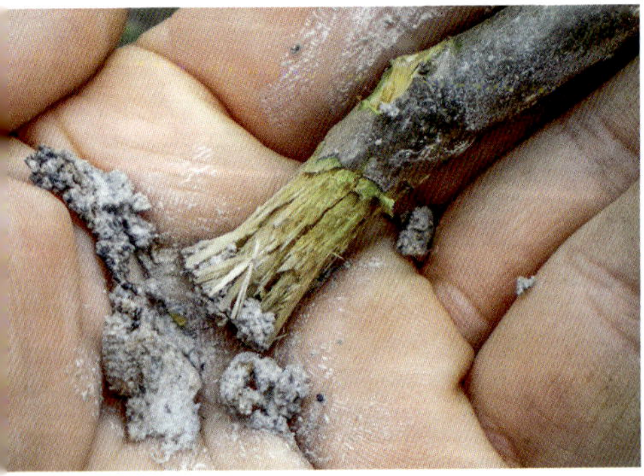

Diese eignet sich wunderbar, um Hände und Füße zu waschen, sollte jedoch nicht mit Augen und Schleimhäuten in Berührung kommen. Ähnlich gut hat sich sauberer und feiner Sand als Scheuermittel erwiesen. In Abwesenheit beider Substanzen kann auch auf Erde oder Schlamm vom Flussufer zurückgegriffen werden, die eine ähnlich gute Reinigungswirkung haben, aber teilweise etwas unangenehm riechen.

Wenn Sie durch Tierfang, Schlachtung oder Toilettengang möglicherweise kontaminierte Hände haben, sollten Sie die Infektionsgefahr durch das »Hitzereinigen« reduzieren. Zuerst waschen Sie sich die Hände wie oben beschrieben mit Asche, bis Sie keine Blut-, Kot- oder Schleimreste mehr an den Händen und unter den Nägeln haben.

Die feuchten Hände werden nun möglichst nah über der Glut mit einer ständigen und sehr raschen Händewaschbewegung getrocknet. Sind die Hände trocken, führen Sie die Bewegung sehr schnell weiter, bis es nicht mehr auszuhalten ist. Die Hautoberfläche hat dabei eine Temperatur weit über dem Siedepunkt. Sie sollten sich keine Verbrennungen zuziehen – aber eine leicht gerötete Haut an den Händen (Verbrennung 1. Grades) ist deutlich besser als eine Infektion mit →Tularämie, →Hanta oder →Salmonellen.

Außerdem sollten Sie besonders bei der Mundpflege nicht nachlässig werden. Eingekaute Fasern können sich schnell entzünden, wenn der Zahnbelag nicht mindestens einmal am Tag entfernt wird. Wie Sie einen Ersatz für Zahncreme herstellen, steht im Kapitel »Feuer« beschrieben. Eine einfache, aber effektive Zahnbürste können Sie sich aus aufgefaserten und aufgekauten Stöckchen herstellen. Wenn Sie, wovon ich ausgehe, die improvisierte Paste nicht schlucken, ist es nicht schlimm, wenn Sie als Zahnbürste ein Holzstück nehmen, von dem Sie nicht genau wissen, ob es zu einer giftigen Pflanze gehört. Die Rinde sollten Sie jedoch vor dem Zerbeißen entfernen. Mit dem so hergestellten Pinsel werden die Zahnflächen und insbesondere die Zwischenräume vorsichtig abgebürstet.

# 7 Primitive Notfallmedizin

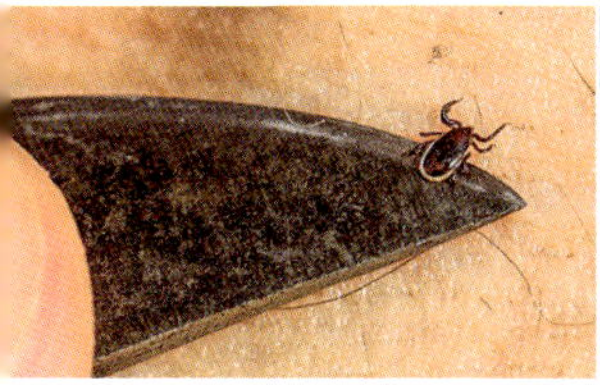

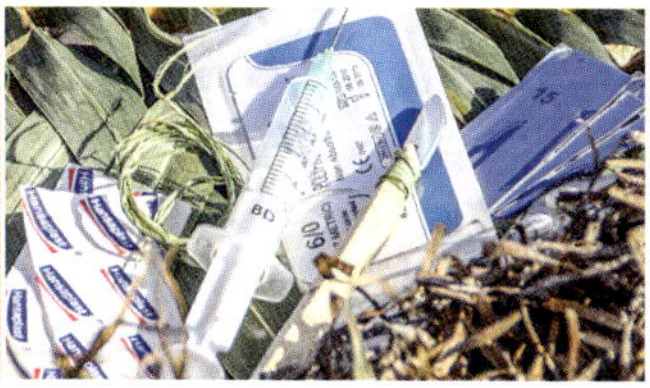

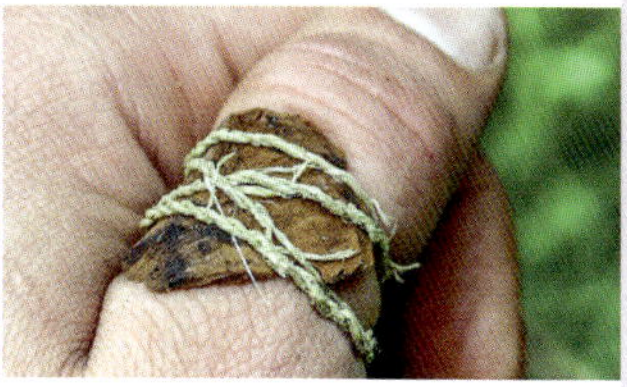

Wer sich dauerhaft draußen bewegt, wird nicht ohne kleine Blessuren davonkommen. Die meisten von ihnen sind ohne Behandlung nach wenigen Stunden oder Tagen vergessen. Einige können jedoch schwerwiegende Folgen haben.

Zu Hause, wo häufig die größte Gefahr das Einklemmen der Finger in der Kühlschranktüre ist, sind kleine Verletzungen immer weniger schlimm als draußen. Viele kleine Läsionen werden von uns kaum oder gar nicht bemerkt. Wenn man das Feuer hütet, geschicht es oft, dass ein Holz berührt wird, dessen Ende schon zu glühen begonnen hat. Schon ist in die Hand eine kleine Marke eingebrannt. Wenn Sie durch das Unterholz des Waldes laufen, sammeln sich oft einige Dutzend kleine Dornen in der Oberhaut der Beine. Gleiches gilt für die Hände. Draußen sind sie in der Kälte schnell trocken und reißen bei leichter Belastung ein. Nagelhäutchen werden besonders schnell verletzt, schon das Schuheanziehen bietet hier viele Möglichkeiten.

Diese Beispiele sind meist nur Lappalien, wir möchten nicht weiter auf sie eingehen, es sollte aber klar geworden sein, dass unser Körper ständig von außen angegriffen wird. Er ist jedoch in der Lage zu reagieren, um die kleinen Verletzungen abheilen zu lassen. Einige Verletzungen oder falsche Verhaltensweisen können jedoch sehr schnell lebensgefährlich werden.

Da sich dieses Buch mit den wichtigsten Techniken der Survivals beschäftigt und kein reines Medizinbuch ist, werden Sie hier natürlich keine Anleitung zum Entfernen des Blinddarms oder zur Beihilfe bei einer Geburt finden. Viel wichtiger ist meines Erachtens die Behandlung der allerhäufigsten und scherwiegenden Verletzungen oder Einschränkungen, die uns während des Lebens *outdoor* oft ereilen.

**HINWEIS:**

Verletzungen stellen unterwegs immer eine ernstzunehmende Gefahr dar. Risiken sollten immer vermieden werden.

Am wahrscheinlichsten ist es, dass in einer Notfallsituation Schock und →Unterkühlung auftreten. Beides sind Situationen, die mit großer Besonnenheit auch alleine in den Griff gebracht werden können. Besonders häufig werden Sie Hautreizungen oder vereiterte Entzündungen durch aufgescheuerte Füße oder lange nass getragene Kleidung erleiden. Auch aufgekratzte Insektenstiche neigen dazu, sich zu entzünden. Gerne wird die Haut von Parasiten befallen, die entfernt werden müssen, da sie Krankheiten übertragen können. Außerdem sind draußen teils tiefe Schnittverletzungen häufig. Sie sollten also wissen, wie mit ihnen umzugehen ist. Mit viel Unglück werden Sie am Auge verletzt, was fast die schlimmste Möglichkeit ist. Schlimmer und realistisch ist jedoch das Umknicken und Brechen des Sprunggelenkes, des Schienbeins oder das Reißen der Innen- oder Außenbänder.

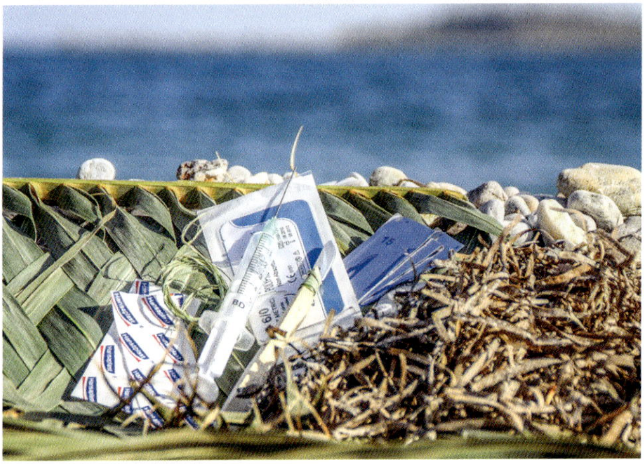

Für Medikamente, Spritzen, Kanülen und Operationsmaterial gibt es outdoor keinen adäquaten Ersatz. Häufig sind sie sogar in den Krankenhäusern von Entwicklungsländern rar.

Wie leichte Vergiftungen und oberflächliche Ekzeme zu behandeln sind, ist im Kapitel »Feuer« beschrieben. In weiterem Umfang jede medizinische Eventualität zu beschreiben ist dahingehend sinnlos, dass Sie alleine kaum reelle Chancen haben, diese zu behandeln. Wie Sie einen Schlangenbiss oder einen Pneumothorax behandeln müssen, wird in dem Buch »Outdoor- und Survivalmedizin« ausgiebig besprochen.

Die Behandlung solcher schwerwiegenden Verletzungen setzt ein Maß an Vorwissen voraus, das im beschränkten Umfang eines Buchs über allgemeine Survivaltechniken nicht vermittelt werden kann. Solche Verletzungen sind im Gegensatz zu den hier beschriebenen oft auch durch das richtige Verhalten vermeidbar oder aber nicht mit den uns zur Verfügung stehenden Mitteln behandelbar. Wie der modernen Medizin sind auch den primitiven Survivaltechniken irgendwo Grenzen gesetzt. Wenn Sie zu diesem Zeitpunkt einen Schlaganfall oder einen Magendurchbruch erleiden, kann Ihnen leider auch kein Buch mehr helfen (✚ *K1*).

## Akute Belastungsreaktion

In einer Extremsituation, die sich bei einem Unfall bzw. Notfall einstellt, besteht potenziell akute Lebensgefahr. Dabei geht es nicht zwangsläufig um Verletzungen, die beim Absturz mit dem Gleitschirm, einem Unfall mit dem Geländewagen oder Kentern des Boots entstanden sein können, sondern um die vorliegende Situation selbst. Wenn der Mensch – genauer gesagt seine Psyche – mit Situationen konfrontiert wird, die er im Moment nicht verarbeiten kann – sei es der Tod eines Mitreisenden, ein vorzeitiges Ende der lange geplanten Expedition oder der Verlust wichtiger Ausrüstung – kann sich eine sogenannte akute Belastungsreaktion (ABR) entwickeln. Manchmal kann schon eine vergleichbar kleine Verletzung wie ein tiefer Schnitt in die Hand Auslöser sein.

Viele kennen in diesem Zusammenhang die Posttraumatische Belastungsstörung (→PTBS), auch Shellshock oder »Kriegszittern« genannt. Diese tritt jedoch meist erst nach Beendigung der Extremsituation auf (meist nach Rückkehr aus einem Kriegs- oder Krisengebiet). Während eine PTBS psychologisch behandelt werden kann, sieht das bei der akuten Belastungsreaktion anders aus.

Im Volksmund bezeichnet man den betreffenden Zustand als »unter Schock stehen«. Gemeint sind irrationale Reaktionen und Handlungen – die Unfähigkeit, die Situation aufzunehmen (ein »Verarbeiten« liegt zu diesem Zeitpunkt noch in weiter Ferne). Es kommt vor, dass solche Personen orientierungslos in den Wald oder in die Wüste laufen, um »Hilfe zu holen«, dass sie in reißende Flüsse springen, um den verschollenen, vermutlich Ertrunkenen zu finden, und anderen unbedachten Handlungen nachgehen. Typisch sind Überreaktionen, Aggression, aber auch Rückzug und Passivität.

Zwar kann sich aus einer ABR eine PTBS entwickeln; das setzt allerdings das mittelfristige Überleben voraus, was während der Extremsituation nicht sicher ist.

Sich selbst zu behandeln ist in einer solchen Situation mehr als schwierig. Bestenfalls kümmern sich verbliebene Reisepartner umeinander und können sich gegenseitig stützen. Wenn Sie selbst merken, dass Sie sich aufgrund einer unerwarteten Situation wie »in Watte gepackt« fühlen, sollten Sie versuchen, sich irgendwo abzulegen und den aufkommenden Zustand aktiv »auszusitzen«.

Versuchen Sie, Ihren Atem aktiv zu beruhigen, denken Sie intensiv an eine bestimmte Farbe, zum Beispiel »Grün« und sammeln Sie vor Ihrem geistigen Auge Gegenstände, die Sie in Gedanken grün einfärben. Dieser einfache Trick wurde mir von einem Freund gezeigt, der damit schwere Prüfungsängste in den Griff bekam. Wenn Sie frieren und zittern, zittern Sie aktiv mit. Wenn Ihnen danach ist, weinen Sie hemmungslos über den erlittenen Verlust. Das befreit und wird Sie nach einigen Minuten beruhigen. Wie lange es dauert, eine Schocksituation in den Griff zu bekommen, lässt sich nicht pauschalisieren. Manchmal dauert es einige Minuten, manchmal eine Stunde.

## Schock

Im Gegensatz zur ABR ist der »echte Schock« ein physiologischer Zustand, der durch Körperreaktionen auf Gifte, Krankheit oder Verletzung hervorgerufen werden kann. Vereinfacht gesagt bedeutet Schock, dass zu wenig Blut im Körper ist. Das kann dadurch hervorgerufen werden, dass die Menge an Blut reduziert ist oder die Blutgefäße erweitert worden sind. Der erste Fall kann vorkommen nach Brüchen großer Knochen, Hackverletzungen oder stumpfen Verletzungen. Im anderen handelt es sich um das meist aktive Weitstellen der Blutgefäße durch das vegetative Nervensystem infolge einer Infektion oder einer anaphylaktischen Überreaktion auf Insekten- oder Schlangenbisse oder Giftpflanzen.

**HINWEIS:**

Nach einem Wespen- oder Skorpionstich bzw. einem Spinnen- oder Schlangenbiss kann ein allergischer Schock lebensgefährlich sein.

Durch Schocklage lässt sich der Patient oft stabilisieren.

Auch die akute Belastungsreaktion kann zu einem solchen Zustand führen – wenn jemand kein Blut sehen kann. Durch die im Verhältnis zu geringe Blutmenge wird das Hirn unterversorgt. Deshalb ist Schwindel und Ohnmacht oft das erste deutliche Zeichen. Während einfaches »Umfallen« nach Erschrecken *(✚ K9)* zwar zum Tod führen kann, wenn Sie dabei mit dem Kopf aufschlagen oder mit dem Kopf im Wasser landen, kann der Kollaps bei →»Volumenmangel« tödlich enden.

**Bei Volumenmangel wird durch Anheben der Beine über den Körper das Blut zentralisiert.**

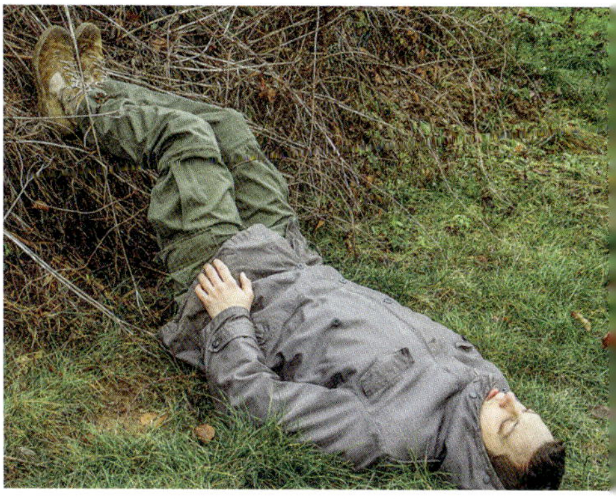

Ernste Hinweise sind ein schneller und schwacher Puls, bleiche Haut und kalter Schweiß. Unabhängig davon, welche Ursache dem Schock zugrunde liegt, sollte die Person möglichst schnell auf den Boden abliegen und die Beine etwas erhöhen (Ausnahme ist, wenn der Schwindel bzw. Schock das Ergebnis eines Schlags auf den Kopf ist). Eine abschließende Behandlung ist draußen nicht möglich – vor allem, wenn Sie alleine unterwegs sein sollten. Sie verhindern auf diese Weise allerdings, dass durch Stürze weitere Verletzungen entstehen, und haben ein erweitertes Zeitfenster für den Fall, dass Sie eine Wunde versorgen müssen.

Generell ist zu beachten, dass Menschen mit Schock in aller Regel sehr schnell unterkühlen.

## Unterkühlung

Eine beim einfachen Leben in der Natur häufige und immer wieder unterschätzte Situation, die je nach Stärke auch lebensgefährlich sein kann, ist die Unterkühlung des Körpers, die sogenannte →Hypothermie. Der menschliche Körper bietet nach Verlust seines dichten Haarkleides und aufgrund des (meist) nur wenige Zentimeter dicken Unterhautfetts eine geringe Barriere gegen Auskühlung. Außerdem hat der menschliche Organismus ein äußerst ungeeignetes Verhältnis von Volumen und Wärmeaustauschfläche. So wundert es nicht, dass wir bei ungenügender oder ungeeigneter Kleidung und zu geringer Aktivität schnell zu frieren beginnen. Wenn wir uns mit der Unterkühlung auseinandersetzen, muss klar sein, dass wir uns nicht alleine mit dem subjektiven Eindruck der Kälte, dem »Frieren« beschäftigen. Ob ein Mensch friert, ist von vielen Faktoren abhängig, zum Beispiel von der körperlichen Verfassung, dem Körpergewicht, der Herkunft, dem Stoffwechsel, dem Sättigungsgrad und dem Geschlecht. Zwar sind Frieren und Gänsehaut erste Zeichen, dass der Wärmehaushalt gestört ist, der Körper also an der Oberfläche Wärme verliert, dennoch kann man tagelang frieren, ohne dass die Kerntemperatur absinkt. Dies ist möglich, weil der Körper dazu in der Lage ist, die äußeren Extremitäten schlicht vom zentralen Blutkreislauf abzuklemmen. So werden Finger, Zehen, Hände und Füße, letztendlich Arme und Beine nur noch unvollständig durchblutet. Bevor das der Fall ist, sprechen weitere Regulationssysteme an, die ein Warmzittern ermöglichen. Durch die unwillkürlichen Muskelkontraktionen wird Wärme erzeugt. Also ist das Zittern neben dem Kältegefühl das erste Anzeichen, dass gehandelt werden muss. Die besonders gefährliche Eigenschaft der Hypothermie ist nämlich, dass sie ab einem bestimmten Zeitpunkt nicht mehr selbstständig bekämpft werden kann (✚ *K 16*).

Die Gründe für eine Unterkühlung können unterschiedlich sein. So ist der oben erwähnte Schock und seine Behandlung durch Schocklage ein häufiger Grund. Zu

**Windchill bei tiefen Temperaturen und mäßigen Windgeschwindigkeiten**

| Temperatur | 0 °C | −5 °C | −10 °C | −15 °C | −20 °C |
|---|---|---|---|---|---|
| **Windgeschwindigkeit** | *Vergleichbare Auskühlung wie etwa bei diesen Temperaturen* | | | | |
| **10 km/h** | −6 °C | −7 °C | −12 °C | −19 °C | −26 °C |
| **20 km/h** | −10 °C | −16 °C | −20 °C | −26 °C | −32 °C |
| **30 km/h** | −16 °C | −20 °C | −27 °C | −36 °C | −45 °C |
| **40 km/h** | −18 °C | −22 °C | −30 °C | −38 °C | −47 °C |
| **50 km/h** | −19 °C | −24 °C | −32 °C | −41 °C | −49 °C |

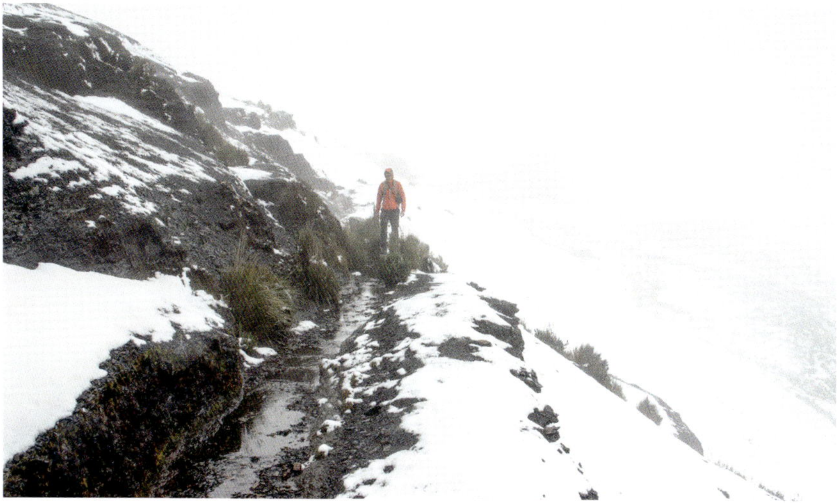

**Viel gefährlicher als Temperaturen weit unter dem Gefrierpunkt sind etwa +/– 1 °C. Nebel fällt als Tau, Schneeflocken schmelzen auf der Kleidung und entziehen dem Körper die Schmelzenergie.**

dünne Isolation oder ein ungenügendes Wärmefeuer während der körperlich inaktiven Ruhephase bei Nacht kann zu Auskühlung führen. Eine große Diskrepanz zwischen Nahrungsaufnahme und aufgebrachter körperlicher Leistung beschleunigt diesen Vorgang enorm. Auch das Stürzen in kaltes Wasser, Durchnässen durch Regen oder starker Windchill können sehr schnell zur ausgeprägter Hypothermie führen.

**HINWEIS:**

Unterkühlung gehört zu den häufigsten Todesursachen auf Reisen. Eine ausgeprägte Unterkühlung lässt sich unterwegs kaum noch behandeln.

Deutliche Anzeichen fortgeschrittener Auskühlung sind nun nicht mehr nur Frieren und Zittern, sondern unkontrollierbar stark zuckende Bewegungen mit dem gesamten Körper. Die Haut ist blass, Lippen und Finger werden blau. Die Hand oder gar Finger zu bewegen ist nicht mehr möglich. Es wird langsam unmöglich, einen klaren Gedanken zu fassen, es macht sich eine Müdigkeit bemerkbar, während das Frieren stetig abnimmt. Spätestens bei diesen Anzeichen beginnt die akut lebensbedrohliche Phase, die nun gerade noch selbst zu behandeln ist. Die Körpertemperatur ist unter 36 °C gesunken. Die lebenswichtigen Organe sind nur noch bedingt einsatzfähig. Mediziner sprechen hier von der beginnenden Erschöpfungsphase.

Um es nicht erst soweit kommen zu lassen, können einige Maßnahmen ergriffen werden, die einer beginnenden Unterkühlung entgegenwirken. Wenn die Kleidung durchnässt wurde und die Bewegung eingeschränkt ist, so müssen Sie sich zuallererst der Kleidung entledigen. Zumindest dicke Kleidungsschichten müssen ausgezogen werden, da die Körperwärme diese nicht mehr trocknen kann. Selbst fast nackt können Sie bei Temperaturen unter dem Gefrierpunkt einer Unterkühlung besser entgehen als in nasser Kleidung. Denken Sie an Jogger im Winter. Wichtig ist hierbei, dass der Stoffwechsel so stark wie möglich angehoben wird. Dazu eignen sich einige einfache Sportübungen, von denen zu Beginn sicherlich ein »Herumtippeln« die einfachste ist.

Wenn eine Grundtemperatur in den Muskeln vorhanden ist, so dass Sie sich flüssig bewegen können, gehen Sie dazu über, den »Hampelmann« zu springen. Öffnen und schließen Sie dabei abwechselnd Arme und Beine im Sprung. Wenn Sie merken, dass Sie sich noch mehr bewegen möchten, beginnen Sie mit »Ganzkörperübungen«. Hierbei werden die großen Rumpfmuskelpartien beansprucht, wodurch viel Wärme erzeugt wird. Wenn Sie eine Temperatur erreicht haben, die Sie gerade noch nicht schwitzen lässt, machen Sie Pause und wiederholen alle fünf bis zehn Minuten einige dieser Übungen. Wenn Sie Ihre Kleidung dadurch trocknen müssen, ziehen Sie abwechselnd einige dünne Schichten an und bewegen sich weiter, bis diese trocken sind. Wenn es die Umgebung erlaubt, können Sie nach dem ersten Aufheizen auch etwas mehr Kleidung anziehen und durch Langlauf trocknen. Ihnen ist sicherlich klar, dass diese Technik viel Energie kostet, die wieder zugeführt werden muss. Übrigens auch ein Grund, weshalb die bekannte »Dreierregel« häufig nicht stimmt. Sie besagt, dass ein Mensch etwa nach drei Minuten ohne Sauerstoff, drei Tagen ohne Wasser und erst nach drei Wochen ohne Nahrung stirbt. Wer sich nachts wegen drohender Unterkühlung bewegen muss und nur mittags in der Sonne schlafen kann, zehrt ohne Nahrungszufuhr innerhalb weniger Tage aus.

## Überhitzung und Dehydration

Deutlich seltener und meist in Gegenden mit hoher Tagestemperatur zu erwarten sind Überhitzungserscheinungen, die jedoch ähnlich gefährlich werden können wie Hypothermie. Der Körper ist in der Lage, seinen Wärmehaushalt sowohl einer zu kalten als auch einer zu warmen Umgebung anzupassen. Richtiger müssten wir sagen, dass der Körper das Missverhältnis zwischen körperlicher Aktivität und den außen herrschenden Temperaturen in bestimmten Maße auszugleichen vermag. Während die

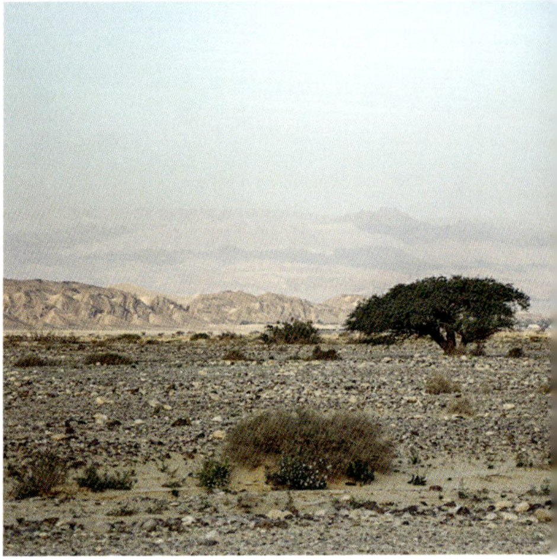

**In kargen Steppen sollte mittags wenn möglich ein schattiger Platz zum Rasten aufgesucht werden.**

Gefahr der aufkommenden Unterkühlung aktiv bekämpft wird, steuert der Körper durch das Abgeben von Schweiß und das erhöhte Durchbluten der äußeren Hautkapillaren der Überhitzung gegen. Dabei geben Millionen von speziellen Schweißdrüsen eine komplexe, salzhaltige Lösung ab, wodurch sich idealerweise ein Feuchtigkeitsfilm bildet. Dieser verdunstet und entzieht dem Blut Energie, so dass dieses sich abkühlen kann. Auf diese Weise kann der Körper auf Leistungstemperatur gehalten werden. Nun können einige Störungen das System aus dem Gleichgewicht bringen. Einer der wichtigsten Faktoren ist die körperliche Aktivität. Bei hohen Temperaturen erzeugt Bewegung die Gefahr eines Hitzestaus, also eines Missverhältnisses zwischen der abgegebenen Energie und der erzeugten. Dabei steigt die Kerntemperatur langsam über 37 °C, was dazu führt, dass die ideale »Systemtemperatur« nicht gehalten werden kann. Es ist eine der großen Aufgaben in heißen Gegenden, die körperliche Aktivität zur Mittagszeit stark zu reduzieren und die direkte Sonnenstrahlung zu meiden. Dies klingt theoretisch einfacher, als es praktisch durchführbar ist.

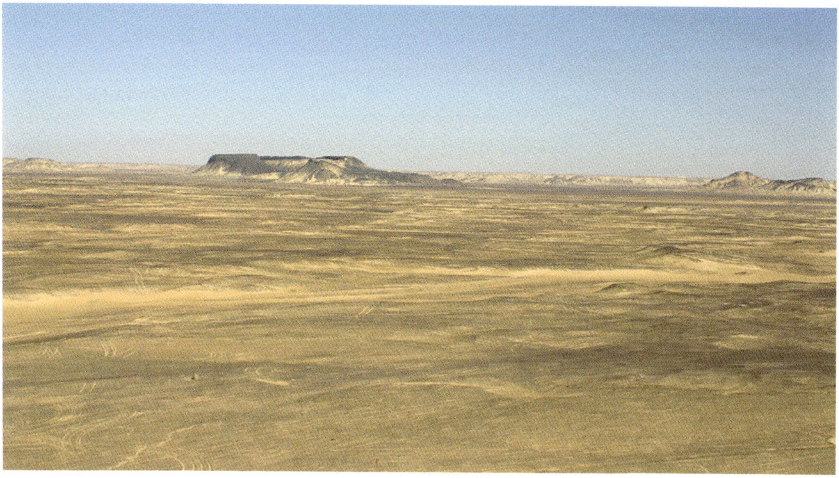

**Das Dilemma der lebensfeindlichen, aber unendlich eindrucksvollen Wüsten: Die Hitze erhöht den Wasserverbrauch enorm, gleichzeitig ist Trinkbares kaum verfügbar.**

Heiße Gegenden wie Steppen und Wüsten zeichnen sich dadurch aus, dass sie mangels Bäumen und Sträuchern besonders wenig Schatten bieten. Deshalb ist unbedingt irgendwie Schatten zu erzeugen. In der Sonne können Oberflächentemperaturen schnell weit über 60 °C steigen. Lufttemperaturen pendeln sich außer in den heißesten Wüsten bei maximal 40 bis 45 °C ein. Doch auch diese Temperatur verlangt vollständig inaktives Sitzen im Schatten. Der Körper transportiert dabei in großen Mengen Flüssigkeit an die Hautoberfläche, er transpiriert. Hier werden einige Faktoren bemerkbar, die nicht allzu einfach beeinflussbar sind. Wenn Schweiß einen flächendeckenden Film bildet, ist das Optimum der Kühlung fast erreicht. Sammelt sich Schweiß jedoch und rinnt oder tropft dabei vom Körper, kann dieser kaum Energie abtransportieren.

Bei übermäßigem Schwitzen sollte darauf geachtet werden, dass Schweißtropfen nicht abgeschüttelt, sondern nach Möglichkeit auf Armen und Beinen verteilt werden. Diese Oberflächen sind in der Lage, schnell Wärme auszutauschen, schwitzen aber oft weniger als Kopfhaut und Nacken. Diese Wasserabgabe führt uns zu einem weiteren Faktor, der die Kühlung verbessern oder verschlechtern kann. Das Verdunsten der Flüssigkeit ist physikalisch der Übergang von Wassermolekülen aus dem flüssigen in den gasförmigen Zustand. Diese Transformation ist besonders vom sogenannten Partialdruck der Teilchen abhängig. Sind nämlich sehr viele Wasserteilchen in der Luft, verdunstet der Schweiß nicht mehr. Bei geringen Unterschieden lässt sich das durch Fächeln von Luft oder Stehen im Wind ausgleichen. Hierbei werden Wassermoleküle von immer neuen Luftmengen mitgerissen, so dass sich keine Sättigungsschicht um den Körper bilden kann. Eine sehr hohe Luftfeuchte ist zum Beispiel aus den Tropen bekannt, wo der Wasseranteil so hoch ist, dass er als Nebeltröpfchen ausfällt. Diese Situation ist dahingehend gefährlich, dass es bei Temperaturen über 37 °C zu keinerlei Wärmeaustausch mit der Umgebung kommen kann (K3, »Tau«). Das ist glücklicherweise selten, da sich die Sättigungsgrenze mit der Temperatur erhöht und die Temperatur in den Regenwäldern kaum so stark ansteigt. Dort neige ich meist dazu, schweißüberströmt in Marschpausen zu frösteln. Trotzdem ist ein einfacher Wärmeaustausch behindert, was durch Reduktion der körperlichen Aktivität bekämpft werden muss. Außerdem können Flüssigkeiten von außen durch das Benetzen der Hemdärmel oder des Kragens Wärme aufnehmen. Das bringt uns zu einer dritten, besonders wichtigen Einflussnahme auf den Wärmehaushalt.

Durch Schwitzen gehen große Mengen von Wasser und Salz an die Umgebung verloren. Diese müssen bestmöglich ausgeglichen werden. Wie Sie in der Natur an größere Mengen von Mineralien kommen, lesen Sie im Kapitel »Feuer«. Die »Wasseraufbereitung« finden Sie im gleichnamigen Abschnitt. Verlust von Mineralien und Salzen *(💧K2)* sollte ständig ausgeglichen werden, da sonst ein lebensgefährlicher Zustand entstehen kann, der mit dem weiter vorn beschriebenen Schock verglichen werden kann.

Eine akut gefährliche Situation, die meist aus der Fehleinschätzung der eigenen Körpertemperatur resultiert, ist außerdem ein Sonnenstich und ein Anstieg der Körpertemperatur über 39 °C, der sogenannte Hitzschlag. Besonders gefährlich sind die Schäden, die das Gehirn dadurch erfahren kann. Während der Sonnenstich alleine durch die Bestrahlung des unbedeckten Kopfes entstehen kann und durch das Abdecken mit einem Hut oder Tuch meist verhindert wird, ist der Anstieg der Körpertemperatur in heißen Gegenden nur mit disziplinierter Inaktivität im Schatten zu verhindern. Doch selbst hier kann bei Windstille ein Anstieg der Kerntemperatur nicht immer vermieden werden. Gefährlich ist neben den Hitzereaktionen vieler Organe das Anschwellen des Hirnvolumens.

**Bei intensiver Sonneneinstrahlung sollten ein leichter Hut und helle Oberbekleidung getragen werden.**

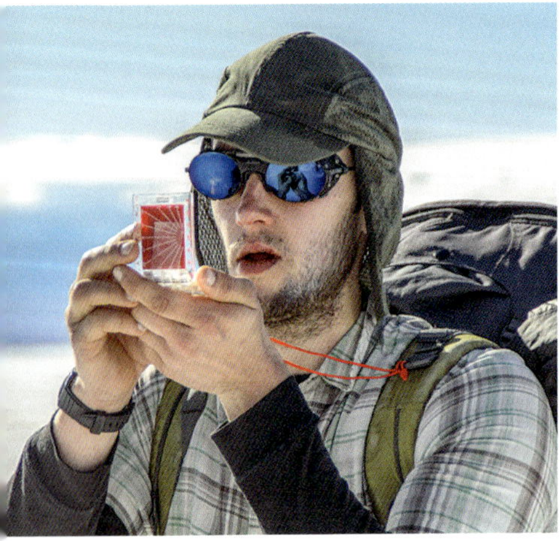

**HINWEIS:**

Ein Hitzschlag kann tödlich enden. Bemerken Sie Symptome an sich, ist Kühlung dem Wassersparen vorrangig.

Schwerste, drückende Kopfschmerzen, Ohrensausen, Halluzinationen, ein getrübtes Bewusstsein und Erbrechen sind wichtige Signale, dass es zu einem Hitzschlag kommt oder gekommen ist. Hier ist unbedingt Ruhe zu bewahren. Der Kopf sollte erhöht gelagert werden, um den Blutdruck zu reduzieren. Sie sollten jedoch nicht stehen, da Ohnmachtsanfälle zu Sturzverletzungen führen.

Wenn Sie merken, dass Sie das Bewusstsein verlieren, versuchen Sie sich in die Umgekehrte kippen zu lassen, also so, dass Ihr Kopf das niedrigste Körperteil ist und der Mund Richtung Boden zeigt. Dadurch wird die Gefahr reduziert, dass Sie an Erbrochenem ersticken. Trinken Sie, auch wenn Sie wieder erbrechen. Die Überhitzung ist die akut gefährliche Situation, über den Wassermangel werden Sie sich später Gedanken machen müssen. Wenn Sie sehr wenig Wasser besitzen und noch urinieren können, befeuchten Sie mit dem Harn zumindest die Hosenbeine oder Ärmel.

Wichtig für diese Situation ist, alles zu unternehmen, um die Zeit bis zum Sonnenuntergang zu überbrücken. Wenn die Temperatur sinkt, erholen Sie sich meist schnell wieder. Als Wüstenwanderer, der mittlerweile einige Male schwere Hitzschläge und unverschuldete Dehydration er- und überlebt hat, sehe ich diese Situation als besonders gefährlich an, da sie buchstäblich innerhalb weniger Stunden entstehen und tödlich enden kann.

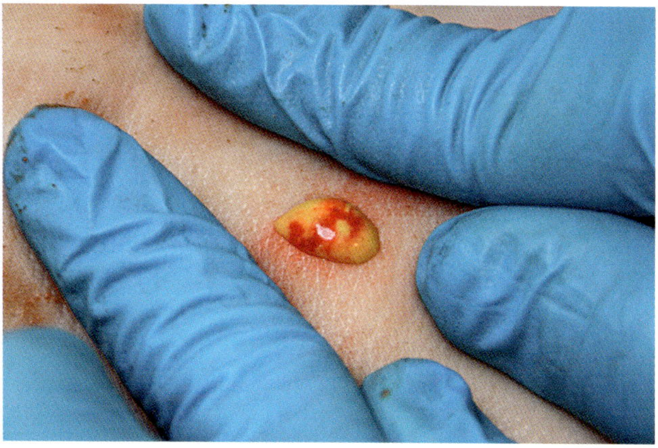

Abszesse und Entzündungen sollten auch unterwegs punktiert und entleert werden, da sich solche Eiterblasen sonst in das Lymph- oder Blutsystem ergießen können.

## Entzündungen

Während wir in der gewohnten Umgebung kaum mit schweren Entzündungen zu kämpfen haben, reagiert unser Körper auf unbekannte Keime oft völlig anders. Ich wurde einmal von einem Einheimischen gewarnt, mit bloßen Füßen in den Schlamm der Mangroven zu steigen, wo ich einige Krabben fangen wollte. Warum, sah ich am Abend. Meine Beine hatten eine Anzahl von unbedeutenden Kratzern von Bodengestrüpp gehabt, nun waren die gesamten Füße auf monströses Volumen angeschwollen. Erst Tage später nahm die so schnell gekommene Schwellung langsam wieder ab. Einen ähnlichen Fall erlebte ich zusammen mit einem Reisekameraden, dessen aufgescheuerter Knöchel sich in weniger als einem Tag zu einer mit Eiterveschluss verkrusteten Fläche entwickelte. Wir würden sagen, dass das wohl nicht so schlimm ist. Kleine Verletzungen entzünden und eitern sehr schnell, selbst ein kleiner Spreißel neigt dazu, eine starke Reaktion des Körpers zu erzeugen. Das ist jedoch nur teilweise richtig, weil wir nämlich im Falle einer stärkeren Reaktion Zugriff auf medizinische Versorgung sowie Antibiotika haben. Draußen, wenn wir einige Zeit auf uns alleine gestellt sind, kann selbst eine kleine Entzündung schwerwiegende Folgen haben.

*»Ubi pus, ibi evacua«*, wo Eiter ist, muss er entfernt werden, ist eine alte medizinische Weisheit, deren Grundsätze auf einer Behandlung mit einfachen Methoden beruhen, vergleichbar also mit unserer Situation. Große Ansammlungen von Eiter weisen darauf hin, dass eine Wunde mit einer Anzahl von Keimen besiedelt ist. Das eröffnete Gewebe bietet einigen Bakterien eine ideale Versorgungsgrundlage, weshalb sie dort schnell wachsen. Dabei werden sie von Blutzellen, den Leukozyten, bekämpft. Diese sowie abgebaute, beschädigte Zellen bilden den Eiter, der sich in der Wunde ansammeln und verkapseln kann. In diesem Fall besteht Gefahr, dass eine solche Eiterblase aufplatzt und sich in das Körperinnere ergießt. Das hat schwerwiegende Folgen und kann in einer lebensgefährlichen Sepsis enden. Außerdem ist der vereiterte Wundverschluss aus einem anderen Grund potenziell tödlich (✚ *K 15*).

**HINWEIS:**

Tiefe Wunden dürfen aufgrund immer vorhandener bakterieller Besiedelung niemals luftdicht verschlossen werden.

Verschlossene, eiternde Wunden zeugen wie beschrieben von einer Verschmutzung oder Besiedelung der Wunde mit Mikroorganismen. Es gibt im Boden eine Gruppe

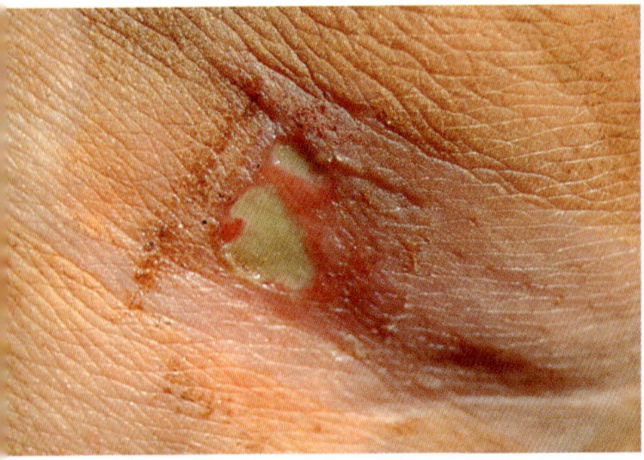

**Auch kleine Verletzungen entzünden sich unterwegs schnell und können erhebliche Einschränkungen bei der täglichen Arbeit verursachen.**

von Bakterien, sogenannte Clostridien, deren Sporen während einer Verletzung in die Wunde gelangt sein können. Clostridien können nur unter anaeroben Bedingungen wachsen, also in Abwesenheit von Sauerstoff, der für sie giftig ist. Zusammen mit anderen Keimen, die den Sauerstoff in der Wunde verbrauchen, und dem luftdichten Wundverschluss stellen sich diese benötigten, sauerstofffreien Bedingungen bald ein. Clostridien entwickeln sich und sind in der Lage, das menschliche Gewebe zu zersetzen. Dabei geben sie extrem giftige Stoffe an den Körper ab, die zu den stärksten Giften überhaupt zählen. Gegen einen dieser Stoffe sind Sie sicherlich als Kind geimpft worden. Denn das Tetanustoxin, das von *Clostridium tetanii* abgegeben wird, ist als Auslöser des lebensgefährlichen Wundstarrkrampfes gefürchtet. Die Impfung gegen das Tetanustoxin ist jedoch nie zu 100 Prozent sicher, weshalb Sie nach einer schweren Schürfverletzung beim Arzt normalerweise eine weitere Spritze erhalten. Andere Clostridienarten, wie beispielsweise der Erreger des Gasbrandes sind vergleichbar gefährlich.

Aus diesem Grund müssen offene Verletzungen immer gereinigt werden, wenn sie zum Beispiel mit Erde verschmutzt worden sind. Hierzu eignet sich beispielsweise Urin, der durch eine Ultrafiltration am Nephron in der Niere völlig steril ist und nur einige Keime durch den Austritt aus der Harnröhre enthält. Außerdem kann abgekochtes Wasser zum Ausspülen von Wunden verwendet werden. Nie sollten Sie →Speichel benutzen, der eine Vielzahl gefährlicher Erreger beherbergt.

Als weitere Vorsichtsmaßnahme sollten vereiterte Wunden, die unter Druck stehen und warm werden, immer mit einer in heißes Wasser getauchten Klinge geöffnet werden. Dabei werden Sie nicht umhinkommen, selbst bei kleinen Verletzungen Narben zu erhalten. Auf keinen Fall, und das möchte ich betonen, dürfen irgendwelche »Naturmittelchen« auf eine Wunde aufgebracht werden. Bis auf sehr wenige Pflanzen haben alle bekannten »Heilkräuterchen« keine nennenswerte antibakterielle Wirkung. Besonders die viel gepriesenen Wegericharten, die sich manch einer zerkaut auf Wunden panscht, hemmen in keiner Weise das Wachstum von Bakterien in offenen Wunden. Diese Pflanzen beherbergen zwar eine große Anzahl von Keimen, die also im Zweifel selbst eine Infektion auslösen können, wirken aber nicht einmal gegen relativ einfach bekämpfbare Modellkeime.

**HINWEIS:**

Auch Pflanzen mit antibakteriellen Inhaltsstoffen wirken nicht antiseptisch und gehören daher nicht in Wunden!

Ähnlich sieht es mit dem beigemengten Speichel aus. *Natürlich* sind im Speichel Bakterien abtötende Stoffe enthalten. Diese werden benötigt, um verkeimte Nahrung bis zum abtötenden Säurebad im Magen schon mürbe zu machen und bei Verletzungen im Mund die hocheffiziente Immunreaktion der Schleimhaut zu unterstützen. Speichel selbst ist voller gefährlicher Keime und hat vor allem in *tiefen* Wunden überhaupt nichts zu suchen.

Dennoch werden vielleicht Sie selbst oder Bekannte von Ihnen auf eine solche Behandlung schwören. Die so behandelten Wunden sind allerdings in aller Regel Bagatellverletzungen, die nicht weiter als durch die Oberhaut gehen und – verschmutzt oder nicht – in aller Regel ohne jedes Beitun schnell abheilen. Fragen Sie einfach mal den nächsten Unfallchirurgen, ob er infizierte Wunden nicht einfach wahlweise mit seinem Speichel, Wegerich oder Spinnennetzen behandeln wolle – da würde er eine Menge Geld für Antibiotika und Antiseptika sparen. Wenn Sie das tun, machen Sie sich allerdings auf einen kurzen Sprint bereit.

Die heute etablierten und funktionierenden Methoden werden angewandt. Was sonst so noch an Behandlungsvorgaben aus dem Altertum überliefert wurde, hat sich offensichtlich nicht als zuverlässig herausgestellt.

Dennoch subjektiv erlebte Heilungsverbesserungen dieser Art werden in der Medizin »anekdotische Heilungsberichte« genannt und sind meist nicht reproduzierbar. Solche Sebstbehandlungen gehören – wenn überhaupt – in eine Umgebung, in der ein Arzt durch Antibiotikagabe Schlimmeres verhindern kann.

## Parasiten

Obwohl es eine Vielzahl von unterschiedlichen Parasiten gibt, die im Körperinneren leben, haben wir ohne das richtige Handwerkszeug wie Praziquantel, Atovaquon und vergleichbare Präparate keine Möglichkeit, einen Befall zu behandeln. Es besteht hier prinzipiell nur die Möglichkeit, eine Infektion zu vermeiden oder symptomatisch zu behandeln (✚ *K 15)*.

Wenn wir eine Infektion verhindern möchten, müssen wir unser Hauptaugenmerk auf Erreger setzen, die häufig durch Vektoren, oft andere Parasiten, übertragen werden. Da rund die Hälfte aller Lebewesen parasitär leben und alleine Parasiten des Menschen in mehreren Buchbänden nur unvollständig beschrieben werden können, möchte ich mich hier auf die grundsätzliche Gefahr durch Parasiten beschränken. Bevor man alle unterschiedlichen Parasiten betrachtet, sollte man die Gemeinsamkeit aller dieser Lebewesen anschauen. Die besteht darin, dass der Parasit auf irgendeine Weise auf oder in den Körper gelangen muss. Am einfachsten geschieht das natürlich durch die orale Aufnahme. Viele Einzeller und Rund- oder Plattwürmer wie Spul- oder Bandwürmer werden durch ungenügend erhitzte Nahrung übertragen. Um die Gefahr des Befalls also zu reduzieren, dürfen prinzipiell nur vollständig erhitzte Nahrungsmittel aufgenommen werden – es sei denn, sie sind als sicher bekannt. Besonders wichtig ist das bei Lebensmitteln tierischer Herkunft (✚ *K 12)*.

Ein weiterer Übertragungsweg ist das aktive Eindringen in den menschlichen Körper. Vor allem in tropischen Regionen können Saugwurmlarven der Gattung *Schistosoma* und vergleichbare Parasiten in den Körper vordringen und sich dort entwickeln. Diese Gefahr herrscht überall dort, wo menschliche Fäkalien ungereinigt in Gewässer eingedrungen sein können. Der Kontakt mit

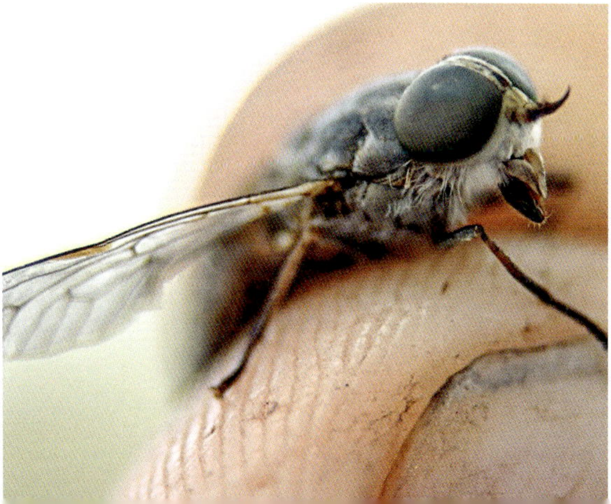

**Die mit Abstand gefährlichsten Tiere der Welt sind stechende oder beißende Insekten und Milben wie Stechmücken, Schmetterlingsmücken, Zecken oder Bremsen. Diese Plagegeister verursachen nicht nur unangenehm juckende Schwellungen, sondern übertragen auch viele einzellige Parasiten wie Trypanosomen (Chagas, Schlafkrankheit, Leishmaniose), Plasmodien (Malaria), aber auch Bakterien und Viren (Enzephalitis, Dengue, Ricketsien, Borrelien, Gelbfieber). Tiger, Skorpione und Schlangen sind weltweit gesehen im Vergleich völlig unbedeutend.**

solchen, meist stehenden Gewässern ist zu vermeiden, besonders wichtig ist, dass darin nicht gebadet wird.

Immer lässt sich eine Infektion unterwegs aber nicht vermeiden. Deshalb sollten Sie sich nach Rückkehr bei einem Tropeninstitut auf in der Reiseregion vorkommende Krankheitserreger untersuchen lassen. Eine erfolgreiche Behandlung vieler Parasiten ist noch nach Jahren möglich (K4, »Einzeller«).

Die letzte wichtige Infektionsart geschieht über Insektenstiche. Krankheiten oder Parasiten werden von allen Arten stechender oder beißender Wanzen, Fliegen, Mücken oder Milben übertragen. Ein Schutz erfolgt also durch die Vermeidung, von einem solchen Vektor gebissen zu werden. Wie Sie sich gegen Ungeziefer schützen können, ist im Kapitel »Feuer« beschrieben. Außerdem kann in besonders gefährdeten Gebieten die Haut mit einer dicken Schlammschicht beschmiert und damit die Angriffsfläche für Bisse verringert werden.

Um Schwellung und Juckreiz zu reduzieren, kann der Stich *vorsichtig* mit zerdrückten Blättern oder Pflanzenteilen von Pflanzen mit hohem Bitterstoff- oder Gerbsäureanteil wie beispielsweise Wegerich oder Löwenzahn berieben werden. Die Gerbsäure wirkt zusammenziehend auf die Blutgefäße, die durch den Speichel des Parasiten vergrößert worden sind. Dies darf aber nur dann erfolgen, wenn der Stich nicht aufgekratzt wurde. Besonders die Fingernägel stellen eine Quelle für Erreger dar, die den Stich infizieren können. Deshalb ist das Kratzen unbedingt zu vermeiden.

Eine Anzahl von größeren Parasiten befallen den Menschen auch auf dem »Landweg«. Zecken, Flöhe, Krätzmilben oder Blutegel sind häufige Parasiten des Menschen, die Sie teilweise täglich auf Ihrem Körper finden. Zecken übertragen weltweit viele unterschiedliche Krankheiten, von denen die hier vorkommenden Borreliose und FSME die bekanntesten sind.

Letztere gehört allerdings zu einer Virengruppe mit drei unterschiedlichen Subtypen,

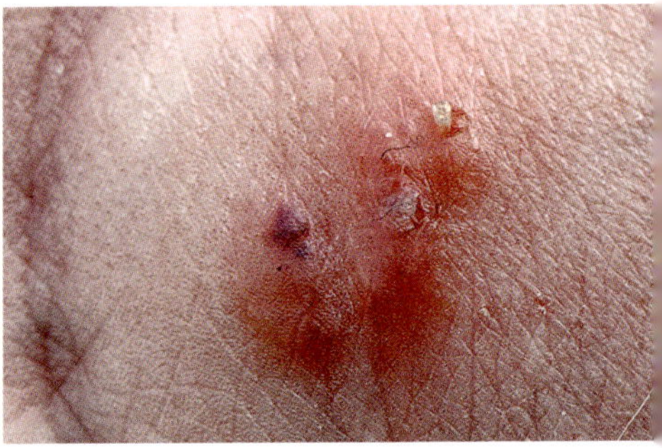

**Ein infizierter Insektenstich, hier von einer Kriebelmücke, kann eine →Lymphangitis verursachen.**

von denen »unsere« FSME bzw. der westliche Untertyp TBEV-EU (Tick-Borne Encephalitis Virus) mit geringer Übertragungsrate und »nur« 2 % Todesfällen bei Ausbruch der ungefährlichste Typ ist. Der Sibirische (TBEV-SIB) und vor allem der Fernöstliche Subtyp sind dagegen viel gefährlicher: Bei TBEV-FE liegt die Sterblichkeitsrate bei 20 bis 30 %. Besorgniserregend ist außerdem, dass die gefährlicheren Formen immer näher an Mitteleuropa heranrücken – mittlerweile sind schon vereinzelte Infektionen in Deutschland nachgewiesen worden. Im Verbreitungsgebiet der drei TBEV werden jedes Jahr 10.000 – 12.000 Menschen neu infiziert. Die Viren sind auf dem gesamten Europäischen und Asiatischen Kontinent in gemäßigten Zonen verbreitet. Mit den gängigen FSME-Impfungen sind Sie auch gegen die anderen Subtypen geschützt. Allerdings sind diese Krankheiten bei weitem nicht die einzigen gefährlichen. Zecken gehören damit neben den Stechmücken zu den wichtigsten und gefährlichsten Krankheitsüberträgern weltweit.

Meist werden von Zecken Krankheiten erst nach einigen Stunden des Saugens auf den Wirt abgegeben. Deshalb ist es wichtig, dass sie bald gefunden und entfernt werden. Also sollte man sich täglich an den gerne von Zecken aufgesuchten Stellen absuchen. Zecken müssen meist von Achseln, Haaransatz im Nacken, zwischen den Zehen oder im Schritt entfernt werden. Hierbei mit irgendwelchen selbst gebastelten »Holzpinzetten« an den Tieren herumzumanipulieren erhöht nur die Gefahr, dass die Tiere den infektiösen Mitteldarminhalt in die Wunde abgeben. Gleiches gilt für Harz, das oft auf die Zecke aufgetragen wird, um sie zu ersticken.

Ich verfahre gewöhnlicherweise so, dass ich die Messerklinge von hinten unter das Tier schiebe, als ob ich es »abrasieren« wollte. Dann lege ich vorsichtig den Daumen auf den Hinterleib und fixiere so das Tier kurz hinter dem Stechinstrument. Nun wird das Messer über den Messerrücken nach hinten gedreht, wobei die Zecke meist sofort in einem Stück entfernt wird. Das klappt so auch bei den kleinen Nymphen. Bleibt mal ein Stück des Rüssels stecken, ist das kein Grund zur Panik. Diese Bereiche sind neuesten Erkenntnissen zufolge nicht infektiös und werden nach wenigen Tagen von der obersten Hautschicht abgestoßen beziehungsweise ausgeeitert. Ich entferne auf diese Weise jedes Jahr rund drei Dutzend dieser Tiere und habe dadurch nie Probleme gehabt. In zivilen Regionen sollte trotzdem wenn möglich eine spitze Splitterpinzette verwendet werden.

Wenn Sie beim Training von Zecken gebissen werden, achten Sie in den folgenden Tagen und Wochen auf jegliche Krankheitszeichen. Sollte sich eine vermeintliche »Sommergrippe« einstellen, gehen Sie möglichst bald zum Arzt und machen ihn auf einen vergangenen Zeckenbiss aufmerksam. Infektionszeichen von Borreliose (Wanderröte) und anderen bakteriellen Infektionen wie Rickettsiose bzw. Fleckfieber/»Spotted fever« (Hautausschlag) müssen bei Infektionen nicht zwangsläufig zu sehen sein. Die sicherste Methode ist also das Vermeiden von Zeckenbissen (Hose unter die Strümpfe, Unterholz vermeiden, Repellens verwenden) sowie das zügige Entfernen des Tieres nach dem Biss.

**HINWEIS:**

Stechende Insekten und Zecken gehören zu den gefährlichsten Tieren überhaupt.

Milben, Flöhe und Läuse können durch unsachgemäßes Hantieren mit Jagdbeute übertragen werden. Diese unterwegs wieder loszubekommen ist sehr schwierig. Das Ausräuchern befallener Hautstellen oder der Kleidung kann kleine Parasiten wie Milben abtöten. Läuse und Flöhe werden Sie so bald nicht abschütteln können, da Sie weder einige Tage nackt umherlaufen können, noch einige Stunden bis zum Hals im Wasser verbringen sollten. Eine Übertragung kann außerdem fast nicht verhindert werden.

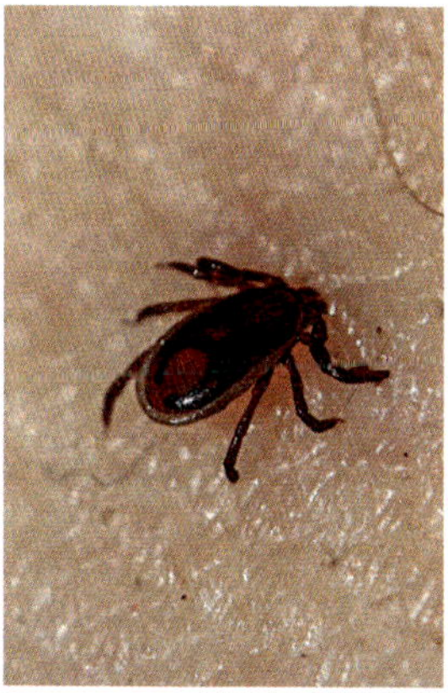
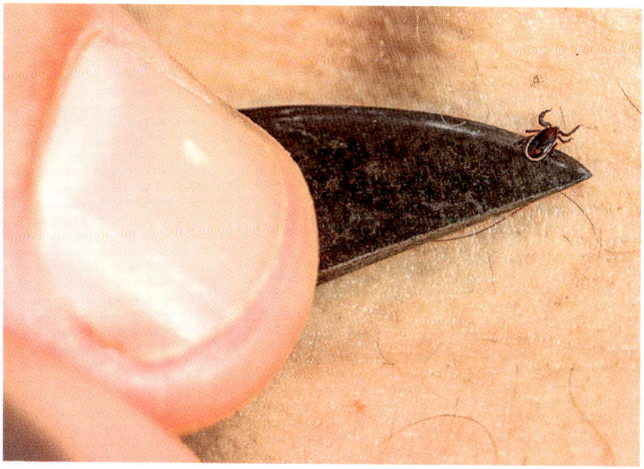

**Eine Zecke hat ihre Mundwerkzeuge in der Haut versenkt. Um sie auch ohne Pinzette sicher zu entfernen, kann der Körper, zwischen Messerklinge und Daumen eingeklemmt, aus der Bisswunde herausgezogen werden.**

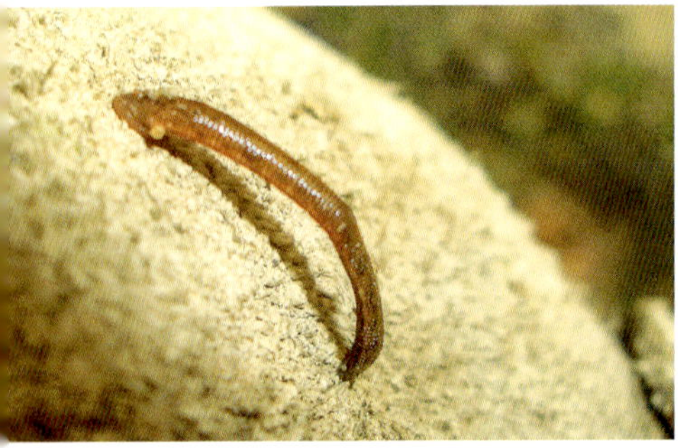

**Ständiger Verfolger in tropischen Regionen. Landegel kriechen durch jede noch so kleine Kleidungsöffnung und saugen, ohne dass es bemerkt wird. Der schmerzstillende, Blut verdünnende Speichel bedeutet jedoch keine größere Gefahr.**

Blutegel sind dagegen von ihrer Gefährlichkeit fast vernachlässigbar. Die Egel, die es in unseren Gewässern gibt, sind übrigens nicht in der Lage, einen Menschen anzuzapfen. Alleine der in Mitteleuropa inzwischen fast überall ausgestorbene medizinische Blutegel *Hirudo medicinalis* oder nahe Verwandte sind dazu in der Lage. Die Landegel, die Sie in den Tropen finden, besser: von denen Sie in den Tropen gefunden werden, sind ungefährlich.

Sie schlüpfen durch jeden noch so kleinen Spalt in die Kleidung und saugen sich dort auf ein Vielfaches ihres ursprünglichen Volumens voll. Manchmal platzen sie auch, wenn sie ungewollt gedrückt werden. Neben dem Blutverlust durch das stark blutverdünnende Hirudin in den lange offenen Wunden sind die Flecken in der Kleidung lästig, die nicht mehr zu entfernen sind. Zwar können Blutegel, wie alle Blutsauger, eine große Anzahl von Krankheitserregern und Parasiten beherbergen, besonders dann, wenn sie schon einmal eine Blutmahlzeit hatten, doch sofern Sie den Egel nicht auf der Wunde pressen und zum Auswürgen des Magens stimulieren, ist eine Übertragung durch den Biss nicht zu erwarten.

Meist erkennen Sie den Egel erst, wenn er schon mit dem Saugen begonnen hat. In der Umgebung der Bissstelle färbt sich die abdeckende Kleidung blutig. Um den Egel zu entfernen, wird er einfach mit dem Messer oder einer Machete abgeschabt. Dass Egel einen Kopf haben, der abreißen und endlos weitersaugen kann, ist ein Märchen. Die Egel lassen sich meist sogar einfach mit dem Finger wegschnippen. Oft empfohlene Manipulationen mit Glut, Salz oder Säure sind aus dem oben genannten Grund zu unterlassen.

## Schnittverletzungen

Kleine Schnitte, tiefe Kratzer und Risse sind quasi Berufsverletzungen des Outdoorers. Wer darauf achtet, die Wunden zu reinigen, und die Gefahr von Infektionen minimiert, hat grundsätzlich gute Chancen, dass die Wunde gut schließt und schnell verheilt. Schwieriger und gefährlicher ist die Sachlage bei Schnitten durch Klingen oder zum Beispiel Steinsplitter, die so tief sind, dass sie verschlossen werden müssen.

**HINWEIS:**

Besonders gefährlich sind Schnitte mit Klingen, die zum Schlachten oder zum Reinigen von Wurzeln verwendet und nicht ausreichend gereinigt wurden.

Wer sich mit seinem Messer verletzt, also einem Werkzeug, mit dem verschiedene Pflanzen geschnitten, teilweise Tiere ausgenommen oder Fleisch zerteilt wurde, läuft Gefahr, an einer Sepsis zu erkranken. Die Sepsis, im Volksmund auch Blutvergiftung genannt, ist eine Infektion, die sich meist durch eine Wunde als Eintrittspforte im Körper ausbreitet und nicht mehr so einfach bekämpft werden kann. Besonders in Abwesenheit von Antibiotika ist also unbedingt zu verhindern, dass sich tiefe Schnitte ungereinigt verschließen. Einige Anmerkungen hierzu finden Sie weiter vorn im Abschnitt »Entzündungen«. Ein roter Streifen, der angeblich Richtung Herz wandern und dort angekommen den Tod auslösen soll, hat nichts mit einer Sepsis zu tun. Hier handelt es sich um eine Infektion der Lymphbahn, die nicht zwangsläufig tödlich ist.

Um das Ausbreiten von eingebrachten Keimen zu verhindern, sollte jede Wunde gründlich ausbluten, bevor sie abgedeckt wird. Wenn eine Wunde nur oberflächlich ist, so dass nicht zu erwarten ist, dass Schmutz in das Gewebe eingearbeitet wurde, sollte sie generell offen gelassen werden. Bei tiefen Verletzungen muss jedoch daran gedacht werden, dass die vorläufig gewollte Blutung auch wieder gestoppt werden muss. Bei Schnitten in Hautregionen unter Spannung oder verletzten Gefäßen kann das ziemlich lange dauern. Aus diesem Grund ist es manchmal sinnvoll, die Wunde mit einem improvisierten Wundverband zu bedecken.

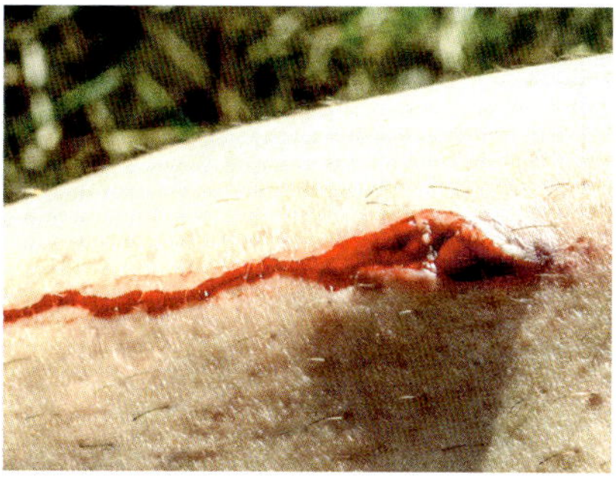

**Schnell geschehen durch das Abrutschen auf einem quer liegenden Baumstamm oder beim Arbeiten mit Klingen. Klaffende Wunden können nicht nur Schmerzen bereiten, sondern dienen als Eintrittspforte für Keime. Hautstellen, die so sehr unter Spannung stehen, sollten abgedeckt oder unter Druck zusammengefügt werden.**

Vielleicht haben Sie schon einmal gehört, dass im Ersten Weltkrieg Moos als alternative Wundauflage verwendet wurde. Hier ist aber zu beachten, dass dies nur gemacht wurde, weil Alternativen fehlten. Außerdem wurde das Moos vor der Verwendung abgekocht und getrocknet. Diese Anwendung wirft jedoch die Frage auf, wie viele Verwundete am Gasbrand oder an Tetanus verstarben, da Sporen der zuvor genannten Clostridien- und auch einige Bacillusarten den Kochvorgang ohne weiteres überleben.

Wie manche Survivalexperten und »Bushcrafter« auf die Idee kommen, Spinnennetze und dergleichen in Wunden zu bringen, lässt sich kaum nachvollziehen. Saubere und frisch hergestellte sowie desinfizierte Spinnenseide lässt sich zwar im Labor für medizinische Zwecke einsetzen, wer aber glaubt, mit verwesenden Insekten, Staub, Pollen und Exkrementen verunreinigte Spinnennetze auf einem Stock sammeln zu müssen, weil das Ganze in Wunden geschmiert heilungsfördernd sei, der ist sprichwörtlich falsch gewickelt *(K2, »Pflanzenheilkunde«)*.

Wenn eine alternative Wundauflage benutzt wird, sollte wenigstens auf ein Gewebe zurückgegriffen werden, das auf der Wunde liegen bleibt und dort Blut aufsau-

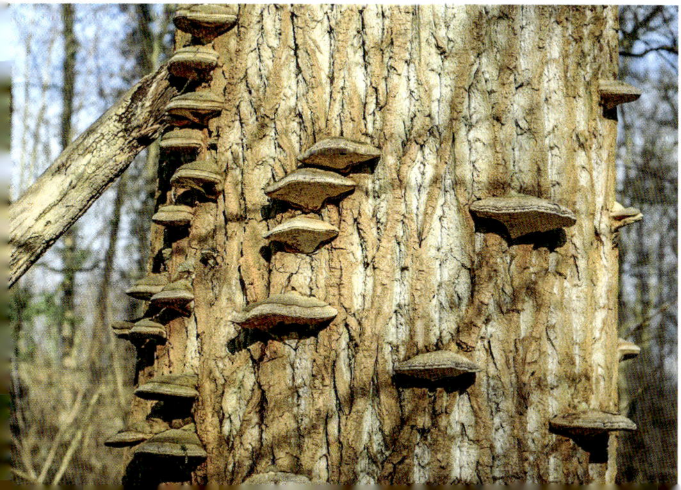

**Junge Baumpilze bieten unter der Borke eine hellbraune, filzige Schicht, die sterilisiert und als Wundverband verwendet werden kann.**

gen kann. Dabei soll es einen äußeren Verschluss bilden, unter dem die eigentliche Blutung versiegt.

Solche Materialien haben Sie häufig an der Kleidung, in Form von Baumwollgewebe. Außerdem können junge, also noch feuchte und flexible Baumpilze aufgeschnitten werden, um flache Streifen des noch hellen Tramas zu gewinnen. Im Gegensatz zu Moos haben Baumwolle oder Trama nicht unzählige Erd- und Pflanzenteilchen, die in die Wunde fallen, sondern sind in sich ein geschlossener Verbund.

Leider haben auch die Baumpilze keine irgendwie für uns brauchbare antiseptische Wirkung, weshalb sie, wie Baumwollgewebe auch, unbedingt erhitzt werden müssen. Wie Sie das anstellen, ist im Absatz »Nahrungszubereitung« beschrieben. Junge Baumpilze beherbergen im Vergleich zu Moos außerdem nur eine geringe Menge von Keimen. Baumwolle und Pilze lassen sich auch ohne Abkochen von Keimen befreien. Hierzu wird ein Stein im Feuer so stark erhitzt, dass daran gehaltenes Gewebe zu glühen beginnt. Nun lässt man ihn abkühlen, bis das Gewebe gerade nicht mehr glüht, bei dauerhafter Berührung aber verkohlt.

**Ein einfaches Pflaster zum Abdecken einer Hautläsion. Besonders die Hände sind gefährdet, nicht nur weil sie fast immer als Werkzeug eingesetzt werden, sondern auch weil sie besonders häufig mit infektiösem Material in Verbindung kommen.**

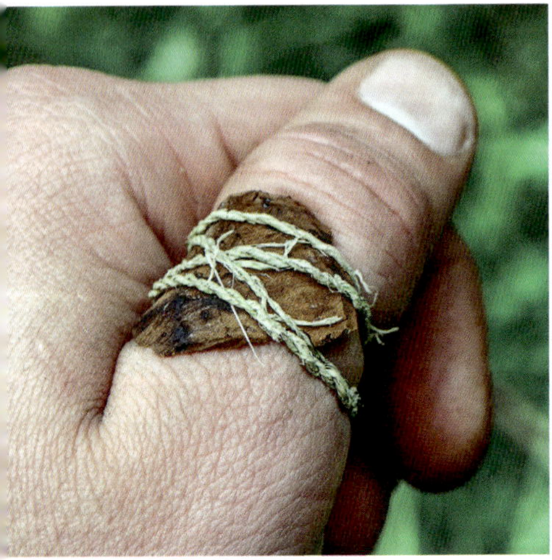

Über diesen Stein wird die Wundauflage gezogen und so mehrfach beidseitig »gebügelt«. Die etwa 300 Grad heiße Oberfläche überleben auch Sporen nicht. Die Wundauflage wird auf Verletzungen, die nicht mit dem Bluten aufhören, aufgepresst und mit Schnur kreuzweise festgebunden. Es ist durchaus sinnvoll, nach dem Bau des Lagers eine Anzahl von »Notfallpflastern« herzustellen und zu sterilisieren. Trocken gelagert sammeln sich darauf nur wenige neue Keime. Werden die Pflaster jedoch feucht, müssen sie neu sterilisiert werden.

## Arterielle Blutungen

Bei Verletzungen, die arterielle Schäden verursacht haben, stehen Ihre Chancen denkbar schlecht. Solche Schäden können durch unachtsam herumliegende Messer entstehen oder beim Schnitzen, wenn beispielsweise die Innenseite des Unterarms mit der Klinge touchiert wurde. Spritzende Blutungen sind selbst in ziviler Umgebung höchst lebensgefährlich. Dabei ist es egal, ob eine Vene oder Arterie getroffen wurde, ein Mensch kann so innerhalb weniger Minuten verbluten. Falls so eine Verletzung geschehen sollte, besteht die allerhöchste Priorität darin, den verletzten Körperteil sofort vollständig abzubinden. Auch wenn normalerweise zu einem Druckverband geraten wird, haben Sie kaum die Entscheidungsfreiheit (✚ *K9*).

Mit etwas Glück können Sie sich einen Gürtel um den Körperteil binden oder zu diesem Zweck beispielsweise einen Ring aus einem Hosenbein schneiden oder zwei Löcher für den Knebel in das getragene Kleidungsstück stechen. Mit irgendetwas wird geknebelt und Richtung Körper so fest wie möglich abgeschnürt. Sie werden sich nur Gedanken machen können, wie fest Sie abbinden, wenn Sie in den ersten Momenten die Blutung vorerst stoppen können.

**Mit genügend Pech bleiben Ihnen weniger als 60 Sekunden, bis Sie das Bewusstsein verlieren.**

Das verletzte und abgeschnürte Körperglied muss möglichst hoch gelagert werden. Wenn Sie dazu in der Lage sind, versuchen Sie, Stoff in Streifen zu schneiden, um hieraus einen Druckverband herzustellen. Dazu wickeln Sie die Streifen unter Spannung direkt auf die offene Wunde. Ist die Wunde mit einem solchen versorgt worden, kann der Knebel der Abbindestelle vorsichtig gelockert werden, um zu testen, ob der Druckverband ausreicht.

Hört die Wunde nicht auf zu bluten, lassen Sie den auf die Wunde gebundenen Verband eine Viertelstunde abgeschnürt. Im Verband sammelt sich das Blut, gerinnt und bildet ein äußeres Pflaster. Unterstützend kann Plastikfolie dicht auf den Druckverband gewickelt werden, sollte solche verfügbar sein.

Haben Sie keine Chance, in den nächsten Tagen Hilfe zu erreichen, können Sie versuchen, ein erhitztes Messer auf den Wundspalt zu tupfen, um das darunter liegende blutende Gewebe bzw. Blut zu veröden. Das ist vor allem bei sehr kalten Umgebungstemperaturen oder genereller →Unterkühlung des Patienten hilfreich. Die Blutstillung ist ein enzymatischer Vorgang, der nur bei 37 °C optimal verläuft: nach einer Verletzung wird Thrombin aktiviert, das aus Fibrinogen den Blutkleber herstellt.

Ansonsten bleibt der verletzte Körperteil auf Dauer so stark abgebunden, dass nur noch wenig Blut durch den Verband nach außen sickert. Die Zirkulation reicht in der Regel aus, um das Körperglied auf Dauer am Leben zu erhalten. Hierbei entstehen allerdings Weichteilschäden im abgebundenen Muskel sowie →Zytokine und Gerinnsel, die *vor dem Lösen der Abbindung* medikamentös von einem Arzt behandelt werden müssen. Ein über mehrere Stunden abgebundenes Bein *bleibt* abgebunden.

**HINWEIS:**

Generell ist Verlust eines Arms oder Fußes dem unmittelbaren Exitus durch Verbluten vorzuziehen.

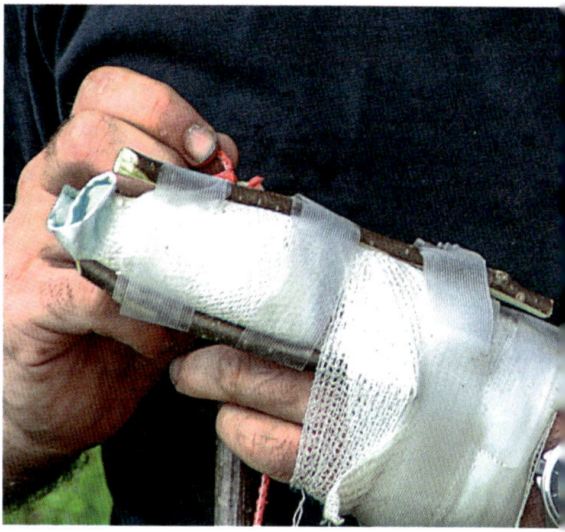

**Gefügte Schnitte sollten so stabilisiert werden, dass Sie Ihrer täglichen Arbeit nachgehen können, ohne dass der Wundrand ständig aufreißt.**

Nach großem Blutverlust ist es wichtig, dass Sie viel trinken und Mineralien zu sich nehmen. Außerdem sollten Sie nach Blutverlust die Schocklage einnehmen, um wichtige Organe mit Blut zu versorgen. Eine solch schwere Verletzung ist in einem worst case, den wir als Survivalnotfall durchstehen möchten, der very worst case. Selbst wenn es eher unwahrscheinlich ist, es sollte Ihnen jederzeit klar sein, dass eine einfache Klinge bei Unachtsamkeit schwerste Verletzungen bis hin zum schnellen Tod verursachen kann.

## Augenverletzungen

Eine besonders gefährliche und draußen durchaus nicht seltene Verletzung ist die des Sehapparates. Gefährdet ist man speziell nachts ohne Licht. Wer bei Dunkelheit nur kurz das Lager verlässt, begibt sich beispielsweise in die Gefahr, in einen abstehenden Ast oder herunterhängende Dornen zu laufen. Bei Finsternis kann das Auge dabei nicht mit einem Schließreflex reagieren, was dazu führt, dass der Fremdkörper ungebremst in das Auge sticht. Durch Jochbein, Stirn und Nase werden die Augäpfel trotzdem immer etwas geschützt, sonst käme es deutlich häufiger zu Augenverletzungen.

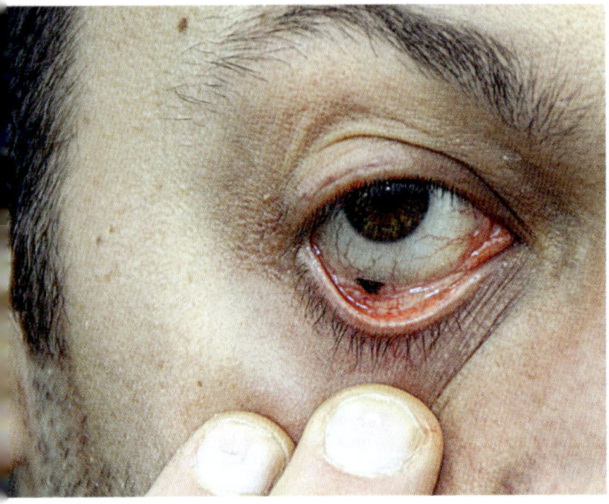

Ein Steinsplitter im Auge. Ob er eingedrungen ist oder nur aufliegt, ist nicht sicher zu sagen. Ohne genaue Begutachtung wird er nicht entfernt.

Wir alle haben sicherlich irgendwann in der Schule im Biologieunterricht ein Ochsenauge zerlegt und erinnern uns, dass das Auge einen unerwarteten Widerstand gegen das Eindringen des Skalpells bot. Tatsächlich ist das Auge durch eine recht derbe Hautschicht gut gegen auftreffende Partikel geschützt. Trotzdem kann es vorkommen, dass zum Beispiel ein Steinsplitter durch die Hornhaut bricht und den Glaskörper verletzt.

Diese Gefahr entsteht oft durch schnell fliegende Partikel oder wie erwähnt bei Dunkelheit. Beides sind Situationen, bei denen das Auge nicht reflexartig durch die Lider verdeckt werden kann oder das Lid keinen ausreichenden Schutz bietet. Um einen Dorn richtig tief in das Auge zu stoßen, muss man jedoch wirklich in einen senkrecht stehenden Schlehendorn laufen. Sonst wären viele von uns auf mindestens einem Auge blind, da es wohl in der Kindheit oft vorgekommen ist, dass man im Dickicht mit dem Gesicht den vom unachtsamen Vordermann gespannten Ast aufgefangen hat.

Die besondere Herausforderung dieser Schäden besteht für uns darin, dass wir eine Augenverletzung nicht in der Form wahrnehmen können, wie es mit einem Spiegel möglich wäre. Mit der polierten Seite von einem gepflegten Messer könnte man gegebenenfalls mit dem gesunden Auge in das Verletzte schielen, selbst bei moderater Nutzung wird dieser Blank aber schnell zerkratzt sein.

Das Gefühl eines eingedrungenen Fremdkörpers oder eines oberflächlichen Schadens wird sich nicht großartig von der Empfindung eines Staubkorns auf dem Auge unterscheiden. Das Auge tränt stark, man ist nicht in der Lage, die Lider stetig offen zu halten. Wenn dieses Gefühl mehrere Stunden anhält, sollte behandelt werden, als ob ein Splitter im Auge sitzt – Sie können sich nicht vom Gegenteil überzeugen.

In dieser Situation darf auf keinen Fall gerieben werden. Wenn es sich um einen Fremdkörper auf dem Auge handelt, wird er bald herausgetränt worden sein. Wenn sich der Fremdkörper in die Hornhaut gebohrt hat, so sollte er darin verbleiben, bis er fachgerecht entfernt werden kann. Hierzu wird das Auge mit einer provisorischen Augenklappe abgedeckt, um starke Augen- und Lidbewegungen zu verhindern. Ein Fremdkörper wird mit der Zeit durch das Auge eingeschleimt und verkrustet. Es besteht die Gefahr, dass die Hornhaut verkrümmt oder die Linse eintrübt. Das sind alles Schäden, die heute auch nach Monaten noch mikrochirurgisch gerichtet werden können – im Gegensatz zu einem ausgelaufenen Auge.

**HINWEIS:**

Vermeiden Sie Ihrem Augenlicht zuliebe nächtliche Märsche durch den Wald.

Wenn Sie reiben, besteht die Gefahr, dass der Gegenstand weiter in den Augapfel eingetrieben wird oder dass sich eine Verletzung erweitert, bis der Glaskörper beschädigt ist. Also sollte das Auge abgedeckt bleiben. Einmal am Tag kann die Augenklappe entfernt werden, um zu testen, ob sich das Gefühl verbessert hat. Ist das nicht der Fall, bleibt das Auge dauerhaft einseitig verbunden. Sicherlich werden an dieser Stelle survivalinteressierte Augenärzte aufbegehren, da im Falle einer Augenverletzung immer beide Augen verbunden werden müssen, da das verletzte Auge bei der Bewegung des Gesunden mitgeführt wird, was zu weiteren Verletzungen führen kann. Dies ist zwar richtig, bis jetzt habe ich aber noch keinen Augenarzt gesehen, der mit zwei verbundenen Augen erfolgreich Feuer gebohrt hat.

## Brüche

Neben Augenverletzungen und schwerwiegenden Schnittverletzungen können Brüche des Fußes besonders starke Auswirkungen auf die Überlebenschance haben. Zwar sind Wirbelverletzungen oder Oberschenkelbrüche weitaus schlimmer, weshalb davon abgeraten wird, in einer Survivalsituation, in der man wirklich Mensch gegen Wildnis steht, ungesichert Steilwände zu beklettern oder in Schluchten zu springen. Diese Verletzungen können meist vermieden werden, indem offensichtliche und sinnlose Risiken nicht eingegangen werden. Jeder ist aber schon einmal im Wald umgeknickt, auf einem glatten Stein abgerutscht oder an einer Wurzel hängen geblieben und hat sich dabei den Fuß verdreht. Durch diese Belastung können Bänder im ohnehin stark belasteten Knöchel und Fußgelenkbereich überdehnt oder gerissen werden. Mit Pech brechen Sie ein Stück aus den Knochen des Sprunggelenks. Diese durchaus nicht seltene Verletzung (bei Skifahrern und Volleyball- oder Tennisspielern sind Sprunggelenksschäden besonders häufig) führt dazu, dass der betreffende Fuß überhaupt nicht mehr belastet werden kann. Ähnliches gilt für Schienbeinbrüche, die aber deutlich seltener sind. Es wäre unverantwortlich zu behaupten, dass Sie in dieser Situation irgendeinen Knochen richten könnten, damit er wieder korrekt zusammenwächst. Vielmehr müssen Sie Ihren Fuß soweit stabilisieren, damit Sie sich mit Hilfe einfacher Krücken aus Holz überhaupt noch von der Stelle bewegen können. Das ist nur möglich, wenn möglichst viel Druck vom Gelenk genommen wird, damit Sie

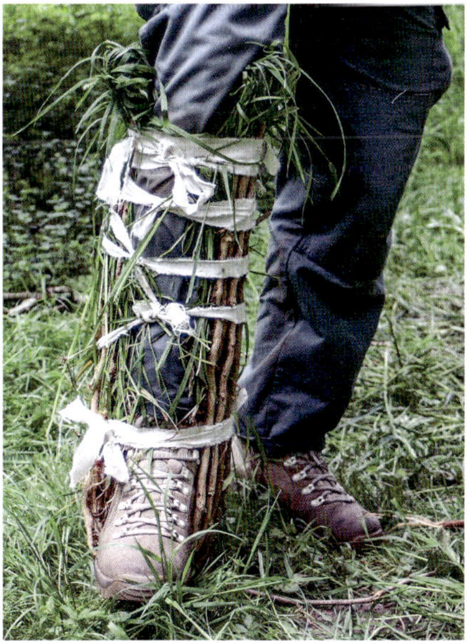

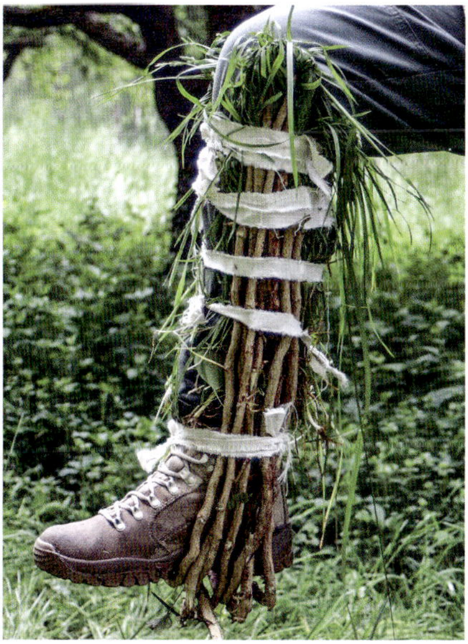

*Links:* Eine improvisierte Schiene aus flexiblen Hölzern kann viel Druck von den unteren Gelenken nehmen. Im Notfall wird es jedoch kaum möglich sein, einen Bruch zu diagnostizieren oder zu richten. *Rechts:* Unterhalb des Knies endet die Schiene, so dass der Druck von unterhalb der Sohle auf das Gelenk übertragen werden kann. Der Fuß- und Knöchelbereich wird dabei fast vollständig entlastet. Trotzdem kann das Bein noch abgeknickt werden.

nicht bei jedem Auftreten mit dem gesamten Körpergewicht neue Stücke aus dem Knochen brechen (✚ K 10).

In dieser Situation besteht im Grunde nur die Chance, eine fest sitzende Schiene zu bauen, die um den mit Sicherheit geschwollenen Fuß gelegt werden kann. Mit deren Hilfe soll das Gelenk geschont werden. Hier eignen sich beispielsweise rund zehn Holzruten von Fingerdicke, die zu großen Krampen gebogen werden. Sie werden so gekürzt, dass sie bis etwas über das Kniegelenk reichen. Die Haut um das Knie wird mit möglichst vielen Polstermaterialien wie Moos oder trockenem Laub bedeckt. Auf dieses Polster werden die Ruten unterhalb des Knies stramm aufgebunden. Etwas oberhalb vom Knöchel werden weitere Fesseln angelegt. Die so hergestellte Schiene ist nicht dafür gedacht, den Bruch zu reparieren oder auszugleichen.

Sie soll verhindern, dass die gebrochenen Fußgelenksknochen bis zur Rettung zermahlen wurden, oder dass das gebrochene Schienbein beim ersten Auftreten durch das Gewebe sticht. Falsch zusammengewachsene Knochen werden in einer Routineoperation wieder gebrochen und danach fachmännisch geschient – von einem Chirurgen. Wer sich schon die paar Meter auf dem Hinterteil fortbewegen musste, um Schiene und Krücken zu bauen, wird dieses System trotzdem zu schätzen wissen. Mit Hilfe einfacher Astgabeln, die Sie unter die Arme klemmen können, lassen sich so unter Schmerzen zumindest kurze Wege bis zu einer nahe gelegenen Wasserstelle bewältigen. Die hier aufgeführte Notnahrung ist außerdem so einfach zu sammeln, dass Sie das auch auf dem Hosenboden bewerkstelligen könnten.

**Risikomanagement vor Notbehandlung**

Diese Abhandlungen sollen Ihnen nicht als vollständige »Enzyklopädie der wichtigsten Krankheiten und deren Behandlung« dienen. Vielmehr sollen sie Ihnen aufzeigen, was mit medizinischer Erfahrung möglich ist, vor allem aber: wie wenig in vielen Situationen gemacht werden kann.

Sie sollen auch zeigen, wie verwundbar und vergänglich ein menschliches Leben in der Natur sein kann. Ein Faktor, der in vielen aktuellen »Survivaldokumentationen« keine Beachtung findet, die so möglicherweise einen falschen Eindruck vom Notfallsurvival vermitteln.

**Jede Verletzung, die vermieden werden kann, muss unter allen Umständen vermieden werden. Bei fehlender medizinischer Hilfe kann eine kleine Verletzung Ihre letzte sein.**

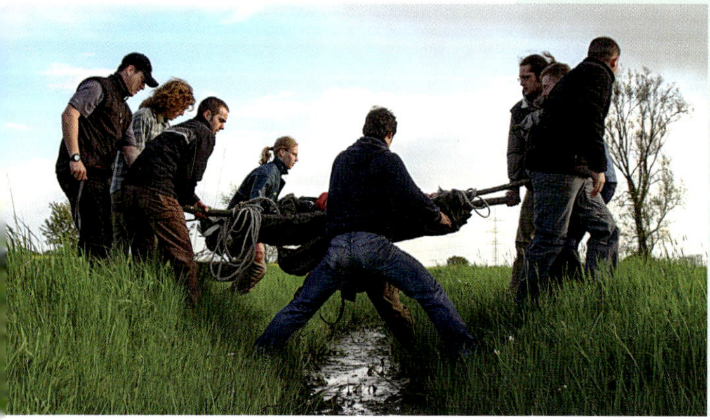

**Wenn Sie sich ausgiebig mit medizinischer Behandlung im Notfall und auf Reisen auseinandersetzen möchten, finden Sie detaillierte Abhandlungen in meinem Buch »Outdoor- & Survivalmedizin« (ISBN 978-3-613-50835-4).**

# 8 Feuer

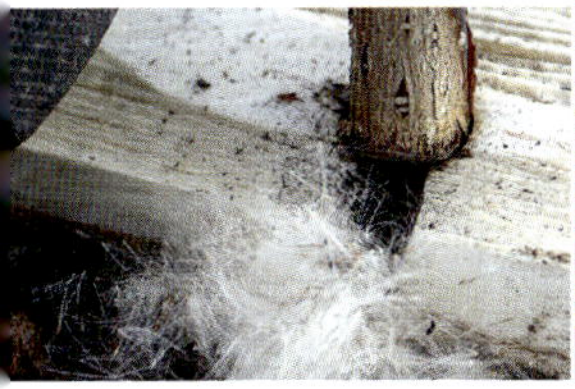

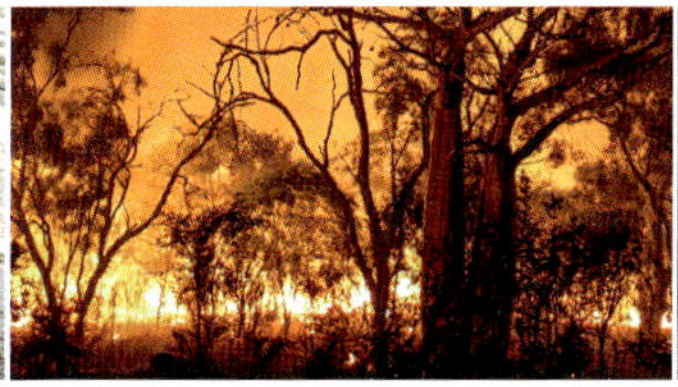

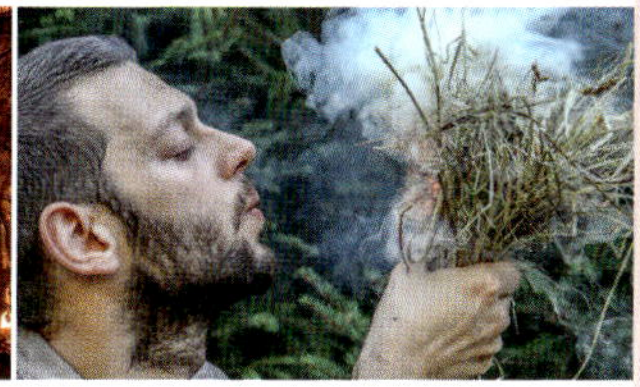

In besonderem Maße ist der Wert einer sicheren, dauerhaften und zuverlässigen Feuerstelle zu betrachten. Wenn wir in einem Notfall fast ohne Ausrüstung überleben müssen, ist Feuer mithin der Faktor, der zwischen Erfolg und Versagen entscheidet. Für den Notfall bedeutet das oft die Gratwanderung zwischen leben und sterben.

Die Flamme spielt seit vielen Jahrtausenden eine besondere Rolle in vielen menschlichen Kulturen und Zivilisationen. Die Kunst, Feuer zu machen und zu erhalten, hat oft darüber bestimmt, welche frühe Gemeinschaft sich am Leben erhalten konnte und welche buchstäblich erlosch.

Feuer stellt an sich eine relativ unüberschaubare und komplexe chemische Reaktion dar, bei der sich brennbare Kohlenstoffverbindungen mit dem Luftsauerstoff zusammensetzen und dabei Wärme und Licht abgeben. Die Verwendung und Handhabung ist kompliziert, wenn man alle Faktoren des Feuers beachten möchte. Beim Verbrennungsvorgang werden die brennbaren Materialien in unterschiedliche Stoffe aufgeteilt und neu verbunden. Neben Kohlendioxid, Kohlenmonoxid, Schwefeloxidverbindungen und Stickoxiden entstehen weitere Rauchgase, Ruß und Kohle aus unzureichend verbranntem Brennmaterial sowie nicht brennbare Anteile verschiedenster Mineralverbindungen in Form von Asche. Wir müssen uns vor einigen dieser Verbrennungsprodukte besonders in Acht nehmen. Ich beziehe mich hier hauptsächlich auf höchst gefährliches Kohlenmonoxid und Rauchgase, von denen sich auch in einer luftigen Notunterkunft lebensgefährliche Mengen ansammeln können.

Andere Verbrennungsprodukte sind gewünschte Erzeugnisse einer Feuerstelle, ja sogar Hygienemittel und Medizin. Außerdem verwenden wir die frei werdende Energie in Form von Hitzestrahlung und Licht.

Sie müssen sich im Klaren darüber sein, welch mächtiges Werkzeug Feuer im Überlebenskampf darstellt – es ist in der Lage, Sie am Leben zu erhalten, das Dasein deutlich zu vereinfachen oder auch es zu beenden.

Unsere Aufgabe ist es, eine geeignete Umgebung zu schaffen, die es uns erlaubt, die gewünschten Produkte des Feuers zu »ernten« und die gefährlichen und ungewollten sinnvoll abzuleiten. Dabei möchten wir die Reaktion des Brennens entweder am Laufen halten oder in einen Grundzustand überführen, der uns ein Wiederentfachen der lodernden Flamme ermöglicht.

## Feuer als psychologischer Faktor

Jeder, der schon mal am Lagerfeuer gesessen hat, kommt bald ins Schwärmen, wenn er an eine nächtliche Feuerstelle denkt. Ein Feuer stellt nämlich nicht nur den Katalysator einer Vielzahl von Arbeiten und Techniken dar, es wirkt auf die Psyche des in Not Geratenen mit nicht zu unterschätzender Stärke. Ich

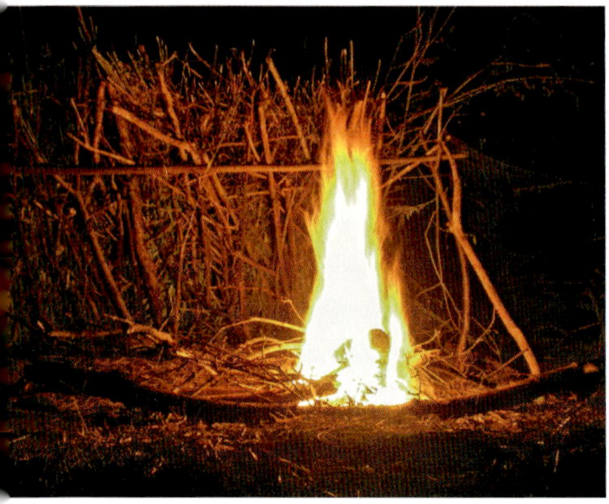

Kaum etwas anderes bietet so viel Geborgenheit und Sicherheit wie ein wärmendes Feuer an der Lagerstätte.

nenne das Lagerfeuer gerne »das Fernsehgerät der Steinzeit«. Sitzt eine Gruppe in der Dunkelheit am Feuer, stellt sich schnell eine leicht melancholische, wenn auch geborgene Stimmung ein. Die rings um das Zentrum der Flamme sitzenden Protagonisten werden ruhig und starren in die Glut.

Es mag ein archaisches, konserviertes Gefühl sein, das uns heute noch selbst am knisternden Kamin so überwältigt. Feuer gibt Sicherheit und bietet Gesellschaft, aber auch ein trügerisches Gefühl der Überlegenheit und der Fähigkeit, die Umwelt zu beherrschen. Es ruft den Eindruck hervor, sein Leben und Überleben jederzeit selbst im Griff zu haben. So kann ein Feuer beachtliche Wirkung auf die Motivation des Menschen haben, der einsam und auf sich selbst gestellt langsam den Mut und die Zuversicht verliert. Andererseits kann das Verlöschen des Feuers oder der Verlust der Kontrolle fatale Auswirkungen haben.

Während der von mir geleiteten Überlebenskurse habe ich selten so euphorische und befriedigte Gesichter gesehen wie die derjenigen, die aus eigener Kraft die erste flammende Zunge des allerersten eigenen Feuers erschaffen haben. Doch selbst im geschützten Rahmen eines Kurses schien wenig so schlimm zu sein, wie das fast entzündete Feuer im letzten Moment wieder zu verlieren. Wie besessen versuchen es die bis dahin Erfolglosen immer wieder, bis auch sie es geschafft haben oder vollständig entkräftet aufgeben. Trotz aller Gefahren einer möglichen Niedergeschlagenheit bei missglückten Versuchen sollte im Notfall rasch an die Herstellung gedacht werden.

Ein Ziel, so fern und unwahrscheinlich es auch sein mag, hat nicht selten die notwendige Motivation und das Durchhaltevermögen jener gesteigert und erhalten, die ansonsten kapituliert hätten. So wird der Verstand durch das vage Versprechen eines warmen Feuers am Denken gehalten, am Hoffen und am Wünschen – jene Qualitäten, die gerade in einer Notsituation neben Ruhe die wichtigsten sind. Feuer ist meines Erachtens neben dem praktischen Wert der notwendige »psychische Boost« schlechthin. Jeder, der draußen Nächte ohne Schlafsack, mit oder ohne Feuer verbracht hat, weiß das zu bestätigen.

Dass Feuer neben Geborgenheit auch schnell eine ernst zu nehmende existenzielle Gefahr darstellen kann, musste ich mit zwei weiteren Expeditionsteilnehmern leidvoll erfahren. Die Tatsache, dass Buschfeuer im Australischen Outback ein großes Risiko darstellen, da sie durch die warmen Winde am Ende der Trockenzeit angeheizt werden und Geschwindigkeiten erreichen, die ein Fliehen unmöglich machen, war uns aus den Reisevorbereitungen gut bekannt. Buschfeuer walzen auf tausenden Kilometern alles nieder, was ihnen im Weg steht. Allerdings hatten wir nicht erahnen können, dass es uns so kurz vor dem Abschluss unseres Projekts treffen würde. Nach einem mehrwöchigen strapaziösen Marsch durch Berge, feinen Flugsand und durch glühende Ebenen sollten wir die letzten hundert Kilometer in wenigen Tagen bewältigt haben. Unsere Stimmung war gut, die Marschleistung näherte sich an diesem Mittwoch Abend der 60-Kilometer-Marke. Wir wollten nur noch wenige Minuten in den blutroten Sonnenuntergang laufen, um bald das Lager für die Nacht aufzuschlagen, als uns der fast sichere Tod mit unendlicher Gewalt überrollte.

In der Ferne sahen wir Rauchschwaden. Ich dachte, es sei einer der vielen kleinen Wirbelstürme, die uns immer wieder begleiteten und den Beginn der Regenzeit ankündigten. Die Aboriginals dieser Region erklärten, diese Wirbelwinde seien ihre Ahnen, die uns auf unserer Reise vor Unglück warnten und beschützten. Doch diesmal war es anders.

Zuerst schlugen die Flammen wenige hundert Meter vor uns über die Straße, als uns allmählich klar wurde, dass wir in höchster Lebensgefahr schwebten. Momente später rochen wir den aromatischen Duft der Apokalypse, den Qualm als ersten tödlichen Vorboten des Feuers. Wir sahen die über der Feuerwand kreisenden Raubvögel, die nach den fliehenden Tieren stießen. Wenige Augenblicke erstarrten wir, bis wir unseren Brennstoffvorrat des Kochers nahmen und in einem großen Keil ausleerten, um eine große Schutzschneise in das trockene Buschland zu brennen. Sie sollte uns den notwendigen Raum schaffen, wenn das Feuer ankam – so, wie wir es dutzende Male vorher besprochen hatten.

Als sich das Feuer immer näher fraß, suchten wir eine Stelle möglichst fern der Feuerfront, die unser Gegenfeuer entstehen lassen hatte, und überstanden die Nacht, indem wir durch wassergetränkte Baumwolltücher atmeten. Bei jedem Windstoß wurde die Erde in dunkle Vibration des rasenden Feuers versetzt. Das tiefe Grollen, den heißen Atem der haushohen Flammen werde ich nie wieder vergessen. Wenn der Wind sich nach Untergang der Sonne nicht beruhigt und damit dem Feuer die Kraft genommen hätte, hätten Sie diese Zeilen vielleicht nie lesen können.

Als wir am nächsten Morgen aufbrachen, entdeckten wir eine durch das Buschfeuer gekochte Buschmelone – ein willkommenes Frühstück nach einer strapaziösen Nacht. Es sind solche Situationen, die mir immer wieder verdeutlichen, wie sehr das Feuer uns beeinflussen kann. Es kann uns das Über-

**Eine Nacht in unmittelbarer Nähe des sicheren Todes: Buschfeuer und Flächen- oder Waldbrände stellen für uns eine Gefahr dar, der kaum entkommen werden kann. Behandeln Sie eine Flamme immer mit dem nötigen Respekt!**

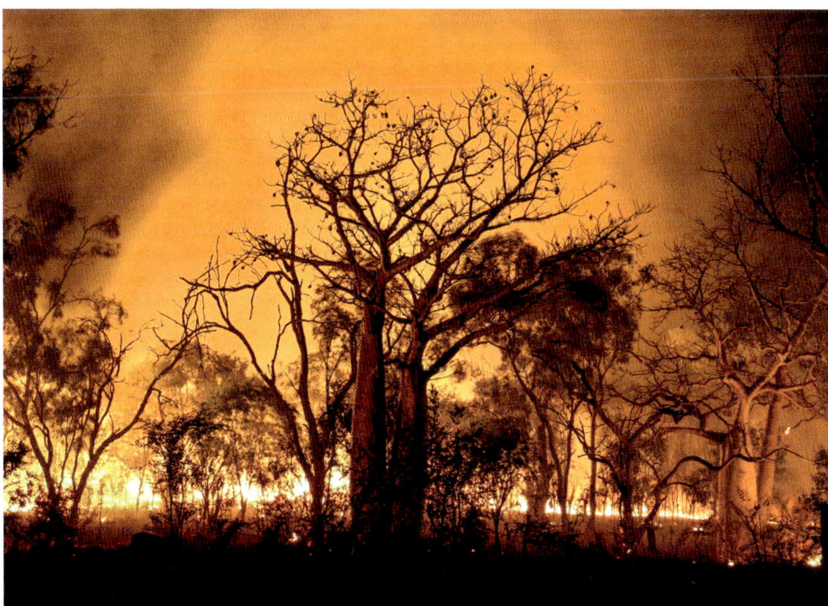

leben vereinfachen und sichern – oder in einem Windstoß auslöschen. Dieser großen Kraft müssen wir uns jederzeit bewusst sein und höchste Vorsicht beim Umgang mit Feuer walten lassen.

## Die Feuerstelle

Es gibt eine Vielzahl von unterschiedlichen Feuerarten. Die einen sind besonders gut zum Kochen geeignet, die anderen zum Erhalten der Glut oder zum Beheizen einer Hütte. Wenn Sie sich draußen schon ernsthaft mit Feuerstellen beschäftigt haben, wissen Sie, dass es ziemlich egal ist, ob Sie ein Gruben-, Stern-, Jäger- oder Balkenfeuer entfachen möchten, wenn Sie keine Säge mitführen und somit keine Balken zurechtstutzen können. Meist wird man auf die Feuerstelle das gesammelte Holz legen, ohne sich im besondere Maße um die Form zu kümmern. Sehr viel wichtiger als die gewünschte Form des Feuers ist es, den Untergrund der zukünftigen Feuerstelle zu betrachten. Schon vor dem Entzünden der ersten Flamme kann man hier einige Fehler machen.

**Auch wenn die Versuchung groß ist: Machen Sie kein größeres Feuer als benötigt.**

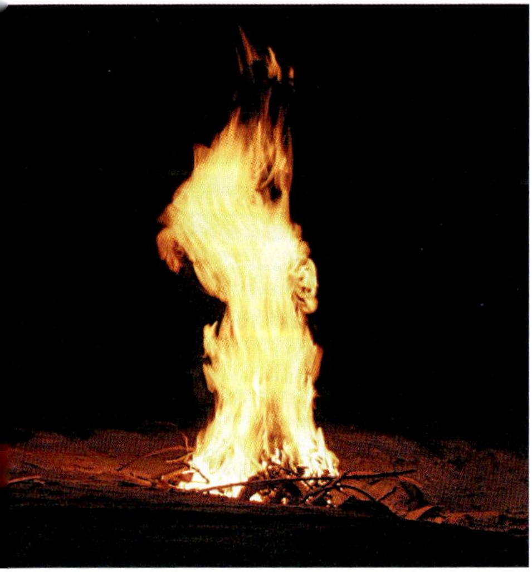

### Plattformen

Wenn der Untergrund sehr trocken oder besonders feucht ist, müssen vor dem Entfachen des Feuers besondere Vorkehrungen getroffen werden. In Nadelwäldern oder auf Torf und Heide besteht ein großes Risiko, dass sich ein Brand als monatelang schwelendes Bodenfeuer unterirdisch ausbreitet und sich jederzeit zu einem Flächenbrand entwickeln kann. Hier ist unbedingt zu vermeiden, dass direkter Kontakt von Glut und gewachsenem Boden entsteht. Praktisch ist dies nicht ohne weiteres möglich.

Auch Feuerplattformen sind hier nicht immer geeignet, wie ich später erörtern werde. Um dennoch auf solchem Untergrund ein sicheres Feuer entfachen zu können, wird auf einer Fläche von je zwei Metern Seitenlänge die oberste Bodenschicht von etwa zehn Zentimetern abgetragen. Die so entstehende Wanne wird nach Möglichkeit nun entweder mit Wasser getränkt oder dick mit grünem Strauchwerk belegt. Wenn eine Wasserstelle in der Nähe ist – darauf sollten Sie bei der Lagerwahl geachtet haben – bevorzuge ich das großzügige Befeuchten des Untergrundes, da eine Polsterung aus frischen Pflanzen mindestens einmal am Tag gewechselt werden muss. Darüber wird nun eine Schicht aus Holz, Kies, Steinen oder Sand gelegt. Diese verhindern den direkten Kontakt mit den feuchten Schichten. Wird auf dieser Ebene Feuer entzündet, so ist dies relativ sicher. Da die Feuchtigkeit aus den oberen Bodenschichten durch die Hitze ausgetrieben wird, sollte mindestens einmal täglich Wasser seitlich auf die Plattform geschüttet werden. Dieses sickert in die darunter liegende, etwas verdichtete Bodenschicht und verteilt sich dort.

Ist Lehm, feiner Sand oder vergleichbar formbares Material in der Umgebung verfügbar, können Sie dieses auf einem Haufen an der gewünschten Feuerstelle ausbreiten und von oben beginnend eindrücken, bis eine verdichtete Wanne oder Schale zum Entzünden des Feuers entstanden ist. Die Schichtdicke über dem brennbaren Waldboden sollte mindestens 10 Zentimeter betragen. Durch das Feuer härtet die Masse aus

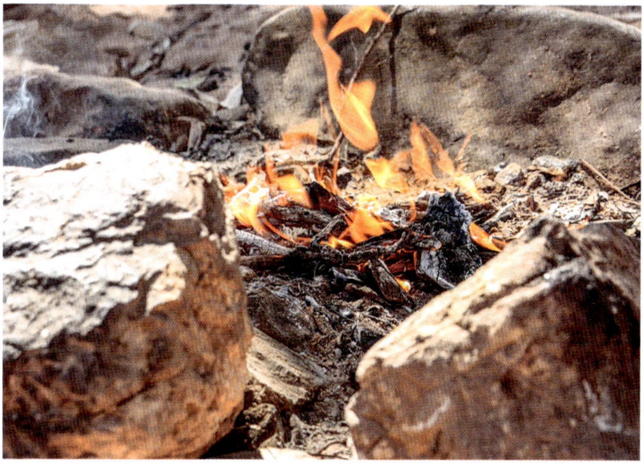

Eine klassische Feuerstelle kann mit Steinen begrenzt werden. Überschätzen Sie allerdings nicht die Schutzfunktion der Steine. Oft reicht ein Funken an der falschen Stelle aus, um die Kontrolle zu verlieren.

und wird steinhart. Allerdings ist zu beachten, dass diese Wanne auch platzen kann. Sie werden dadurch zwar bestimmt nicht schwer verletzt, aber es kann dann Glut bis auf den Boden dringen.

Auf diese Weise – allerdings kleiner – können Sie sich auch zur →Nahrungszubereitung wasserfeste Schalen aus Lehm und Schlamm für das »inverse Kochen« brennen. Um das Springen der Form beim Brennen zu verhindern, sollte der Lehm mit wenig Gut einige Stunden lang vollständig ausgetrocknet werden.

**HINWEIS:**

Ein Feuer wird zum Löschen niemals (!) durch Abdecken gelöscht, sondern immer mit Wasser (außer in der Wüste).

Um auf feuchten Böden Feuer herzustellen, verfahren wir ähnlich. In diesem Fall erschwert die Feuchtigkeit das Entfachen der Flamme. Sie können den Einfluss der Bodennässe besonders beeindruckend nachvollziehen, indem Sie zum Test einen Spirituswürfel auf einer Untertasse beziehungsweise dem nackten Boden entzünden. Vor allem, wenn kein trockenes und gespaltenes Holz vorhanden ist, erschwert Bodenfeuchtigkeit das Entflammen beträchtlich.

Ich bin ehrlich gesagt immer ein wenig verdutzt, wenn ich Zeichnungen von meterweit erhobenen Podesten sehe, auf denen dauerhafte Wärmefeuer entzündet werden sollen. Egal wie frisch das Holz ist, es wird bald von der Hitze der Glut getrocknet und durchgebrannt sein. Hier kann zwar eine dicke Auflage von Erde und Moos hilfreich sein, sinnvoller ist es meines Erachtens jedoch, das Feuer am Boden zu entfachen.

Also legen wir als Feuerplattform einfach eine Anzahl von Hölzern, Borke oder trockenes Laub auf einer Fläche von etwa einem Quadratmeter aus. Hierauf wird das initiale Feuer entzündet. Nachdem die Bodenbedeckung verbrannt ist, sollte der Untergrund so trocken sein, dass das Feuer durch aufsteigende Feuchtigkeit nicht mehr beeinträchtigt wird. Ist der Boden noch zu feucht, so entzündet sich auch die aufliegende Plattform nicht. Ähnlich sind auch Feuerstellen auf Schnee zu bewerten. Für ein kurz brennendes Feuer zum Kochen eignet sich ein floßartiges Podest. Wer jedoch eine dauerhafte Feuerstelle einrichten möchte und seine Feuerstelle nicht beim Abtauchen beobachten will, muss sich einen Platz vom Schnee befreien oder viele lange Stangen senkrecht in den Schnee stecken, bis sie auf dem Boden auftreffen, und darauf das »Floß« auslegen.

Um die Glut einer Feuerstelle kompakt zu halten, kann außen herum ein Ring von Steinen gelegt werden, was Ihnen sicherlich als klassische Lagerfeuerstelle bekannt ist. Dieser Rand sollte aber nicht den trügerischen Schein einer sicheren Feuerstelle geben. Sie ist es nicht. Wenn die Umgebung trocken ist, reicht ein gelandeter Funken oder ein Stückchen abgesprengte Glut, um die Kontrolle über das Feuer zu verlieren. Feuer sind möglichst nie aus den Augen zu lassen.

## Feuerarten

Wenn das Feuer zum Beheizen einer Notunterkunft verwendet werden soll, lege ich es gerne in einer länglichen Form an. Dazu wird nach und nach die Glut auf einer Fläche von etwa 120 zu 50 Zentimetern verteilt. Diese Größe lässt es zu, zwei oder drei flammende Zentren zu erhalten. Bei längeren Feuern ist dies schwieriger, da der Kamineffekt, der durch eine zentrale Flamme erzeugt wird, verloren geht. Wenn Sie daran denken, mit einem Feuer zu heizen, möchte ich nun eine essenziell wichtige Warnung aussprechen. **Niemals dürfen brennende oder glühende Materialien in einer geschlossenen Notunterkunft zum Heizen verwendet werden**. Gerade die gerne empfohlenen Blechdosen mit glühenden Kohlen sind besonders gefährlich. Wenn Kohlenstoffverbindungen oxidieren, so ist das Endprodukt Kohlendioxid, also der doppelt mit Sauerstoff verbundene Kohlenstoff. Kohlendioxid kann in großen Mengen Sauerstoff in der Atemluft verdrängen und so zum Sauerstoffmangel, der *Hypoxie* führen. Als häufiges Nebenprodukt der unvollständigen Verbrennung entsteht jedoch ein sehr viel gefährlicheres Gas. Besonders glühende Kohle gibt in Mengen Kohlenmonoxid ab. Dieses giftige Gas ist in der Lage, an die roten Blutkörperchen zu binden und diese dauerhaft zu inaktivieren. So kann das Blut nicht mehr die Aufgabe der Sauerstoffversorgung übernehmen.

Jedes Jahr sterben in Deutschland dutzende Menschen, die sich nach dem abendlichen Grillen nicht vergewissert haben, dass die Glut vollständig erloschen ist, und den Grill in die Wohnung gebracht haben.

**Sie sollten üben, wie Sie Glut erzeugen und Flammen erhalten, sowie Erfahrung sammeln, welche Menge Holz in einer bestimmten Zeit verbraucht wird. Diese Grundlagen sind wichtiger als ein Kreuzfeuer von einem Jägerfeuer zu unterscheiden oder ein Pagodenfeuer mit verbundenen Augen aufzubauen.**

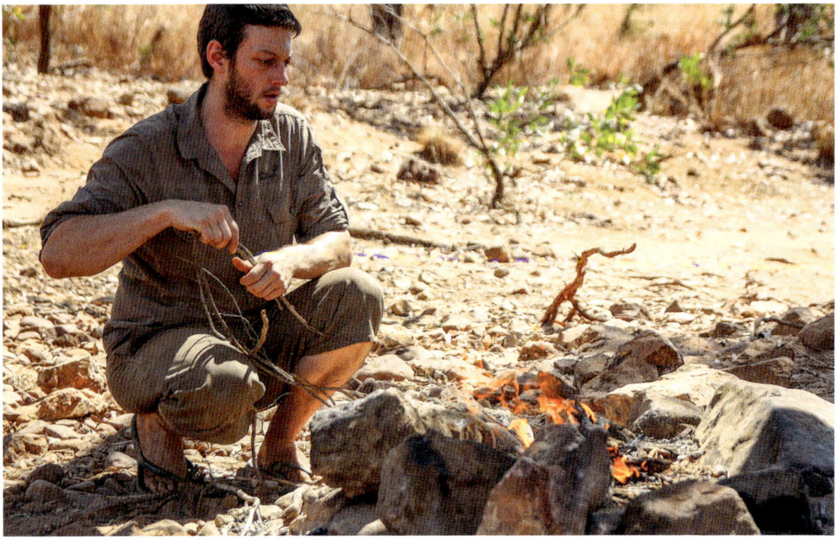

**HINWEIS:**

Selbst geringe Mengen von durch Restglut erzeugtem Kohlenmonoxid haben eine fatale Wirkung.

Aus diesem Grund wird eine Notunterkunft generell nur indirekt geheizt, indem ein Feuer vor der Hütte platziert wird. Geheizt wird entweder durch direkte Hitzestrahlung, durch Weiterleitung durch aufgeheizte Körperteile wie weiter unten beschrieben oder mit aufgeheizten Steinen, niemals jedoch durch eingebrachte Glut oder Feuer. Besonders die klassische →»Debris Hut«, von der wir später noch mehr hören werden, lässt sich deshalb nicht richtig heizen. Diese Hütte ist quasi luftdicht, was ein besonderes Risiko darstellt (+ *K 11*).

Da ein plötzlicher Platzregen in der Lage ist, auch eine anständige Glut zu löschen, wird die Feuerstelle mit einem kleinen Schrägdach versehen. Dieses muss nicht vollständig wasserdicht sein, sondern soll lediglich verhindern, dass die Feuerbasis direkt von Wasser getroffen wird. Das Feuer bleibt zur Brennstoffersparnis recht zentral brennen. Erst abends wird die Glut verteilt, um ein längliches Wärmefeuer herzustellen. Wenn ich kochen möchte oder Hitze zum Bearbeiten von Pflanzen benötige, scharre ich einfach etwas Glut beiseite und lege Holz auf die zentrale Feuerstelle nach.

Ein Feuer darf logischerweise in einer Notsituation keinesfalls vollständig erlöschen. Denken Sie bitte nicht daran, abends oder in Abwesenheit die Glut mit Rasenziegeln oder Erde zu bedecken. Meistens ist das eine geeignete Methode, das Feuer zuverlässig zu ersticken. Diese Technik, Glut zu erhalten, benötigt viel Erfahrung, um genau zu wissen, wie viel Luft die Glut zum Glimmen benötigt. Meist erledigt das Feuer diese Aufgabe selbst. Asche bedeckt das glühende Holz und verlangsamt die Reaktion so sehr, dass in einem mittelgroßen Wärmefeuer meist selbst nach zwei bis drei Tagen unter der Asche noch Glut zu finden ist.

Bevor Sie beginnen, ein Feuer zu entzünden, benötigen Sie einiges an Material, um dem Versuch möglichst gute Chancen einzuräumen, eine Flamme zu entwickeln und zu erhalten. Wie wir später noch genauer erörtern werden, ist es nicht möglich, durch alternative Entzündungsmethoden wie Feuerbohren oder Feuerreiben eine direkte Flamme zu erhalten. Prinzipiell erhalten wir noch nicht einmal Glut, sondern nur ein fragiles, heißes Pulverhäufchen, das erst noch zum Glühen gebracht werden muss.

## Brennmaterial

Um eine stabile Flamme zu erzeugen, benötigen wir einige Grundlagen. Jeder am Feuer Interessierte kennt das »Feuerdreieck«, eine Skizze eines gleichseitigen Dreiecks, dessen Kanten folgendermaßen benannt sind: Sauerstoff, Brennstoff, Energie. Nur durch das Zusammenfügen der drei Komponenten kann Feuer bestehen. Fehlt der Brennstoff, erlischt die Flamme. Gleiches gilt für den Fall, dass die Sauerstoffzufuhr unterbrochen wird oder die Energie der bestehenden

**Um Feuer am Brennen zu halten, benötigen wir Sauerstoff, Brennstoff und Energie. Versiegt nur einer der drei Faktoren, erlischt die Flamme.**

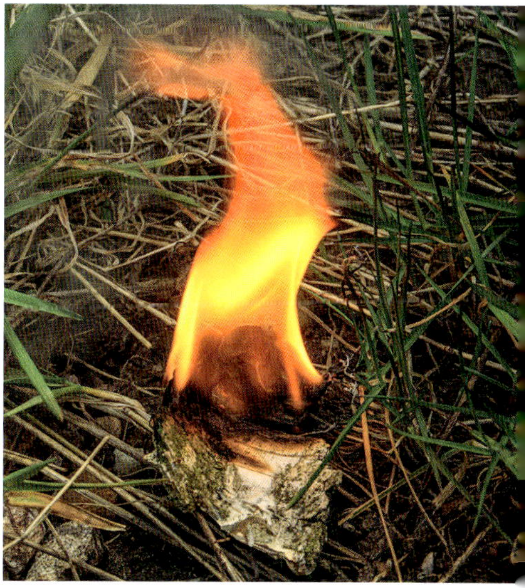

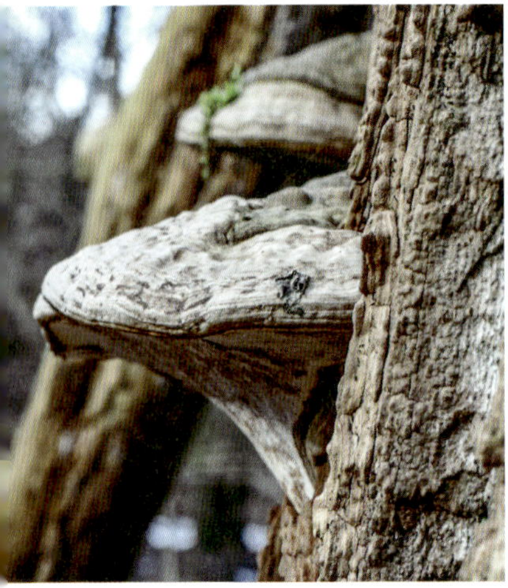

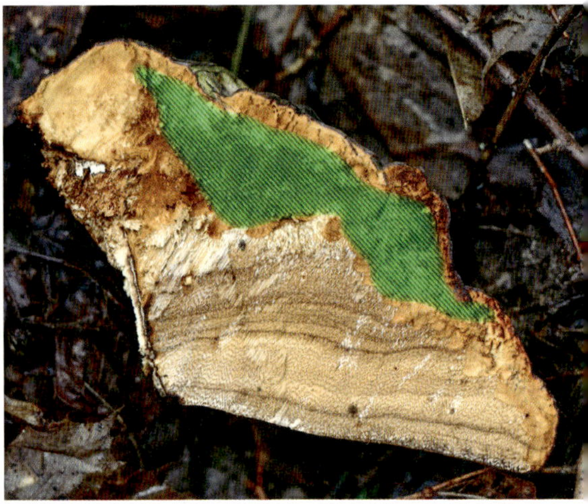

*Links:* Besonders gut geeignet zum Halten der Glut ist Zunder aus Baumpilzen. Hierzu muss der äußerst robuste Pilz geerntet und zerteilt werden. *Rechts:* Von den unterschiedlichen Schichten des Pilzes sind nur wenige wirklich gut brauchbar. Die (hier farbig hinterlegte) relativ dünne Filzschicht direkt unter der Borke und oberhalb der Röhrenschicht ist das wertvolle Trama.

Flamme nicht ausreicht, um neues Brennmaterial zu entflammen.

Wie wir wissen, enden alle alternativen Methoden, Feuer herzustellen, nicht mit der Flamme, sondern mit etwas schwelendem Brennmaterial, der initialen Energie. Vielleicht haben Sie schon beim Entzünden eines Lagerfeuers darauf geachtet, welche Materialien am besten und schnellsten brennen. Meist ist es das trockene Reisig, das im Vergleich zu schwerem Holz zwar einen geringeren Brennwert hat, dennoch schneller auflodert.

Das hat den einfachen Grund, dass das Zusammenführen der Kanten des »Feuerdreiecks« einen räumlichen Faktor besitzt: Die Reaktion ist in hohem Maße von der verfügbaren Reaktions-, das bedeutet Oxidationsfläche abhängig. Besonders schön sehen Sie das, wenn Sie versuchen, ein Stück Baustahl zu entzünden: Es wird nicht funktionieren. Versuchen Sie jedoch das gleiche mit feiner Stahlwolle, ist das Ergebnis ein völlig anderes. Also eignet sich zum Entzünden eines Feuers nahezu alles, was eine große Reaktionsfläche besitzt, auch wenn es an sich nicht zu brennen vermag.

Neben einem solchen sogenannten **Zunder** benötigen wir **zwei Mediatoren**, die aus der ersten Glut eine stabile Flamme erzeugen. Glühenden Zunder verbringen Sie in den ersten Mediator, der sich wiederum nicht entzündet, sondern die Glut so weit vergrößert, um einen zweiten, etwas gröberen Mediator zu entzünden.

Wie die Flamme aus einer Glut entfacht wird, ist weiter unten detailliert beschrieben. Wir benötigen für das sogenannte Feuernest also Zunder sowie die beiden Mediatoren. Als Zunder eignet sich fast alles fein zerfaserbare Material. Dazu gehören abgestorbene Baumpilze, Baumwollfusseln von Hose oder Hemd sowie eine Vielzahl von feinen sogenannten Pappi wie die Flugschirmchen von Löwenzahn, Lattich, Distel, Pappel oder Rohrkolben.

Zwar könnten Sie mit genügend Zunder gleich den Mediator 2 entzünden – die Erfahrung zeigt jedoch, dass diese feinen Flugsamen mit wenigen Ausnahmen meist nur sehr schwer und mit großem Aufwand gesammelt werden können, während etwas gröbere Fasern sehr häufig sind: Als

## Bewährte Zunder-Mediator-Kombinationen

| Zunder | Mediator 1 | Mediator 2 |
|---|---|---|
| Distelsamen | Feines Heu | Stroh |
| Pappelsamen | Schilfblüten | Feines Reisig |
| Löwenzahnschirmchen | Rohrkolbenwurzeln | Birkenrinde |
| Goldrutenblüten | Aufgefaserte Wurzeln | Brennnesselhalme |
| Rohrkolben | Brennnesselfasern | Trockene Ranken |

**Einige Materialien, die zusammengesetzt ein geeignetes Feuernest zum Einwickeln der ersten Flamme bilden. Finden Sie von bestimmten Stoffen (bspw. Pappelsamen) große Mengen, können diese den Mediator 1 ersetzen.**

Mediator 1 können Sie etwas festere Blüten oder Samen wie die des Wasserdosts verwenden, feines Gras oder Schilfblüten.

Als Mediator 2 wird etwas gröberes Pflanzenmaterial eingesetzt. Das kann Heu sein, feines Reisig oder Bast beziehungsweise Rinde, beispielsweise von Linde oder Birke.

An dieser Stelle soll der große praktische Nutzen von Birkenrinde hervorgehoben werden. Die Borke der Birke hat die Eigenheit, nicht immer aufzureißen und zu verkrusten. Vielmehr sind große Flächen glatt und mit einer lederartigen, weißen Schicht überzogen. Diese kann in breiten Streifen einfach abgezogen werden. Dabei sollten Sie dran denken, dass das Abziehen von Borke dem Baum Schaden zufügt. So sollten Sie nach Möglichkeit auf tote Stämme oder Äste zurückgreifen.

Im Notfall mag uns das egal sein, aber für die Übung sollten, wenn überhaupt, nur kleine Mengen je Baum geerntet werden. Dabei sollten Sie einen vertikalen Streifen einschneiden. Dadurch wird von der umgreifenden Leitbündelschicht des Baums möglichst wenig zerstört. Zum Entzünden eines Feuers interessieren uns die weiße Lederschicht und das darauf aufgelegte, fast transparente Pergament. Wenn diese feinen Schichten mit dem Messer aufgeschabt werden, eignen sie sich hervorragend zum Entflammen und Entzünden eines Feuers. Die darunter liegende, etwas dickere Schicht kann außerdem zum Transportieren einer Flamme oder als Fackel verwendet werden.

Da Sie selten Zunder- und Mediatormaterialien so trocken vorfinden, dass sie einfach entzündet werden können, sollten die Komponenten für das Feuernest den Tag über in körpernahen Taschen oder unter der Kleidung aufbewahrt werden. Durch die Reibung während des Marschs werden über die Zeit auch gröbere Fasern wie feines Heu zu dünner Wolle. Sie können das natürlich auch »manuell« machen, indem Sie eine gewisse Menge in der Hand zerreiben. Dabei werden festere Bestandteile aus den Fasern gerissen – von einem ordentlichen Bündel

**Eine Vielzahl von unterschiedlichen pflanzlichen Fasern können als Zunder oder Mediatorstoffe eingesetzt werden. Besonders gut geeignet sind Rohrkolbensamen (vorne im Bild), Schilfblüten (direkt dahinter) oder diejenigen von Goldruten.**

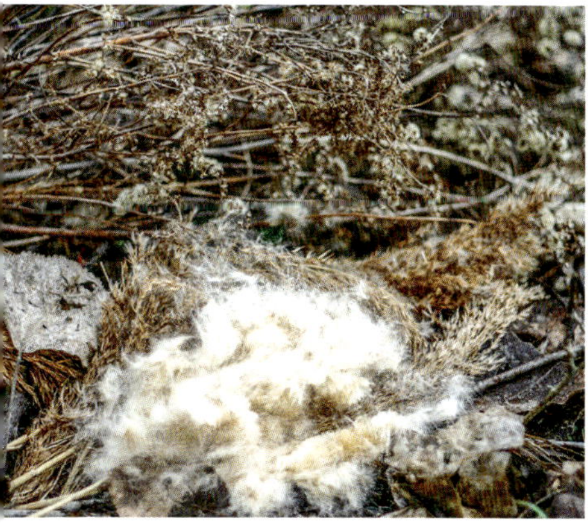

Heu bleibt allerdings nur eine kleine Menge feinster Härchen übrig. Besonders der Zunder, also das feinste Material, neigt aufgrund seiner großen Reaktionsoberfläche dazu, Wasser wie ein Schwamm zu speichern. Die Materialien, die als Zunder benötigt werden, sollten Sie immer dann sammeln und aufbewahren, wenn sie gerade verfügbar sind, also zum Beispiel unterwegs beim Sammeln von Nahrung. Zunder erst dann zu sammeln, wenn er benötigt wird, ist einer der großen Fehler des Unerfahrenen.

## Feuerhütte

Wenn Material zum Entfachen des Feuers gesammelt wurde, sollten Sie sich um den Bau eines Grundfeuers kümmern. Sie sollten daran denken, dass der Erhalt einer Flamme ein äußerst transienter Zustand von manchmal wenigen Sekunden ist. In dieser Zeit muss die Flamme auf weiteres Brennmaterial übergreifen können, um am Leben zu bleiben.

Hierzu benutze ich gerne eine kleine »Feuerhütte«, die Ähnlichkeit mit den in diesem Buch vorgestellten Notunterkünften hat. Zweck der Konstruktion ist es, möglichst einen Kamineffekt zu erzeugen, der die vorhandene Flamme schnell auf weiteres Brennmaterial übergreifen lässt. Außerdem soll das Brennmaterial, das teilweise aufwändig vorbereitet werden muss, vor dem nächsten Regenguss geschützt werden. Hierzu suche ich mir eine kleine Astgabel, mit der ich die Grundkonstruktion der »Debris Hut« in Miniatur nachbaue.

Der vielleicht 30 Zentimeter kleine Rahmen wird hierzu mit etwas feinen Pflanzenfasern wie Heu befüllt. Diese müssen nur kurz auflodern können, um die Energie an darüber angestelltes Reisig weiter zu geben. Jene Reisigschicht sollte etwa fünf bis zehn Zentimeter dick sein. Obenauf wird eine Anzahl von maximal daumendicken Hölzern aufgelegt. Am besten zerbrechen Sie die Stöckchen so, dass sie an einigen Stellen aufplatzen oder auffächern, um die Oberfläche zu vergrößern.

Das Ganze kann nun mit großen Blättern, Borke oder Laub bedeckt werden, um es vor Regen zu schützen. Sie sollten hin und wieder üben, eine solche Konstruktion zu bauen und zu entzünden. Sie hat den großen Vorteil, dass eine kurze Flamme ausreicht, um ein stabiles Grundfeuer herzustellen. Selbst wenn die Flamme wieder verlöschen sollte, haben Sie bei dieser Feuerhütte noch gute Chancen, durch Einblasen von Luft eine neuerliche Flamme zu erzeugen. Brennt die Feuerhütte, kann langsam weiteres Brenn-

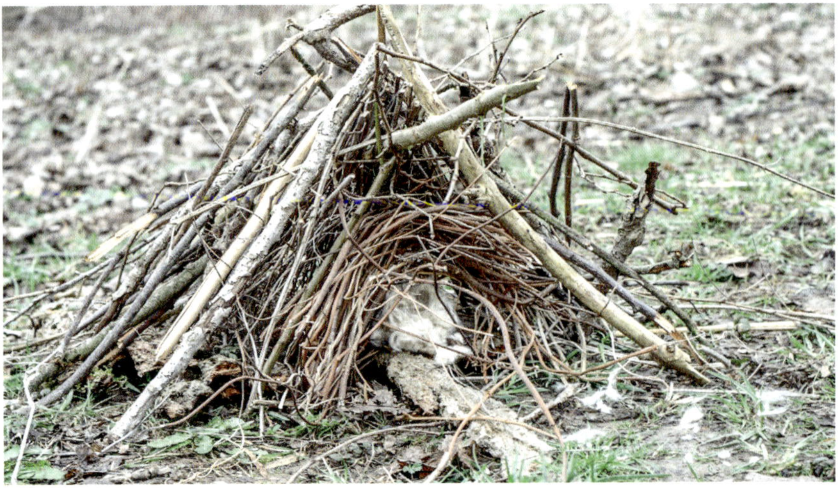

material zugegeben werden. Meine Faustregel ist, dass jede Flamme, die weiter als fünf Zentimeter durch eine Lücke dringt, vergeudete Energie ist. Eine solche Lücke sollte mit weiteren Ästchen bedeckt werden, um diese zum Entflammen zu bringen.

Diese Vorbereitungen sind die Voraussetzung, um das Feuerbohren oder eine andere Methode überhaupt erst zu versuchen. Wenn nach dem Entzünden der Flamme keine geeignete Möglichkeit besteht, diese auch zu erhalten, war der gesamte Prozess des Entfachens umsonst. Schlimmer noch, lebenswichtige Ressourcen wie Zunder oder eine Leine für den Feuerbohrer werden dadurch verschlissen und verschwendet. Bevor ich das Feuerbohren beginne, überlege ich, ob die Feuerhütte mit einem halbierten Streichholz sicher zu entzünden wäre. Ist das nicht der Fall, muss das Holz entweder noch weiter vorbereitet oder feineres Brennmaterial gesucht werden.

## Feuerholz

Auch wenn ich im Folgenden einige besonders geeignete Holzarten aufzählen und beschreiben werde, ist zu beachten, dass im Notfall jede Art von Holz geeignet ist, um ein Lagerfeuer zu betreiben.

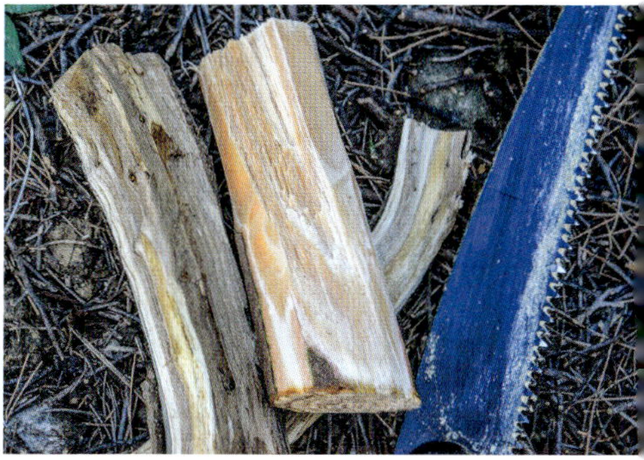

**Die harzreichen Bereiche von morschen Nadelhözern sind ideale Feueranzünder.**

Es wird für Sie sicherlich keinen praktischen Wert darstellen, zu wissen, dass Buchenholz einen hohen Brennwert hat, heiße und andauernde Glut erzeugt, nicht dazu neigt Funken zu schlagen, und einen aromatischen Rauch bildet, wenn Sie nie in der Lage sein werden, ohne Axt und Säge trockenes Buchenholz zu erreichen, geschweige denn es in geeignete Größe für ein Lagerfeuer zu überführen.

Linde und Pappel dagegen können Sie in großen Stücken vom Baum brechen. Ich vergleiche diese Hölzer gerne mit Pappmaschee – sie haben kaum Brennwert, flam-

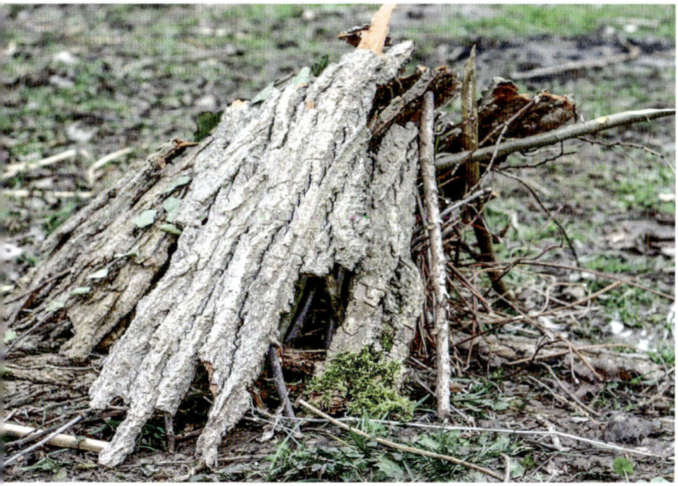

***Links:*** **Feiner Zunder, trockene Pflanzenfasern, Reisig und daumendicke Stöcke werden schichtweise zu einer kleinen Hütte zusammengestellt.** ***Rechts:*** **Abgedeckt mit Blättern oder Borke ist das regenfeste »Instantfeuer« einsatzbereit. Ist man nun in der Lage, Glut oder eine Flamme zu erzeugen, kann diese sofort gesichert werden.**

men regelrecht binnen Minuten ab und bilden noch weniger Glut oder Kohle.

Sie werden sich also mit dem Gedanken anfreunden müssen, alles zu verwenden, das Sie erreichen und verarbeiten können. Das sind meist etwa daumen- bis maximal unterarmdicke Hölzer. Dabei eignen sich alle Holzsorten, die im unteren Stammbereich verzweigt sind und von Hand gebrochen werden können. Ein Eichenstämmchen von nur fünf Zentimetern Durchmesser werden Sie kaum abbrechen können. Zwar gäbe es einige Methoden, das Holz zu bearbeiten und zu kürzen, der Aufwand hierzu lohnt jedoch nur bei Bauholz für Hütten oder Behelfe.

Sollten große Äste oder kleinere Stämme aufzutreiben sein, zum Beispiel Sturmbruch oder abgestorbene und gestürzte Bäumchen, sollte das Holz von kleinen Trieben und Reisig befreit und möglichst nah an die Flamme gelegt werden. Da die Holzstruktur intakt ist und der Stamm nicht geschält oder gespalten gelagert wurde, muss die Eigenfeuchte erst verdampfen, bevor eine solche Masse zu entflammen ist. Meist lege ich so einen Stamm nach etwa zwei Stunden des Röstens über das Feuer, so dass er nach dem Durchbrennen in zwei kleinere, trockene Stücke zerteilt worden ist. Diese werden wiederum zentral auf das Feuer gelegt, bis die gewünschte Anzahl von Scheiten entstanden ist, die des Nachts zum Wärmen aufgelegt werden können.

Wenn Sie relativ weiches Holz zerkleinern möchten, können Sie das Ende des Prügels in eine stabile Astgabel eines Baumes einlegen und das Holz selbst als Hebel zum Zerbrechen anwenden, gegen den Sie sich mit vollem Gewicht stemmen können.

Da eine große Gefahr der Selbstverletzung besteht, sollte auf Versuche verzichtet werden, Holz gegen das Knie oder durch Aufstampfen zu zerbrechen. Es ist kaum absehbar, wie stark der Verbund zurückfedert, wenn er nicht zerbricht. So nehmen nicht nur Gelenke Schaden, Ihnen können auch große Stücke ins Gesicht geschleudert werden.

**HINWEIS:**

Wenn Sie eine bestimmte Menge Holz gesammelt haben und zufrieden glauben, dass es für genau eine Nacht ausreichen wird, sammeln Sie mindestens die gleiche Menge noch einmal.

Um eine Einschätzung des benötigten Holzes zu bekommen, sollten Sie hin und wieder mal ein Feuer entzünden und mit einfach zu sammelnden Holzstücken am Leben erhalten, so wie Sie es auch im Notfall

## Wert verschiedener Holzarten

| Brennwert | Gut geeignet | Mäßig geeignet | Fast unbrauchbar |
|---|---|---|---|
| Hoher Brennwert | Esche | Eiche | Eibe |
| | Hasel | Buche | Obstbäume |
| Mittlerer Brennwert | Tanne | Ahorn | Thuja |
| | Birke | Holunder | Platane |
| Niedriger Brennwert | Lärche | Linde | Pappel |
| | Fichte | Kastanie | Weide |

**Verschiedene Holzarten im Bezug auf Heizwert, jedoch auch Verfügbarkeit geordnet. Deshalb sind zum Beispiel Eiche und Buche nur mäßig geeignet. Eibe dagegen werden Sie mit den vorhandenen Mitteln überhaupt nicht verarbeiten können.**

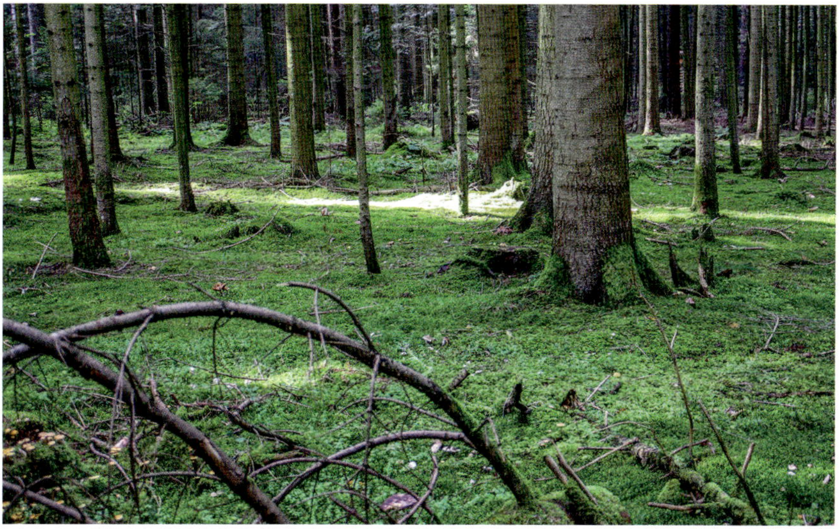

**Sie werden zum Feuermachen praktisch nie Stämme fällen müssen. In natürlichen Wäldern finden Sie immer genug am Boden liegendes Holz. Sammeln Sie nur solches Holz, das nicht aufwändig verarbeitet werden muss.**

machen würden. Stoppen Sie dabei die Zeit und rechnen die verwendete Menge auf eine Nacht hoch. So bekommen Sie ein Gefühl, wie viel Holz Sie tatsächlich benötigen. Um ein mittelgroßes Wärmefeuer mit normalem Bruchholz eine Nacht lang zu betreiben ist etwa ein Haufen von zwei Metern Länge und Breite sowie einem Meter Höhe notwendig. Das hört sich zuerst übertrieben an, wenn Sie aber erst einmal des Nachts frierend erwacht sind und ohne Leuchtmittel neues Feuerholz sammeln müssen, bewerten Sie die Menge anders.

Aus ebendiesem Grund sollten Sie im Notfall Holz (generell auch Baumaterial) nicht innerhalb eines Umkreises von etwa 80 bis 150 Metern sammeln. Falls Sie längere Zeit vor Ort bleiben müssen und dabei erkranken oder sich verletzen, können Sie dann auf unmittelbar um das Lager liegendes Holz zurückgreifen.

Das Holzlager kann in der Nähe des Feuers errichtet werden, der Abstand sollte in einer Entfernung gewählt werden, die sicherstellt, dass der Haufen nicht aus Versehen ablodert. So trocknet das Holz durch die Wärme noch ein wenig und agiert außerdem als Hitzereflektor.

Sollte für das Grundfeuer aufgrund anhaltenden Regens nicht genügend trockenes Brennmaterial zur Verfügung stehen, können Sie daumendicke Stäbe mit dem Messer so einschnitzen, dass sie aussehen wie ein nach Harzer Art geschnitzter Miniaturtannenbaum. So vorbereitet erreichen Sie nicht nur die inneren, trockenen Holzschichten, die Reaktionsoberfläche wird dabei außerdem vergrößert, so dass selbst frisches Holz gut entflammt. Diese sogenannten →»feather sticks« können statt Reisig auch zum Entzünden der Feuerstelle verwendet werden, was jedoch eher lange Vorbereitung erfordert.

## Rauch

Auch Rauch, genauer gesagt die vom Feuer abgegebenen Rauchgase, können wir für unsere Zwecke verwenden. In Rauch, der am effektivsten von schwelendem Brennmaterial gebildet wird, findet sich eine große Anzahl biologisch wirksamer Stoffe. Besonders schnell ist die Wirkung verschie-

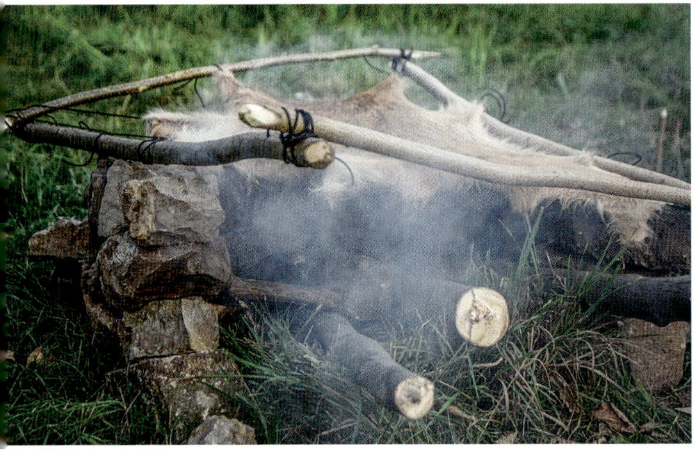

Rauch wirkt so stark antibakteriell, dass damit nicht nur Leder vor dem Verfaulen geschützt werden kann – ganze Hinterschinken lassen sich damit konservieren (K 14).

dener säurebildender Schwefelverbindungen bemerkbar, die einem am Lagerfeuer die Tränen in die Augen treiben. Auch das Raucharoma, eine Vielzahl verschiedener Kohlenwasserstoffverbindungen, kennt jeder, der eine am Lagerfeuer getragene Jacke auslüften möchte. Für uns ist Rauch besonders für drei Aufgaben wichtig. Rauch ist in der Lage, eine Menge von Keimen am Wachstum zu hindern oder abzutöten. So können Kleidungsstücke oder leichte Hautkrankheiten durch die Behandlung mit Qualm desinfiziert werden. Rauch hat zum Beispiel eine heilende Wirkung bei entzündeten Füßen, die zu lange der Feuchtigkeit ausgesetzt waren. Ähnlich wirkt Rauch bei der Konservierung von Lebensmitteln. Außerdem sind Spuren von Rauch oft schon ausreichend, um stechende Insekten fernzuhalten. Als drittes kann Rauch als Signalmittel verwendet werden. Wir haben zuvor erörtert, dass es grundsätzlich die richtige Strategie ist, im Notfall einerseits eine möglichst geeignete Lagerstelle zu finden, die andererseits jedoch nicht zu weit von jenem Ort entfernt sein sollte, wo Sie am wahrscheinlichsten gesucht werden. Hier kann eine einfache sogenannte Signalpyramide aufgebaut werden, die möglichst schnell dicken, weißen Qualm aussendet, der Suchmannschaften zu Ihnen dirigiert.

## Insektenschutz

Um sich vor stechenden Insekten oder krabbelnden Tieren im Allgemeinen zu schützen, reicht es oft schon, dass ein Feuer in der unmittelbaren Umgebung brennt und geringe Mengen Rauch abgibt. Stechmücken und beißende Fliegen werden durch die chemischen Bestandteile in der Luft abgeschreckt. Wenn die Menge stechender Insekten jedoch sehr groß ist, kann es notwendig sein, etwas feuchtes Pflanzenmaterial in die Nähe der Glut zu legen. Es sollte dabei wirklich nur in die Nähe gelegt werden, da eine Verbrennung der eigentlich gewollten Wirkung entgegensteht.

Qualm entsteht während des ungenügenden Erhitzens, was dazu führt, dass der Brennstoff zu geringe Energiemengen erhält, um zu entflammen. Geht dieser Brennstoff in Flammen auf, es kann morsches Holz sein, frische Blätter oder Stroh, versiegt der Qualm.

Eine noch effektivere Methode als einfachen Rauch habe ich bei Aboriginals in Australien gesehen. In den feuchten Mangroven Derbys mit ihren Myriaden von Moskitos und Sandfliegen saß ich eines Abends zusammen mit einer ziemlich übergewichtigen Eingeborenen am Lagerfeuer. Ich hatte an diesem Tag meine erste große Buschfrucht gefunden und war mir noch etwas unsicher,

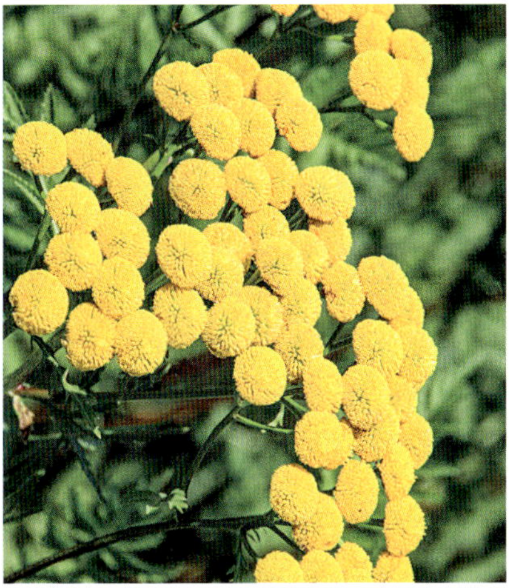

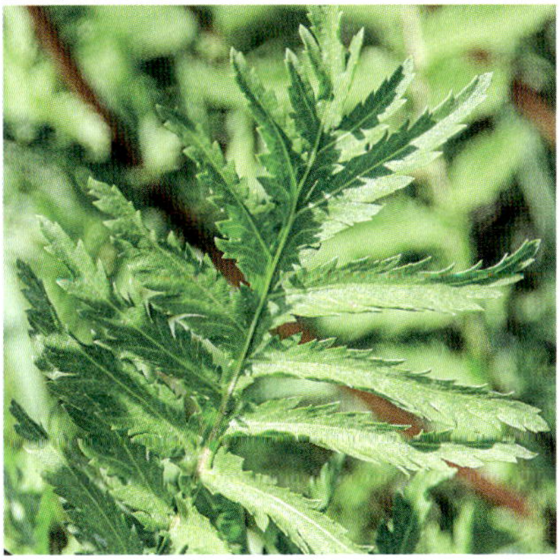

Die Blätter und Blüten verschiedener Chrysanthemenarten enthalten Giftstoffe, die in der Lage sind, Insekten fern zu halten. Das gefiederte Laub des Rainfarnes erinnert an einen Farn, obwohl die Pflanze nicht damit verwandt ist.

ob es sich vielleicht doch um eine giftige Art handelte. Also packte ich die Frucht von der Größe eines Schwaneneis aus und zeigte sie ihr. Auf meine Frage, ob sie essbar wäre, antwortete sie im breiten Station-English: »Yoo gann iied diss!« Daraufhin nahm sie mir die weiße Kürbisfrucht aus der Hand und setzte sich darauf, was wahrscheinlich bedeuten sollte, dass diese nun den Besitzer gewechselt hatte. Ich hätte heute wohl kaum mehr Erinnerung an diese erheiternde Begegnung, wenn die Alte nicht hin und wieder eine Handvoll eines mir unbekannten Krautes in die Glut geworfen hätte, wo es leise zischend verdampfte. Wenige Jahre später hatte ich an einem ähnlichen Ort in den Mangroven in wenigen Minuten mehr als hundert Stiche. An jenem Abend am Lagerfeuer hatte ich vielleicht zwanzig oder dreißig. Beeindruckt von der starken Wirkung des natürlichen Repellents ging ich in Deutschland auf die Suche nach einem Pendant und wurde tatsächlich auch fündig.

Der Rainfarn *Tanacetum vulgare* (*K 8*), ein auffälliger und ziemlich giftiger Korbblüter, der mittlerweile weltweit wächst, hat eine ähnlich starke Wirkung, wenn das Laub in die heiße Asche gestreut wird. Die öligen Bestandteile werden dabei vaporisiert und halten sehr zuverlässig Stechmücken fern.

Sicherlich ist es nicht ratsam, lange auf die Suche nach Rainfarn zu gehen, oft findet man ihn aber beim Zundersammeln oder auf der Suche nach Essbarem an Waldrändern und Gewässern. Da Rainfarn nicht ganz ungefährlich ist und es keine Erfahrungswerte bezüglich Vergiftungen durch seinen Rauch gibt, sollte man unbedingt vermeiden, den Qualm einzuatmen. In Gegenden mit sehr hohem Insektenaufkommen ist meines Erachtens das Risiko durch entzündete Stiche oder übertragene Krankheiten gegenüber der Giftwirkung der Pflanze abzuwägen. Nach Möglichkeit sollte diese jedoch nicht mit bloßer Hand ausgerissen werden. Die Bestandteile des Rainfarns können eine Kontaktdermatitis auslösen.

Ungefährlicher, aber auch etwas weniger wirksam als Insektenschutz sind die Blätter von Walnussbäumen (*K 8*), mit denen auch die Haut eingerieben werden kann.

## Signalpyramide

Die Signalpyramide ist immer dann interessant, wenn mit einer Suche per Luft oder mit Fahrzeugen gerechnet wird. Menschen sind aus der Entfernung nur extrem schlecht zu entdecken. Die unregelmäßige Form geht besonders in bewaldeter Umgebung, in Buschwerk und im Schattenspiel unter. Auch die natürlichen Materialien, mit de-

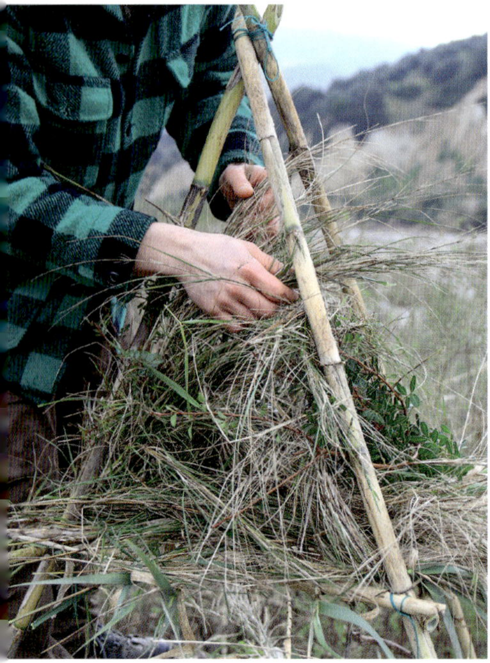

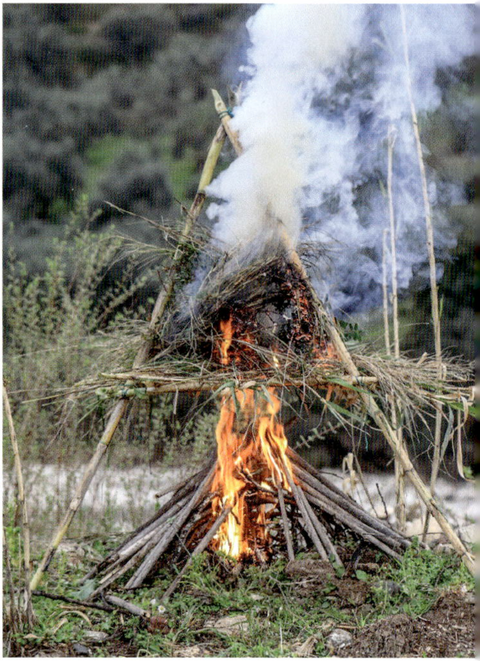

**Links: In eine einfache dreiseitige Pyramide aus Holz wird ein Podest eingezogen, auf dem Farn, Gras oder Moos gelagert werden. Rechts: Wird das schnell entflammbare Material unter den grünen Pflanzen entzündet, entsteht binnen weniger Sekunden eine dicke, weiße Rauchsäule – das ideale Signalmittel.**

nen die Notunterkunft, ja das gesamte Lager gefertigt wird, eignen sich eher zum Tarnen als zum Signalisieren. Nicht ohne Grund werden vergleichbare Unterkünfte als Tarnstellung von Scharfschützen verwendet. Wenn Sie also Rettung oder Suche erwarten, sollten Sie möglichst schnell ein Feuer in Gang bekommen. Vom Hubschrauber oder Suchflugzeug aus werden Sie nämlich aus einem Kilometer Höhe kaum zu sehen sein, egal wie wild Sie winken. Haben Sie jedoch erst einmal eine Flamme entzündet, vereinfacht das die Situation deutlich. Bis eine Signalpyramide fertiggestellt worden ist, kann eine Menge von Stroh oder Moos am Feuer gelagert werden, um es sofort auf das Feuer zu werfen, wenn ein Fahrzeug in Sichtweite kommt. Da das Feuer jedoch sehr unregelmäßig brennt, also zuweilen auch müde vor sich hin glimmt, ist es sicherer, wenn eine funktionell überzeugende Signalfeuerstelle aufgebaut wird.

Das Prinzip ist eigentlich einfach nachvollziehbar. Ein Gestell soll es ermöglichen, stark qualmendes Pflanzenmaterial über einem schnell abflammenden Feuer zu platzieren. Die Konstruktion soll selbstverständlich wetterfest sein, da man selten das Wetter und den Zeitpunkt der eigenen Rettung auswählen kann. Drei etwa ein bis eineinhalb Meter lange Ruten werden so in den Boden gesteckt, dass sie am Boden etwa jeweils 30 Zentimeter voneinander entfernt sind. Sie werden an den oberen Enden zu einer gleichseitigen Pyramide verbunden. Etwa auf halber Höhe wird aus einer Anzahl von gebogenen und gebrochenen Ästchen ein kleines Podest zwischen die drei langen Streben geklemmt. Es muss nur so stabil sein, dass darauf einige Hände feuchtes Moos, Stroh, Erde, Algen, Farn oder vergleichbar stark qualmendes Pflanzenmaterial aufgelegt werden kann.

Diese Masse darf dabei jedoch nicht komprimiert werden, sondern muss eher luftig gepackt sein, damit heiße Luft hindurchströmen kann. Unter dieses kleine Podest wird eine möglichst große Menge schnell entflammbarer Brennstoff geschichtet, in der Art, wie es beim Vorbereiten der Feuerhütte weiter vorn beschrieben wird. Denken Sie daran, dass eine kleine Höhle in diesem »Treibsatz« verbleibt, in die etwas Brennendes eingelegt werden kann. Die äußeren Flächen der Pyramide werden nun mit ganzen Pflanzen oder Blättern beispielsweise von Brennnesseln oder Kletten abgedeckt, wodurch das System wetterfest und jederzeit einsetzbar ist.

Wird nun eine Flamme in die Signalpyramide eingelegt und etwas durch Einblasen von Luft vergrößert, lodert das als Treibsatz wirkende Brennmaterial in wenigen Sekunden auf und drückt, durch den Kamineffekt verstärkt, Feuchtigkeit und Ruß aus den darüber geschichteten Pflanzen. In wenigen Momenten entwickelt sich eine dichte und über Kilometer sichtbare weiße Rauchsäule. Wenn Sie das erste Mal so ein System abbrennen, werden Sie verblüfft sein, wie effektiv und schnell damit Signale abgegeben werden können.

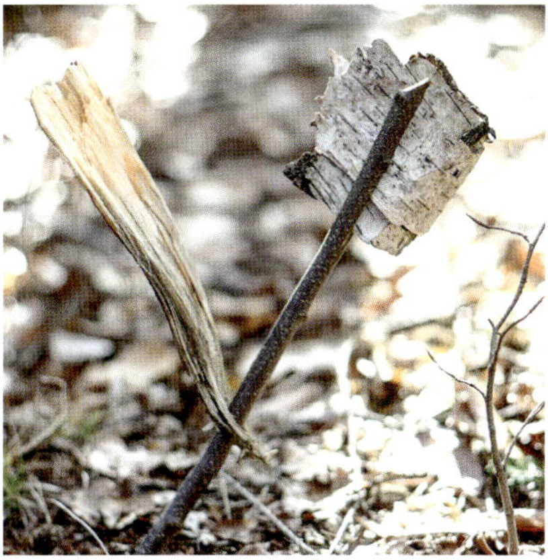

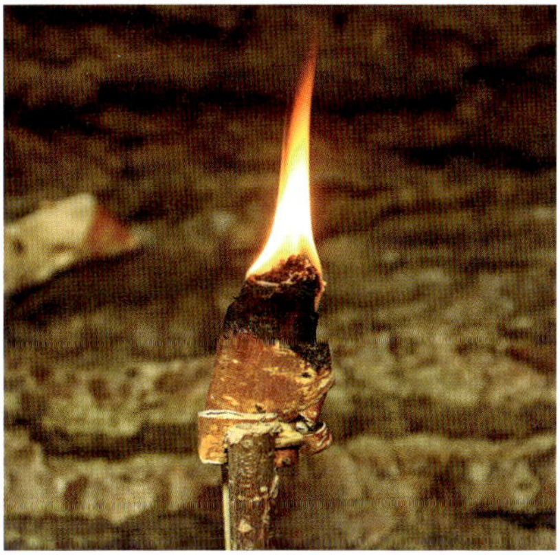

***Oben:*** **Birkenrinde wird gewickelt und in einen Holzstab gesteckt. Das davorgeklemmte Holzbrettchen verhindert als Reflektor, dass Licht direkt zurück in die Augen fällt.** ***Unten:*** **Eng gewickelte Birkenrinde brennt langsam und gleichmäßig ab.**

## Licht

Feuer ist außer wegen der Abgabe von Wärme und Rauchgasen auch als Spender von Licht interessant. Während der Verbrennungsreaktion werden große Mengen von Energie frei, von denen ein großer Teil als Hitze abgegeben wird, ein kleiner Teil als sichtbares Licht. Bei der Verwendung von Feuer als Lichtquelle ergeben sich einige Schwierigkeiten, denen wir mit Improvisation begegnen können. Besonders helles und gleichmäßiges Licht wird durch Brennstoffe erzeugt, die halbfeste oder flüssige Bestandteile wie Harz, Fett oder Teer enthalten. Völlig trockene Brennmaterialien wie Stroh neigen dazu, schnell abzuflammen, und haben einen sehr ungleichmäßigen Lichtausbeuteverlauf. So wird sehr schnell viel Licht frei, das aber nach kurzer Zeit stark reduziert wird. Pflanzenbestandteile wie harziges Holz oder teerhaltige Rinde brennen dagegen deutlich länger und mit kleiner, heller Flamme. Das mag unter anderem daran liegen, dass die energiereichen Verbindungen meist selbst nicht brennen, sondern von umgebenden Pflanzenfasern als Docht verbrannt werden. Sehr gut geeignet sind zum Beispiel Birkenrinde, die große Mengen von Teer enthält, Kienspan

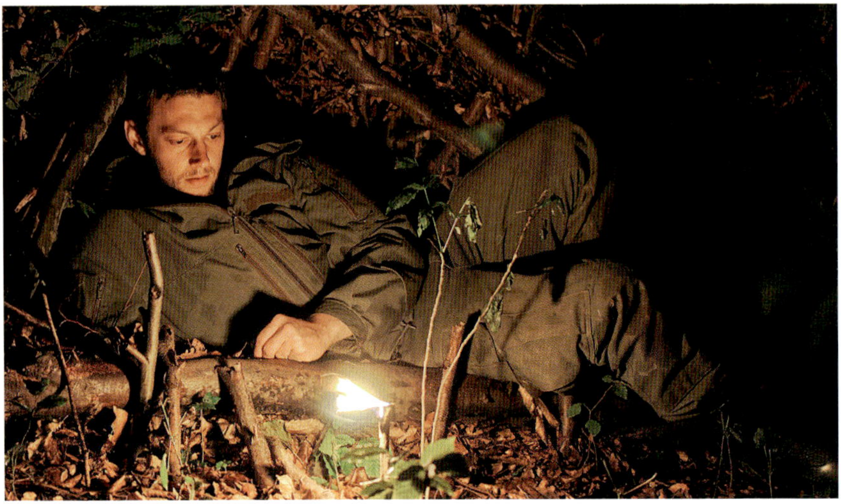

**Für jede Nacht sollten Sie einige kleine Fackeln mit jeweils mindestens drei Minuten Brenndauer vorbereitet haben. Benötigen Sie Licht, halten Sie eine Fackel in die Glut und blasen sie an.**

mit großen Mengen Harz oder in trockenes Laub eingewickelte Nussfrüchte, Kastanien oder Eicheln mit hohem Fettanteil. Da bei Tageslicht die notwendigen Vorkehrungen für die Nacht vorgenommen worden sein sollten, ist die Beleuchtung nachts nur für den Notfall beziehungsweise den Spatengang, zur Ausleuchtung von Aushöhlungen auf der Suche nach Wasser und Nahrung oder für vergleichbare Tätigkeiten gedacht. Die Arbeit mit Messern oder Steinen sollte bei ungenügendem Licht vermieden werden, da die Verletzungsgefahr bei Dunkelheit deutlich steigt. Mögliche Fackelformen leiten sich aus den einzelnen Materialien ab. Birkenrinde kann in großen Mengen von toten Bäumen abgezogen werden. Sie dient nicht nur als zuverlässiger Feueranzünder, sondern kann auch zu kompakten Briefchen zusammengefaltet und in einen gespaltenen Holzstab geklemmt werden. Eine solche Fackel brennt bis zu 20 Minuten lang außerordentlich hell.

Auf ähnliche Weise finden harzreiche Hölzer Verwendung, zum Beispiel Kienspan. Diese werden, wie man aus dem Namen ableiten kann, in etwa einen Millimeter dicke und ein bis zwei Zentimeter breite Streifen geschnitten. Solche werden nacheinander abgeflammt und brennen jeweils vier bis fünf Minuten zuverlässig und hellgelb. In Zeiten vor elektrischer Beleuchtung und Pechfackeln haben Bergleute die Gänge während der Arbeit mit einem im Mund gehaltenen Kienspan ausgeleuchtet. Kienholz können Sie in Nadelwäldern mit

**Fackeln aus trockenem Stroh lassen sich in wenigen Momenten wickeln oder flechten. Vermengt man die Fasern mit Harz oder Fett, brennen sie länger.**

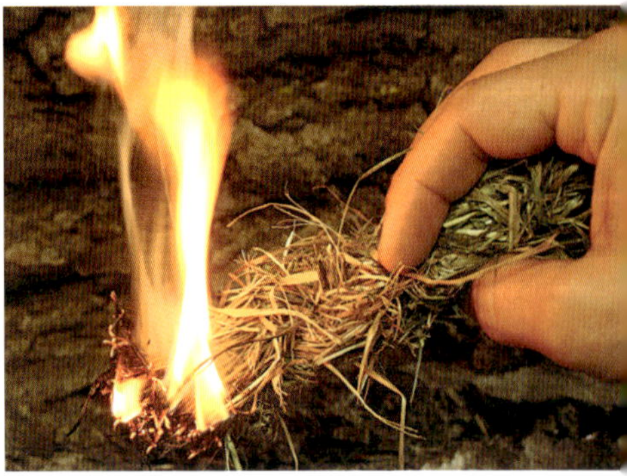

Kieferbestand aus abgestorbenen Stämmen ernten. Kiefern erkennen Sie häufig schon von weitem, da die Äste oft erst in etwa fünf Metern Höhe beginnen. Außerdem haben sie besonders lange und frisch grüne Nadeln und einen schweren aromatischen Duft. Häufig sind Kiefernzapfen klebrig mit Harz überzogen.

Aus vollständig vermoderten Stämmen können Sie Kienholz ernten, indem Sie nach Astlöchern im Stamm suchen. An dieser Stelle wird das morsche Holz mit einem Hebelstock abgehoben. Darunter finden sich kleine, konusförmige und deutlich besser als der restliche Stamm erhaltene Holzzylinder. Sie erkennen schon am Geruch, dass es sich um ein besonders harzhaltiges Holz handelt. Zu guter Letzt besteht die Möglichkeit, aus schnell abflammenden Stoffen wie Stroh oder Heu eine Fackel zu binden.

Diese Methode ist jedoch mit Abstand die schlechteste. Meist brennt eine solche Fackel innerhalb von wenigen Momenten ab. Ein generelles Problem bei Fackeln zur Ausleuchtung besteht darin, dass durch die unreflektierte Flamme eine Menge Licht direkt in das Auge tritt. Hierdurch verschließen sich die Pupillen so stark, dass das Auge an die Fackel adaptiert, nicht jedoch an die geringere indirekte Umgebungsstrahlung. Dies kann umgangen werden, indem der Kienspan beziehungsweise die Stroh- oder Birkenrindenfackel in ein kleines Holzplättchen oder Reisig- oder Pflanzenstielbüschel eingelegt wird, das in etwa 45 Grad zur Fackel selbst steht.

Möchte man in der Dunkelheit die Umgebung ausleuchten, wird dieses Büschel leicht schräg gehalten, so dass die Flamme in Richtung des Auges abgeschirmt ist. Natürlich müssen Sie daran denken, die Fackel jeweils so zu drehen, dass der Reflektor nicht abbrennt.

## Kohle und Asche

Das Feuer versorgt uns mit Wärme, Licht und hilft bei der psychischen Stabilisierung. Es macht für uns verkeimtes Wasser und Nahrung genießbar und bekömmlich, signalisiert einen Hilferuf an Suchmannschaften, vertreibt Insekten und wilde Tiere. Feuer dürfte also im Überlebensnotfall eine der Ressourcenquellen schlechthin sein und wird in seinem komplexen Wert wohl nur von einem Gewässer mit Sand, Steinen, Trinkwasser, Nahrung und Kühlung übertroffen.

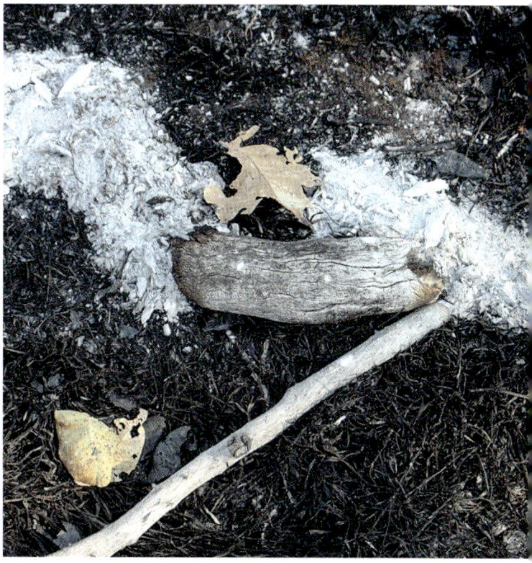

**Weiße Asche besteht aus Mineralien. Diese reflektieren Sonnenstrahlung, weshalb Asche als Sonnenschutzmittel verwendet werden kann.**

Sie werden nun sicherlich nicht erstaunt darüber sein, dass selbst verloschenes Feuer einer verlassenen Lagerstätte oder die Überreste des Lagerfeuers einen hohen Nutzen haben. Wenn wir uns überlegen, welche Stoffe verbrannt werden und welche übrig bleiben, erkennen wir schnell, dass die Verbrennungsrückstände einen großen Wert haben.

Brennmaterial besteht aus einer komplexen und heterogenen Mischung von Kohlenstoffverbindungen wie beispielsweise Zucker, Alkoholen, Strukturmolekülen, aber auch Alkaloiden und cyanogenen Verbindungen. Diese Stoffklassen werden hauptsächlich aus dem aus Luft gewonnenen Kohlendioxid gebildet. Zusätzlich nimmt die Pflanze im Wachstum jedoch auch eine Menge von Stoffen aus dem Boden auf. Hier werden mit dem Wasser von den Wurzeln

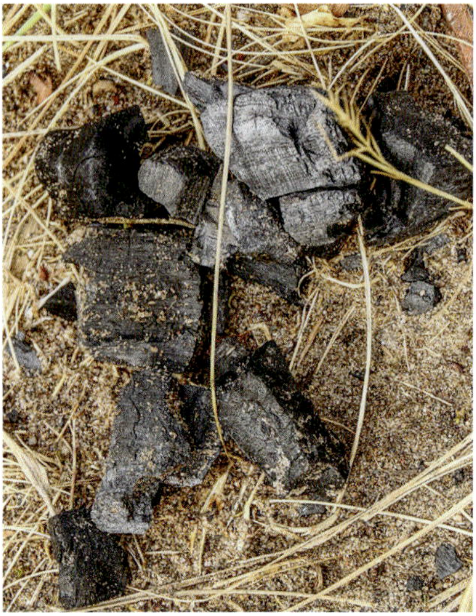

**Wenn Sie Kohle benötigen, nehmen Sie nur diejenigen Stücke, die weder brennen noch rauchen, und löschen diese mit Wasser ab.**

Stickstoff, Phosphor, Schwefel und außerdem Mineralien wie Kalium, Calcium und Natrium beziehungsweise deren Salze aufgenommen.

Diese Fülle an unterschiedlichen Stoffen wird von einem Feuer ziemlich rabiat aufgeteilt. Komplexe Stoffe wie Gifte zerfallen in ihre Einzelteile und verbrennen teilweise oder werden mit dem Rauchgas ausgetrieben. Viele Elemente reagieren mit Sauerstoff zu unterschiedlichen Oxiden. Als Feststoff und damit greifbar bleiben zwei Stoffgemische übrig: Holzkohle und Asche.

Während Holzkohle größtenteils aus Kohlenstoff besteht, finden sich in Asche eine Anzahl unverbrannter Metalle, Mineralien oder Salze, damit jedoch auch eine kleine Menge von Schwermetallen. Aus diesen beiden komplexen Hauptbestandteilen der Verbrennungsrückstände ergeben sich ihre Wirkung und Wertigkeit. Kohlenstoff, also der Großteil der Holzkohle, neigt dazu, sich in buchstäblich unendlicher Anzahl mit verschiedensten Stoffen zu binden. Das bedeutet, dass Kohle zum Entfernen von organischen, also kohlenstoffhaltigen Giftstoffen benutzt werden kann. Hier finden sich vor allem zwei wichtige Einsatzbereiche: Bei Durchfallerkrankungen und nach einer Vergiftung mit Giftpflanzen oder schlechter Nahrung kann nach dem Entleeren des Magens eine größere Menge von Holzkohle geschluckt werden. Hierzu wird sie zerstampft, in Wasser aufgeschwemmt und getrunken. Dabei gelangt sie in den Darm, wo sie die Giftstoffe aufnimmt und in einer inaktiven Form bindet. Faustregel für die Behandlung mit Kohle ist eine Dosierung von mindestens einem Gramm je Kilogramm Körpergewicht. Bei 80 Kilogramm sind das etwa zwei gehäufte Hände voll. Kohle ist jedoch entgegen Ihrer vermutlichen Meinung völlig geschmacksneutral, mehr noch kann Holzkohle unerwünschten Geschmack aus Flüssigkeiten aufnehmen und ausfiltern. Sollte die Kohle noch nach Rauch schmecken, ist sie nicht ausreichend ausgeglüht worden.

**HINWEIS:**

Haben Sie ein Lagerfeuer entzündet, sollten Sie regelmäßig große Kohlestückchen und möglichst saubere Asche sammeln und trocken aufbewahren.

Asche hingegen besitzt einen großen Wert darin, dass sie dem Körper die lebensnotwendigen, durch Schwitzen verlorenen gegangenen Mineralien rückführt. Sie dient also besonders in heißen Gegenden als Kochsalzersatz. Dabei werden Sie vielleicht enttäuscht sein, denn Asche schmeckt nicht nach Salz, ist also zum Würzen nicht geeignet. Sie enthält unterschiedliche Mineralverbindungen, die Eisen, Natrium, Kalium und Calcium enthalten, sowie verschiedene Cloridverbindungen. Alleine Natriumchlorid schmeckt für uns richtig salzig. Eine sehr ähnliche Verbindung, Kaliumchlorid, schmeckt für uns unangenehm scharf. Die Menge von Schwermetallen, die mit etwas Asche zu jeder Mahlzeit in einem Zeitraum von einigen Wochen aufgenommen werden kann, können Sie übrigens getrost vernachlässigen, sofern Sie nicht die Stämme Jahrhunderte alte Mammutbäume verbrennen,

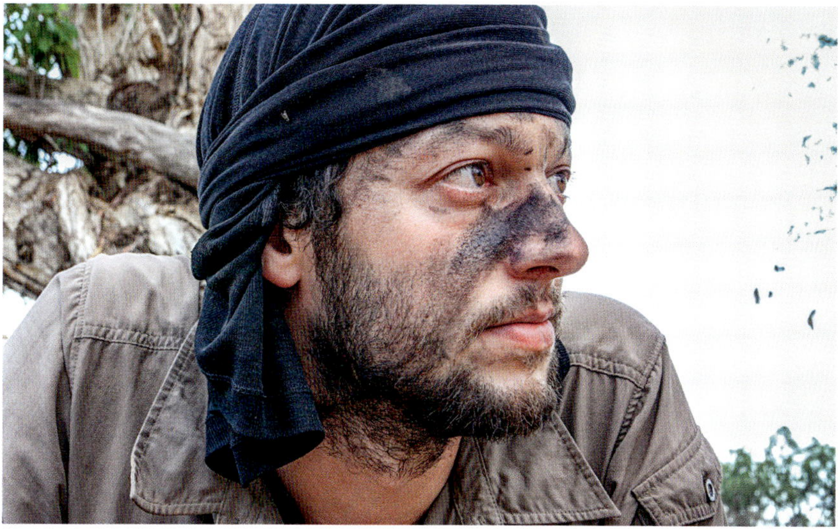

**Kohle, fein zerrieben, und mit Asche, Wasser oder Speichel vermischt, ergibt eine gut haftende Paste, die praktisch nicht lichtdurchlässig ist. Dieser »Sunblocker« hat mich sogar in Australien vor Sonnenbrand geschützt.**

die Jahr für Jahr Schwermetalle aus dem Boden anreichern.

Ein Gemisch aus verriebener Kohle und Asche dient mir außerdem in zweierlei Hinsicht. Die mit etwas Wasser angesetzte Paste kann als milder Schleifkörper beim Zähneputzen benutzt werden. Der Kohleanteil nimmt dabei Zuckerverbindungen auf, die in der Plaque zu Säuren umgesetzt werden würde, was den Zahnschmelz angreift. Außerdem benutze ich diese silbrig glänzende Masse in der Sonne als Sonnenschutzmittel. Ähnlich den Sonnencremes mit hoher Schutzwirkung, die aus Titanoxidkristallen resultiert, reflektieren die Mineralien einen Teil der Sonnenstrahlung und schützen so unbedeckte Hautareale. Dabei muss die Paste jedoch so dicht aufgetragen werden, dass ein durchgehender grauer Schimmer auf der Haut zu sehen ist.

Als ob Feuer nicht schon so viele Ressourcen zu bieten hat, dient eine Suspension aus Wasser und Asche, die ich ringförmig um das Lager und auf unbedeckter Haut verteile, auch zum Schutz vor nächtlichen Besuchen von Insekten und Schnecken. Seitdem ich eines Nachts von einem Insektenstich in den Kopf geweckt wurde, dem ein unwillkürlicher Schlag auf den Schädel und damit auf die zufällig genau dort sitzende Wegschnecke folgte, versuche ich, das Lager einigermaßen frei von großen Nacktschnecken zu halten.

Um Kohle herzustellen, empfehlen einige Bücher den Bau eines Kohlemeilers *(sic)*. Das ist natürlich zeit- und energiezehrender Unsinn. Nicht umsonst benötigen traditionelle Köhler jahrelange Erfahrung, um als Ergebnis des wochenlangen Verkokungsvorgangs reine Holzkohle zu erhalten. Holzkohle stellen Sie her, indem ein Teil der Glut beiseite gescharrt wird, die teilweise schon mit Asche bedeckt ist und keinen bläulichen Flammensaum besitzt. Diese wird auf eine ebene Fläche verbracht und zu einem kleinen Haufen zusammengekehrt. Dieser darf nicht mehr qualmen oder mit Flamme brennen. Nun wird die Glut mit wenig Wasser so weit abgelöscht, bis sie nur noch zischt. Nach dem Abkühlen sammeln Sie die Holzkohle ab, darunter bleibt ein Brei aus reiner Asche übrig.

# Entzündungsmethoden

## Feuer bohren

Es gibt sicherlich nicht viele Techniken, die einerseits so verklärt werden und andererseits so ungeheuer wichtig sind wie das Entzünden eines Feuers mit einem Feuerbohrer. Im Grunde genommen ist die Technik einfach nachvollziehbar, sie bedarf jedoch einiger grundlegender Hilfestellungen, um sie erfolgreich abzuschließen. Tatsächlich ist diese Bushcraft-Technik durchaus eine der anspruchsvollsten überhaupt, verlangt sie doch ein großes Maß an Wissen über geeignetes Werkmaterial und die richtige Anwendung. Es sollte dem geneigten Leser trotzdem möglich sein, durch die folgende Beschreibung die theoretischen Grundlagen des Feuerbohrens zu erlernen und praktisch anzuwenden.

Das Prinzip aller alternativen Feuermethoden basiert darauf, dass durch Reibung oder Impuls genügend Hitze erzeugt wird, um eine initiale Glut zu entzünden, die zu einer Flamme weiterentwickelt werden kann. Wenn man bedenkt, welche Anstrengungen ein Mensch aufwenden kann und zu welcher mechanischen Leistung er fähig ist, kann man sich nur darüber wundern, dass es trotzdem nicht möglich ist, auf Anhieb durch Reibung eine Flamme zu erzeugen. Dies gilt tatsächlich für alle Methoden. Der Grund hierfür ist folgender: Durch Reibung wird mechanische Arbeit der Muskulatur über den Feuerbohrer oder ein vergleichbares Instrument in Reibung zwischen zwei Hölzern umgewandelt. Durch diese Reibarbeit wird die Bewegungsenergie der rotierenden Spindel in Wärme umgesetzt. Um Holz zum Glühen oder Brennen zu bringen, muss die Hitze größer als die so genannte Zündtemperatur sein. Bei Holz sind das rund 300 °C. Nun besteht prinzipiell keine Schwierigkeit, eine solche Temperatur zu erzeugen. Das Problem ergibt sich aus dem Umstand, dass Holz die Wärme in tiefere Schichten weiterleitet und sich so lokal an der Reibungszone unter den Zündpunkt abkühlt. Deshalb kann Holz nicht einfach mit dem Feuerbohrer entzündet werden, man muss vielmehr eine Menge Holzkohlestaub erzeugen, die eine bessere Hitzeisolation besitzt, die Wärme also speichern kann. Erst so kann innerhalb dieses Staubhäufchens eine Temperatur erreicht werden, die das Entzünden ermöglicht.

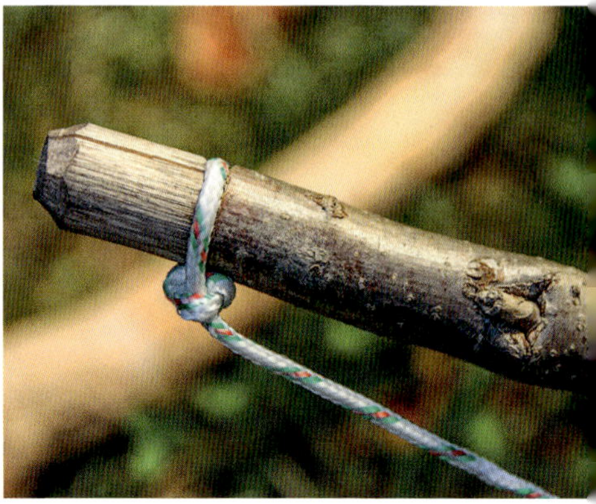

**Der Bogen erhält für die Leine eine kleine Kerbe. Wird die Schnur mit einem zuziehenden Knoten versehen, können Sie die Spannung später noch variieren.**

### *Bohren mit dem Bogen*

Besonders wichtig ist beim Feuerbohren das richtige Zusammenstellen des Materials und die passende Taktik. Befassen wir uns nun mit den einzelnen Komponenten des Feuerbohrers, die auch in abgeänderter Form verwendet werden können. Hier sei deshalb erst einmal die einfachste und gebräuchlichste Methode erklärt, das Feuerbohren mit Spindel und Bogen. Ich hatte das seltene Glück, aus erster Hand zu lernen, Feuer mit einem Bumerang aus Eisenholz und Eukalyptus zu sägen. Obwohl ich durch Ausdauersport bei Kräften war, konnte ich zum Amüsement beistehender Aboriginals wenig mehr als ein müde qualmendes Häufchen hellbraunen Staubs erzeugen. Im Feuerbohren mit Bogen und Spindel konnte ich meine Ehre glücklicherweise wieder herstellen. Diese Erinnerung soll zumindest eine Erklärung sein, warum ich Feuerbohren allen anderen Techniken vorziehe, obwohl ich seit diesem ersten Versuch das ein oder andere Mal erfolgreich Feuer sägen oder reiben konnte.

### *Bogen*

Die einfachste Komponente des Feuerbohrmaterials, bei der außerdem nur wenige Fehler gemacht werden können, ist der Bogen. Ich habe im Laufe der Jahre schon sehr viele unterschiedliche Bogenformen gesehen und getestet. Meistens sind sie alle brauchbar gewesen. Darunter gibt es Feuerbögen, die eine leichte halbrunde Biegung besitzen, teilweise handelt es sich auch um einen geraden Stab mit Seitentrieb. Alleine eine gerade, nur durch die Sehnenspannung gebogene Form halte ich für weniger geeignet. Ich empfehle eine Länge von maximal einer Elle. Zwar muss man hier den Arm häufiger bewegen, um die gleiche Anzahl von Rotationen zu erlangen, die Stabilität der Bewegung, auf die es hauptsächlich ankommt, ist bei einem kürzeren Bogen jedoch eher gewährleistet. Das gilt besonders dann, wenn man noch nicht so häufig Feuer gebohrt hat. Der Bogen muss im Durchmesser und vom Material so gewählt worden sein, dass er nach dem Einfädeln der Spindel nur minimal gebogen werden kann.

Andernfalls rutscht die Spindel bei der Bohrbewegung häufig durch, was die Sehne verschleißt. Die Sehne, die wie weiter vorn beschrieben aus Pflanzenfasern gefertigt worden sein kann beziehungsweise aus Teilen der Kleidung oder den Schnürsenkeln besteht, wird so in den Bogen bemessen, dass sie etwa doppelt so lang ist wie die Länge des Bogens. Dazu werden die Enden des

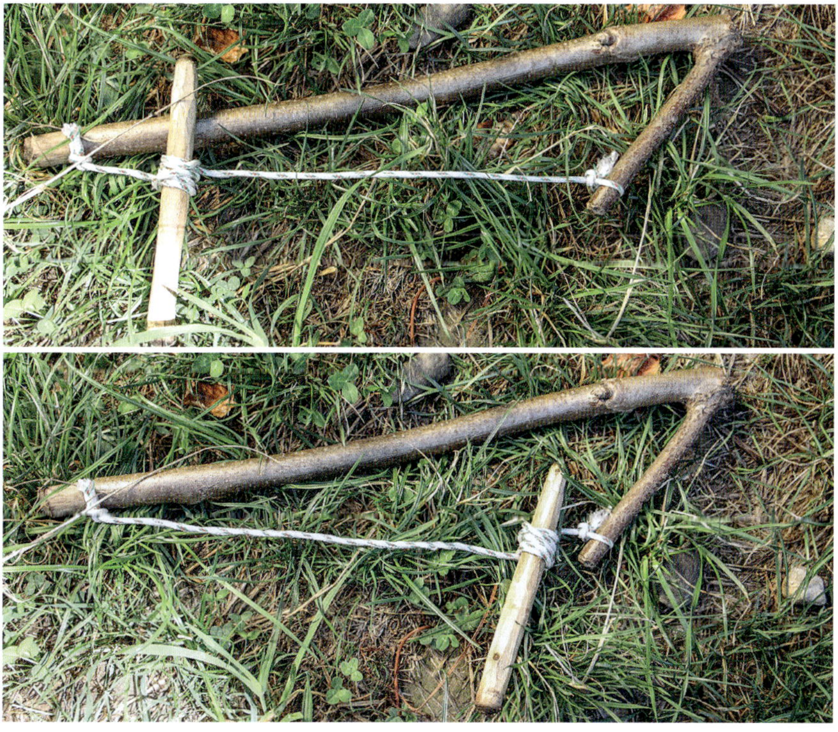

**Die Leine muss so lang sein, dass die eingeknotete und gewickelte Spindel von einem Ende des Bogens bis zum anderen gerollt werden kann, ohne dass der Knoten die Spindel blockiert.**

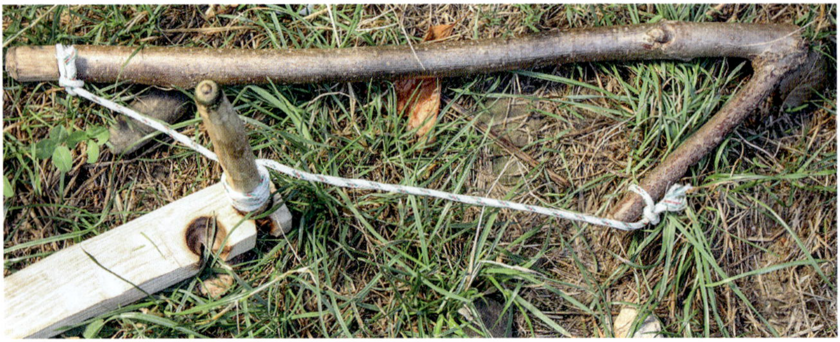

**Stellung von Bohrbrett, Spindel und Bogen beim Bohrvorgang. Wichtig ist, dass die Spindel außen an der gespannten Leine läuft.**

Bogens mit kleinen Kerben versehen, in welche die Leine eingehängt werden kann. Die Schnur wird an den Enden zu einer Schlaufe gelegt und zu einer Häkel- oder Luftschlaufe verknüpft. Die Spannung kann durch jeweils weitere aufgesetzte Luftschlaufen erhöht werden. Idealerweise ist die Sehne im eingebundenen und eingespindelten Zustand genau anderthalb Mal so lang wie der Abstand der beiden Kerben am Bogen. Der Durchmesser der Schnur ist irrelevant, sofern sie möglichst reibungsarm an sich selbst vorbeigleiten kann. Außerdem bedarf sie einer statischen, also nicht unter Belastung dehnbaren Eigenschaft. Nur so kann gewährleistet werden, dass die benötigte Reibung zum Antreiben zwischen Schnur und Spindel ausreichend groß ist.

In den vorherigen Auflagen des Buches wurde eine etwas andere Form des Bogens mit fast gespannter Leine beschrieben. Duy, ein ehemaliger Kursteilnehmer und mittlerweile guter Freund, zeigte mir die nun beschriebene Art, die zwar etwas komplizierter ist, aber den riesigen Vorteil hat, dass selbst Anfänger die Leine nicht durchrutschen lassen können (siehe weiter unten), wodurch die Leine deutlich länger hält.

### *Bohrbrett*

Um geeignetes Material für eine Spindel zu suchen, müssen wir uns an den möglichen und geeigneten Kombinationen zwischen Spindel und Bohrbrett orientieren. Da unsere Aufgabe darin besteht, einen möglichst feinen und heißen Holzstaub zu erzeugen, benötigen wir zumindest eine der beiden Komponenten aus weichem und kurzfasrigem Holz. Pauschal kann gesagt werden, dass das Bohrbrett entweder deutlich weicher sein oder aus dem gleichen Material wie die Bohrspindel bestehen sollte. Es gibt einige »Lehrbuchkombinationen«, wie sie weiter unten aufgezählt sind. Trotzdem sollten Sie in der Lage sein, auch bei unbekannten Pflanzenarten zu erkennen, welche Kombination zum Feuer machen geeignet ist. Besonderes Augenmerk muss dabei auf das Bohrbrett gelegt werden. Als Material eignen sich viele schnell wachsen-

**Ein Holzstück wird angebohrt und auf diese Weise schon getestet.**

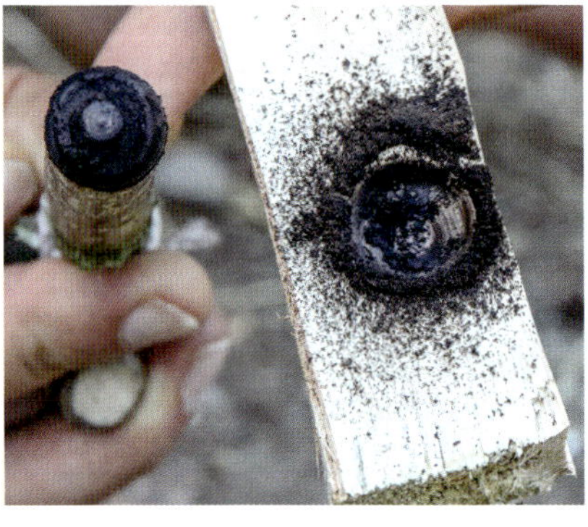

de Holzsorten, die an Gewässern oder in feuchten Wäldern gefunden werden können. Hierzu zählen auf dem europäischen Kontinent Holzarten wie Pappel, Weide und Linde.

Das Holz muss eine solche Beschaffenheit aufweisen, dass die Oberfläche mit einem Fingernagel einfach eingedrückt werden kann. Dabei müssen ausgezupfte Fasern möglichst schnell abreißen. Scheinbar eingeflochtene, dunklere und stabilere Fasern im sonst weichen Verbund stören dagegen. Geeignetes Holz lässt sich zumeist direkt unter den entsprechenden Bäumen sammeln. Hier liegen große, vom Wind abgebrochene Triebe mit einem Durchmesser von etwa 15 bis 20 Zentimetern. Solche Stücke sind schon vor Monaten zu Boden gefallen. Aufgrund der schwammigen Beschaffenheit des Weichholzes saugen sich am Boden liegende Halme jedoch mit Feuchtigkeit voll.

**HINWEIS:**

Testen Sie das Feuerbohren mit allen nur erdenklichen Holzarten. Auf diese Weise erhalten Sie die Erfahrung, auch unbekannte Holzarten sinnvoll zu wählen.

So sind wir auf der Suche nach einem möglichst intakten, trockenen Holzstück. Sollte eine gewisse Feuchtigkeit vorhanden sein, ist dies jedoch kein zwangsläufiges Ausschlusskriterium für dieses Stück. Trennt man es bis zum Kern auf, lassen sich hier genau die trockenen Holzebenen finden, die wir benötigen. Eine weitere Möglichkeit besteht darin, in den bodennahen Bereichen von Bäumen abgestorbene Äste zu suchen, die noch nicht abgebrochen sind. Als Bohrbrett sind hier Äste von etwa drei bis fünf Zentimetern Durchmesser geeignet. Diese toten, am Baum verbliebenen Äste sind zumeist staubtrocken, da sie vom nassen Boden weg gehalten worden sind und nur mit einer kleinen Oberseite eine Angriffsfläche für den Regen bilden. Haben wir uns für ein am Boden liegendes oder vom Baum abgebrochenes Holzteil entschieden, so wird es eingehend untersucht.

Durch das Hebeln gegen eine Astgabel im Baum wird das Holzstück zuerst auf eine geeignete Länge von etwa 40 Zentimetern gebrochen und dann mit dem →Kraftschnitt in Brettform gebracht. Sie werden im praktischen Versuch sehr schnell sehen, dass ein sicher auflegbares Brett eine besonders wichtige Voraussetzung für ein erfolgreiches Feuerbohren darstellt. Außerdem sind nicht alle Holzschichten im Querschnitt gleich gut zum Feuerbohren zu gebrauchen. Wir beginnen also, die oberen Schichten des noch runden Blocks mit einem Messer abzunehmen. Verwendung findet als Bohrbrett die randständige Ebene auf Höhe des Kerns. Das Holz wird deshalb auf zwei Seiten so weit abgeflacht, bis diese Kernschicht erreicht ist. Das Abheben der Fasern darf nicht schwer sein. Sind die Fasern in einem festen Verbund, eignet sich das Holz wohl eher nicht für ein Bohrbrett. Ist es dagegen einfach, die oberen Holzschichten abzutrennen, testen wir den Randbereich der Kernfläche. Das Holz sollte hier eine homogene und helle Masse sein. Vergrößerte Wachstumsringe oder verdichtete Fasern deuten auf einen ehemals unter Spannung stehenden Ast hin. Diese belasteten Holzbereiche wurden durch die Pflanze verstärkt und durch Ligninеinlagerung verholzt und damit stabilisiert. So veränderte Holzbereiche sind meist dunkel, fast rötlich und eignen sich weniger gut zum Feuerbohren. Haben wir eines gefunden, das unseren Anforderungen entspricht, also einfach mit dem Fingernagel einzudrücken ist, eine gleichmäßige Färbung aufweist und beim Herauslösen einzelner Fasern abreißt und dabei keine langen Späne zieht, haben wir wahrscheinlich ein geeignetes Bohrbrett.

### *Spindel*

Während sich die meisten darüber einig sind, dass das Bohrbrett, also die Unterlage, aus der der heiße Holzstaub entwickelt werden soll, aus besonders weichem und kurzfasrigem Holz besteht, scheiden sich bei der Bohrspindel schon die Geister. Es gibt quasi zwei Lager, von denen eines die Meinung vertritt, dass die Bohrspindel auch aus wei-

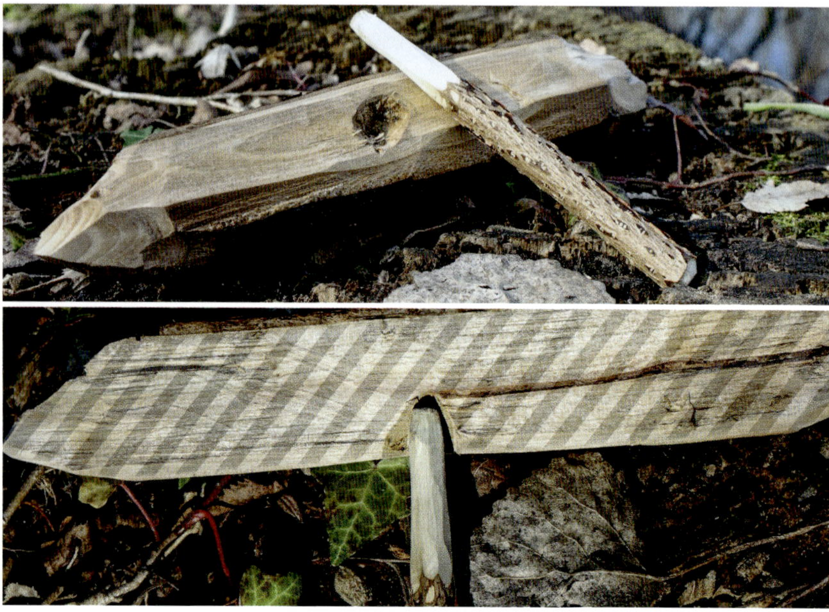

**Ein klassisches Druckholz aus Holunder mit dazu passender Haselspindel. Zwischen Druckholz und Spindel soll möglichst wenig Reibung entstehen.** ***Unten:*** **Querschnitt durch das Druckholz bei eingelegter Bohrspindel. In die konische Vertiefung passt sich die Spindel beim Anbohren ein.**

chem Holz bestehen muss, also am besten aus dem gleichen Holz wie das Bohrbrett. Die andere vertritt die Ansicht, dass die Spindel aus Hartholz gefertigt werden sollte. So unterschiedlich die beiden Ansichten sind, gemein ist ihnen, dass der Holzstaub hauptsächlich vom weichen Bohrbrett erzeugt wird. Der erfahrene Schweizer Überlebenstechniker »Adi« erklärte mir einmal, dass er auf das umständliche Holzwahlverfahren verzichtet und gerne nur eine Holzsorte verwendet: Linde. Linde als Spindel, Linde als Haltebrett und als Bohrbrett sowie Linde als Bogen. Ich muss dazu sagen, dass diese »Kombination« sehr gut funktioniert hat. So gibt es entgegen der Lehrmeinung offensichtlich einige sehr unterschiedliche gut funktionierende Möglichkeiten.

Nachdem Sie große Sorgfalt bei der Suche des Bohrbrettes walten lassen haben, können Sie tatsächlich das Holz für die Spindel einigermaßen frei wählen. Das wichtigste ist nur, dass das Holz trocken ist. Es ist sogar besser, eine suboptimale Holzkombination zu wählen, wenn diese dafür aus gut durchgetrocknetem Holz besteht, als die perfekte Kombination, die eventuell noch Restfeuchte enthält.

Auch die Größe der Holzspindel ist eher Einstellungssache. Während ich die besten Ergebnisse mit Hartholzspindeln mit etwa einem bis maximal anderthalb Zentimetern Durchmesser und etwa 15 Zentimetern Länge habe, schwören andere auf Spindeln mit drei oder gar vier Zentimetern Durchmesser. Tatsächlich wird jedoch die lokale Hitze der Spindel kleiner, je breiter die Auflagefläche ist. Zum Feuerbohren von Hand ohne Feuerbogen, was eher einem lange geübten Kunststück als einer Überlebenstechnik für den Notfall gleicht, setze ich sogar noch dünnere Spindeln ein, da hier die Hitze bei relativ geringem Druck am höchsten ist. Diese Durchmesser von etwa einem halben Zentimeter sind für das Feuerbohren mit Bogen leider nicht geeignet, da sie zu flexibel sind und sich deshalb nicht mit einer Sehne antreiben lassen. Da die Spindel so gerade wie möglich sein sollte, verwende ich oft Materialien, die schon einen geraden Wuchs besitzen. So wachsen Robinie und Hasel in fast perfekt gerader Form, während Weißbuche kaum ein ungewundenes Stück besitzt. Auch hier setze ich auf abgestorbene Triebe, die im Gestrüpp gehalten aufrecht geblieben sind. Dabei muss jedoch darauf geachtet werden, dass die Spindel nicht morsch ist. Es gibt einen großen Unterschied im Bohrstaubbild von morschem Holz. Intaktes Holz erzeugt mikroskopisch feinen Staub, der quasi flüssig aus der Bohrrinne läuft, während morsches Holz in millimeterdicken Bröseln aus dem Verbund bricht oder sich in eine Anzahl gut sichtbarer Fasern auflöst. Beide Strukturen können keine Hitze speichern und damit das Feuerbohren scheitern lassen. Also muss der Ast eine deutliche Federspannung aufbauen, bevor er bricht. Das weist auf unverrottetes Holz hin.

Haben Sie einen geeigneten Rohling für eine Bohrspindel gefunden, wird diese für den Bohrvorgang vorbereitet. Die Außenseite sollte von lockerer Borke befreit werden, sofern sie durch die Sehne losgelöst werden könnte. Feste Borke kann an der Bohrspindel verbleiben, da sie die Haftung zur Sehne erhöht und den Verschleiß mindert. An der Seite, die auf das Bohrbrett gesetzt wird, wird eine Spitze aufgeschnitzt. Die wird sich nach dem Anbohren schnell rund schleifen. Wichtig ist, dass die Spitze zentral liegt, da die Spindel beim Anbohren sonst »eiert« und ständig aus dem Loch springt. Die Oberseite wird zu einem verjüngten Kegel angespitzt, der eine konvex runde Spitze erhält. Strukturen, die feiner sind, erzeugen schnell viel Reibung zum Druckholz, wodurch einige Energie verloren geht. Sollte die Spindel zu weich oder instabil sein, um eine dauerhafte Kegelspitze aufzuschneiden, wird ihr Ende plan abgetrennt. Genau in das Zentrum wird hier ein Loch eingeschnitten, indem die Klinge des Messers im Kern angesetzt und durch Drehbewegung der Spindel vorsichtig in das Holz gebohrt wird. Spindeln dieser Art werden durch eine alternative Druckholzform stabilisiert, wie sie weiter unten beschrieben ist.

### *Druckholz*

Um das Druckholz korrekt zu bezeichnen, müsste es eigentlich »Druckstück« heißen. Hier findet nämlich alles Verwendung, das irgendwie dazu in der Lage ist, die Spindel während der Rotation in einer Achse zu halten, also auch Steine, Knochen, Muscheln und dergleichen. Da eine Spindel grundsätzlich mit einer Kegelspitze gefertigt wird, ist

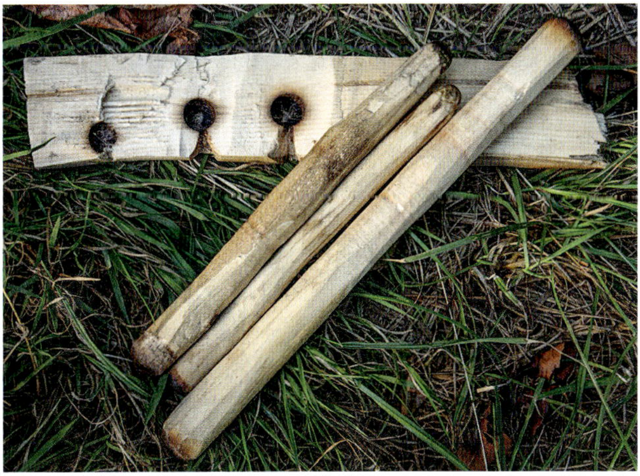

**Länge und Durchmesser von Bohrspindeln sind Geschmackssache. Zu lang und zu dünn sollte eine Spindel bei den ersten Versuchen allerdings nicht sein.**

das Druckholz mit einem Loch versehen, in das die Kegelspitze eingelegt werden kann. Während der ersten vorsichtigen Drehungen beim Anbohren gleichen sich die Formen schnell an. Ein Druckstück aus Holz sollte so groß sein, dass es bequem mit der Hand umfasst werden kann. Dazu trenne ich meist ein Hartholz aus Robinie, Hasel oder Buche mit etwa vier Zentimetern Durchmesser auf einer Länge von 20 Zentimetern ab und versehe es mit einem dezentral gelegenem Loch. So kann das Druckstück einseitig auf dem Schuh oder dem Boden abgestützt und so stabilisiert werden.

Wenn sich Druckstücke aus anderen Materialien ergeben, können diese ähnlich verwendet werden. Geeignet sind zum Beispiel Steine mit natürlicher Vertiefung. Solche natürlich vorbereiteten Steine sind jedoch äußerst selten. Dagegen kann manchmal eine Öse am Messergriff verwendet werden.

### *Druckdorn*

Manchmal ist eine Spindel nicht dazu geeignet, um sie mit einer Spitze zu stabilisieren. Hier kommen inverse Druckhölzer zum Einsatz. Bei diesen wurde ein Hartholz mit ausgeprägten Astlöchern oder stabilen Dornen wie zum Beispiel Schlehe gesucht. Aus dem Astloch beziehungsweise dem Dorn wird eine etwa einen Zentimeter lange, abgerundete Struktur ausgearbeitet. Diese wird in das Loch der Spindel eingeführt und kann hier als Widerlager beim Feuerbohren fungieren. Bei der Verwendung ist jedoch zu beachten, dass die Spindel am oberen Ende nach einigen Bohrversuchen gekürzt werden muss, um Reibung durch das eingesenkte Loch zu verringern.

### *Schmierung*

Die Kontaktflächen zwischen Druckstück und Spindel sollten zur Reduktion der Reibung geschmiert werden. Hier wird oft darauf verwiesen, Ohrenschmalz zu verwenden, was mich mit großer Heiterkeit erfüllt. Woher der in Not Geratene eine so große Menge Ohrenschmalz auftreiben kann, möchte ich der Fantasie des Lesers überlassen. Vielleicht sollte sich derjenige, der es schafft, nach seiner Rettung ernsthafte Gedanken über seine »zivile Körperpflege« machen. Einfacher kann die Reibung durch etwas Speichel oder schleimigen Pflanzensaft wie dem von Rohrkolbenblättern verringert werden. Ideal eignen sich auch einfach zusammengedrückte und in kleine Kugeln gepresste Blätter von Gräsern, die zwischen Druckstück und Spindel gelegt werden.

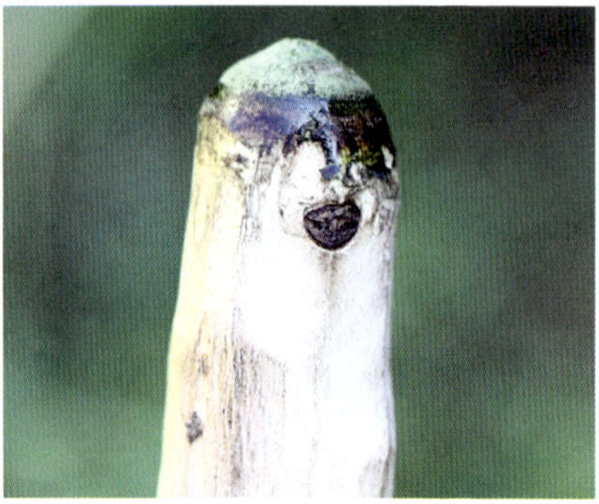

**Wenn die Spindel oben so verglast ist, bietet sie nur noch minimalen Widerstand im Lager.**

Durch die Feuchtigkeit und Schmierung erhitzt sich die obere Spitze der Spindel nur langsam, was dazu führt, dass sie gehärtet wird. Die Oberflächen gleiten dann so leicht aneinander vorbei, dass auch mit hohem Druck praktisch keine Reibungsverluste auftreten. Voraussetzung ist allerdings, dass bei jedem Bohrversuch, also auch beim Anbohren und Einschleifen, immer ein neues Stückchen »Schmierstoff« in den Spalt gelegt wird.

**HINWEIS:**

Bei Holzkombinationen, die gut auf die einzelnen Komponenten abgestimmt sind, kann auf so einen Schmierstoff auch verzichtet werden.

### *Puffernest*

Als letzte Komponente zum Feuerbohren sei hier das Puffernest genannt, das zwar nicht essenziell zum Feuerbohren benötigt wird, das Abfangen der benötigten Menge Holzstaub auch bei schlechter geeigneten

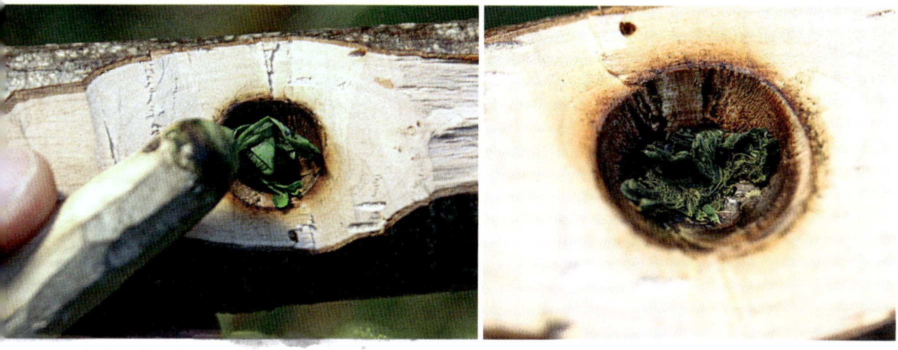

**Bei jedem (!) Bohrvorgang sollte ein frisches Stückchen Schmierstoff in das Druckholz eingebracht werden. Die Pflanzenteile werden zermahlen und geben dabei Feuchtigleit ab. So verglast das Drucklager zuverlässig.**

Hölzern aber deutlich vereinfacht. Da zur Vorbereitung des Feuers auch das Sammeln einer geeigneten Menge von Zunder gehört, verwende ich hiervon immer ein etwa haselnussgroßes Päckchen, das nur leicht verdichtet worden sein sollte. Bei der Reibung zwischen Spindel und Bohrbrett wird eine fragile Masse aus dem Abrieb entstehen, die nicht einfach zerfallen darf, sondern in einem geschlossenen Verband aufgefangen werden muss.

Da das Bohrbrett nicht vollständig flach sein kann, da es sonst nach nur wenigen Momenten durchbohrt wäre, soll das Puffernest den Staub auffangen und aufnehmen. Aus diesem Grund darf die Oberfläche ruhig etwas locker sein. Auf keinen Fall jedoch dürfen einzelne Fasern zwischen Spindel und Bohrbrett kommen, da diese sonst im Bruchteil einer Sekunde das Puffernest mit dem schon produzierten Holzkohlestaub zerfetzen würden. Um nach einem erfolgreichen Versuch das Puffernest möglichst schonend in den Zunder zu überführen, wird es auf einem Stück trockene Rinde oder etwas Laub platziert.

### *Bohrvorgang*

Wenn alle Bestandteile und Komponenten des Feuerbohrers sorgfältig vorbereitet wurden, kann mit dem eigentlichen Bohren begonnen werden. Dabei sollte Ihnen klar sein, dass diese Prozedur so aufwändig ist und im Notfall oft nur mäßig geeignete Ma-

**Das Puffernest sollte den Fluss des Kohlepulvers nicht behindern. Außerdem darf es beim Bohrvorgang nicht zwischen Spindel und Bohrbrett geraten.**

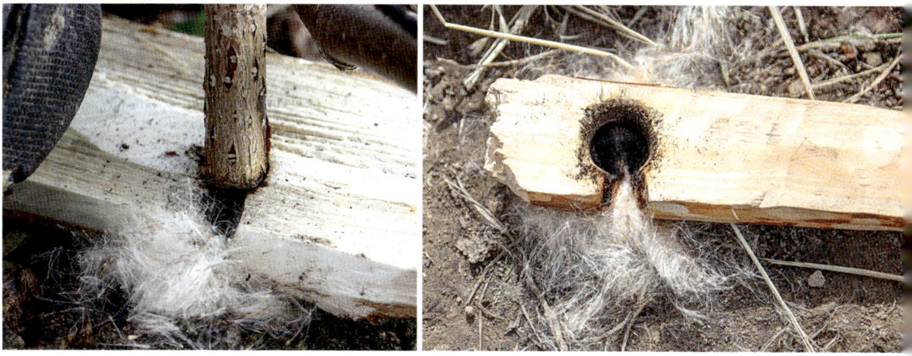

terialien wie dehnbare Schnur und feuchtes Holz vorhanden sind, dass in stundenlangen Versuchen oft nur ein einziges Mal Glut zu erzeugen ist. Wenn zu diesem Zeitpunkt keine geeignete Feuerstelle vorbereitet wurde, der Zunder nicht richtig zusammengesetzt oder getrocknet worden ist, waren alle Mühen umsonst. Man testet nicht »mal« aus, ob der Feuerbohrer funktioniert. So zeitaufwändig und anstrengend die gesamte Prozedur auch sein mag, es lohnt sich – aber nur bei richtiger Vorbereitung.

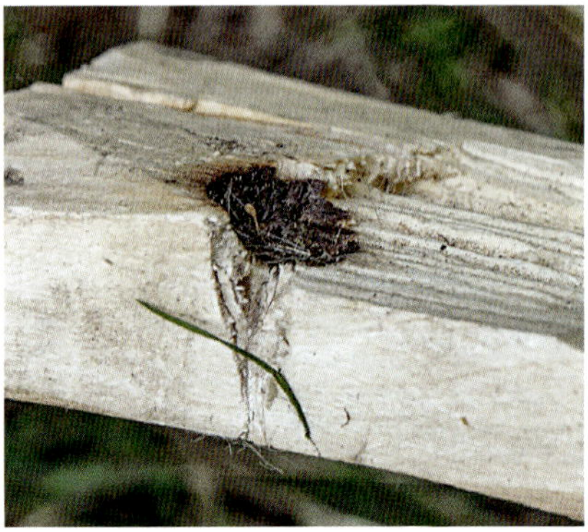

**Diese Bohrung war zu nahe am Rand angelegt. Der Bohrer ist ausgebrochen.**

**HINWEIS:**

Bereiten Sie das Entzünden eines Feuers immer perfekt vor – möglicherweise haben Sie beim Feuerbohren nur einmal Erfolg und beschädigen ggf. die Leine.

Wie unendlich wertvoll das Feuer für Sie sein wird, ist schon an anderer Stelle beschrieben und sollte spätestens klar sein, wenn endlich die nasse Kleidung getrocknet ist, die steifen Finger aufgeheizt sind und Sie die erste warme Brühe getrunken haben. Allerspätestens, wenn Sie endlich an der warmen Feuerstelle in einen erschöpften Schlaf sinken können. Wie wichtig die korrekte Vorbereitung gewesen wäre, werden Sie spätestens mit dem Verglimmen des letzten Funkens im Puffernest feststellen.

Jeder hat nach ein paar Versuchen seine eigene Technik entwickelt, mit der er am besten mit den Gerätschaften umzugehen vermag. Abhängig von der Form des Bogens und des Druckholzes, von der Rechts- oder Linkshändigkeit unterscheiden sich auch die Anwendungsmethoden im ein oder anderen Aspekt. Ich beschreibe hier die wohl häufigste Methode als Rechtshänder mit einem starren Bogen und einem Druckholz mit Loch. Zuallererst wird das Bohrbrett mit einem Loch an jener Stelle markiert, an der Sie bohren möchten. Diese ist etwa ein bis zwei Zentimeter von der äußeren Kante entfernt. Wenn Sie zu nah an der Kante bohren, neigt die Spindel dazu, aus dem Holz »zu laufen« und das Loch auszubrechen.

Sie legen den Bogen mit der locker durchhängenden Sehne so vor sich hin, wie Sie ihn später in die Hand nehmen, und fassen genau die Mitte der Leine. An diese Stelle wird ein →Mastwurf bzw. Webeleinstek gelegt. Legen Sie die Schlaufen des offenen Knotens so, dass die Windungen außerhalb

### Beispiele geeigneter Holzkombinationen

| Druckholz | Spindel | Bohrholz |
|---|---|---|
| Holunder | Hasel | Pappel |
| Holunder | Hasel | Linde |
| Hasel | Buche | Weide |
| Hasel | Linde | Linde |
| Buche | Hasel | Kiefer |

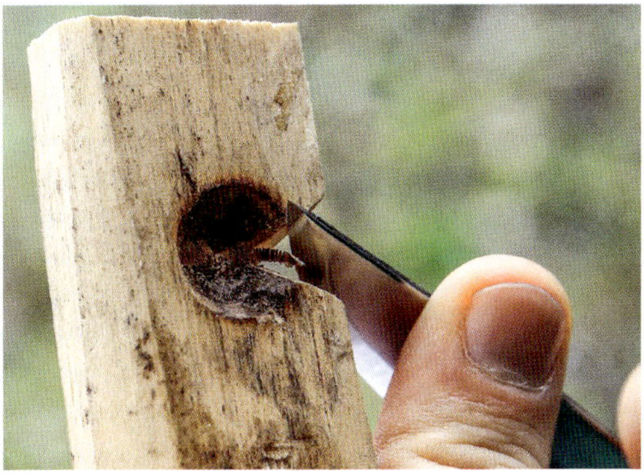
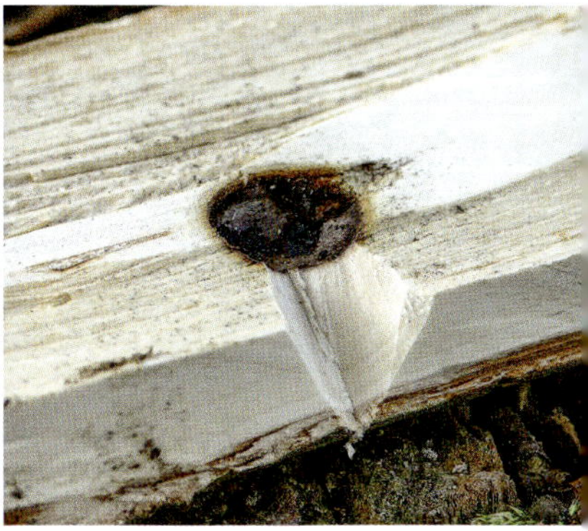

**Das Bohrbrett wird möglichst flach geschnitten und angebohrt. Läuft die Spindel rund, wird eine Kerbe in das nun vorhandene Loch geschnitten. Bei harten Matrialien, die nur wenig Pulver erzeugen, kann diese Kerbe schräg sein.**

der gedachten Linie zwischen den Kerben am Bogen liegen. Die Spindel wird so durch den Knoten geschoben, dass die obere Kegelspitze (das ist diejenige, die später mit dem Druckholz in Kontakt kommt) nach oben zeigt. Schieben Sie den Knoten bis zur Mitte der Spindel und ziehen ihn fest. Da die Leine in einer bestimmten Richtung aus dem Knoten kommt, achten Sie darauf, dass die Leine nun dieser folgend nach oben und unten auf die Spindel aufgewickelt wird, bis die Leine fast straff ist. Haben Sie richtig gewickelt und gemessen, können Sie die Spindel von einem Bogenende zum anderen »rollen«, ohne dass die Leine blockiert.

Auch später beim Bohren ist unbedingt zu beachten, dass die Spirale um die Spindel außerhalb der gerade durchgezogenen Sehne liegt und nicht innen. Intuitiv scheinen die meisten genau falsch herum einzuwinden, so dass die Spindel zwischen der gerade durchgezogenen Sehne und dem Bogen liegt. In diesem Fall blockiert sich die Sehne bei jeder Bewegung selbst und scheuert nach wenigen Momenten durch, sofern sie sich überhaupt flüssig bewegen lässt. Improvisierte Leinen zerreißen meist sogar nach nur wenigen Momenten. Die nun unter Spannung stehende Spindel wird mit der linken Hand so stabilisiert, dass sie sich nicht mehr abwickeln kann.

Sie knien nun auf dem rechten Knie und haben den linken Fuß auf dem Bohrbrett aufgestellt und pressen es so gegen den Boden. Die Spitze der Spindel wird nun in das vorgebohrte Loch eingesetzt. Dieses sollte so tief sein, dass die Spindel nun, wenn sie nur noch am oberen Ende gefasst wird, nicht aus dem Bohrbrett rutscht. Jetzt greifen Sie mit der rechten Hand den Bogen mittig, so dass Sie mit derselben Hand die Spindel im Loch fest halten können. Nun kann das Druckstück auf die Spindel aufgesetzt werden.

**HINWEIS:**

Der Erfolg des Feuerbohrens ist nicht nur vom Material abhängig, sondern vor allem auch von der Kontrolle über Druckholz und Spindel. Wackeln der Druckhand führt oft zu Materialschäden.

Wenn Sie nur noch das Haltestück in der linken Hand halten und den Bogen in der Rechten, sollte das System in sich stabil sein. Nun beginnen Sie vorsichtig, mit dem Bogen parallel zum Boden eine Sägebewegung auszuführen. Am Anfang wird es noch recht schwer gehen, bis sich die Schleifflächen etwas angepasst haben. Läuft die Spindel flüssig, verstärken Sie den Druck der linken Hand.

Wenn Sie so bohren, wird nach kurzer Zeit Qualm entstehen. Es riecht verbrannt. Sie werden merken, dass meist auch die Reibefläche zwischen Druckstück und Spindel beginnt, Kohlestaub zu produzieren. In diesem Fall ist die Reibung etwas zu groß – vermutlich haben Sie vergessen, frisches Gras in das Druckholz einzulegen. Idealerweise verglast die Spindel oben schon beim ersten Versuch. Wenn das Bohrloch so tief ist, dass die Spindel sicher darin verbleibt, meist sind das vier bis fünf Millimeter, wird die Spindel vorsichtig abgehoben.

Als nächstes wird mit dem Messer eine Kerbe in die Bohrung geschnitten, die in etwa 30 Grad bis zur Brettkante führt. Innerhalb der Bohrung sollte sie bis zum Zentrum reichen. Die Kerbe wird bei relativ harten Bohrbrettchen, die nur wenig Staub erzeugen, jedoch nicht einfach wie eine Kuchenschnitte herausgetrennt, vielmehr hat sie eine eigene Steigung, die vom Bohrzentrum zur Brettkante absinkt. So kann das Kohlepulver langsam hinunterfließen, ohne den Strom zu unterbrechen.

Das Puffernest wird unter die Kerbe geklemmt. Es wird den Pulverfluss aufnehmen und die Hitze speichern. Alsdann wird ein weiteres Mal die Spindel eingeschlauft und in die Bohrung gesetzt.

Nun muss darauf geachtet werden, Spindel und Druckholz leicht schräg zum Brett zu halten, damit die Spindel nicht in der Kerbe zur Brettkante folgt.

Erst jetzt beginnt das eigentliche Feuerbohren. Zuerst bewegen Sie den Bogen unter geringem Druck. Dieser steigert sich immer mehr, bis zu einem Punkt, an dem Sie die Bewegung gerade noch für längere Zeit durchstehen. Die Bewegung ist alles andere als angenehm und das Feuerbohren ist offensichtlich nicht unter dem Sichtpunkt ergonomischer Haltung entstanden. So wird es zu Beginn viel Disziplin erfordern, die benötigte Zeit durchzuhalten und nicht zwi-

***Oben links:*** **Die Spindel wird in Rotation gebracht und mit Druck in das Loch gebohrt.** ***Oben rechts:*** **Nach kurzer Zeit steigt dichter Qualm auf. Kohlestaub läuft die Rinne hinab und landet auf dem Puffernest.** ***Unten links:*** **Ist nach dem Feuerbohren eine Menge feiner schwarzer Staub von etwa einem halben Teelöffel produziert, wird die Spindel vorsichtig abgehoben.** ***Unten rechts:*** **Qualmt es nun etwas aus dem Häufchen, wird vorsichtig hineingeblasen, bis die erste Glut zu sehen ist.**

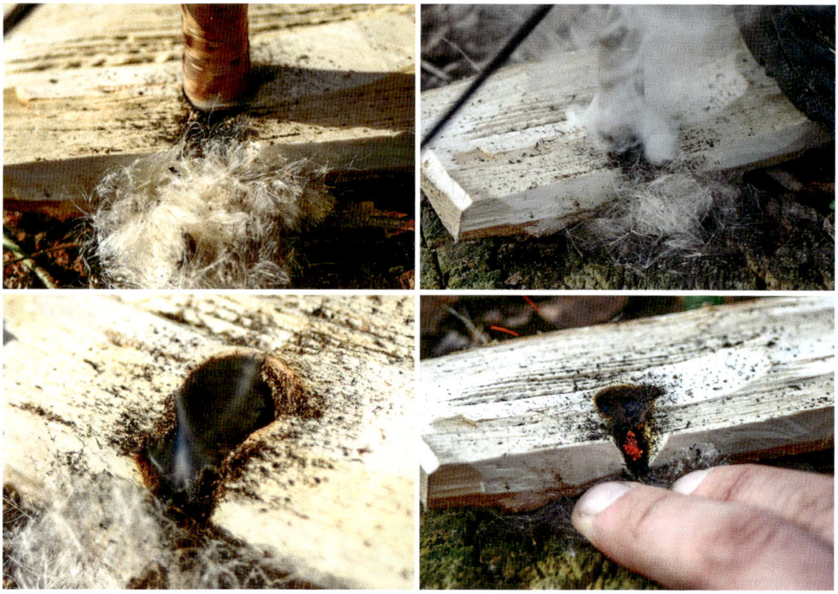

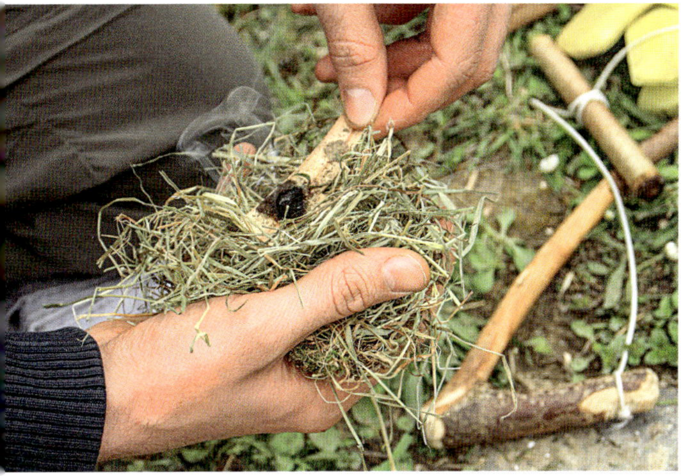

Wenn Sie Bohrbrett und Puffernest auf einen Holzspan platziert haben, vereinfacht das die Überführung der Glut in das Feuernest.

schendurch aufzuhören, um zu »spickeln«, ob schon Glut entstanden ist.

Es ist obsolet, eine bestimmte Zeit vorzugeben, die benötigt wird, um Feuer zu bohren. Geübte Steinzeittechniker können bei ideal zusammengestellten Holzsorten in weniger als drei Sekunden Glut entfachen (Rekordhalter in Deutschland ist übrigens Marco, ein 15-jähriger Teilnehmer meiner Kurse und absoluter Ausnahmebushcrafter). Allerdings, denken Sie an das, was ich zu »Rekorden« am Anfang geschrieben habe: Ungeübte werden sicherlich fünf Minuten benötigen, um mit weniger geeignetem Material die gleiche Menge Holzstaub zu produzieren. Wenn Sie es in zehn Sekunden schaffen, ist das ebensoviel wert, wie wenn Sie es in zwei Sekunden schaffen sollten.

**HINWEIS:**

Oft sehen Sie nach dem Feuerbohren längere Zeit keine Glut. So lange das Häufchen allerdings qualmt, ist noch nichts verloren.

Wichtig sind im Grunde zwei Faktoren: Wenn der Holzkohlestaub sehr heiß ist, benötigen wir eine kleinere Menge. Dies erkennen Sie an einer sehr dunklen Färbung des Pulvers und starker Rauchentwicklung. Außerdem ist die Stabilität des Staubhäufchens ausschlaggebend dafür, ob und wie viel Hitze gespeichert wird. Fließt der Staub wie eine gelartige Masse, benötigen Sie weniger, bricht er immer wieder in einzelne Fraktionen auf, brauchen Sie mehr Zeit um genügend Hitze anzusammeln.

Häufig ist es jedoch der Fall, dass Anfänger durch die ungewohnte Bewegung den Bogen »reißen«, statt langsam zu beschleunigen – jedes Mal wird der gesamte Haufen verteilt und der Vorgang muss vollständig wiederholt werden. Dies geschieht fast immer dann, wenn die Kraft zu Ende geht. Sollten Sie merken, dass Sie nicht mehr in der Lage sind, die Kontrolle über Bogen oder Druckholz zu erhalten, beenden Sie das Bohren vorsichtig und überprüfen, ob es vielleicht doch gereicht hat. Hier sind die Chancen zumindest besser, als wenn alles in einem letzten Ruck verloren geht.

Man kann im Grunde sagen, dass der Bohrvorgang beendet werden kann, wenn eine kompakte Menge von der Größe einer halben Walnuss vorhanden ist. In diesem Fall ist es besonders wichtig, kontrolliert zu beenden, da bis zur lodernden Flamme jeder kleine Fehler das Ergebnis zunichte machen

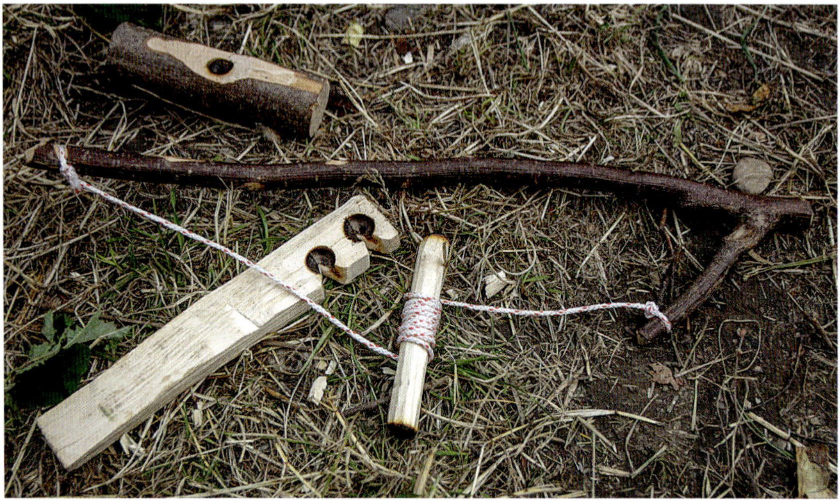

Ein gut funktionierendes Feuerbohrset ist eine Lebensversicherung. Wurde es sorgfältigt gebaut, wird es wie ein Schatz gehütet, trocken gelagert und niemals verlegt oder beim Aufbruch vergessen. Mit diesem können Sie jederzeit wieder eine Flamme entzünden.

Der Bohrvorgang ist oftmals anstrengend. Durch die richtige Haltung kann das Bohren jedoch vereinfacht werden. Achten Sie darauf, dass die Schulter auf Druckhandseite über dem Knie liegt und das Handgelenk am Schienbein aufliegt. Der Druck auf die Spindel kann präzise gesteuert werden, indem der Oberkörper langsam nach vorne geschoben wird. Merken Sie, dass die Spindel zu blockieren droht, ziehen Sie den Oberkörper zurück.

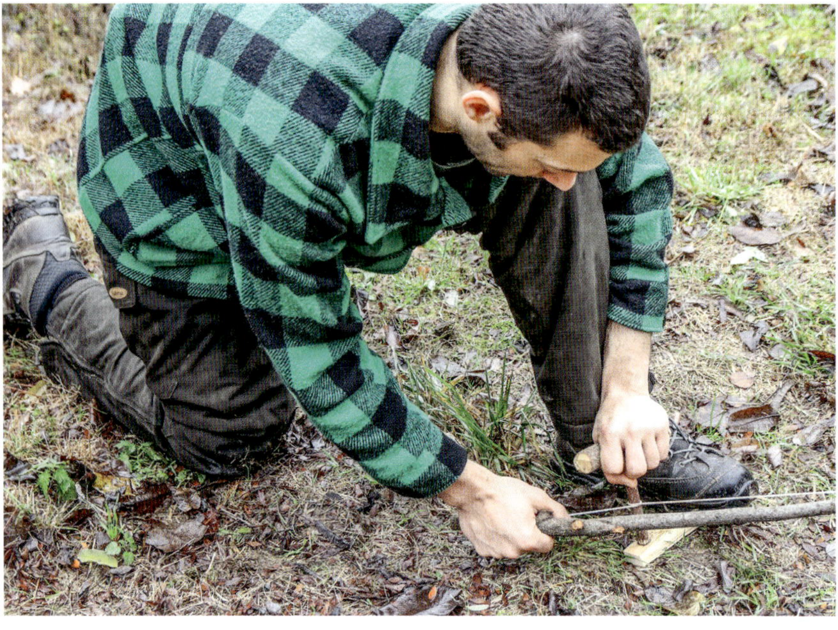

kann. Zum Beenden halten Sie mit beiden Händen die Spindel fest, mit der linken die obere Seite, mit der rechten die untere.

Ohne Erschütterung wird die Spindel senkrecht nach oben abgehoben. Ganz besonders wichtig ist, dass das Bohrbrett dabei vollständig ruhig liegen bleibt. Eine leichte Erschütterung lässt das Häufchen zerfallen. Nun legen Sie Bogen und Spindel beiseite und steigen vorsichtig vom Bohrbrett, indem Sie es mit der Hand sichern. Betrachten Sie das Häufchen. Wenn es qualmt, wenn auch nur ein wenig, ist die Wahrscheinlichkeit groß, dass genügend Hitze gespeichert worden ist. Für unser oben besprochenes Feuerdreieck haben wir nun die Zündtemperatur von einigen 100 °C erreicht. Außerdem ist Brennmaterial mit einer hohen Reaktionsfläche vorhanden. Wir benötigen also nur noch Luft. Diese führen wir dem Häufchen zu, indem mit höchster Vorsicht hineingeblasen wird, gleichmäßig und so langsam, dass kein Staub aufgeblasen wird.

Da man für die ersten Momente oft zu sehr außer Atem ist, um die Intensität zu kontrollieren, fächle ich gerne mit der Handfläche mit schnellen Bewegungen Luft zu. Nun sollte sich der Qualm mit der Zeit etwas verstärken. Nach jedem Einblasen von Luft entsteht dichterer Rauch. Nach und nach verstärken Sie den Luftstrom, bis Sie einen kleinen, rot glühenden Punkt bemerken.

Ab diesem Moment können Sie deutlich fester blasen, ohne jedoch das Häufchen auseinanderfallen zu lassen. Vorsichtig wird das Bohrbrett abgenommen. Die glühende Masse befindet sich jetzt auf dem Puffernest. In dieses wird die Glut durch Blasen hineingetrieben. Nachdem das glühende Puffernest auf das Feuernest übertragen worden ist, kann das Feuer angeblasen werden.

## *Feuer bohren mit der Handspindel*

In einigen Regionen der Welt, beispielsweise in Steppen, ist es oft nicht möglich, die notwendigen Materialien zum Feuerbohren mit Bogen und Druckholz zu sammeln. Vor allem gerade gewachsene Äste sind hier Mangelware. Auch wenn sich keine geeignete Schnur auftreiben lässt, müssen Sie auf

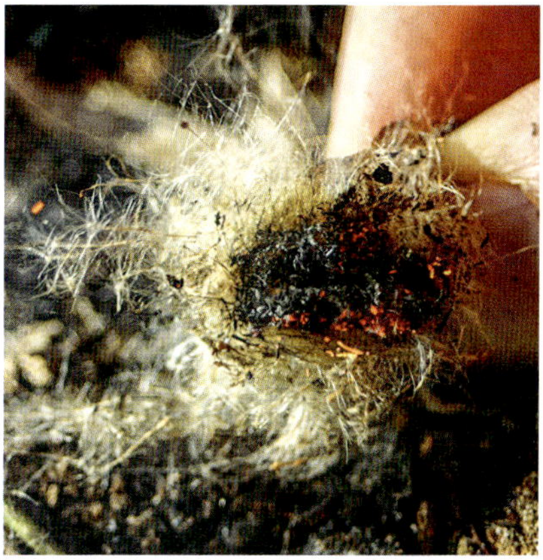

**Durch vorsichtiges Blasen wird die Glut in das Puffernest getrieben, das nun aufgenommen werden kann.**

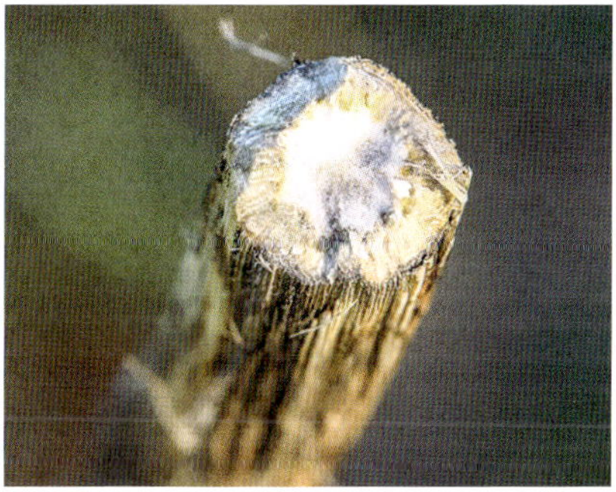

**Die Spindel der meisten Handbohrer ist innen mit Mark gefüllt; die Reibefläche ist dadurch kleiner.**

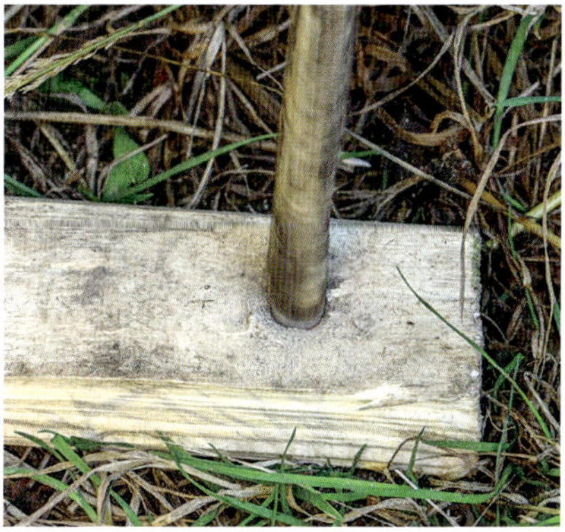

**Testen Sie die Spindel-Bohrbrett-Kombination schon beim Sammeln.**

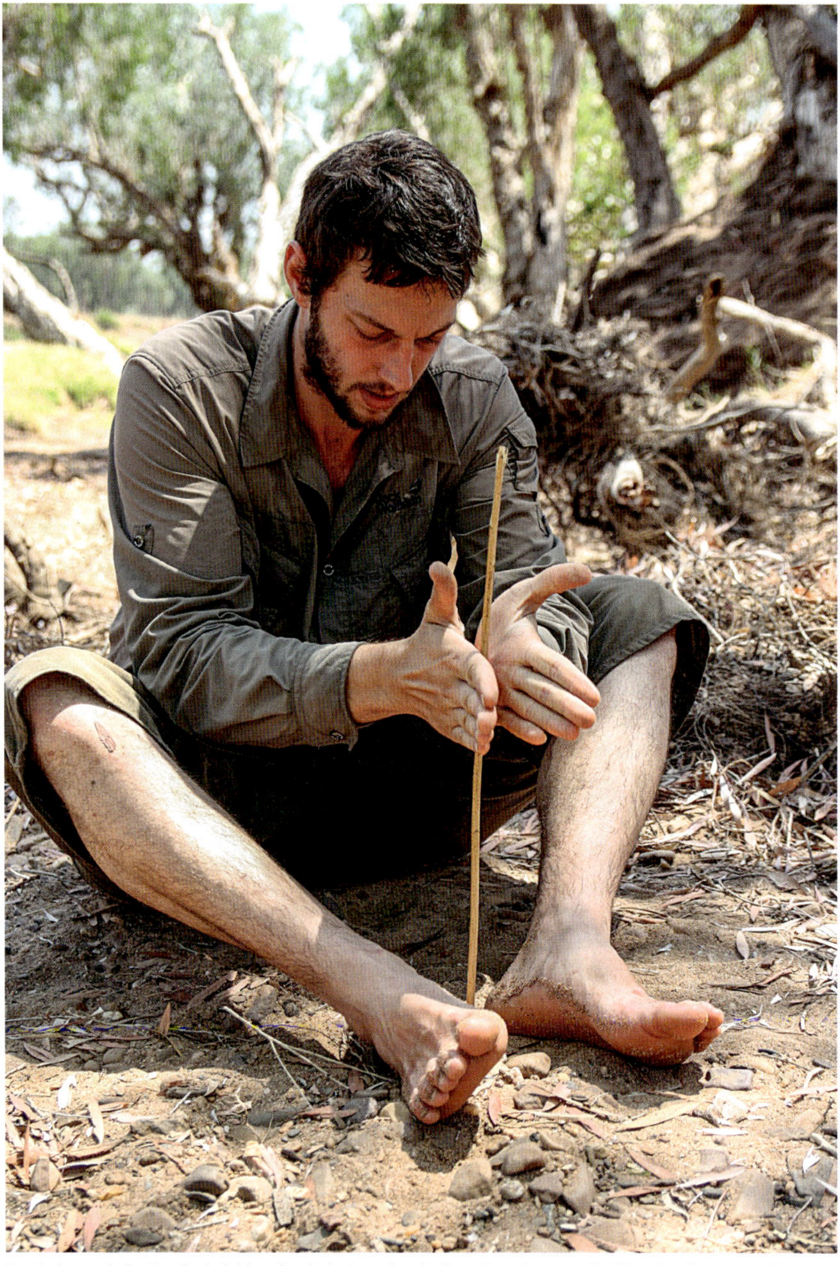

Das Bohren mit der Handspindel ist oft schwieriger als mit einem Feuerbogen. Allerdings ist diese Technik in vielen Regionen der Welt die einzige, die mit relativ wenig Aufwand zum Erfolg führt. Halme, die dazu geeignet sind, wachsen an vielen Tümpeln, auf Wiesen und sogar in Steppen.

die im Prinzip simple, aber anspruchsvolle Technik des Handbohrens zurückgreifen. Dabei wird die Spindel mit den Handflächen zur Rotation gebracht und gleichzeitig auf das Bohrbrett gedrückt. Der Druck bzw. die dabei entstehende Hitze ist vom Durchmesser des Spindelkopfs abhängig. Je größer die Auflagefläche ist, desto stärker muss auf die Spindel gepresst werden.

Aus diesem Grund greift man auf möglichst lange, gerade, aber mit unter einem Zentimeter sehr dünne Spindeln zurück. Sehr gut eignen sich die abgestorbenen Halme von abgestorbenen Pflanzen wie Königskerze oder Beifuß, aber auch gerade gewachsene abgestorbene Äste von Holunder oder Schneeball. Diese Pflanzen sind innen mit einem Schwammgewebe gefüllt – Reibung entsteht nur durch den äußeren verholzten Ring. Die Reibfläche beträgt im Vergleich zu einer dicken Vollholzspindel mit 1–2 $cm^2$ nur einige $mm^2$. Deshalb muss weit weniger aufgedrückt werden, um denselben Druck zu erzeugen.

Der Bohrvorgang ist ansonsten sehr ähnlich dem Bohren mit Bogen und Druckholz. Es muss aber deutlich länger gearbeitet werden, um eine vergleichbare Menge Staub zu erzeugen.

Ich schneide in die obere Spitze der Spindel in der Regel eine kleine Nocke und knüpfe mir aus groben Fasern eine etwa 20 Zentimeter lange Leine mit zwei Schlaufen. In diese können die Daumen gesteckt werden. Nun kann die Spindel in Rotation gebracht werden, während gleichzeitig Druck nach unten ausgeführt wird. Auf diese Weise können Sie auch dünne, massive Hartholzspindeln zum Bohren verwenden.

**HINWEIS:**

Wenn durch die Daumenschlaufen das Drehen der Spindel behindert wird, verlängern Sie die Leine oder bohren mit hoher Frequenz bei geringerer Umdrehung. Allerdings ist die Effizienz, also Bohrstaubmenge, bei kleinem Drehwinkel geringer.

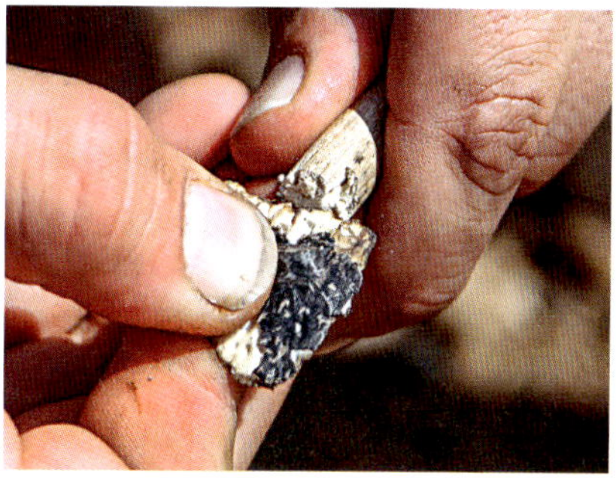

**Das Ende der Handspindel wird mit einer Kerbe versehen.**

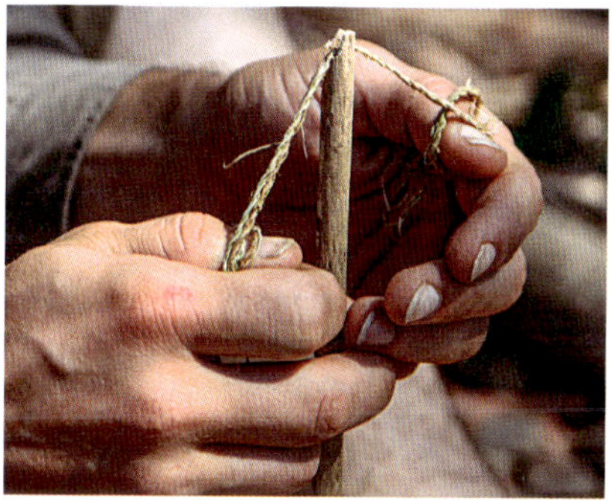

**Durch die Kerbe wird ein Stück Leine geführt. Improvisierte Leine wird um die Daumen gewickelt, stabile Schnur kann mit Schlaufenknoten versehen werden.**

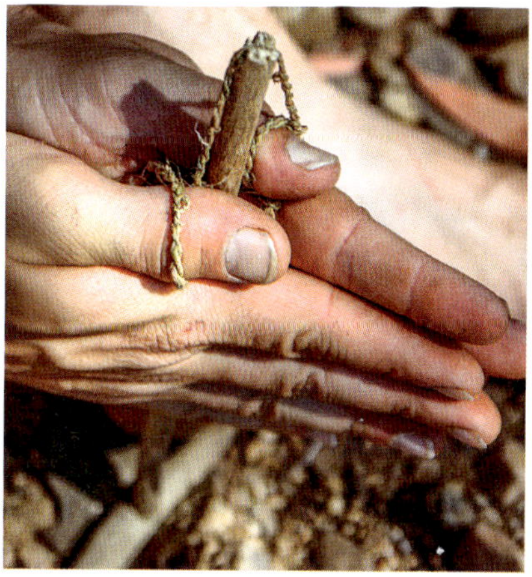

**Durch die Daumenschlaufen kann Druck beim Bohren erzeugt werden, ohne dass Sie mit den Handflächen an der Spindel nach unten rutschen.**

## Probleme beim Feuerbohren

Bei einem so komplizierten Vorgang wie dem Feuerbohren bleibt es nicht aus, dass man anfangs noch Fehler macht. Diese Fehler sind nicht schlimm, da Sie das Feuermachen wohl in »ziviler« Umgebung üben werden. Den meisten Fehlern werden Sie nach einiger Zeit selbst auf den Grund gehen. Die häufigsten und wichtigsten will ich hier beschreiben, um Ihre Frustration auf kleiner Stufe zu halten.

Vielleicht wird es Ihnen helfen, wenn Sie lesen, dass ich mir das Feuerbohren sehr spät und zwar erst während meiner Abiturzeit selbst beigebracht habe. Es hat rund drei Wochen lang täglich mehrstündige Versuche und einen Tennisarm gekostet, bis ich das erste Mal mit verbrannten Fingern, nach Rauch stinkend, aber mit einem überlegenen Strahlen aus dem Wald kam. Sie können sich sicherlich die Gerüchte ausmalen, die im Studentenwohnheim kursierten, in dem ich damals wohnte.

Es gibt eine Reihe von Fehlern, die Anfänger sehr häufig machen, ohne zu denken, dass es sich dabei um einen Fehler handelt. Fast alle, denen ich beim ersten Mal Feuerbohren zugesehen habe, das mögen rund 1000 gewesen sein, haben den großen Fehler gemacht, die Wichtigkeit der Stabilität des Bohrbrettes zu unterschätzen. Weil das Feuerbohren große Anstrengung kostet, arbeiten viele mit dem ganzen Körper. Das wäre nicht falsch, wenn sie dabei den Fuß, der das Bohrbrett fixiert, regungslos ließen. Stattdessen wird mit dem Fuß gewippt, so dass jedes Mal, wenn sich ein durchgehender Fluss aus Kohlestaub bilden will, derselbe in ein Dutzend Stücke zerbröselt. So muss großer Wert darauf gelegt werden, dass das Bohrbrett auf der unteren Seite absolut flach ist oder in den weichen Boden so eingedrückt wird, dass es nicht wippen kann.

Ein ähnlicher Fehler, der im selben Ergebnis resultiert, ist das ständige Wackeln mit der linken Hand, die das Druckholz nach unten drückt. Mit jedem Bogenschwung nach vorne oder hinten wird die Spindel und die Druckhand in weiten Schwüngen bewegt. Dieser Fehler entsteht dadurch, dass von Beginn an viel zu viel Druck auf die Druckhand gegeben wird. Die Spindel soll gleiten, fast wie von selbst in Rotation versetzt werden. Dabei darf das obere Ende sich kaum von der Stelle bewegen. Der Trick ist es, hierbei die linke, also die Druckhand am Schienbein des linken Fußes zu stabilisieren. Wenn man sich dabei Mühe gibt, den Bogen absolut waagerecht zu führen, verkrümmt sich der Feuerbohrende in einer Weise, die jeden Orthopäden alleine schon beim Zusehen kollabieren ließe. Survival ist selten bequem.

**Vorne zu sehen: Das Bohrloch ist durch mehrere Versuche zu tief geworden und deshalb ausgebrochen. Hinten: Wer nach dem Feuerbohren aus der Puste ist, wedelt mit der Hand Luft zu.**

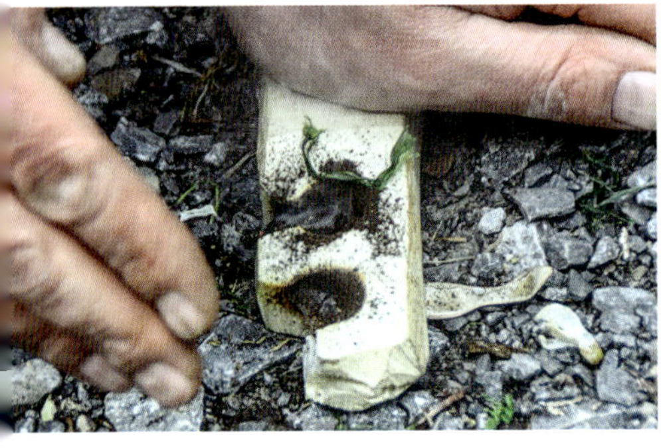

**Dieses Holz ist für den verwendeten Bohrer zu hart. Die hellbraune Farbe und nadelartige Struktur weist auf zu geringe Reibung und damit Hitze an den Kontaktstellen zwischen Bohrer und Brett hin.**

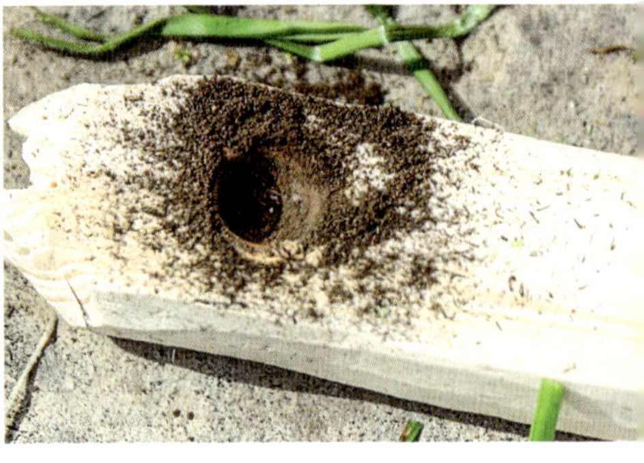

## Häufige Fehler beim Feuerbohren

| Problem | Fehler | Behebung |
|---|---|---|
| **Staub ist zu hell** | Falsche Holzkombination, zu wenig Druck | Weicheres Bohrbrett oder mehr Druck auf Druckholz |
| **Staub ist zu hell und enthält Brösel** | Bohrbrett morsch | Bohrbrett auswechseln |
| **Oben mehr Reibung als unten** | Druckbrett zu weich | Härteres Druckbrett verwenden |
| **Staub ist zu hell und enthält Holznadeln** | Bohrspindel ist morsch | Holz mit Federspannung vor dem Zerbrechen suchen |
| **Es entsteht kein Staub** | Bohrspindel ist verglast, Bohrbrett zu hart | Spitze abkratzen, weicheres Druckbrett |
| **Spindel springt heraus** | Sehne zu stark gespannt, nicht tief genug vorgebohrt | Sehne lockern, mit dem Messer weiter vorbohren |
| **Spindel verklemmt** | Spindel falsch eingewickelt, Druck zu stark | Sehne neu einwickeln, Druck vermindern |
| **Spindel verkantet** | Spindel krumm, Spitze unrund | Neue Spindel suchen, sauber vorbereiten |
| **Bogen stößt mit der Spitze auf den Boden** | Instabil geführte Bogenhand | Auf Schwingrichtung achten, Bogen kürzen |
| **Spindel wackelt, Bohrstaub kalt** | Haltehand zu instabil gehalten | Haltestück und linke Elle an Schienbein stabilisieren |
| **Pulver qualmt, aber entzündet sich nicht** | Holz zu feucht | Holz wechseln, oder fünf Mal: eine Minute langsam bohren drei Minuten warten |

So sieht das Bohrloch aus, wenn die Druckhand zu instabil ist: Die Bohrung läuft immer stärker in Richtung der Kerbe. Die Spindel rutscht deshalb hinaus. Hier hilft nur, ein neues Loch vorzubereiten.

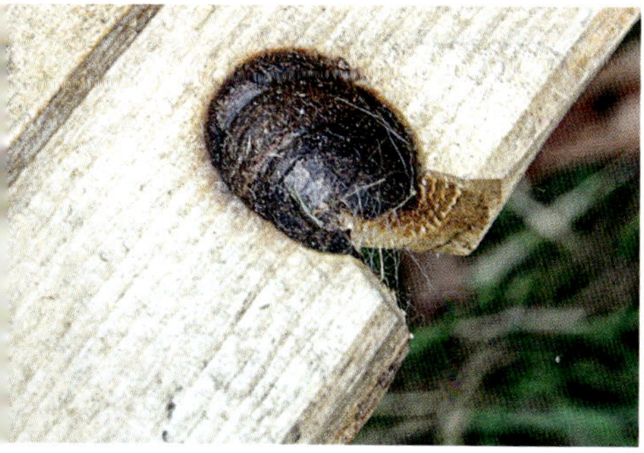

Entweder wurde die Spindel am Druckholz nicht geschmiert oder das Bohrbrett ist zu hart oder es wurde zu lange ohne Druck vorgebohrt: Die Kontaktfläche zwischen Spindel und Bohrbrett ist verglast.

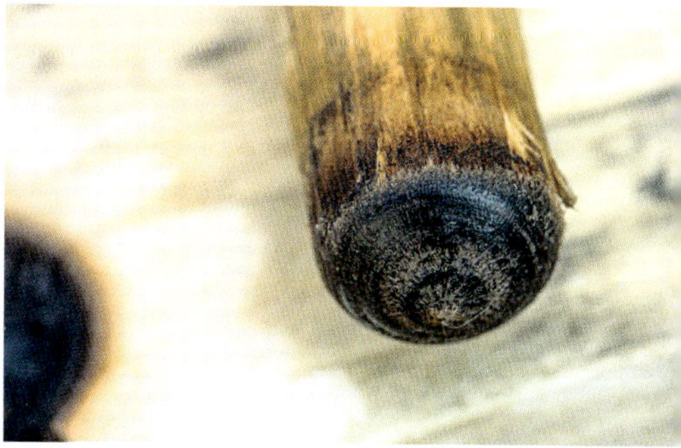

## Feuer schlagen

Eine Technik, die Sie in fast jedem Survivalbuch nachlesen können, ist das Feuerschlagen mit Flint (Feuerstein) in Kombination mit Stahl oder mit Markasit, einer Eisen-Schwefel-Verbindung. Um die folgenden Aussagen über das Feuerschlagen nachvollziehen zu können, benötigen Sie ein wenig Hintergrundwissen darüber.

Feuerschlagen ist eine der älteren Entzündungsmethoden. Bevor das moderne Zündholz vor nicht allzu langer Zeit, nämlich Anfang des 19. Jahrhunderts, verfügbar wurde, entzündete die Bevölkerung den Ofen in der Stube, den Herd in der Küche und das Feuer auf dem Feld mit einem Feuerschläger. Hierzu wurde ein Stahlstück mit hohem Kohlenstoffanteil und damit großer Härte zu einem kleinen Bogen geschmiedet. Mit diesem »Striker« oder Feuerschläger wurde auf den glasähnlichen Feuerstein Silex geschlagen. Die entstandenen Funken wurden auf Zunderpilz gefangen und zu einer Flamme entwickelt. Dabei wurden industriell Baumpilze geerntet, vorbereitet und mit Kalisalpeter versetzt. Nach aufwändiger Verarbeitung entstand so der filzartige Zunder.

Bevor der Bedarf an solchen Feuerzeugen gedeckt werden konnte, schlug man mit Markasit, einem natürlichen Kristall, der von seiner Form an einen rostigen Nagel erinnert, und Flint auf chemisch unbehandelten, aber sehr sorgfältig aufgerauten Zunderpilz.

Diese beiden Techniken werden heute noch von »Steinzeitfans« (mich eingeschlossen) als eine Art Taschenspielertrick durchgeführt. Die Interesse an der Kunst des Feuerschlagens und die Faszination, alleine mit natürlichen Stoffen eine Flamme zu entzünden, wird auch in Zukunft Menschen dazu anregen. Aber hier endet leider auch der praktische Wert für den echten Survivalnotfall. Es ist meiner Ansicht nach einfach nicht seriös, zu beschreiben, dass man zum Feuermachen nur einen Flint und etwas Markasit suchen muss. Diese wichtigen Rohstoffe wurden in der Steinzeit über tausende Kilometer transportiert und gelten als eines der frühesten »industriell« abgebauten Handelsgüter. Ich würde mich wohler dabei fühlen, Ihnen zu raten, ein weggeworfenes Gasfeuerzeug statt Feuerstein und Markasit zu suchen. Die Wahrscheinlichkeit, eines zu finden, wäre höher.

Damit könnte dieses Kapitel nun abgeschlossen sein, wäre mir nicht wenige Monate vor Erscheinen der ersten Auflage dieses Buches ein, wenn man es so nennen mag, »neusteinzeitliches Kunststück« gelungen.

Während ich einigen Interessierten das Feuerschlagen mit Stahl und Zunder näher brachte, erläuterte ich eine weitere Zunderart. Gerade in der Neuzeit wurde dazu übergegangen, altes Baumwollgewebe zu Zunder zu verarbeiten. Dabei wird der Stoff unter Luftabschluss erhitzt, bis er verkokt. Dieses leichte und brüchige Material fängt Funken sehr gut auf und verglüht binnen Sekunden. In dieser Zeit kann man den Stoff in ein vorbereitetes Feuernest geben. Um mir einen aufwändigen Herstellungsprozess zu sparen, gehe ich bei der Vorbereitung so vor, dass ich Baumwollgewebe einfach anzünde, vollständig entflammen lasse und mit einem Stein abdecke, um so die Flammen zu ersticken.

**HINWEIS:**

Fast alle brennbaren Materialien sind geeignet, Funken aufzufangen, wenn sie vorher verkohlt und abgelöscht worden sind. Also auch getrocknete Pilze, Holz, Moos oder Zellstoff.

In Versuchen zeigte sich, dass sich damit fast die gleiche Ausbeute und Qualität erreichen lässt, wie wenn die Baumwolle eine halbe Stunde in einer Blechdose unter kontrollierter Luftzufuhr vor sich hin kokelt.

Während ich meinen Schülern also etwas von der frisch zubereiteten Baumwollkohle zum Ausprobieren gab, erinnerte ich mich daran, dass ich vor einiger Zeit geübt hatte,

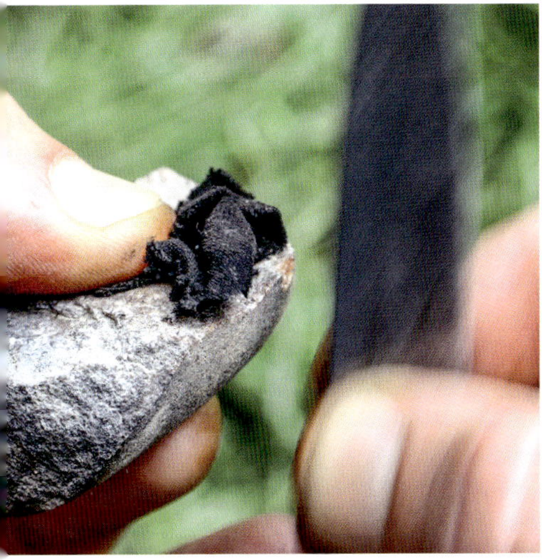

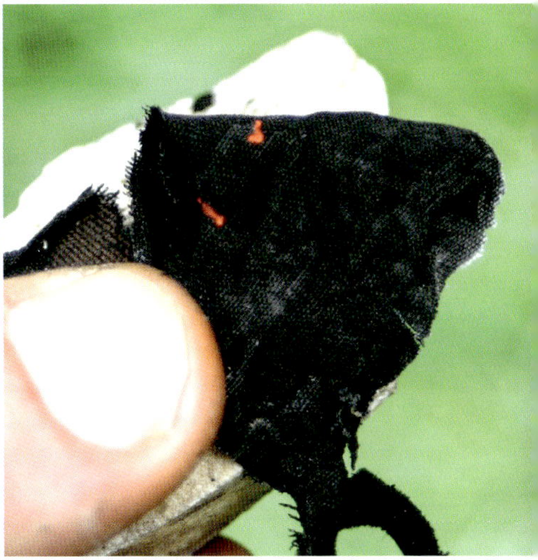

**_Links:_ Mit dem Messerrücken können auf einer Kieselkante Funken geschlagen werden, die auf dem Baumwollkohlezunder zum Liegen kommen. _Rechts:_ Die verkohlte Baumwolle beginnt sofort zu verglühen. Deshalb muss sie umgehend in ein vorbereitetes Feuernest verbracht werden.**

mit dem Messerrücken eines Finnenmessers Funken auf Silex zu schlagen. Dass ich diese Funken auch auf Baumwolle landen konnte, hatte ich schon oft getestet.

Mich reizte ein Gedanke: »Wenn ich den Zunderpilz gegen Baumwollkohle tauschen kann und den Feuerstahl gegen einen Messerrücken, lässt sich dann vielleicht auch der Feuerstein ersetzen?« Fasziniert von der Überlegung griff ich nach dem nächstbesten zerbrochenen Kiesel, legte etwas verkohlte Baumwolle auf und ließ den Messerrücken darübergleiten. Von dem, was ich da sah, war ich mindestens so erstaunt wie die Umstehenden von meinem Gesichtsausdruck. Ein Schlag, ein Treffer. Ohne große Schwierigkeiten ließ sich das Ergebnis mit unterschiedlichen Steinen reproduzieren.

Ein Messer, ein fast beliebiger zerbrochener Kiesel und Baumwollzunder. Das sind alles Materialien, die sich draußen auftreiben lassen, zumindest wenn schon einmal durch Feuerbohren ein Feuer in Gang gebracht werden konnte. Sie werden sicherlich zustimmen, dass die Prozedur, ein Feuer mit dem Feuerbohrer zu entzünden, weitaus länger dauert und schwieriger ist, als etwas Baumwolle aus der Kleidung zu lösen und zu verkohlen. Baumwollfetzen können aus dem Bund der eingefassten Hosenbeine oder aus überflüssigen aufgesetzten Hosentaschen gewonnen werden. Der Stahl vieler guter Messer ist hart genug, um einen Funken zu schlagen, und einen geeigneten Kiesel werden Sie sicherlich schneller finden als ein Gasfeuerzeug oder gar Flint und Markasit.

Alleine die Klinge ist ein Unsicherheitsfaktor, da heute viele Klingen aus metallurgischen oder hochlegierten Stählen gefertigt sind. Diese sind zwar rostfrei und scharf, sie eignen sich aller Wahrscheinlichkeit nach jedoch nicht zum Funkenschlagen. Viele der als Gürtelmesser gebräuchlichen Finnenmesser oder die kohlenstoffhaltigen Klingen günstiger und beliebter französischer Winzermesser sind ideal zum Feuerschlagen verwendbar.

Um mit den vorgestellten Komponenten eine initiale Glut zu erzeugen, wird ein Stückchen der Baumwollkohle auf den Stein vor eine Kante mit stumpfen Winkel gelegt. Diese verzeiht es eher, wenn man zu stark aufschlägt, und ist nicht so gefährlich, falls mal daneben geschlagen wird. Mit der »schwachen Hand«, bei Rechtshändern also der Linken, werden Stein und Baumwolle gehalten. In die rechte Hand wird die Klinge genommen, die mit dem Messerrücken zur Steinkante zeigt.

**HINWEIS:**

Ausschlaggebend für die Entstehung von Funken ist nicht die Stärke, mit der Stahl und Stein zusammentreffen, sondern vielmehr die Geschwindigkeit, in der Stahl am Stein entlanggleitet und diesen dabei nur zaghaft berührt.

Natürlich besteht bei dieser Aktion ein großes Risiko, sich tief in die Hand zu schneiden. Wenn man die Klinge jedoch stabil hält und sich gegebenenfalls etwas Gewebe um die gefährdeten Hautstellen wickelt, sollte die Gefahr kalkulierbar sein. Funken werden erzeugt, indem der Klingenrücken mit möglichst großer Geschwindigkeit an der Steinkante vorbeigezogen wird, wobei diese nur leicht touchiert werden sollte. Es entstehen mehr Funken, wenn Sie mit hoher Geschwindigkeit und wenig Druck den Stein berühren, als wenn bei geringer Geschwindigkeit hart aufgeschlagen wird. Außerdem ist beim harten Auftreffen die Verletzungsgefahr deutlich höher, da die Klinge splittern oder aus der Hand rutschen kann. Wenn Sie Schwierigkeiten haben, das richtige Verhältnis von Kraft und Geschwindigkeit zu finden, legen Sie am besten den Stein auf Ihr linkes Knie. Dann schlagen Sie mit der Klinge in der rechten Hand an der Steinkante vorbei.

Die ersten Schläge werden bewusst davor gesetzt. Die Hand wird erst unterhalb des Steins abgebremst, so dass sie auf Höhe der Steinkante noch die volle Geschwindigkeit hat. Nun nähern Sie sich zentimeterweise, Schlag für Schlag, bis der Stein getroffen wird. Auf diese Weise können Anfänger am schnellsten Erfolge erzielen. Nach einigen Schlägen werden Sie schöne Funken erzeugen. Uns interessieren jedoch nicht die Funken, die im Bogen vom Stein wegsprühen und schnell verglühen, sondern jene besonders hellen, die direkt an der Kante zum Liegen kommen. Aus diesem Grund wird der Zunder beim Feuerschlagen immer auf den Stein gelegt und nicht darunter.

Wenn ein Funke gefangen wurde, sehen Sie das recht schnell an einem Aufglühen des Gewebes. Am besten trainieren Sie diese Technik, indem Sie ein günstiges Winzermesser besorgen und die Klinge an einem Schleifstein entschärfen. Das Feuerschlagen eignet sich also nicht als erste Entzündungsmethode, mit ihn kann jedoch Feuer gesichert werden, wenn es schon einmal entzündet wurde. Außerdem ist es damit ein »Reisefeuerzeug« für die Zeit, in der Sie sich um Ihre Rettung kümmern oder selbstständig die Zivilisation erreichen müssen.

## Feuer anblasen

Egal, wie Sie es versuchen, alle Bestrebungen, Feuer herzustellen, haben ihr gemeinsames Ende im Erhalt einer initialen Glut, die auf irgendeine Art von Zunder übertragen werden muss. Das ist die Gemeinsamkeit aller alternativen Methoden, Feuer zu entfachen, ob mit einer Feuersäge, mit einem Feuerbohrer, mit der Feuerpumpe oder mit Flint und Stahl: Es entsteht jeweils Glut. Aus diesem Grund wird das Anblasen aus der Glut hier nun einmal beschrieben.

Bei dem Großteil der Methoden, Feuer zu entfachen, ist diese Glut auch denkbar kurzzeitig verfügbar. So ist die Glut beim Feuerschlagen oder Feuerbohren bestenfalls ausreichend für wenige Minuten, meist hält sie jedoch nur Sekunden vor. Also gehört das Entflammen zu jenen Techniken, die man zwangsläufig erlernen muss, wenn man häufig draußen unterwegs ist. Wie an anderer Stelle beschrieben, lässt sich nämlich noch nach einigen Tagen etwas Glut in ausgebrannten Lagerfeuern entdecken.

Auch wenn Sie Feuer transportieren – besonders gut funktioniert das mit glimmenden Tramastreifen trockener Baumpilze oder gekordeltem Lindenbast –, muss die Flamme wieder neu entfacht werden. Hierzu verwenden wir die weiter vorn beschrie-

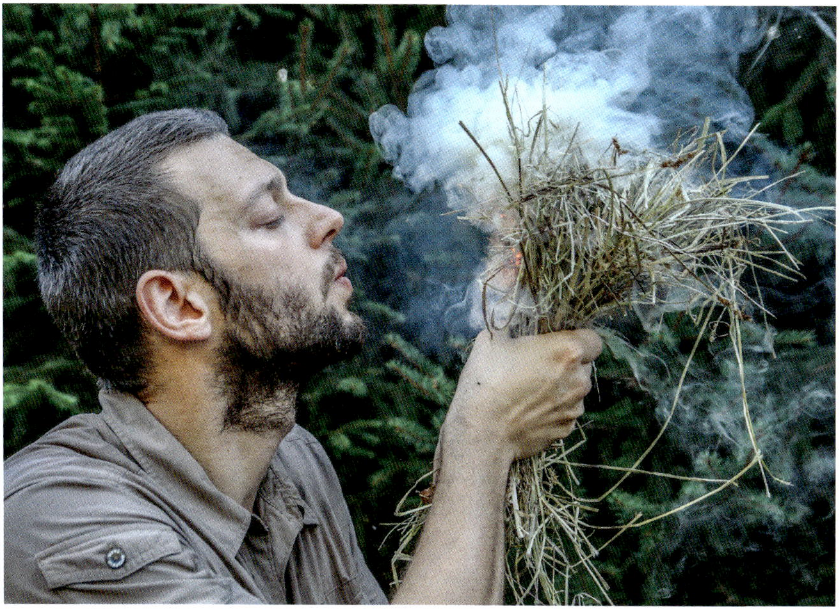

**Das Feuernest wird über dem Kopf gehalten und die Glut durch gleichmäßiges Einblasen von Luft vergrößert, bis eine Flamme auf den zweiten Mediator übergreifen kann.**

benen und gesammelten Materialien, den Zunder sowie die beiden Mediatoren. Aus diesen wird das sogenannte Feuernest zusammengestellt

### Feuernest

Um das Feuernest vorzubereiten, nehme ich eine haselnussgroße Menge Zunder, beispielsweise Rohrkolbensamen, und komprimiere sie ein wenig. Dieser Prozess ist wichtig, da nur eine sehr zentral gehaltene Masse in der Lage ist, den ersten Mediator *(siehe Seite 80f.)* schnellstmöglich zum Glühen zu bringen. Zwar könnten wir prinzipiell auf den ersten Mediator verzichten und einfach eine große Menge Zunder zum Entzünden des zweiten Mediators verwenden. Hier spielt jedoch der Umstand eine große Rolle, dass feiner und einigermaßen trockener Zunder nur sehr schwierig zu besorgen ist. Ausgeblühte Löwenzahnköpfchen sind nach einem sanften Windstoß nackt. Ich muss sicherlich nicht anmerken, dass es außerdem wohl schwierig sein wird, große Mengen von Baumwollfasern aus der Kleidung zu zupfen. Dagegen ist der erste Mediator, also Schilfblüten oder feines und trockenes Heu, in Mengen verfügbar, jedoch zu grob, um die Glut direkt aufzunehmen. Die einzelnen Fasern sind schlicht zu weit voneinander entfernt, um eine durchgehende Glut zu entwickeln. Meist glimmen kleine Stückchen kurz, um danach wieder zu verlöschen.

Also legen wir die kleine Menge Zunder in eine etwas größere Masse des ersten Mediators. Dieser wird ebenso ein wenig zusammengedrückt, er sollte trotzdem noch so locker gepackt sein, dass Sie hindurchschauen können. Um den Zunder darin sicher aufzunehmen, kann eine kleine Tasche aus dem ersten Mediator geformt werden, in die der Zunder gegeben und etwas fest gedrückt wird. Das Päckchen aus Zunder und Mediator 1 wird nun in den zweiten Mediator gelegt.

Ich nehme meist ein Büschel trockenes Gras und lege es auf den Boden. In der Mitte wird es eingeknickt und einmal um die eigene Achse gedreht. Wenn nun die beiden Enden aufeinander gelegt werden, bildet das Gras eine Schlaufe, in der die feineren Komponenten festgeklemmt werden. Diese Methode hat zweierlei Vorteile gegenüber einem kleinen »Schiffchen« aus Rinde, das eine zweite gängige Methode darstellt. Das Grashalmbüschel kann ich nach dem Entzünden wie eine Fackel einfach in die vorbereitete Feuerhütte schieben, ohne mich zu verbrennen. Außerdem kann ich es kreisförmig schwingen, wenn mir die Puste ausgeht. Dadurch wird der Luftzustrom sichergestellt. Manchmal entzündet sich das Feuernest auch schon beim Schwingen.

**HINWEIS:**

Wenn es die Ressourcen erlauben, sollte bei jedem Versuch, Feuer zu entflammen, ein weiteres Feuernest als Ersatz vorhanden sein. Falls aus dem ersten die Glut fallen sollte oder aus irgendwelchen Gründen nicht zünden will, kann der Ersatz das Feuer retten.

Wenn das Feuernest vorbereitet ist, legt man es beiseite und widmet sich dem Entzünden der Glut. Ist es so weit, wird die gewonnene Glut mitsamt Puffernest vorsichtig in das Zentrum des Bündels gegeben. Bevor das Feuernest aufgenommen wird, bläst man von oben in die Glut, um sie in den vorgelegten Zunder zu treiben. Andernfalls geschieht es oft, dass die Glut beim Anheben des Feuernests zerfällt und erlischt.

Wenn der Zunder im Feuernest zu glimmen begonnen hat, wird es aufgenommen und schräg über den Kopf gehalten. Dabei sollte die Glut leicht nach unten zeigen, da Hitze aufsteigt. Nun wird gleichmäßig, mit hartem Strahl, möglichst direkt auf die Glut gepustet. Der intensive Luftstrom sollte nach Möglichkeit mindestens 15 bis 30 Sekunden anhalten. Zum Einatmen drehen Sie den Kopf weg.

Da das Bündel über dem Kopf gehalten wird, zieht der Rauch üblicherweise nach oben ab. Trotzdem sollten Sie beim Einatmen immer den Kopf wegdrehen, um das Inhalieren des dicken Qualms zu vermeiden. Während des Blasens werden die Augen außerdem geschlossen. Einige Zunderarten, besonders Rohrkolbensamen, neigen dazu, enorm heiße Funken zu sprühen. Zumeist entflammt das Feuernest mit einer kleinen Verpuffung der unverbrannten, ausgetriebenen Gase. Sobald die Flamme stabil brennt – manchmal verlöscht sie nämlich nach dem ersten Zünden noch einmal – kann das Feuernest in die Feuerhütte geschoben werden.

## Feuer transportieren

Es ist oftmals notwendig, eine Flamme von einem Ort zu einem anderen zu überführen. Sei es, weil Sie eine zusätzliche Feuerstelle am Gewässer benötigen, um so vor Insekten geschützt zu sein, oder weil Sie Ihr Lager abbrechen und weiterziehen müssen.

Das Transportieren von Feuer als Flamme ist in aller Regel nicht möglich; ein kleiner Luftzug reicht oft aus, um sie zu löschen.

Hier haben sich verschiedene Methoden als brauchbar erwiesen, die zwar einfach sind und dennoch mit großer Sorgfalt durchgeführt werden müssen. Als Trägermaterial sind insbesondere solche Brennstoffe geeignet, die sich nur schwer zu einer Flamme entzünden lassen, porös bzw. luftig aufgebaut sind und dennoch einen stabilen Verbund besitzen.

Das einfache Glühen oder Glusen des Materials ist davon abhängig, dass die Hitze in ausreichendem Maß an benachbarte Fasern weitergegeben werden kann. Dieser lückenlose, filzige oder poröse Verbund darf dennoch nicht zu dicht sein, da sonst eine Weitergabe der Energie als Glut verhindert wird. Wenn Sie fleißig Holzkohle aus dem Feuer gesammelt haben, können Sie diese zum Transport gut verwenden. Dabei machen Sie nichts anderes, als einen kleinen »Kohlegrill« aus einer Holzschale zu transportieren.

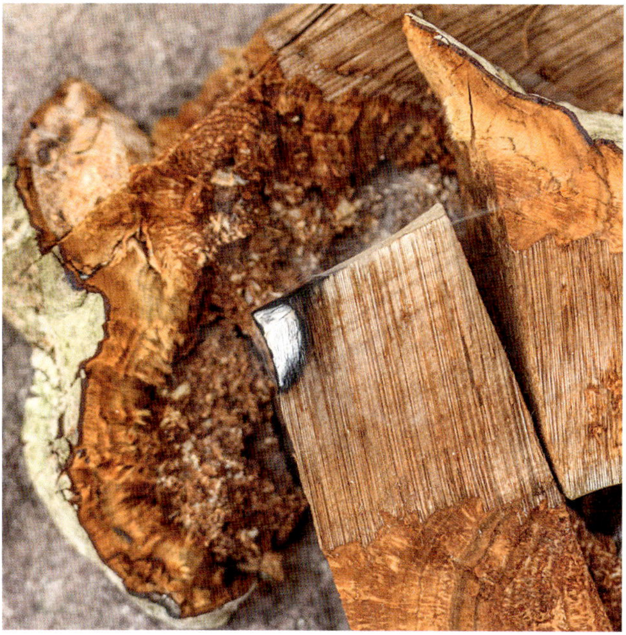

Zum Feuertransport sollten nur sicher glühende Materialien verwendet werden. Eine Flamme ist auf Dauer kaum am Leben zu erhalten. Getrocknete Pilze eignen sich durch ihre schwammartige Struktur hierzu besonders gut; Glut kann auf die jeweils benachbarten Fasern übergreifen, ohne dass das Material zu schnell verglimmt. Die hier abgebildete Menge an Baumpilzstücken reicht aus, um Glut für mehr als drei Stunden zu halten. Hierfür muss allerdings Zugluft abgeschirmt werden.

Auch große Baumpilze, die ausgehärtet und damit völlig trocken sind, können benutzt werden. Der Pilzkörper wird in etwa einen Zentimeter breite Scheiben zerteilt. Zum Glühen gebracht werden die unteren Röhrenschichten. Die Glut breitet sich langsam aus und wandert so bis zur harten Borke. Sobald diese nach etwa einer Stunde erreicht worden ist, wird die nächste Scheibe daran entzündet.

Beim Transport dieser Stoffe ist darauf zu achten, dass die Glut nicht ständig im Zugwind liegt. Bei zuviel Luftzufuhr verglüht Material, das für eine Stunde reichen würde, innerhalb weniger Minuten.

Eine Alternative besteht aus Pflanzenfasern, die Sie unterwegs schnell aufsammeln können. Stroh oder trockenes Heu wird zu einer →groben Kordel verarbeitet. Wie eine Grasfackel kann diese entzündet und wieder abgelöscht werden. Diese Version muss im Gegensatz zu glühender Kohle oder Pilzen allerdings ständig gut belüftet werden. Sie transportieren praktisch ein glühendes Feuernest, das ständig »gerade noch nicht« aufflammt.

Der Feuertransport erfolgt immer in doppelter Ausführung. Sie transportieren also immer zwei Stückchen Glut unabhängig voneinander. Wenn Sie stürzen, in Regen geraten oder schlicht vergessen haben, neues Material hinzuzugeben, haben Sie noch Ersatz.

Ratsam ist außerdem, etwas Reisig und ein vollständig vorbereitetes Feuernest dabei zu haben. Sollte das Glutmaterial irgendwann mal ausgehen, können Sie so schnell ein temporäres Feuer entzünden, um Zeit zum Sammeln von neuem Material für den Transport zu gewinnen.

# 9 Wasser

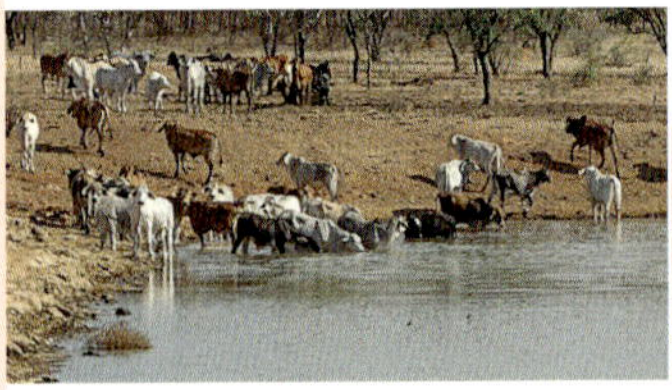
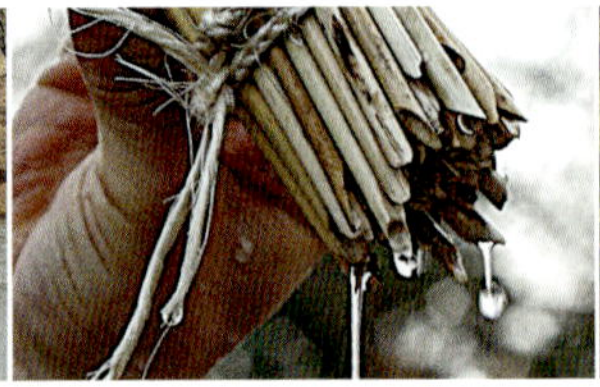
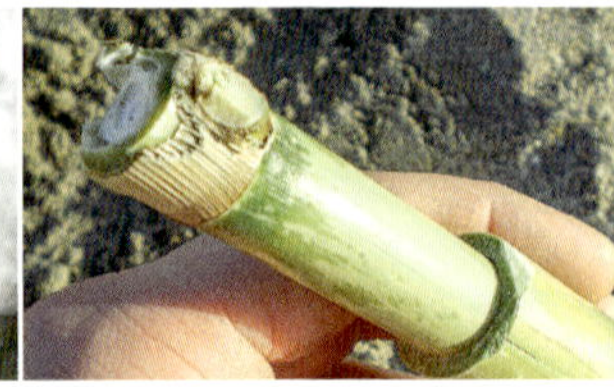

Der menschliche Körper ist aufgrund seiner evolutorischen Anpassung in hohem Maße darauf angewiesen, dass er ständig mit flüssigem Trinkwasser versorgt wird. Während einige Tiere eine Gewöhnung an ihren warmen und trockenen Lebensraum erfahren haben, ist der Mensch nach wenigen Tagen ohne Flüssigkeit nicht mehr in der Lage, die Körperfunktionen aufrecht zu erhalten. So sollte er unter Belastung mehr als drei Liter Trinkwasser zu sich nehmen. In Zeiten erhöhter Aktivität kann die Menge jedoch durchaus auf ein Vielfaches ansteigen. Faktoren, die den Wasserverbrauch steigen lassen, sind nicht nur physische Anstrengung, sondern auch psychischer Stress, Verletzungen, Krankheiten, Nahrungsaufnahme und natürlich eine hohe Umgebungstemperatur. Wenn der Wasserverbrauch stark limitiert wird, kann der Mensch draußen etwa zwei bis drei Tage ohne Trinkwasser überleben. Bei länger andauernden Durstzeiten können schnell Schäden der Organe entstehen. Draußen muss jedoch vielmehr der bestmögliche Leistungszustand erhalten werden, dem ein inaktiver Zustand des Wassersparens entgegensteht. Also müssen wir im Notfall unbedingt Flüssigkeit beschaffen.

Wir beschäftigen uns hier nicht mit einem expliziten Trinkwassernotfall. In einem solchen wäre es notwendig, eine Vielzahl von Faktoren zu beachten, um überhaupt an Wasser zu gelangen. In schlimmen Fällen kann ein Mensch innerhalb nur eines Tages verdursten, da fehlende Flüssigkeit dazu führt, dass der Hitzehaushalt nicht mehr ausgeglichen werden kann und lebenswichtige Organe ungenügend durchblutet werden. Wir nehmen also den wahrscheinlicheren Fall an, dass die Trinkwassersuche in gemäßigten Gebieten, höchstens in mediterranen Breiten geschieht. Hier ist das Scheitern nicht minder gefährlich, ihm kann jedoch mit hoher Wahrscheinlichkeit sinnvoll begegnet werden. Mit genügend Unachtsamkeit werden Sie jedoch auch in dieser Situation eine aufkommende Dehydration erst bemerken, wenn es schon fast zu spät ist (💧 *K2*).

Unsere Aufgabe besteht also darin, flüssiges Wasser zu finden und trinkbar zu machen. Falls das nicht möglich sein sollte, können noch Alternativen aufgegriffen werden, um anderweitig den Wasserhaushalt aufrecht zu erhalten.

Ich werde mich hier mit den möglichen Gefahren von ungereinigtem Trinkwasser nur pauschal beschäftigen können und nicht alle Faktoren einzeln betrachten. Dies ist ein interessantes und sehr umfangreiches Thema, über das man sich in meinem Buch »Trinkwasserversorgung in Extremsituationen« (ISBN 978-3-613-50852-1) informieren kann, dessen Rahmen alleine die Trinkwasserbeschaffung im Notfall ist. So wird hier auch kein Platz sein, mögliche Techniken zu behandeln, die einige spezielle Hilfsmittel benötigen. Wir denken uns den Notfall in einer Gegend, in der sich keinerlei zivilisatorische Hinterlassenschaften wie Müll finden lassen. Das ist zwar eher unwahrscheinlich, gibt Ihnen jedoch die Möglichkeit, für einen Notfall zu trainieren, in dem gerade mal keine Plastikflasche oder transparente Folie verfügbar ist. Trotzdem werden Sie feststellen, dass einige Möglichkeiten bestehen, um auch vollständig ohne Ausrüstung Möglichkeiten zur Aufbereitung zu finden.

## Finden von Wasser

Wasser hat aufgrund seines für uns notwendigen Aggregatzustandes »flüssig« einige Vor- und Nachteile, was die Suche betrifft. Festes Wasser werden Sie in Form von Schnee schnell entdeckt haben. Dieser lässt sich in kleinen Kugeln mitführen und regelmäßig im Mund oder besser am Feuer auftauen. Flüssiges Wasser hat dagegen die Eigenschaft, durch kleinste Lücken eines umgebenden Mediums zu sickern, und kann so nur sehr schwer gehalten werden. Es »verfließt« buchstäblich und bleibt deshalb nur sehr selten an den Orten, an die es verbracht wurde. Außerdem kann Wasser durch Verdunsten verloren gehen, wobei diese Gefahr bei gemäßigten Temperaturen eher als gering anzusehen ist. So stellt uns Wasser als Flüssigkeit vor die Herausforderung, es wiederzufinden, da es nach dem Abregnen im Untergrund verschwunden ist. Nur dichte Stein-, Ton- oder Lehmschichten können Wasser aufhalten. Hier hat es jedoch durch seine Fähigkeit, fast alles zu durchdringen, seinen Vorteil. Es sammelt sich nämlich an den tiefsten Stellen der Umgebung, bis die Wasserschicht die Dicke der Bodenschichten überdeckt und als Quelle zu Tage tritt oder sich als Gewässer an der Oberfläche sammelt. Also stellt sich die Aufgabe, die Senken der Umgebung nach Wasser abzusuchen. Selbst in relativ flachen Gegenden sind oft leichte Erhöhungen und Gruben zu erkennen.

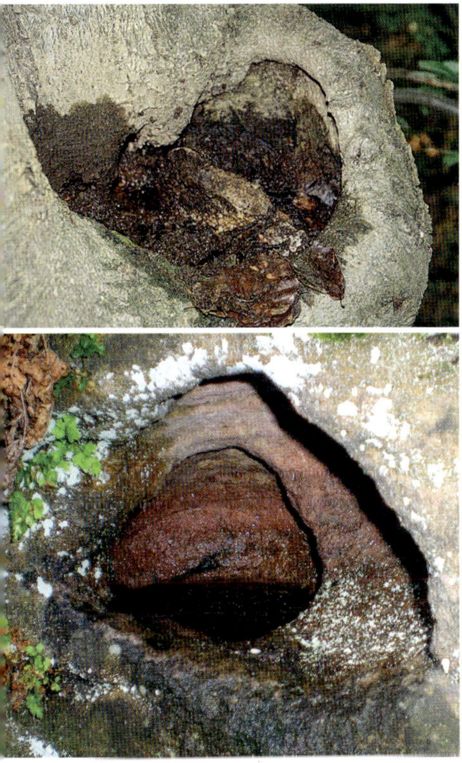

**In Höhlungen von Baumstämmen oder Felsen sammelt sich häufig Regenwasser, das dort Monate verbleibt. Oft ist es ohne Reinigung genießbar.**

**HINWEIS:**

Tatsächlich gibt es praktisch weltweit Grundwasservorkommen. Selbst in Wüsten, in denen es seit Tausenden von Jahren nicht mehr geregnet hat. Diese Reservoirs liegen meist unerreichbar tief.

In bergigem Gelände ist es selten schwer, einen Fluss zu finden. Sie müssen prinzipiell jeweils nur bergab wandern und werden irgendwann an der tiefsten Stelle, nämlich spätestens im Tal, einen Fluss finden. Achten Sie bei nächster Gelegenheit einmal darauf. Außerdem gibt es noch zwei weitere wichtige Fundorte in hügeligem Gelände. Neben den Tälern sind auf der Anhöhe Bergsattel Fundstellen für Wasser. Ein Sattel ist eine Struktur im Berg, die einen Ausschnitt im Höhenverlauf erzeugt. Diese Hochebenen sind meist nicht nur flach, sondern bilden ein Becken. Hier können oft Bergseen oder

Tümpel entdeckt werden *(K3)*. Klare und kleine Quellbäche lassen sich oft in besonderen Hügelstrukturen finden. Manchmal haben Berge eine Form, die so aussieht, als ob zwei Hänge ineinander geschoben wurden. Meist von einem Sattel ausgehend bricht an dieser Stelle der Hang zuerst steil nach unten ab und läuft bis zum Tal aus. An einem solchen Einschnitt in der Bergflanke finden Sie zumeist Wasser, da diese Struktur der schnellste Weg aus den Hängen ist. Hier ist also jeweils die tiefste Stelle am Berg Fundort für Wasser. Solche offenen Wasserstellen kündigen sich in wärmeren Gegenden durch Vogelgeschrei an. Außerdem führen viele Wildwechsel zu Wasserlöchern.

Wenn die Umgebung flach ist, lässt sich an der tiefsten Stelle nicht immer flüssiges Wasser finden. Es ist möglich, dass es sich an anderer Stelle sammelt oder unterirdisch fließt, wenn die blockierende Sedimentschicht nicht eben verläuft, sondern unterirdische Gumpen ausbildet. An solchen Orten kann es sich lohnen, nach Wasser zu graben, also einen Brunnen zu bauen. Ein solcher ist aber nur sinnvoll, wenn Wasser nicht tiefer als maximal einen Meter in der Erde abgesenkt ist. Diese Situation finden Sie auch in ausgetrockneten Flussbetten, Torrenten oder Hochmooren vor. Das Wasser ist hier entweder versiegt oder so weit abgesenkt, dass es nicht erreicht werden kann. Hier sollten Sie das Flussbett unbedingt einige Kilometer in beide Richtungen absuchen, da sich dort manchmal noch etwas Wasser finden lässt. Es gibt einige Möglichkeiten abzuschätzen, wo an solchen Orten Wasser gefunden werden kann, wenn es nicht mehr die Erdoberfläche durchdringt. Dabei können die im Folgenden aufgeführten Anzeiger darauf hinweisen.

## Wasseranzeiger

Um in einer Umgebung Wasser zu finden, die durch Oberflächenstruktur nicht auf Wasservorkommen schließen lässt, können wir uns darauf konzentrieren, Pflanzen zu suchen, die besonders feuchte Böden benötigen. Markant und sehr hilfreich, wenn eine größere Fläche abgesucht werden muss, sind Bäume, die gerne an Gewässern wachsen oder sogar darauf angewiesen sind. Aus weiter Entfernung lassen sich Pappeln und Weiden an ihrer Wuchsform erkennen.

Diese schnell wachsenden Bäume weisen darauf hin, dass Wasser als offenes Gewässer oder sehr nahe unter der Erdoberfläche vorhanden ist. Typisch hierfür sind Auenwälder, die oft einen großen Strom mar-

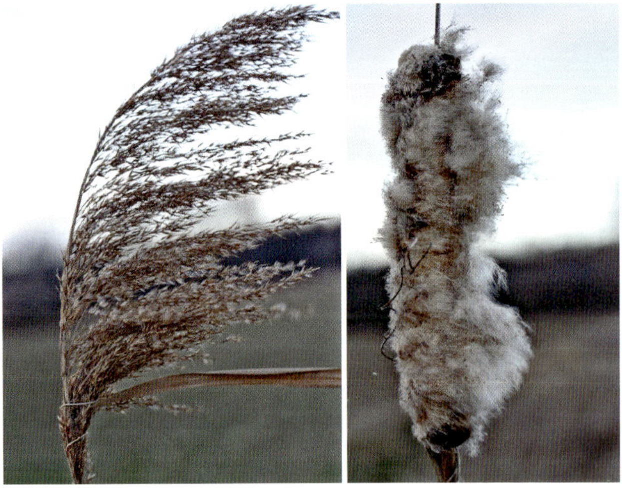

**Besonders wichtig, nicht nur für Wasser: Die Blütenstände von Schilf *(links)* und Rohrkolben *(rechts)* sind Wasseranzeiger, die immer flüssig vorliegendes Wasser kennzeichnen. Sie sind ein vom Suchenden besonders gerne gesehenes Zeichen, da hier nicht nur Flüssigkeit, sondern auch Nahrung und Unterkunft gefunden werden können, wie Sie in den nächsten Kapiteln erfahren werden.**

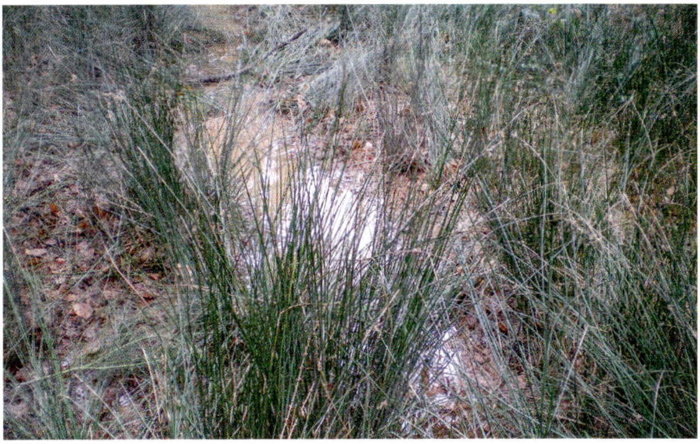

**Binsen können sich nur an Stellen halten, wo dauerhaft feuchter Boden vorliegt. Sie sind ein wichtiges Zeichen, dass Flüssigkeit aus dem Boden gewonnen werden kann.**

kieren. Man erkennt so einen Fluss, selbst wenn er noch einige Kilometer entfernt ist. Im tropischen Gürtel übernehmen diese Rolle Baumfarne und Pandanus. In Wüstenregionen dagegen deuten Palmen mit großer Wahrscheinlichkeit auf Wasser hin.

Untersucht man eine solche Region genauer, findet man oft schnell jene Pflanzen, die mit letzter Sicherheit angeben, wo Wasser zu finden ist. An dieser Stelle konzentrieren wir uns auf die bekannten gewässer- oder sumpfflankierenden Grünpflanzen.

Sumpfige Regionen mit einem Wasserstand bis etwa einen Meter unter der Oberfläche werden mit Schilf, Rohrkolben, Igelkolben und Binsen bewachsen sein. Wo Sie diese finden, lohnt sich das Graben eines kleinen Brunnens, wie er weiter unten beschrieben ist. Selbst falls Sie wider Erwarten kein Wasser finden sollten, ist die Trinkwasserversorgung hier für die nächsten Tage gesichert. Näheres dazu finden Sie im Absatz »Alternativen«. In bewaldeten Regionen sind solche Indikatorpflanzen Farne und Moose, die jedoch nicht verzehrt werden sollten. Da in Wäldern die Sonneneinstrahlung reduziert ist und aus diesem Grund Wasseranzeiger auch dann wachsen

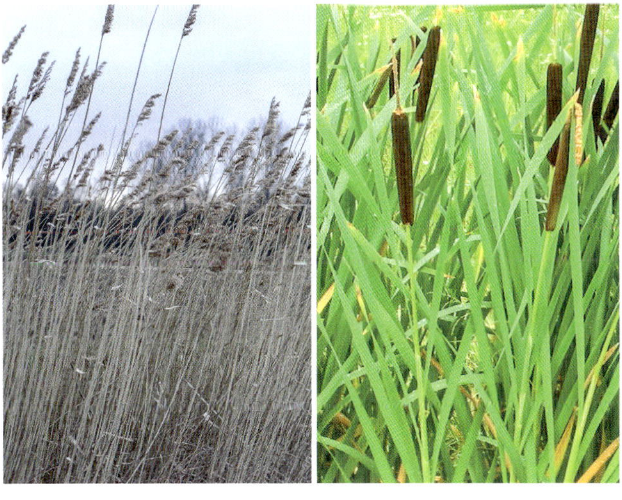

**Der Röhricht ist das Wasserbiotop schlechthin. Die Halme von Sumpfpflanzen lassen sich über weite Entfernungen entdecken. Einfach zu erkennen sind Felder von Schilf *(links)* oder Rohrkolben *(rechts)*.**

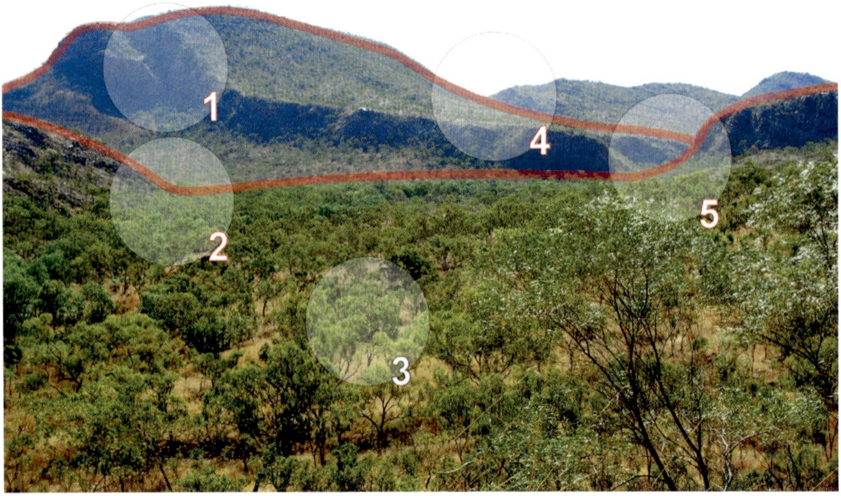


In weitläufigen Regionen muss zur Wassersuche das Gelände auf Besonderheiten abgesucht werden, die auf Wasserstellen hinweisen. Steile Einschnitte in Bergen oder Felsen (1) beherbergen oft kleine Rinnsale von Wasser. In Höhlungen des Felsens kann Wasser gespeichert sein. Wo eine Ebene durch einen Hang (2) abgesperrt ist, werden Flüsse oder Bäche über große Entfernungen daran gehindert, abzufließen. Hier findet sich manchmal Wasser an der Kante zwischen höher gelegenen Ebenen und der Senke (3). Diese markiert als tiefste Stelle einen wichtigen Ort zur Wassersuche. Kleine Tümpel oder feuchter Boden können hier gegebenenfalls die Wasserversorgung sicherstellen. Ein Sattel (4) ist ein Einschnitt im Grat des Berges, der darauf hinweist, dass sich dort im felsigen Untergrund Wasser angesammelt haben könnte. Die gesamte Region wird von einer tafelbergartigen Höhenlinie abgegrenzt, die einen einzigen Durchfluss (5) besitzt. Hier kann, sofern Wasser in der Region überhaupt vorhanden ist, fast mit Sicherheit Wasser entdeckt werden.

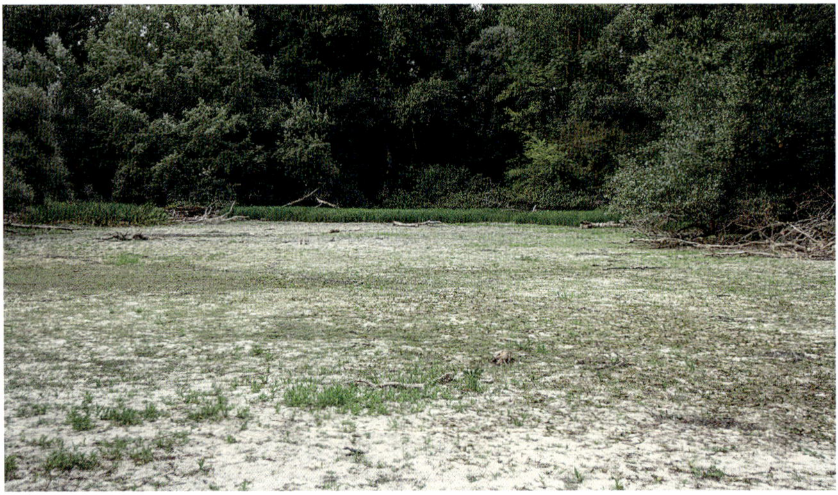

Ausgedörrte Flussbetten sind oft von einer dicken Sedimentschicht mit hohem Wasserbindepotential bedeckt. Wenn Sie an einer solchen Stelle graben, finden Sie oft feuchte und schlammige Schichten.

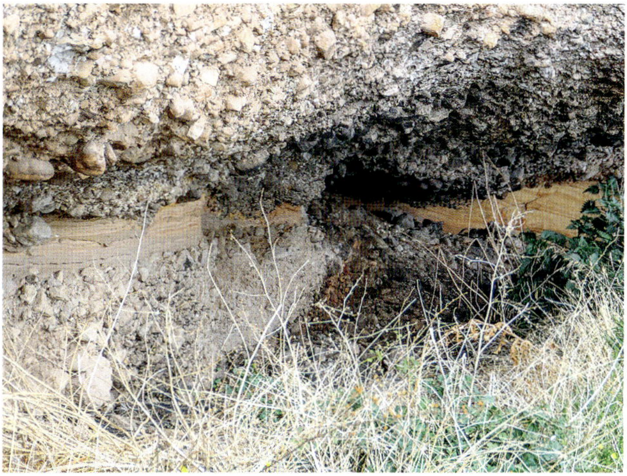

**Wenn Sie an Rändern von Bergen oder Senken Sedimentschichten erkennen, lassen sich oft die gegebenen Bodenstrukturen und Sedimentschichtungen ablesen. Folgen Sie der tiefsten Stelle einer dichten Lehm- oder Steinschicht, finden Sie manchmal schon flüssiges Wasser in Form von Quellen.**

können, wenn nicht dauerhaft Wasser verfügbar ist, sind diese Wasseranzeiger Hinweise auf feuchten Boden, nicht zwangsweise jedoch auf Wasser.

In diesen Gegenden ist aber anzunehmen, dass nachts die Luftfeuchtigkeit ausfällt und als Tau die Bodenpflanzen bedeckt. Für diesen Fall sollten Sie morgens vor Sonnenaufgang aufstehen und, so lange der Tau noch flüssig vorliegt, Kleidung über den Boden ziehen und das Wasser aufnehmen. Sie werden erstaunt sein, wie viel Flüssigkeit Sie so in den Mund auswringen können. Wenn Sie dies jeden Morgen eine Stunde lang machen, ist Ihr Wasserbedarf gedeckt, auch dann, wenn Sie kein Wasser aufbewahren oder abfüllen können. Zwar ist die unregelmäßige Versorgung mit Wasser nicht gesund, der Körper kann jedoch die →Stoffwechselprodukte in ausreichendem Maße abführen, so dass bleibende Organschäden nicht zu erwarten sind. Pfützen lassen sich selbst nach Tagen ohne Regen an geschützten Stellen entdecken. Löcher und Hohlräume von Felsen beherbergen oft Wasser, was auch an frischem Bewuchs mit Farn erkannt werden kann. Einige Pflanzen, wie die wilde Karde oder die große Klette, sammeln in Blattachseln oder auf den Blättern Wasser, was zumindest den kleinen Durst zu stillen vermag.

Versuchen Sie einfach mal, potenzielle Wasserstellen zu finden und auf Wasseranzeiger zu achten, wenn Sie das nächste Mal draußen unterwegs sind. Wo finden Sie in Ihrer direkten Umgebung Wasser? Welche Zeichen hätten darauf hinweisen können?

## Wassergewinnung

Um aus Gewässern Wasser zu gewinnen, ist keine große Mühe notwendig – wohl aber beim Abtransport. Noch schwieriger ist die Lage, wenn Wasser nur unterirdisch vorliegt oder in Form von Schlamm gewonnen werden kann. Manchmal können solche feuchten Erdbestandteile mit einem Kleidungsstück ausgedrückt werden. Feiner Boden hat jedoch eine hohe Wasserbindungskraft, so dass oft nur wenige Tropfen zu gewinnen sind. Hier können Sie einen kleinen Brunnen bauen, der jedoch mit der traditionellen Vorstellung eines Brunnens wenig zu tun hat. Mit diesem wird dem Erdboden oberhalb des Grundwasserspiegels mit Unterdruck die Flüssigkeit entzogen.

Um einen Brunnen zu bauen, wird mit einem Grabstock ein möglichst enges und tiefes Loch in den feuchten Boden gegraben. Die unteren Erdschichten sollten so feucht sein, dass sich Wasser im Loch als schlammige Paste sammelt. Der Boden des Lochs wird

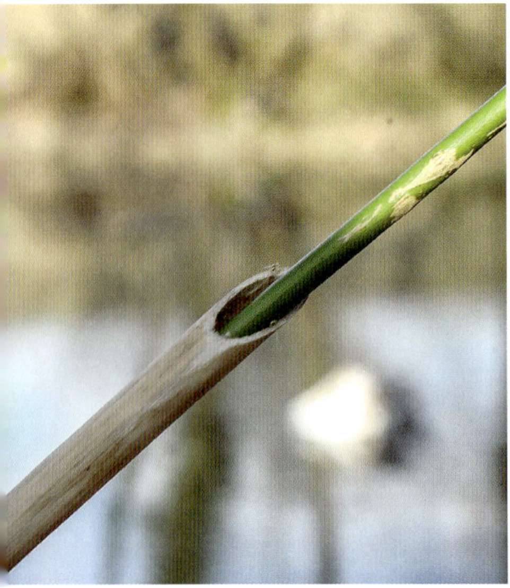

Schilfhalme lassen sich einfach mit einem Stöckchen von den Zwischenwänden befreien. Das daraus entstandene Röhrchen kann vielseitig eingesetzt werden.

einige Zentimeter mit dichtem Pflanzenmaterial bedeckt, ideal sind Schilfblüten oder trockenes Moos. Nun wird ein junger Ast eines Holunderstrauchs oder ein Schilfröhrchen ausgehöhlt. Das ist bei Holunder nicht so einfach, wie es sich anhört. Am besten verwenden Sie dazu einen möglichst geraden und festen Holzstab, den Sie an der Spitze zum Glühen bringen. Jenen stoßen Sie nach und nach durch den Markkern, der dabei verschmort wird und einen Kanal frei gibt. Dieses etwa einen Meter lange Röhrchen wird nun mittig auf dem Polster platziert und seitlich mit weiteren Pflanzenfasern ausgestopft. Sollte sich nichts Geeignetes finden, kann die Rohrspitze auch mehrfach mit etwas Gewebe aus der Kleidung umwickelt werden. Nachdem das Röhrchen etwa handtief in den Pflanzenfasern eingebettet wurde, wird das Loch wieder verschlossen. Dabei sollte darauf geachtet werden, dass die Oberfläche möglichst luftfest verdichtet wird, wobei das Röhrchen nicht gequetscht werden darf. Nun wird begonnen, mit dem Mund am Röhrchen zu saugen.

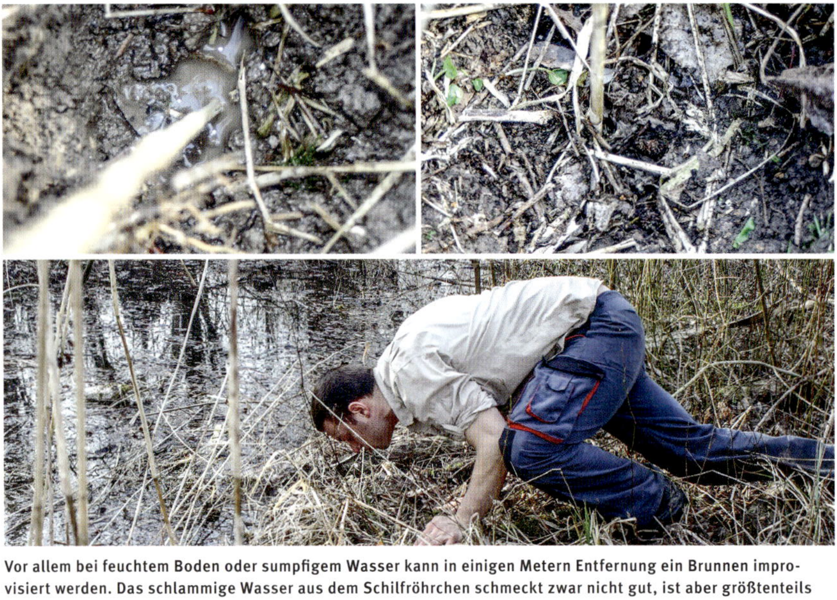

Vor allem bei feuchtem Boden oder sumpfigem Wasser kann in einigen Metern Entfernung ein Brunnen improvisiert werden. Das schlammige Wasser aus dem Schilfröhrchen schmeckt zwar nicht gut, ist aber größtenteils frei von gefährlichen Erregern.

Die ersten fünf Minuten wird nicht viel geschehen. Sie können die Arbeit ein wenig vereinfachen, indem Sie Unterdruck aufbauen und das Rohr mit den Lippen oder dem Finger verschließen. Nach einiger Zeit wird sich das Röhrchen mit schlammigem Wasser füllen. Nach und nach klärt sich die Flüssigkeit und Sie können etwas erdig schmeckendes, aber zuverlässig sauberes Wasser trinken.

Auf dieselbe Weise kann übrigens verfahren werden, wenn Sie nur ein übel stinkendes Gewässer zur Verfügung haben. Graben Sie in 10 bis 15 Metern Entfernung bis zum Grundwasserspiegel, der hier auf selber Höhe liegt wie die Wasseroberfläche des Tümpels.

Durch die Sedimentschichten wird das Wasser meist gut gereinigt. Mit etwas Pech stoßen Sie jedoch auf schwarze, nach faulen Eiern stinkende Faulschlammschichten, wenn Oberflächenverunreinigungen bei Hochwasser dort sedimentiert worden sind. In diesem Fall versuchen Sie das gleiche auf derjenigen Seeseite, an der der Wind meist ablandig weht.

Sollte nur geruchsneutraler Schlamm verfügbar sein, kann dieser auch direkt geschluckt werden. Das sollten Sie aber nur machen, sofern er mehr flüssig als fest ist und keine organischen Bestandteile enthält, also nicht faulig riecht. Der Dickdarm ist in der Lage, dem Schlamm das Wasser zu entziehen. Anhänger von »alternativmedizinischen« Heilverfahren schlucken Lehm als »Heilerde«, teilweise in größeren Mengen und nehmen dadurch zumindest keinen Schaden, weshalb davon ausgegangen werden kann, dass es für uns auch unschädlich sein wird.

## Aufbereitung

Wenn Wasser in ausreichender Menge gefunden werden konnte, kann mit der Aufbereitung begonnen werden. Damit wir einschätzen können, ob das Wasser gereinigt werden muss, sollten wir uns über seine möglicherweise schädlichen Bestandteile Gedanken machen. Prinzipiell bestehen Gefahren bei Trinkwasser in zwei unterschied-

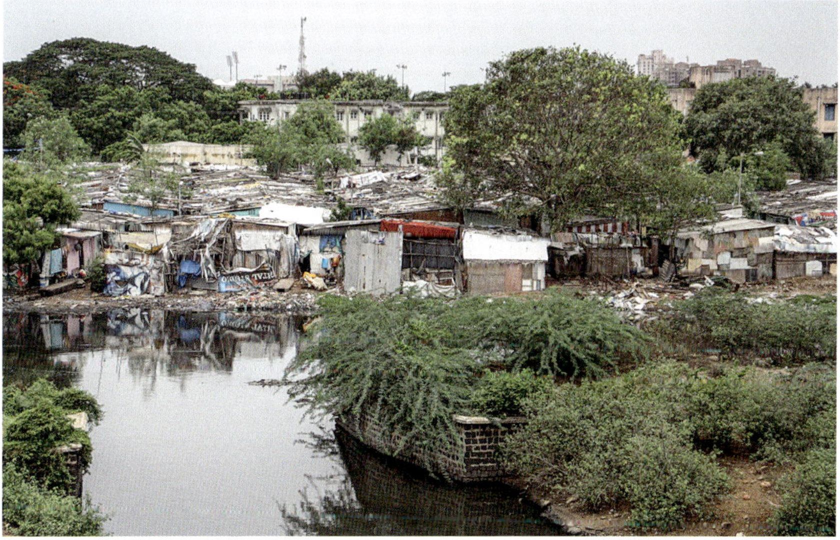

**Ein Extremfall verunreinigten Trinkwassers sind Gewässer um Slums o.ä. ohne funktionierende Abwasser- oder Müllbeseitigung. Hier muss mit Chemikalien- und hoher Keimbelastung gerechnet werden. Wer hier als Reisender Wasser entnimmt und ungereinigt trinkt, erkrankt mit Sicherheit an schwerem Durchfall.**

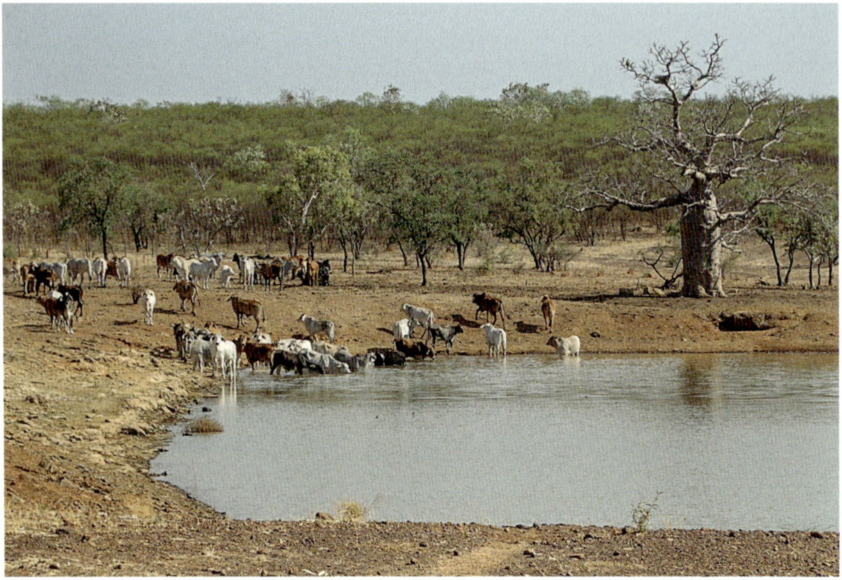

**Wasserstellen in Steppen werden immer von hier lebenden Säugetieren als Tränke aufgesucht. Sie sollten vor allem auf das Vorhandensein von Wiederkäuern achten, da diese mit dem Kot auch viele gefährliche einzellige Parasiten ins Wasser abgeben.**

lichen Bereichen, die einzeln bewertet werden müssen. Hier werden die Gefahren kurz angesprochen, damit wir diesen sinnvoll begegnen können *(K 4, »Rohwasser«)*.

## Chemikalien

Chemikalien sind die Wasserbestandteile, die am meisten gefürchtet werden, von denen dabei aber das geringste Risiko ausgeht. Eine Vielzahl von Giftstoffen können theoretisch im Wasser gelöst sein. Von Pflanzenschutzmitteln, Schwermetallen und Düngemitteln sind jedoch nur verhältnismäßig kleine Mengen im Wasser vorhanden. Wenn Sie nicht unbedingt aus einer vergifteten, chemisch stinkenden Brühe in Zentralafrika oder Indien oder aus dem Abwasser von Fabriken in Goldschürfregionen Wasser entnehmen, müssen Sie sich um etwaige Giftstoffe keine Gedanken machen. Außerdem sind Schwermetalle ohne aufwändige chemische Reinigungsmethoden ohnehin nicht aus dem Wasser zu entfernen. Einzig das →Gift von einigen Algen, die bei starker Vermehrung das Gewässer rot oder grün färben, ist für uns gefährlich. Solche »umgekippten« Gewässer werden für uns als Wasserentnahmestelle nicht in Betracht kommen und sind außerdem in unseren Breiten sehr selten.

## Krankheitserreger und Parasiten

Viel gefährlicher als Chemikalien ist die Gefahr, die von Krankheitserregern im Wasser ausgeht. →Giardia, Cryptosporidien, Schistosoma, HAV und Salmonellen sind nur einige dieser Wasserbesiedler, die für uns gefährlich sein können. Dabei dürfen wir jedoch bei aller Vorsicht einen Faktor nicht außer Acht lassen. Lebewesen, die den menschlichen Körper besiedeln können, müssen enorm an den Wirt angepasst sein. Parasiten, die normalerweise nur Enten oder Fische befallen, sind in der Regel nicht in der Lage, einen gesunden Menschen zu besiedeln. Krankheitserreger und Parasiten in Gewässern müssen also durch Menschen eingetragen worden sein. Das geschieht meist durch Einleitung ungereinigter Ab-

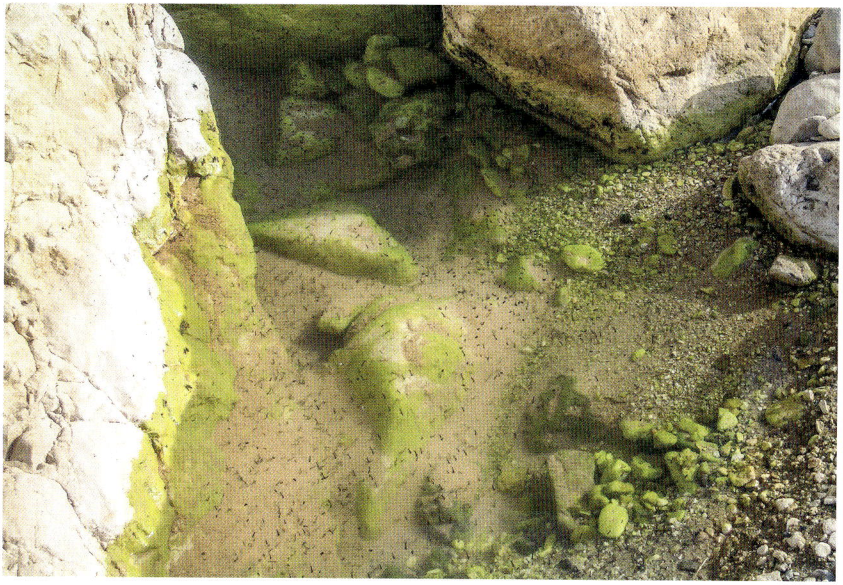

**Manchmal – meistens passiert das in Wüsten und Steppen – kann ein winziger Tümpel die einzige Wasserquelle sein. Da solche Mikrobiotope stark mit Insektenlarven und Einzellern besiedelt sind, muss das Wasser gut gereinigt werden, bevor es sich zum Trinken eignet. Besonders in den Tropen können Sie sich sonst mit gefährlichen Parasiten und Krankheitserregern infizieren.**

wässer. Hier muss jedoch auch eine stabile Population durch regelmäßigen Eintrag erfolgen. Gefährdet sind also hauptsächlich Gewässer, deren Oberlauf besiedelt ist. Aus den meisten klaren, lebhaft fließenden Flüssen Europas kann man jedoch ohne Bedenken trinken. Um zu vermeiden, dass Sie mit lebensgefährlichen Krankheiten wie Typhus, Shigellen- und Amöbenruhr infiziert werden, sollten Sie in subtropischer und tropischer Umgebung Wasser unbedingt aufbereiten. Diese Krankheiten sind deshalb so gefährlich, weil sie zu schweren Durchfällen führen, wodurch es zu einer lebensgefährlichen Unterversorgung mit Flüssigkeit kommen kann.

Denken Sie immer daran, dass solche Krankheiten meistens durch fäkal-orale Übertragung entstehen. Wenn Sie davon ausgehen, dass keine menschliche Besiedelung oder Einleitung durch Tierhaltung in der Umgebung zu erwarten ist, kann Wasser in der Regel gefahrlos entnommen werden.

## Abkochen

Wenn wir uns nicht sicher sind, dass das entnommene Wasser frei von gefährlichen Erregern ist, sollte es entkeimt werden. Eine der einfachsten Methoden, die dennoch zu den sichersten zählt, ist das Sieden. Irgendwer hat einmal in Umlauf gebracht, dass Wasser mindestens zehn Minuten sprudelnd kochen muss, bevor es trinkbar ist. Warum das so sein soll, hat sich mir bis heute nicht erschlossen. Jedenfalls wird es seither über Generationen abgeschrieben. Das ist jedoch absolut sinnlose Energie- und Wasserverschwendung (💧 *K 5, »Abkochen«*).

Sie müssen sich einfach überlegen, welche Art von Keimen uns gefährlich werden können. Es sind jene, die an das Leben im Säugetierkörper angepasst sind. Diese müssen die Magensäure überleben und sich im Darm festsetzen können. Im Säugetierkörper gibt es jedoch keine Stelle, an der 100 °C herrschen.

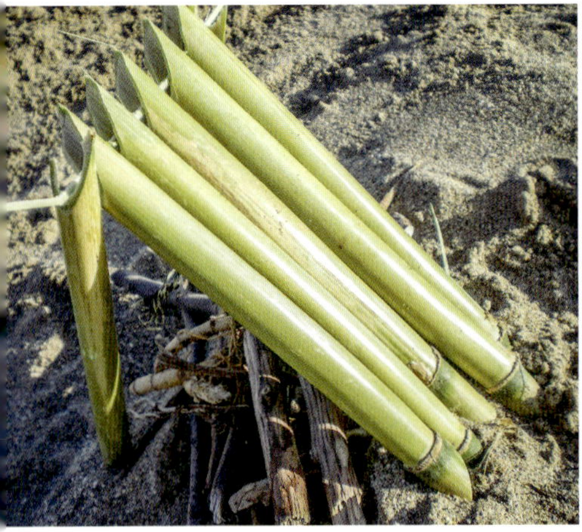
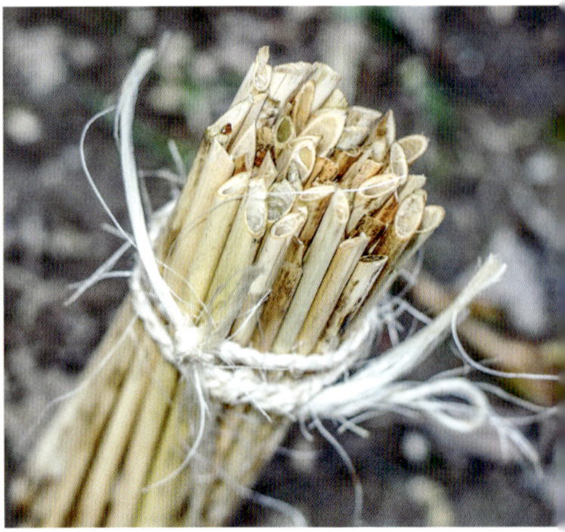

*Links:* **Schilfhalme mit dickem Durchmesser können an ein Feuer über ein Gestell gehängt werden und so durch die Hitze der Glut als ideales Kochgefäß eingesetzt werden.** ***Rechts:*** **Aus dünnen Schilfrohren wird eine Batterie von Halmen zusammengebunden und mit Wasser befüllt. 50 bis 100 Röhrchen können dabei rund einen halben bis zwei Liter Flüssigkeit aufnehmen.**

Woher sollen Keime evolutionär die Fähigkeit erlangt haben, diese Temperatur zu überleben? Sicher, es gibt eine Anzahl von Archea und hyperthermophilen Bakterien. Sie können bis über Siedetemperatur leben. Jene besiedeln jedoch nicht den Menschen, sondern unterseeische Vulkane, heiße Quellen und dergleichen mehr.

Vielleicht mag man argumentieren, dass die Überdauerungsstadien einiger Keime, also Sporen, das kurze Kochen überleben. Auch das ist richtig. Diese Sporen von Bodenbakterien, die für uns im Verdauungstrakt in der Regel nicht gefährlich sind, überstehen jedoch auch das zehnminütige Kochen. Nahezu alle Keime, die gerne im Tier leben, sterben schon bei rund 70 °C. Bei deutlich geringeren Temperaturen, nämlich ab 42 °C, beginnen die ersten Proteine zu denaturieren. Nach 50 °C lebt nicht mehr viel. Und selbst potenziell hochinfektiöses Schweinefleisch muss per Gesetz in der Mitte nur rund 75 °C heiß geworden sein. Warum einige sich beim simplen Wasserkochen solche Mühe geben, ist also mit logischem Nachdenken nicht nachvollziehbar. Das ist für uns besonders wichtig, weil es sehr aufwändig wäre, Wasser zehn Minuten am Sieden zu halten. Im Kapitel über die Nahrungszubereitung finden Sie eine Anleitung zum Kochen ohne Topf. Wenn Sie das zehn Minuten machen müssten, wäre wahrscheinlich gar kein Wasser mehr verfügbar.

**HINWEIS:**

Selbst stark verkeimtes Wasser ist sicher zu trinken, wenn es einmal zur Siedetemperatur gebracht wurde.

Eine andere Möglichkeit zu kochen besteht darin, eine Anzahl von Schilfrohren zu sammeln. Dazu eignen sich Schilfformen, die einen großen Halmdurchmesser haben, besonders gut. Diese Halme werden jeweils oberhalb eines Knotens zu etwa 10 Zentimeter langen Röhrchen zerschnitten und zu einem Verbund von 50 bis 100 Halmen zusammengesetzt. Bei →*Phragmites australis altissimus*, der eher an Bambus erinnert, reichen auch fünf bis zehn Röhrchen. Diese Röhrchenbatterie kann je nach Größe mit bis zu zwei Litern Wasser gefüllt werden. Auf diese Weise haben Sie ein Transportgefäß für Wasser geschaffen. Aber das ist

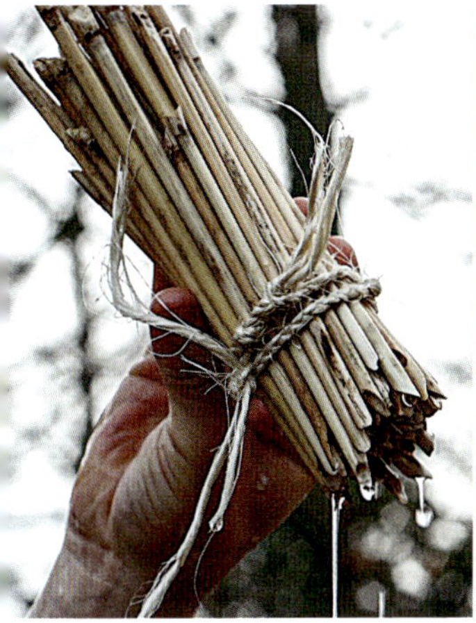

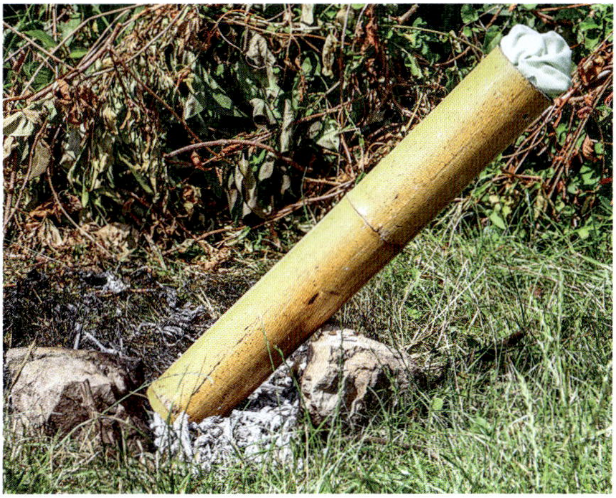

***Links:*** **Besonders hilfreich sind Schilfflaschen beim Transport von Trinkwasser und zum Abkochen von verkeimten Flüssigkeiten.** ***Rechts:*** **Große Schilf- oder Bambusrohre können mit einem Gewebe verschlossen werden, um Dampf aufzufangen. Auch hier sollte darauf geachtet werden, Sand oder kleine Steine vor dem Aufkochen des Wassers in die Röhre zu geben, um Siedeverzug zu vermeiden.**

nicht nur der einzige Zweck des Systems. Wenn die Halme frisch, also grün gewählt wurden, können sie nach dem Befüllen über die Glut gehängt werden. Dort beginnt das Wasser zu kochen und springt teilweise aus den Röhren heraus. Dieser Siedeverzug ist besonders bei kleinen Durchmessern zu erwarten, weshalb der Durstige dann nicht in der Schussbahn stehen sollte. Sie werden sicherlich erstaunt darüber sein, wie gut das Kochen damit funktioniert. Für die Halme mit besonders großem Durchmesser, sie können bis zu vier Zentimeter dick werden, kann auch ein Stopfen aus dünnerem Rohr gefertigt und als Deckel aufgesetzt werden. Schilf kommt weltweit vor, was diese Technik besonders interessant für Survivalnotfälle macht. In Gegenden, wo Schilf seltener vorkommt, finden Sie dagegen Bambus, den Sie natürlich genau so verwenden können.

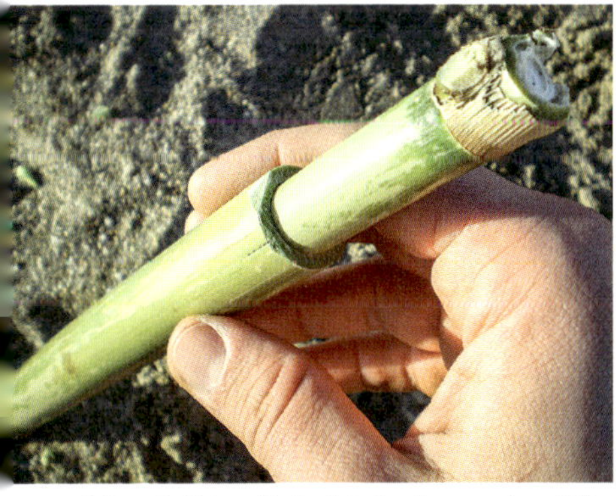

**Schon ein kleines Werkstück: Durch passend gewählte Schilfdurchmesser kann ein Röhrchen geschnitten werden, das mit einem Deckel wasser- und luftdicht verstopft werden kann.**

## Entsalzen

Schilfrohre haben noch einen weiteren wichtigen Einsatzzweck. Wenn nur versalzenes Wasser oder Harn vorhanden ist, sollten Sie dieses auf keinen Fall trinken. Wenn es dem Körper schon an Flüssigkeit mangelt, kann das Trinken von Salzwasser zum schnellen Exitus führen. Um es für den menschlichen Genuss vorzubereiten, müssen Wasser und Mineralbestandteile getrennt werden.

Dies gelingt relativ einfach durch Destillieren. Wenn ein großes Schilfrohr gefunden wird, kann daraus eine Flasche mit Stopfen gebaut werden. Der Deckel wird mit einem kleinen Loch versehen, wohinein ein dün-

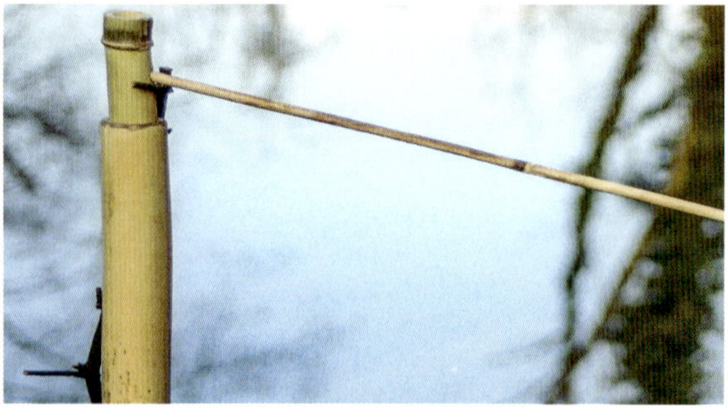 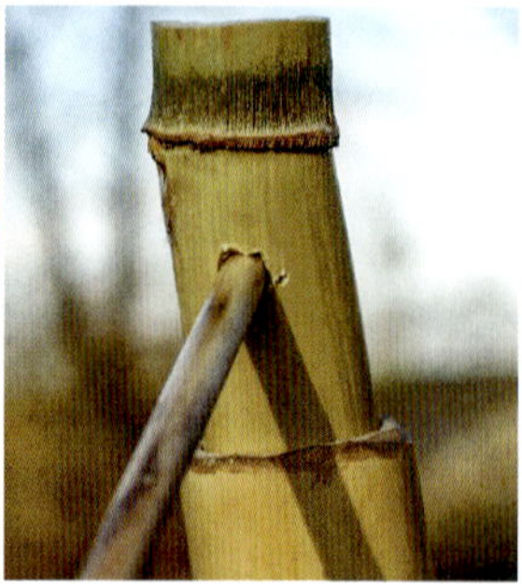

**Ungewöhnliche Konstruktion, jedoch durchaus funktionsfähig. In einer Schilfflasche wird Wasser zum Sieden gebracht und in einem langen Fallrohr kondensiert. Es entsteht dabei keimfreies, sofort trinkbares destilliertes Wasser.**

nes Schilfröhrchen ohne Zwischenwände gesteckt wird. Nun werden etwas Sand gegen den Siedeverzug und Salzwasser in die Flasche gegeben und erhitzt. Alternativ zu Schilf können Sie auch die Halme des häufig an Ufern vorkommenden Japanknöterichs verwenden (*K7*).

Der entstehende Wasserdampf wird nun durch das Röhrchen gedrückt und kondensiert an dessen Wand. Nach einigen Minuten beginnt Wasser aus der Öffnung zu tropfen – es ist entmineralisiert. Dieses kann sofort getrunken werden. Destilliertes Wasser ist übrigens überhaupt nicht gefährlich oder ungesund. Für den Körper ist nur wichtig, dass mit der Zeit durch Nahrung Mineralien zugeführt werden. Bei hoher körperlicher Belastung kann das auch etwas Asche sein. Aber kippen Sie bitte bloß kein Salzwasser in das mühsam zubereitete Destillat.

Sollten nur dünne Schilfhalme aufzutreiben sein, verfahren Sie ähnlich, nur dass statt eines Stopfens etwas Gewebe auf die Öffnungen gelegt wird. Sie können zum Beispiel einen Hemdärmel verwenden. Dieser nimmt mit der Zeit den Wasserdampf auf. Zuerst wird das meiste als Dampf durch das Gewebe verloren gehen, mit der Zeit sammeln sich aber Tropfen, die immer schneller größer werden, bis soviel Wasser gespeichert ist, dass das Gewebe ausgewrungen werden kann.

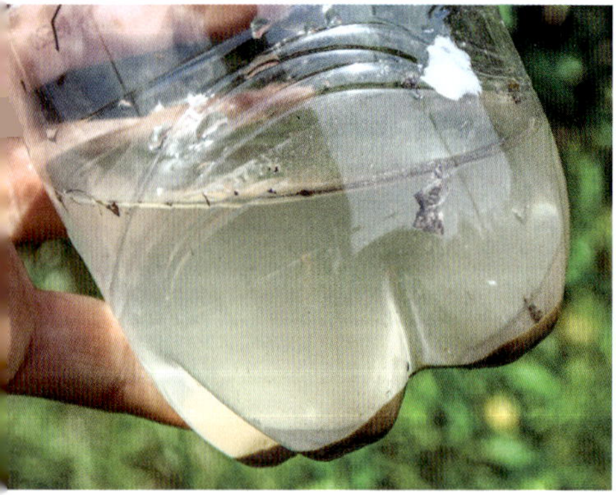

**Stark trübes Wasser sollte vor dem Filtern einige Minuten stehen, damit es sich klären kann.**

## Filter

Neben den uns zur Verfügung stehenden physikalischen Methoden können Sie auch eine mechanische sinnvoll anwenden. Hier handelt es sich um einen Wasserfilter, der als Sedimentfilter feinste Partikel und damit auch viele Erreger aus dem Wasser abfangen kann. Dieser Filter arbeitet mit einer Reihe unterschiedlicher Sedimentschichten. Er sollte jedoch nur verwendet werden, wenn vermutlich keine große Menge gefährlicher Keime im Wasser vorhanden sind. In diesem Fall ist das Abkochen vorzuziehen. Auch kann er keine Viren aus dem Wasser filtern, da diese selbst für moderne Wasserfilter zu klein sind. Der improvisierte Filter soll größtenteils Einzeller wie Giardia, Cryptospora

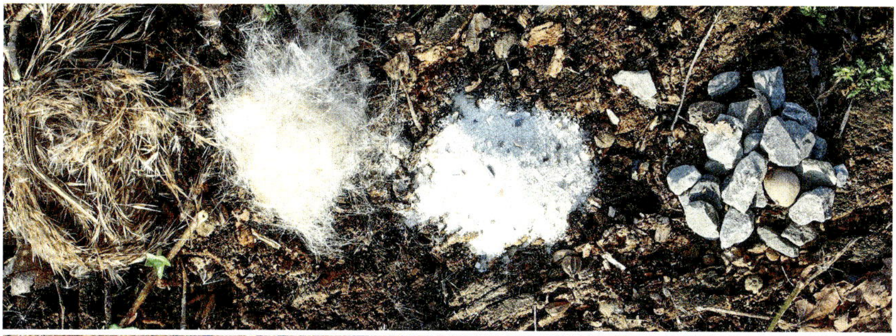

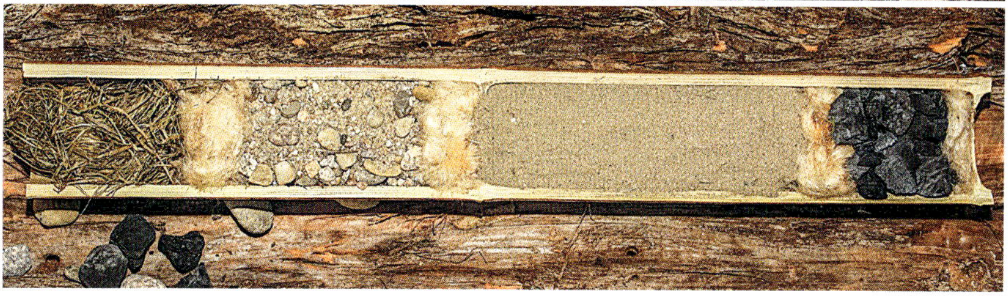

Um einen funktionsfähigen Wasserfilter herzustellen, benötigen wir feine Pflanzenfasern unterschiedlicher Dichte, Kies, feinen Sand und Holzkohle. *Unten:* In einem wasserdichten Gefäß werden die Filterschichten von unten beginnend eingesetzt und verdichtet. Einzelne Schichten werden durch Pflanzenfasern voneinander abgegrenzt.

und Amöben ausfiltern. Außerdem kann er die Keimdichte von Bakterien reduzieren. Völlig keimfrei wird das Wasser damit jedoch nicht.

Der große Vorteil des Wasserfilters besteht darin, dass Wasser unmittelbar zur Verfügung steht und nicht erst langwierig erhitzt und wieder abgekühlt werden muss. Dazu benötigen wir jedoch einen absolut wasserdichten Behälter wie beispielsweise ein Schilfrohr oder eine aus Birkenrinde gerollte und unten verstopfte Röhre. Diese sollte mit etwas Harz versiegelt werden, da auf keinen Fall ungereinigtes Wasser durch die Filterwand in das Auffanggefäß dringen darf. Wer versucht, Wasser auf diese Art durch einen Socken zu filtern, kann es gleich bleiben lassen und behält trockene Füße.

In das vorbereitete Gefäß wird eine Reihe möglichst sauberer und abgekochter Materialien eingelegt. Der untere Stopfen wird zuvor mit einem kleinen Loch versehen, durch welches das Wasser später mit etwa einem Tropfen je fünf Sekunden tropfen soll.

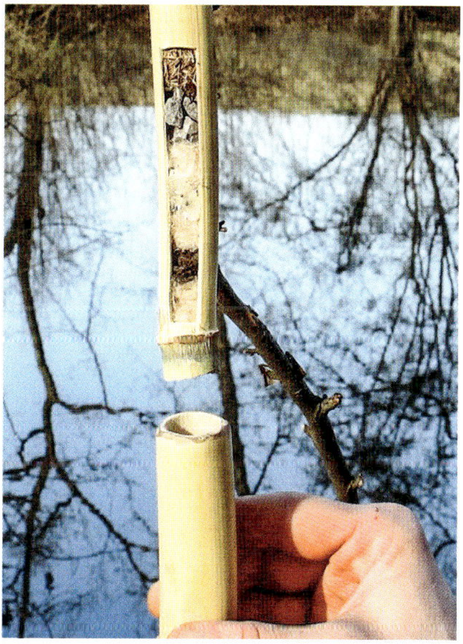

Der Wasserfilter wird aufgestellt und mit Flüssigkeit angefüllt. Nach einer halben Stunde kann man etwa 200 ml gefiltertes Wasser genießen.

Dieses Loch wird mit einer dünnen Schicht aus Pflanzenfasern wie etwa Rohrkolbensamen oder Schilfblüten bedeckt. Hierauf wird Holzkohlegranulat aus dem Lagerfeuer bis in etwa zwei Zentimeter Höhe gestreut. Dieses ist in der Lage, viele organische Giftstoffe zu binden und muffigen Geschmack zu entziehen. Auf die Kohle wird eine vollständig geschlossene Schicht aus Pflanzenfasern gegeben. Darauf werden Schichten von jeweils zwei Zentimetern Höhe ausgebreitet aus möglichst feinem Sand, Pflanzenfasern, feinem Kies mit Sand gemischt, ein weiteres Mal Pflanzenfasern, feiner Kies und eine oben aufgelegte Schicht aus Fasern. Dieses Sedimentsystem ist in der Lage, durch die feinen Lücken einerseits Einzeller und Krankheitserreger festzuhalten, andererseits bindet die Oberfläche der Holzkohle eine Anzahl von Bakterien. Damit grobe Stoffe das feine Filtersystem nicht verstopfen, sind die offenporigen Schichten aus Kies und Pflanzenfasern eingebracht worden. So ein Filter hat je nach Wasserqualität und Querschnittsfläche eine Reinigungskapazität von etwa 20 bis 50 Liter Wasser.

## Alternativen

Manchmal lässt sich einfach kein Wasser finden. In dieser Situation fühlt man sich sehr schnell unwohl, selbst wenn man nur einen Tagesmarsch von der nächsten Wasserstelle entfernt ist. Um den Flüssigkeitsbedarf trotzdem zu decken, wenden Sie einen Trick an: nährstoffarme Nahrung verzehren.

### Pflanzen

Wenn Kohlenhydrate, Fett oder Eiweiß verdaut werden, benötigt der Körper eine gewisse Menge Wasser. Einerseits entstehen Abbauprodukte, die aus dem Körper geschwemmt, ergo durch den Harn abgegeben werden müssen, andererseits benötigen einzelne Vorgänge wie das Lösen der Nährstoffe im Blut aus osmotischen Gründen zusätzliches Wasser. Darum solle bei Wassermangel auf die Aufnahme von nährstoffreicher Kost vorerst verzichtet werden.

Da wir keine Pflanzenfresser sind (✚ *K 12*), können wir Cellulose, den Strukturzucker der Pflanzen, nicht als Zuckerfragmente aufnehmen. Grüne Pflanzen besitzen in der Zelle eine große Vakuole, die mit einer Menge Flüssigkeit gefüllt ist. Wenn Sie Massen von essbaren und frischen Pflanzen verzehren und dabei gut kauen, sind Sie in der Lage, dadurch viel Wasser zu gewinnen. Die Menge der Nährstoffe, die Sie so zu sich nehmen, ist nicht so hoch, dass sie einen erhöhten Wasserbedarf erzeugen.

So können sprichwörtlich kiloweise junge →Vogelmiere, Schilfköpfchen, Bärlauchblät-

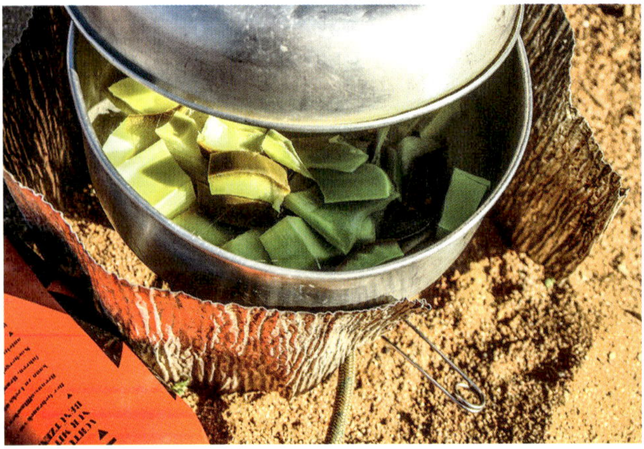

**Wenn Sie fleischige Pflanzenbestandteile in einem geschlossenen Topf langsam erhitzen, wird die Flüssigkeit herausgedrückt. Diese »Entsaftungsmethode« sollte allerdings nur bei ungiftigen Pflanzen angewandt werden.**

ter und -zwiebeln und Rohrkolbenblätter verzehrt werden. Pflanzen mit einem hohen Verhältnis von Fasern zu Wasser können ausgekaut und danach ausgespuckt werden.

Während der Passage des Verdauungstraktes wird das Wasser fast vollständig aufgenommen. Selbstredend kommen nur sicher erkannte, essbare Pflanzen für diesen Zweck in Betracht. Vermeiden sollten Sie Versuche, unbekannten Pflanzen Wasser zu entziehen. Rankende Gewächse sind in Europa zum Beispiel mit wenigen Ausnahmen giftig.

## Urin

Eine alternative Flüssigkeit, die Sie auch und gerade im dringendsten Notfall nicht aufnehmen dürfen, ist neben Salzwasser der eigene Urin. Verfechter der Auffassung, dass Urin getrunken werden kann, vergessen vollständig, zu welchem Zeitpunkt sie in die Versuchung kommen werden. Das hat nämlich großen Einfluss auf Toxizität und Salzgehalt des Harns. Während bei ausgeglichenem Wasserhaushalt Harn eine recht geringe Konzentration von Salzen und Abbauprodukten enthält, wird durch das Dursten ein Hormon namens Vasopressin gebildet, das in der Niere zu einer erhöhten Aufkonzentration des Urins führt. Dies wird durch eine verstärkte Resorption von Wasser aus dem sogenannten Primärharn verursacht. Der Körper reagiert dadurch auf die Gefahr des Verdurstens.

**HINWEIS:**

**Wenn Sie im Trinkwassernotfall erst nach Auftreten erster Verdurstungssymptome Urin sammeln und diesen trinken, verkürzt dies Ihre Überlebenszeit.**

Der Harn ist deshalb dunkelorange gefärbt und enthält gerade so viel Wasser, dass die wichtigsten sogenannten harnpflichtigen Stoffe ausgeführt werden können. Werden diese dem Körper geradewegs wieder zugeführt, ist die Niere nicht mehr in der Lage, diese Stoffe wieder zu entfernen. Sie kapituliert, was eine lebensbedrohliche Urämie zur Folge hat. Eine ähnliche Wirkung hat auch das Trinken von Salzwasser auf den Körper eines Verdurstenden.

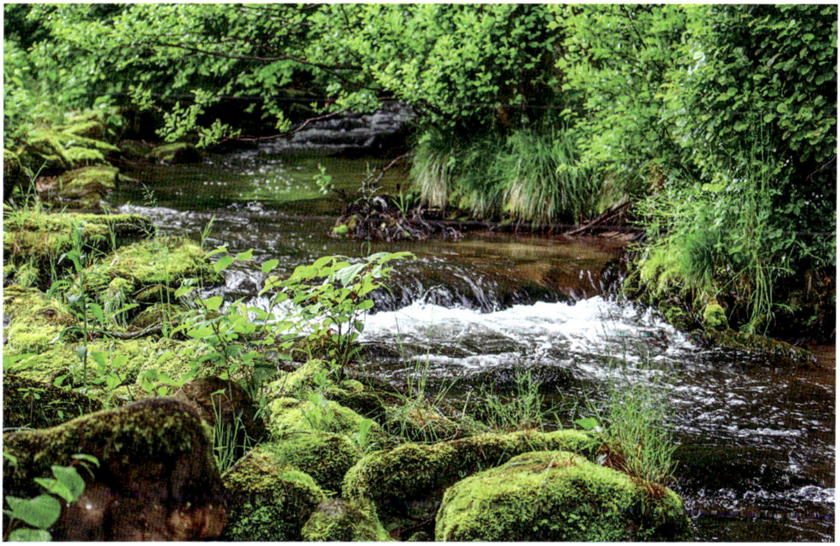

In Mitteleuropa und den umgebenden Ländern finden Sie in aller Regel Wasser, das problemlos ohne jede Aufbereitung getrunken werden kann. Mehr dazu erfahren Sie im Buch »Trinkwasserversorgung«.

# 10 Notnahrung – Bush Tucker

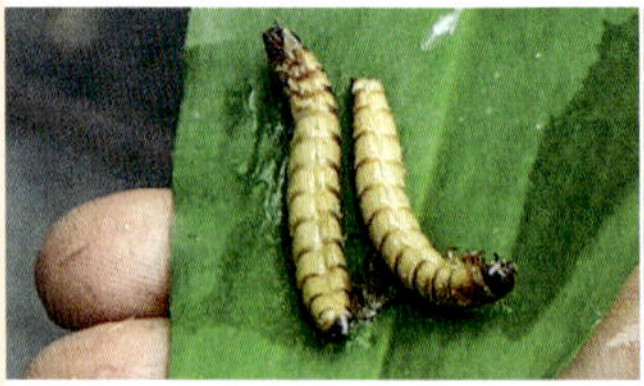

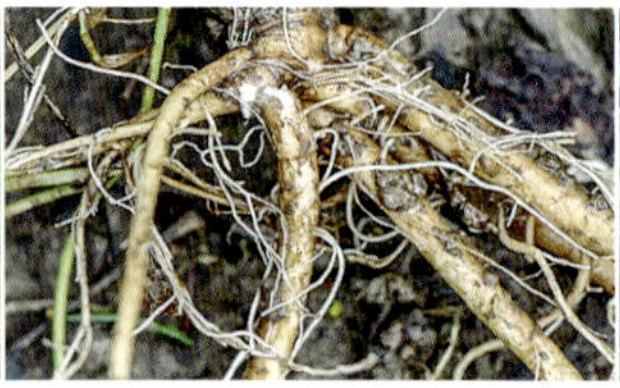

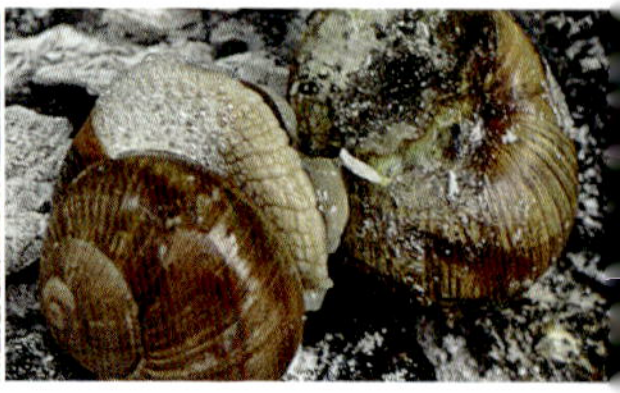

In einer Notfallsituation werden Sie merken, dass Sie wider Erwarten deutlich schneller auf Energie durch Nahrung angewiesen sind, um eine akzeptable Leistungsfähigkeit zu erhalten, als es die einschlägige Literatur vermutet. Wenn Sie kurze Zeit nichts essen, werden Sie dies vielleicht nicht so schnell merken. Der Körper der meisten Menschen besitzt eine Fettschicht und einen ausreichenden Glykogenspeicher von Muskeln und Leber, die theoretisch das Durchhalten über mehrere Wochen ermöglichen. Tatsächlich kann der Mensch jedoch nicht so schnell auf die im Fett gespeicherte Energie zugreifen, wie es im Überlebenskampf notwendig wäre. Warum das so ist, möchte ich hier etwas vereinfacht erläutern.

Nachdem der Zuckerspeicher im Muskel aufgebraucht ist, kann kurzfristig Energie aus der Leber durch das Hormon Glukagon abgerufen werden. Vereinfacht gesagt wird nach dem Essen eine große Menge der Energie in Form von Zuckermolekülen im Blut gelöst. Diesen Zustand muss der Körper schnellstmöglich beseitigen, indem das Hormon Insulin durch den Pankreas, die Bauchspeicheldrüse, freigesetzt wird. Dies führt dazu, dass der Speicherstoff Glykogen in Muskeln und Leber aus den Zuckermolekülen aufgebaut wird. Dadurch sinkt der Blutzuckerspiegel wieder auf Normalniveau.

In Zeiten hoher Anstrengung muss der Körper auf diesen Speicherstoff zugreifen, andernfalls droht eine mitunter lebensbedrohliche Unterzuckerung. Ist der Energiespeicher der Leber reduziert, kann der Körper Fette durch die sogenannte Betaoxidation so umwandeln, dass verschiedene Zucker entstehen. Das ist nach recht kurzer Zeit notwendig. Der Glykogenspeicher im Körper reicht nämlich nur für etwa einen Tag bei moderater Bewegung. Dass Zucker aus Fett hergestellt wird, ist alleine schon aufgrund der Tatsache notwendig, dass das Gehirn nur mit Zucker funktionieren kann.

Problematisch ist hierbei, dass der Glykogenspeicher durch Fettverbrennung nur relativ langsam und eher ineffektiv aufgebaut werden kann.

Ein hoher Energiespiegel ist beim Hungern darum erst nach längeren Ruhepausen zu erwarten, also früh morgens, was die kurzfristig erhöhte Vitalität und Energie erklärt. Wenn der Körper jedoch nur aus Fettgewebe oder durch Muskelabbau Energie gewinnen kann, ist er bei unvollständiger Erholung nur für kurze Zeit voll leistungsfähig. Sie werden im Notfall jedoch einige Tage durchgehend in hohem Maße belastet werden. Sie können nämlich auch nach fünf Tagen nicht nach wenigen Momenten den Feuerbohrer weglegen und Pause machen, nur weil Sie keine Kraft mehr im Arm haben.

**HINWEIS:**

Es ist lebensnotwendig, dass Sie nach wenigen Tagen Energie zuführen, um die körperliche Leistungsfähigkeit voll zu erhalten.

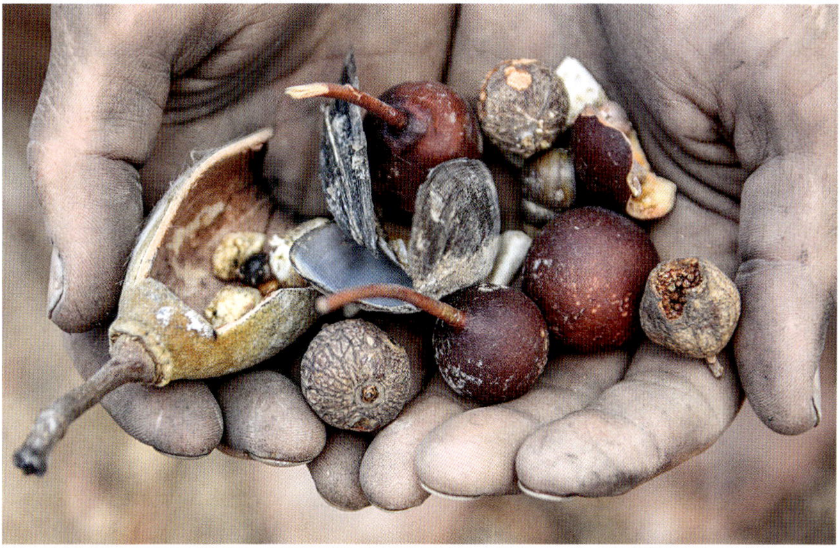

**Die steinzeitliche Ernährung mit energiereichen Pflanzenteilen und Kleintieren – Bush Tucker – entspricht der idealen Ernährung im Survivalnotfall. Mit dem richtigen Wissen können Sie sich mit ihr unter geringem Energieaufwand schnellstmöglich mit Nahrung versorgen.**

Es ist durchaus möglich, dass Sie nicht mehr in der Lage sind, sich selbst zu versorgen, wenn Sie zu lange gewartet haben. Wenn man bedenkt, wie sehr der in Not Geratene physisch und psychisch gefordert wird, geschieht das relativ schnell. Falls Sie nicht mehr in der Lage wären, ein Wärmefeuer zu erzeugen oder zu unterhalten, würden Sie große Mengen Energie in der Nacht verlieren. Es wäre kaum an Schlaf zu denken, wenn man überlegt, wie stark sich das Kälteempfinden zu Hause durch nur zwei Tage Fasten verändert. Es droht schnell eine Unterkühlung, da der Wärmehaushalt sehr viel Energie kostet. Außerdem spielt der psychische Faktor der Nahrungsaufnahme eine große Rolle. Alleine der Gedanke, bald etwas zwischen den Zähnen zu haben, steigert Leistung und Durchhaltewillen enorm, was essenziell wichtig ist, wenn es darum geht, längere Zeit auf sich alleine gestellt zu überleben.

So ist Nahrung ein lebenswichtiger Faktor, um die kurz- und mittelfristige Leistungsfähigkeit zu erhalten. In der »Aufbauphase«, während der eine stabile Infrastruktur geschaffen werden muss, ist dies besonders wichtig, da Sie währenddessen ständig in Aktion sind. In dieser Zeit werden Sie sich vorerst auf das beschränken müssen, was einfach zu sammeln oder zu fangen ist. Fallenbau, aktive Jagd auf Niederwild und prozessierte Lebensmittel sind erst außerhalb des Wirkungsbereichs dieses Buches, nämlich da angesiedelt, wo es um langfristigen Leistungserhalt geht. Aus diesem Grund werden hier die wichtigsten Take-aways beschrieben, also Nahrung aus Pflanzen und Tieren, die einfach zu sammeln, zu erkennen und zu fangen sind und außerdem sicher zubereitet werden können. Wenn Sie sich intensiver mit tierischer oder pflanzlicher Notnahrung beschäftigen möchten, benötigen Sie mehr Informationen als an dieser Stelle geboten werden kann.

Über diese Themen kann sich der Interessierte in gesonderten Bänden informieren, beispielsweise in »Tierische Notnahrung« (ISBN 978-3-613-50815-6) sowie in »Pflanzliche Notnahrung« (ISBN 978-3-613-50763-0).

## Pflanzliche Notnahrung

Wie weiter oben bemerkt, bietet dieses Kapitel nicht den Rahmen, um der pflanzlichen Notnahrung in ihrer gesamten Bandbreite auch nur annähernd gerecht zu werden. Es wäre meines Erachtens außerdem falsch, Ihnen hier eine große Anzahl von essbaren Arten aufzuzählen, wenn nicht sichergestellt werden kann, dass Sie auch in der Lage sind, diese in einem Notfall zu bestimmen. So werde ich mich auf die allerwichtigsten, energiereichen und weltweit vorkommenden Pflanzen beschränken.

Sie werden sehen, dass die hier vorgestellten Arten einfach zu bestimmen sind und nahezu überall und zu jeder Jahreszeit Nahrung und Energie liefern. Sie dürfen im Notfall nicht mehr auf ein Bestimmungsbuch angewiesen sein – Sie werden wahrscheinlich keines mitführen. Trotzdem müssen essbare Pflanzen sicher richtig bestimmt werden, um körperliche Schäden durch Vergiftungen zu vermeiden. Dieses richtige Bestimmen ist lebenswichtig. Viele Pflanzen einzelner Familien sind derart giftig, dass Verwechslungen schnell tödlich enden können. Aus diesem Grund bitte ich Sie, auf den Verzehr anderer Pflanzen so lange zu verzichten, bis Sie sich ein fundiertes Wissen über Botanik angeeignet haben, was durchaus etwas Zeit benötigt, dann jedoch recht nachhaltig ist.

### Testmethoden

In vielen Büchern erfreuen sich sogenannte »Genießbarkeitstests« großer Beliebtheit. Der Nahrungssuchende wird hier mit der Anweisung in den Notfall geschickt, unbekannte Pflanzen in verschiedenen Dosierungen durchzutesten. Beginnend mit dem Zerreiben der Pflanze auf dem Unterarm, werden kleine Stückchen zuerst gekaut und nicht geschluckt, dann gekaut und geschluckt, wahlweise mit halb- oder mehrstündigem Abstand und Verdopplung der Menge. Wenn das Prozedere überlebt wurde, sei die Pflanze essbar. Kurz: Diese Anweisung ist lebensgefährlich! Es gibt viele Pflanzen, die eine so hohe Toxizität aufweisen, dass kleinste Spuren davon zu

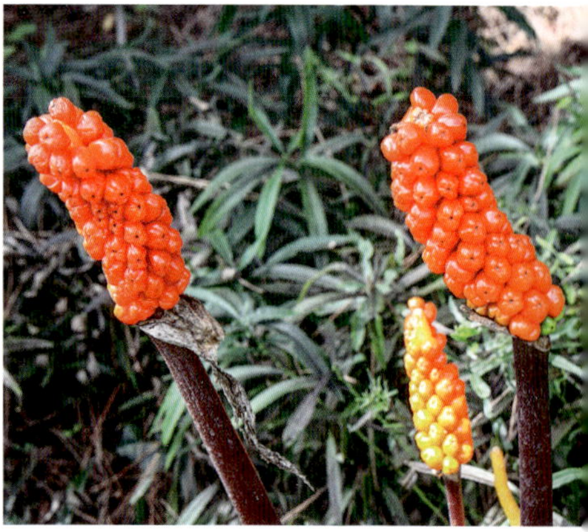

**Probieren Sie auch nur kleine Mengen dieser Beeren des Aronstabes, ist eine sehr schmerzhafte Vergiftung der Schleimhäute die unmittelbare Folge.**

schwerwiegenden, teils lebensgefährlichen Vergiftungen führen können. Außerdem besteht das Problem, dass einige Gifte erst nach vielen Stunden wirken. So können Sie nach bestandenem Test Mengen der Herbstzeitlosen *(Colchicum autumnale)* verschlingen, bis Sie viele Stunden bis einen Tag später an Nierenversagen sterben. Gegenteilig führt der sogenannte Noceboeffekt nach dem Verzehr unbekannter, selbst essbarer Nahrungsbestandteile alleine durch die Erwartung einer Wirkung zu deutlichen, rein psychogenen Vergiftungserscheinungen. **Eine neutrale Bewertung ist überhaupt nicht möglich** *(K3)*.

**HINWEIS:**

Wenn Ihnen Ihr Leben etwas wert ist und Sie einen qualvollen Tod durch eine Vergiftung vermeiden möchten, verzichten Sie bei unbekannten Pflanzen auf die Genießbarkeitstests.

Dass einige Eingeborenenstämme diese Tests vielleicht anwenden, liegt wahrscheinlich daran, dass sie Gemeinsamkeiten der gefährlichsten Pflanzen ihrer Umgebung kennen und diese Pflanzenfamilien von Beginn an aus dem Test ausschließen. Das

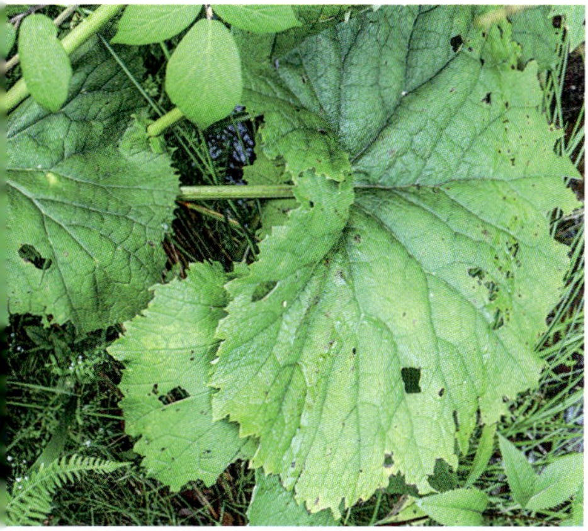

**Einige Gifte wie die Pyrrolizidinalkaloide wirken erst mit deutlicher Verzögerung; teilweise kumulieren die Schäden bspw. der Leber über Monate.**

kann ein botanischer Laie nicht. Ein Indio wird keine Giftholz- oder Sumachgewächse auf die Haut schmieren, unbekannte Araceaen (Aronstabgewächse), Euphorbiaceaen (Wolfsmilchgewächse) oder gar Loganiaceaen (Brechnussgewächse) zerkauen. Auch in Mitteleuropa kann der Nahrungssuchende mit etwas getestetem Blauen Eisenhut *(Aconitum napellus)* oder gelbem Fingerhut *(Digitalis lutea)* aus dem Leben scheiden.

Außerdem können botanische Laien oft selbst nach einem überstandenen Genießbarkeitstest ohne das richtige Wissen kaum die eben getestete Pflanze von giftigen Verwandten oder ähnlich aussehenden Pflanzen unterscheiden. Wer Bärlauch als essbar erkannt hat, wundert sich vielleicht nur, dass das daneben wachsende und falsch identifizierte Maiglöckchen nicht so intensiv nach Lauch schmeckt. Ich habe schon Leute kennen gelernt, die noch nicht mal die Unterschiede zwischen Schafgarbe und Kälberkropf benennen konnten, obwohl sie beide in der Hand hatten.

## Faustregeln

Auch mit einfachen Faustregeln kann sich der Notnahrungssuchende bei der Wahl der Nahrung vergreifen. Im Volksmund gibt es eine Anzahl von Aussagen, die so einfach nicht stimmen. Es wird zum Beispiel postuliert, dass »schwarze Beeren meist essbar sind, rote nicht«. Das mag Ihnen spätestens dann herzlich egal sein, wenn Sie sich mit fruchtig süßen Tollkirschen *(Atropa belladonna)* vergiftet haben. Gemeinsamkeiten wie Beerenfarbe, Blattform, Wuchs oder Blütenfarbe sind Kennzeichen, die für sich alleine keinerlei Aussage über die vorliegende Pflanze machen. Diese Eigenschaften haben sich in vielen unterschiedlichen Pflanzenfamilien als sogenannte »analoge Strukturen« entwickelt.

**HINWEIS:**

Einfache Faustregeln, die die Eigenarten der Pflanzenfamilien vernachlässigen, sollten Sie immer mit gesunder Skepsis bewerten.

Wenn Sie unbekannte Pflanzen als Nahrung verwenden möchten, müssen Sie diese mindestens bis auf die Familie bestimmt haben, um die gefährlichsten Gruppen auszuschließen. Das können Sie mit Hilfe einiger Regeln, die sich auf Blütenform und Blattstellung beziehen. Das hierfür benötigte Wissen kann ich Ihnen an dieser Stelle nicht vermitteln, da es so umfangreiche Vorkenntnisse voraussetzt, dass sie in einem gesonderten Band beschrieben worden sind.

**Eine dunkle Beere und »leckere Nascherei« mit ernsthaften Folgen: Die Tollkirsche schmeckt weder giftig noch warnt sie mit Faustregelfarbe.**

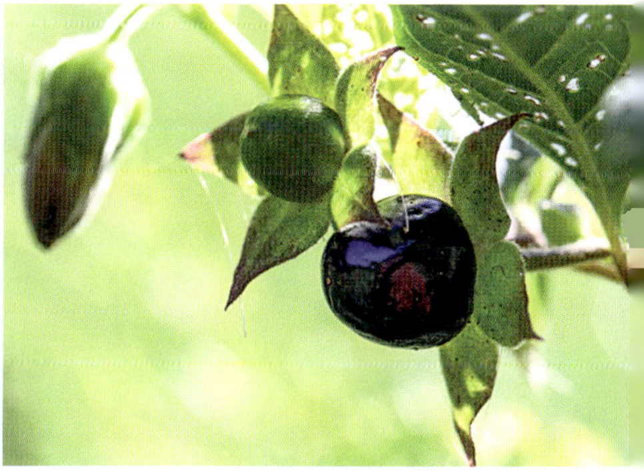

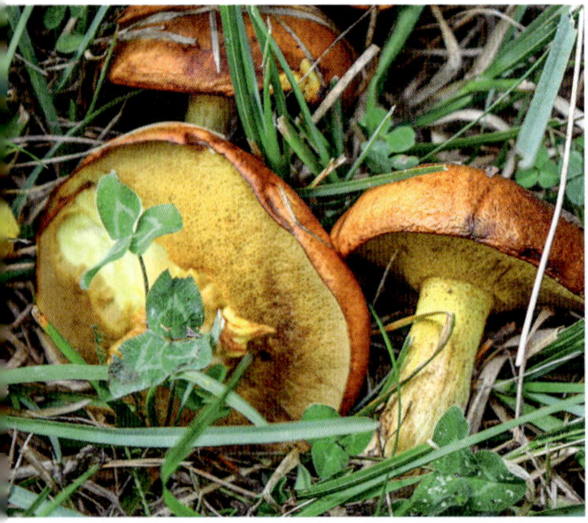

**Bestimmt lecker und für den geübten Pilzsammler eine Bereicherung. Als Notnahrung eignen sich Pilze allerdings kaum.**

## Pilze

Auch wenn Sie sich zu »zivilen Zeiten« gerne im Wald mit Pilzen versorgen, um beispielsweise das Wildgericht geschmacklich aufzubessern, sind diese nicht geeignet, als Notnahrung zu dienen. Selbst wenn wir davon ausgehen, dass Sie denken, einen Pilz richtig bestimmt oder erkannt zu haben, bedeutet es noch nicht, dass dieser auch an Ihrem aktuellen Ort genießbar ist. Lokale Variationen einzelner Arten machen es fast unmöglich, Pilze überall sicher zu bestimmen, zumal sie sehr häufig giftige Doppelgänger haben. So ist in der Mykologie von einer Anzahl von vergifteten Japanern die Rede. Diese kannten den markanten Hut mit den weißen Flecken des bei ihnen essbaren →Fliegenpilzes *Amanita muscaria* gut. Es hat sich jedoch gezeigt, dass einige Pilze dort einen viel geringeren Gehalt von Giftstoffen aufweisen. In Deutschland war die Konzentration der Pilzgifte so hoch, dass das Abziehen der Huthaut und Auslaugen über Nacht offensichtlich nicht gereicht hat. Ähnlich wird in einigen Gegenden die Speise- oder Frühjahrslorchel *(Gyromitra esculenta)* als delikater Speisepilz bewertet, die falsche Zubereitung endet jedoch immer wieder mit schwersten Vergiftungen, oft auch tödlich. Stellen Sie sich einmal vor, Sie haben gehört, dass die Speiselorchel essbar ist und finden diese unterwegs.

**HINWEIS:**

Pilze bleiben immer ein Unsicherheitsfaktor, den es zu vermeiden gilt.

Das ist jedoch kein großer Verlust für uns, wenn man vom Geschmack einmal absieht. Pilze haben keinerlei Nährwert. Sie bestehen größtenteils aus unverdaulichen Chitinverbindungen und Wasser. Pilze haben damit sogar deutlich weniger Nährwert als Blätter von Grünpflanzen, die wir aus diesem Grund außer zum Befüllen des Magens gegen Hungerkrämpfe und zum Wassergewinn als Nahrungsmittel eher vernachlässigen.

## Essbare Pflanzen

Wenn wir Pflanzenarten betrachten, die allgemein als Nahrung dienen können, wäre es ein Leichtes, dieses Buch noch zwei Mal alleine mit Aufzählungen und Abbildungen zu füllen. Es gibt in Europa tausende ungiftige Pflanzen. Wenn wir uns jedoch auf jene konzentrieren, die einen hohen Nährwert

### Nährwert versus Risiko

| Lebensmittel | Nährwert | Eiweiß | Fett | Kohlenhydrate |
|---|---|---|---|---|
| Heuschrecke | 320 kJ/77 kcal | 23 Gramm | 4 Gramm | – |
| Brennnesselblätter | 206 kJ/49 kcal | 5,5 Gramm | 0,7 Gramm | 4,8 Gramm |
| Wiesenchampignon | 64 kJ/15 kcal | 2,5 Gramm | 0,2 Gramm | 0,5 Gramm |

**Typische Nährwerte der unterschiedlichen Nahrungsgruppen, bezogen auf 100 Gramm Frischgewicht.**

in Form von Fetten oder Speicherzuckern besitzen, ist unsere Liste schon überschaubarer.

Hier werden außerdem nur Pflanzen aufgezählt, die einfach zu bestimmen sind, häufig vorkommen und bei denen kaum Verwechslungsgefahr besteht. Da ich davon ausgehe, dass Sie Wal- und Haselnüsse oder Kirschen auch gut ohne Beschreibung als essbar erkennen, wurden auch allseits gut bekannte Arten an dieser Stelle ausgelassen.

### Einkeimblättrige

Unter den einkeimblättrigen Pflanzen *(Monokotyledonen)* gibt es eine große Anzahl unterschiedlicher Pflanzengruppierungen, zu denen einige ausgesprochene Giftpflanzen gehören. Einige Familien beherbergen jedoch fast ohne Ausnahme essbare Pflanzen. Der Botaniker wird mir sicherlich nachsehen, dass ich an dieser Stelle dem einfachen Verständnis halber die meisten Taxa der Einkeimblättrigen wie Liliales oder Asparagales vernachlässige und an dieser Stelle die essbaren Monokotelydonen mit *Poales*, den »Süßgrasartigen« gleichsetze. Diese Zusammenfassung wird der Fachmann als »paraphyletisch« erkennen, also als gemeinsames Betrachten von einigen Gruppen ähnlicher Herkunft, aber unterschiedlicher Natur. Es soll also nicht irritieren, wenn ich im nächsten Absatz »Grassamen« die Süßgräser *(Poaceae)* mit Binsengewächsen *(Juncaceae)* und Sauergräsern *(Cyperaceae)* als »Gräser« zusammengefasst behandle.

#### Grassamen

Gräser gehören zu den Pflanzengruppen, die die größte Verbreitung weltweit erfahren haben. Aus diesem Grund stellen sie auch überall einen großen wirtschaftlichen und praktischen Wert dar. Da Gräser jedoch allesamt essbar sind, mit Ausnahme cyanogener Verbindungen in wenigen Bambusarten, werden sie hier gemeinsam beschrieben. Gräser werden daran erkannt, dass sie einen Halm ohne Dickenwachstum haben, der entweder rund mit Knoten bei Süßgräsern, rund ohne Knoten bei Binsen oder dreieckig

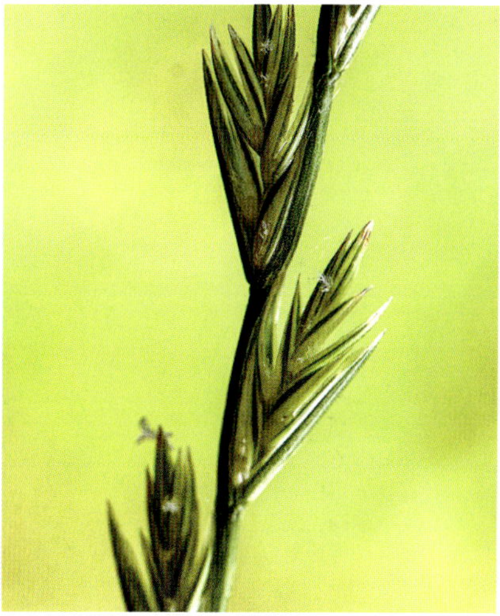

Die Blüten und damit auch die Samen von vielen Süßgräsern sind winzig. Es bedarf oft einigen Sammelaufwands, um nahrungsrelevante Mengen der Samen zu erhalten.

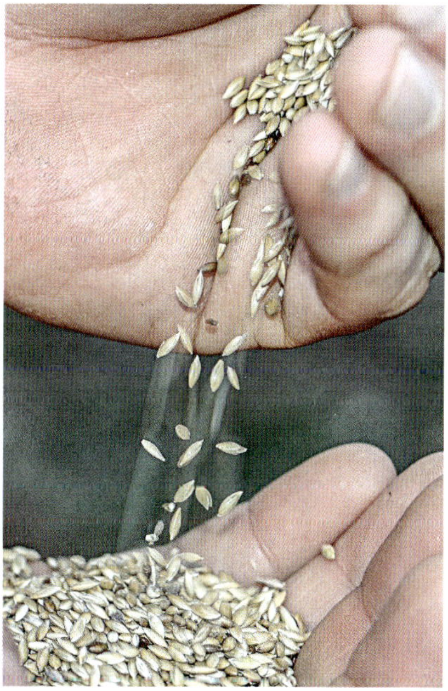

Im Spätsommer und Herbst können Grassamen von einigen Wildgräsern in großen Mengen geerntet werden.

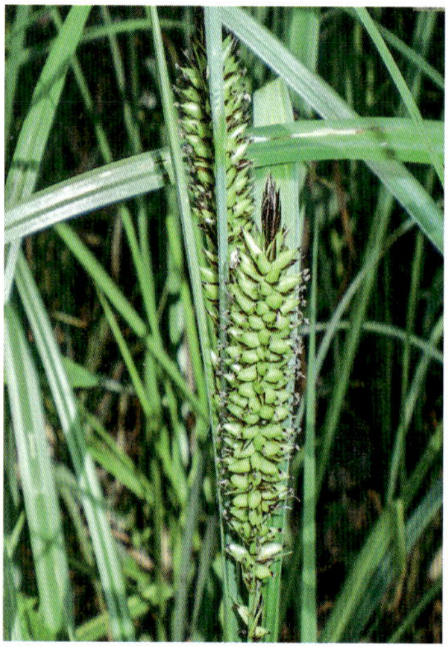
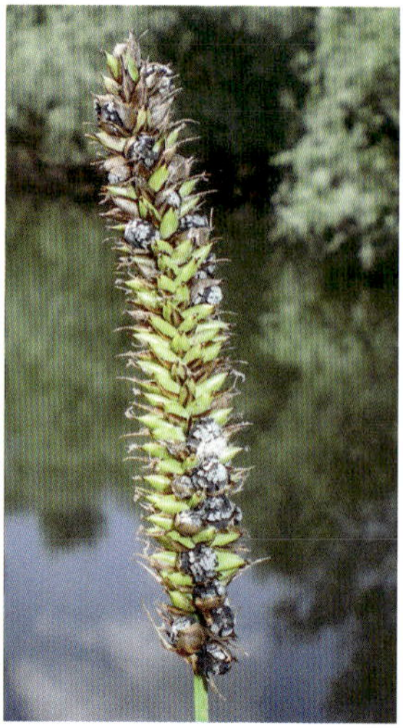

**Eine erntefähige Ähre eines Sauergrases. Auf etwaige dunkle Fruchtkörper von Pilzen sollte unbedingt geachtet werden.**

ohne Knoten bei Sauergräsern sein kann. Uns interessieren alle kleinen Grasarten, unabhängig, zu welcher Kategorie diese gehören. Sicherlich sind Ihnen einige Kulturformen als Reis, Roggen oder Hafer bekannt.

Auch bei wild wachsenden Gräsern ist für uns die große Menge von Energie interessant, die in den Samen gespeichert wird. An Flussufern oder am Waldrand können Sie oft große Felder davon abernten. Da die wilden Arten dazu neigen, Samen beim Erreichen der Reife zu verlieren, werden vom Notnahrungssuchenden auch schon unreife Samen gesammelt, die allerdings weniger Stärke enthalten als bei Vollreife. Ein gewisses Risiko stellen Pilze dar, die auf den Körnern einiger Grasarten wachsen. Diese können starke Gifte, sogenannte Mutterkornalkaloide oder Aflatoxine beinhalten. Deshalb ist beim Sammeln auf die schwarzen Fruchtkörper von kleinen Pilzen zu achten, befallene Pflanzen sind zu vermeiden.

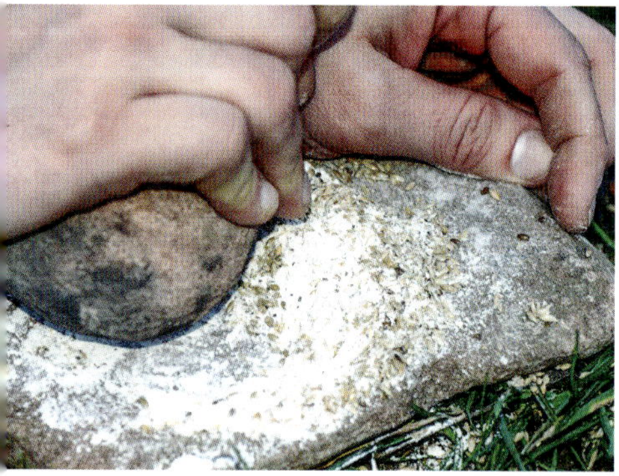

**Von Grassamen werden die Spelzen nicht entfernt. Sie werden mit den Körnern gemahlen und zu einem Brei vermengt.**

Da von diesen Körnern kaum die Spelzen vollständig abgetrennt werden können, werden sie auf einem harten Untergrund mit einem Holz- oder Steinstößel zerrieben. Freiwerdende Spelzen können vorsichtig fortgeblasen werden.

Das Mehl wird mit etwas Wasser zu einem dicken Brei angerührt und zu »Crackern« gebacken, wie es im Abschnitt »Zubereitung« beschrieben ist. Der Brei kann auch roh verzehrt werden. Die Körner müssen jedoch unbedingt aufgeschlossen, also zerrieben oder zerkaut werden, da die Samenschale meist so stabil ist, dass sie von der Magensäure nicht zerstört werden kann.

### *Schilfrohr*

Unter den Süßgräsern nimmt eine Pflanze eine Sonderstellung ein, da sie für uns in

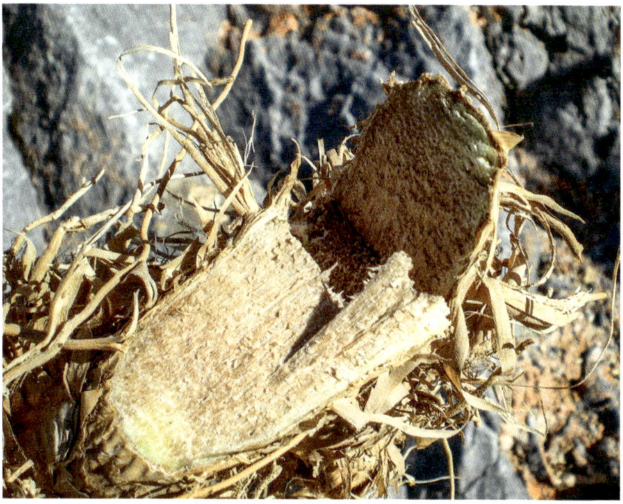

**Riesige Mengen von Stärke können aus den dicken Rhizomen von Schilf- und Rohrkolbenpflanzen gewonnen werden. Dazu werden die Rhizome am besten gekocht, mit einem Holzhammer flachgeklopft und ausgelutscht.**

besonders vielfältiger Weise dienen kann. Schilf lässt sich weltweit in unterschiedlichen Wuchsformen finden. Sie sind alle essbar und können mit praktisch keiner Pflanze verwechselt werden. Aus jungen Pflanzen kann mit dem obersten Blatt eine Wuchszone ausgezogen werden, die frisch gegessen werden kann und viel Wasser enthält.

**Wasser- oder Schwertlilien: Nicht zu verwechseln mit Rohrkolben. Schwertlilienblätter liegen in einer Ebene aneinander gestapelt.**

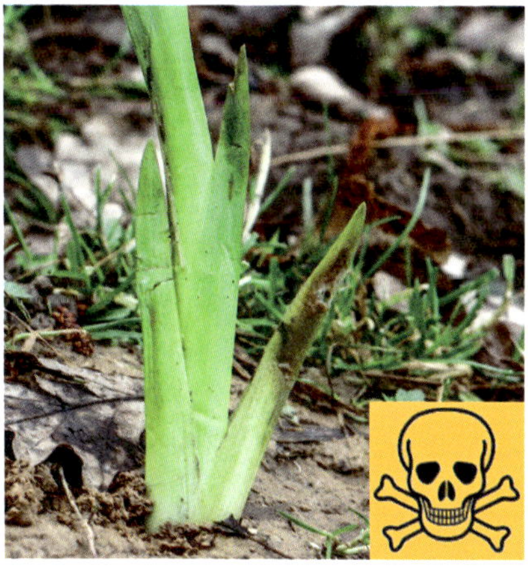

Besonders interessant ist außerdem für uns, dass Schilf eine große, wurzelähnliche Knolle, ein sogenanntes Rhizom bildet, das ausgekocht werden kann. Zerteilt man dieses in Fasern, können große Mengen von Stärke herausgekaut werden. Die hohlen Halme sind außerdem für eine Vielzahl von Behelfen wie Kälteisolation und als Gefäß geeignet.

### *Rohrkolben*

An ähnlicher Stelle, nämlich in Sumpfgebieten und im Röhricht von Gewässern, kann der Rohrkolben gefunden werden. Die mannshohe Pflanze, die zu den »rohrkolbenartigen Einkeimblättrigen« gehört, dient neben Schilf deshalb als ausgesprochen sicherer Wasseranzeiger. Rohrkolben können außerdem als Wasserspender dienen, indem die meterlangen, kräftig grünen Blätter aus der Pflanze gezogen werden.

An ihrer Basis, bis etwa zur Hälfte des Blattes sind nur wenige Fasern vorhanden, so dass das saftige, oft schleimig triefende Blattgewebe abgebissen werden kann. Es schmeckt erfrischend und liefert viel Flüssigkeit, besonders im Sommer auf Märschen oder beim Abtransport von Baumaterial aus dem Röhricht. Der Rohrkolben lagert ebenso wie Schilf in den Rhizomen Stärke ein, weshalb diese als hervorragende Energiespender dienen.

Wie Rohrkolben genau aussehen, finden Sie im Abschnitt »Wasseranzeiger«. Sie sollten darauf achten, dass Sie den Rohrkolben nicht mit den Blättern von giftigen Schwertlilien *(Iris spec.)* verwechseln, die am gleichen Standort vorkommen können. Dies können Sie am besten, wenn Sie sich merken, dass Schwertlilienblätter am unteren Ende wie in einer Schwertscheide sitzen.

### *Zweikeimblättrige*

Den Gräsern stehen als zweite Großabteilung die zweikeimblättrigen Blütenpflanzen (Dikotyledonen) entgegen. Zu ihnen gehören praktisch alle verzweigten Blütenpflanzen (mit Ausnahme von Koniferen), also auch Bäume und Sträucher. Es gibt darunter viele essbare Arten, aber auch viele Giftpflanzen.

#### *Korbblütler*

Als besonders nützlich als Energielieferant hat sich die Pflanzenfamilie der *Asteraceae* auf der Suche nach Energie gezeigt. Diese Pflanzengruppe zählt für den Nahrungssuchenden neben den Gräsern zur wichtigsten überhaupt. Typische Korbblütler sind anhand einiger Merkmale gut von anderen Pflanzen zu unterscheiden, was sie besonders interessant macht. Innerhalb dieser Gruppe gibt es jedoch auch einige Giftarten, weshalb auch nur auf sicher erkannte Exemplare zurückgegriffen werden darf.

Es gibt hier jedoch sehr einfach bestimmbare Pflanzen, die kaum verwechselt werden können. Namensgebend sind die Sammelblüten aus einer Anzahl mehrerer hundert, manchmal über tausend kleiner Blüten, die zu Köpfchen oder »Körbchen« zusammengefasst sind.

Wenn Sie sich eine typische Korbblüte vorstellen wollen, denken Sie an den Blütenstand von Löwenzahn, Gänseblümchen oder Sonnenblume. Als besonders energiereich und weit verbreitet haben sich die große Klette und die Löwenzahnarten erwiesen. Außerdem kann eine Vielzahl anderer Korbblütler wie beispielsweise Gänseblümchen verzehrt werden, was jedoch nicht immer die gewünschte Menge Energie bietet.

#### *Große Klette*

Die große Klette ist im Herbst und Winter die Pflanze, aus der die meiste Energie gewonnen werden kann. Mit ihrem ausladen-

**_Links:_ Die Blüten der großen Klette erinnern stark an kleine Artischocken. Als Klettfrüchte sind sie Ihnen sicherlich bekannt. _Rechts:_ Die rund zwei Meter lange Klette mit dem ausladenden Laub besitzt eine purpurne Pfahlwurzel, welche die Größe einer Dickrübe erreichen kann.**

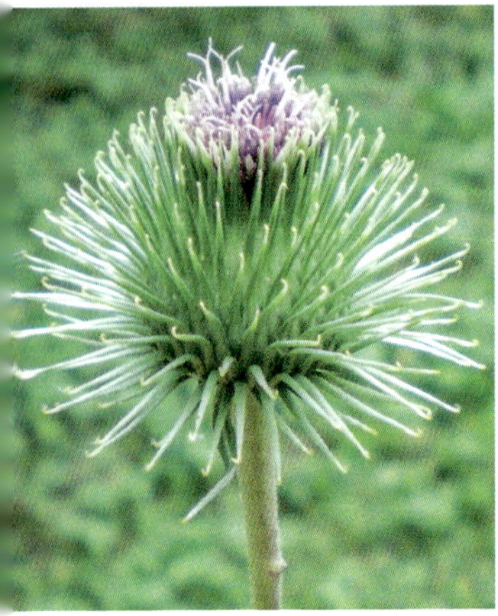

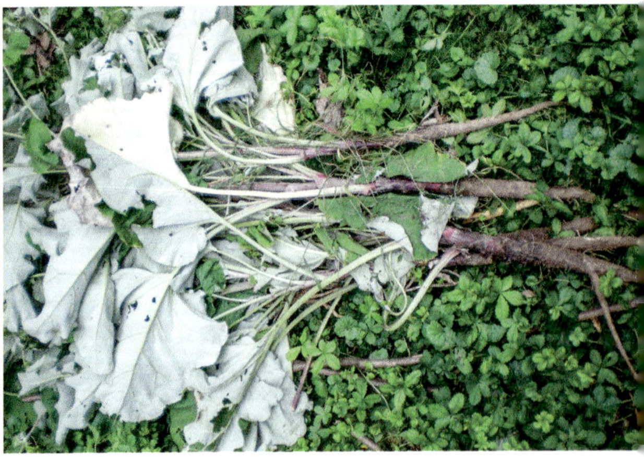

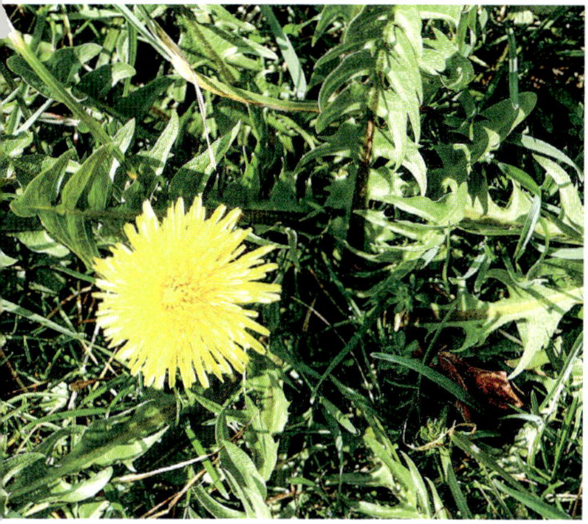
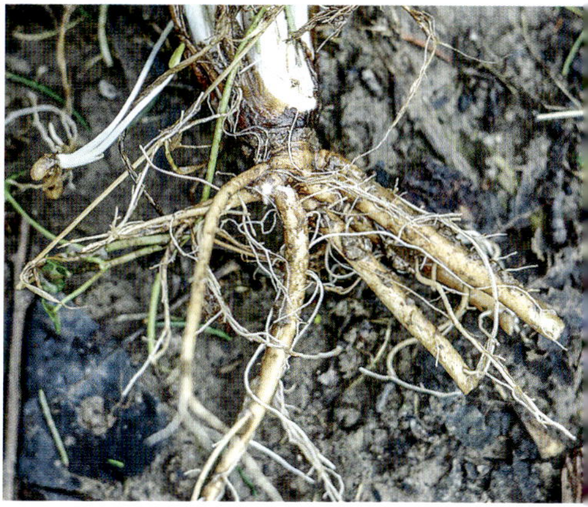

*Links:* Die Blüten und Blätter des Löwenzahns lassen sich eindeutig und schnell erkennen. Die Wuchsform stellt sich als Blattrosette mit zentralen Blütenstielen dar. *Rechts:* Die Wurzeln von Löwenzahn und vielen anderen Asteraceaen enthalten Mengen von Inulin, das mit Stärke verglichen werden kann. Hier findet der Hungrige auch im Winter Nahrung und Energie.

den Laubwerk mit Blattdurchmesser von über 40 Zentimetern sammelt sie im Sommer Sonnenenergie und speichert diese in einer riesigen Wurzel. Diese kann die Größe einer Zuckerrübe erreichen und ist mit einem Grabstock meist in wenigen Minuten ausgegraben. Die Klette lässt sich oft in sonnigen Gegenden auf erhöhten Flächen finden. Einfach ist sie an ihren typischen Klettfrüchten zu erkennen, die aus verblühten Knospen bestehen.

Während der Blütezeit lassen sich eine Anzahl violett-roter Blüten erkennen, die an kleine, gedrungene Artischocken erinnern. Auch die kleinen Samen, die wie winzige Sonnenblumenkerne aussehen, können gegessen werden und enthalten eine Menge von Fetten. Die Stiele der Klette finden außerdem Verwendung als Quelle für stabile Fasern zur Schnurproduktion. Die Blätter werden zum Abdecken von Dächern und zum Auskleiden wasserdichter Behältnisse eingesetzt. Die Blätter selbst sind jedoch aufgrund einer extremen Bitterstoffeinlagerung ungenießbar.

### *Löwenzahn*

Fast überall wachsende Pflanzen sind die unterschiedlichen Löwenzahnarten. Die butterfarbenen Blüten sind meist schon aus weiter Entfernung zu erkennen. Löwenzahn breitet sich oft auf großen, offenen Wiesen aus. Eine große Rolle spielt bei der schnellen Verbreitung, dass die Samen durch kleine Schirmchen kilometerweit fortgetragen werden können. Zu den Löwenzähnen gehören eine Reihe unterschiedlicher Pflanzen, die aufgrund ihrer gemeinsamen Blattform als solche benannt werden.

Die Blätter sind tief gesägt und sehen wie der schematische Querschnitt eines Tan-

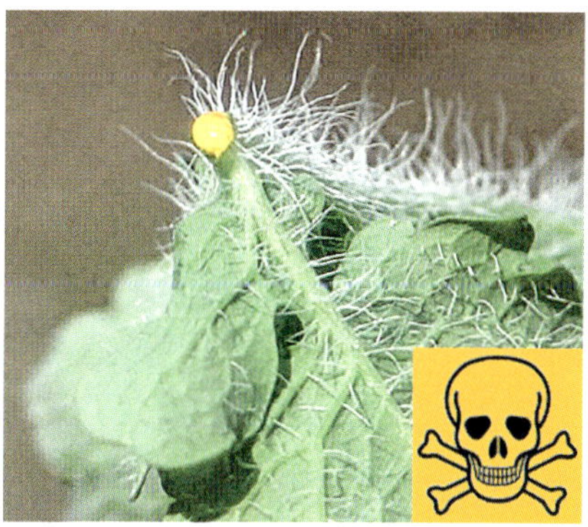

Milchsaft deutet bei vielen Pflanzen darauf hin, dass sie entweder zu den Euphorbiaceaen oder wie hier das Schöllkraut zu den Papaveraceaen gehören.

nenbäumchens aus. Alle Blätter derselben Pflanze entspringen zentral einer bodenständigen Blattrosette. Oberirdische Pflanzenteile können allesamt gegessen werden. Interessant sind besonders die pollen- und damit eiweißreichen Blüten. Der Milchsaft von Löwenzahn ist übrigens absolut ungefährlich, es handelt sich um eine einfache Ölsuspension, wie auch Milch eine ist. Dies gilt jedoch nur für Korbblütler. Der Milchsaft von Mohngewächsen *(Papaveraceae)* und Wolfsmilchgewächsen *(Euphorbiaceae)* kann extrem giftig sein. Wenn wir nur die Blüten und Blätter von Löwenzahn verzehren könnten, würden wir ihn nicht in unsere Liste aufnehmen, da diese Pflanzenteile auch bei Gänseblümchen oder →Vogelmiere verzehrt werden könnten, aber relativ wenig Energie haben. Uns interessieren beim Löwenzahn insbesondere die Wurzeln, die ein wenig an kleine, weiße Rettichzapfen erinnern. In diesen werden große Mengen des Speicherstoffs Inulin eingelagert. Die Wurzeln sind zwar so bitter, dass sie nicht körbeweise verzehrt werden können, ohne dass Magenprobleme zu erwarten wären, sie eignen sich jedoch zur regelmäßigen Aufnahme von Energie.

### *Fuchsschwanz*

Weltweit spielen eine Reihe von Pflanzen eine große Rolle, die Sie als Unkraut im heimischen Garten fürchten. Fuchsschwanzpflanzen wurden von frühen Kulturen vor dem Auftauchen der ersten Zuchtgetreide als zuverlässige Eiweiß- und Kohlenhydratquelle genutzt. Die Blütenstände, die an junge, grüne Maiskölbchen erinnern, können in allen Reifestadien verzehrt werden. Sie entspringen oft den Blattachseln der Pflanze. Das Laub kann unterschiedliche Farben annehmen, die zwischen Tiefgrün und Violett variieren.

Der Habitus erinnert nicht nur an den aus dem Garten bekannten Spinat, Spinat ist vielmehr die in Europa am häufigsten angebaute Fuchsschwanzart, von der jedoch meist nur die Blätter verzehrt werden. Tatsächlich enthalten die Körner aber die größte Menge Energie. Die Samen aller Fuchsschwanzarten werden gesammelt, indem die gesamten Kolben entnommen werden. Diese werden entweder gut gekaut oder zerrieben als Suppe verzehrt. Aufgrund des fehlenden Gluten, eines klebrigen Eiweißes, das in Getreide zu finden ist, können aus Amaranthsamen keine Fladen ausgebacken werden.

**_Links:_ Die Fuchsschwanzarten, hier Amaranth, wurden von vielen Kulturen als wichtigste Stärke- und Proteinquelle genutzt. Auch heute sind sie bei uns als Mangold oder Spinat beliebt. _Rechts:_ In den Andenregionen bilden Amaranthe diejenige Nahrungsgrundlage, die bei uns Mais, Weizen und Kartoffeln einnehmen.**

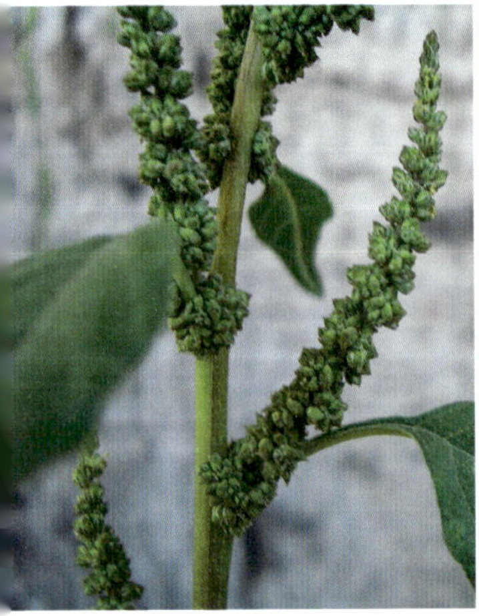
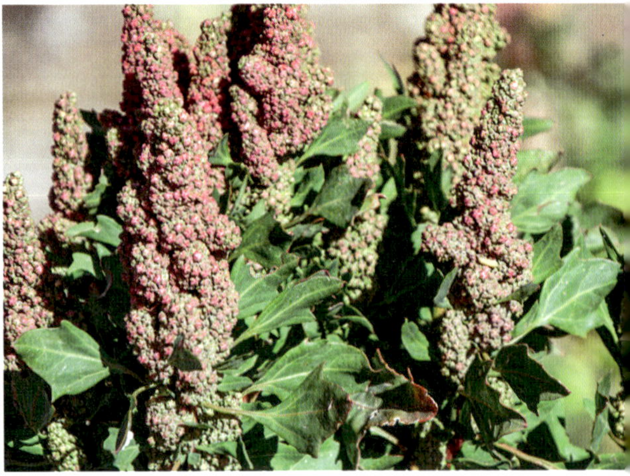

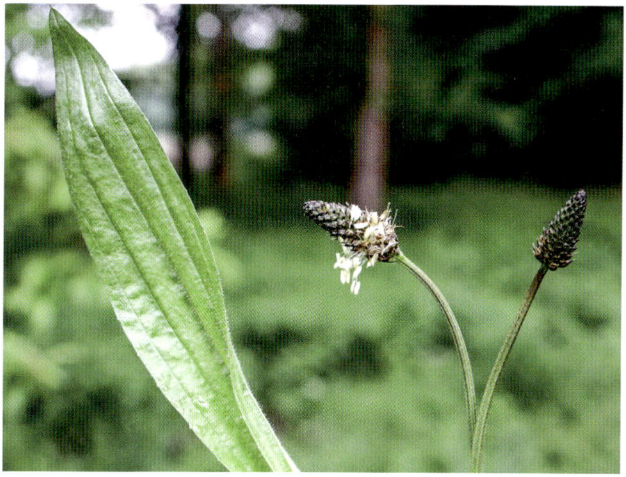

Wegericharten (hier der Spitzwegerich) finden Sie überall auf der Welt. Sie lassen sich mit keiner Pflanze verwechseln und bieten durch Samen viel Energie. Sogar in Wüsten wächst Wegerich als *Plantago ciliata*.

### *Wegerich*

Wie andernorts erörtert, können wir mit Wegericharten leichte Schwellungen unter der Haut wie Insektenstiche oder entzündliche Beschwerden im Rachen behandeln, während offene Wunden auf keinen Fall mit einem selbst bereiteten Auszug benetzt werden sollten. Neben einem fraglichen medizinischen Wert im Notfall sollten wir uns eher mit dem Nährwert der Pflanze beschäftigen. Im Blickpunkt der Ernährung spielt Wegerich eine besondere Rolle.

Zwei Tatsachen machen ihn zu einer sehr interessanten Nahrungspflanze. Erstens ist Wegerich in unterschiedlichen Formen praktisch weltweit verbreitet. Die Wegericharten wie Breitwegerich, Spitzwegerich und Mittelwegerich haben sich aufgrund der klebrigen Samen flächendeckend an Orten verbreitet, die von Menschen betreten wurden.

In Nordamerika war das Auftauchen der Pflanze sogar untrennbar mit dem Erscheinen der weißen Menschen verbunden. Außerdem gibt es eine Anzahl lokaler Wegericharten, wie beispielsweise asiatischer Wegerich oder indischer Flohsamen, die in der Ernährung schon immer eine große Rolle spielten und leicht als Verwandte des einheimischen Wegerichs erkannt werden können.

Zudem ist Wegerich denkbar anspruchslos. Er wächst nicht nur in kleinsten Spalten und Brüchen im Felsen oder sogar Asphalt, sondern auch in trockenen Steppen sowie in Sumpflandschaft. Die zweite für uns interessante Tatsache ist, dass Wegericharten große Mengen Energie in die Samen einlagern. Die Pflanze kann an ihrer typischen Wuchsform einfach erkannt werden. Die stark mit Nerven durchzogenen Blätter entwachsen einer bodenständigen Rosette.

**HINWEIS:**

Betrachten Sie viele unterschiedliche Wegericharten. Die Vielfalt der weltweit verbreiteten Gattungen ist groß (*K6*).

Oft sind die Blätter entweder lanzettlich, ohne Stiel oder löffelförmig. Aus der Mitte der meist dem Boden aufliegenden Rosette entspringen ein oder mehr lange, knotenlose und das Laub oft weit überragende Halme mit einem Blütenstand, der entweder Ähren oder kleine Köpfchen ausbildet.

### *Brennnesseln*

Ganz bestimmt erkennen Sie die weltweit heimischen Brennnesseln spätestens dann, wenn Sie sich durch das Unterholz kämpfen.

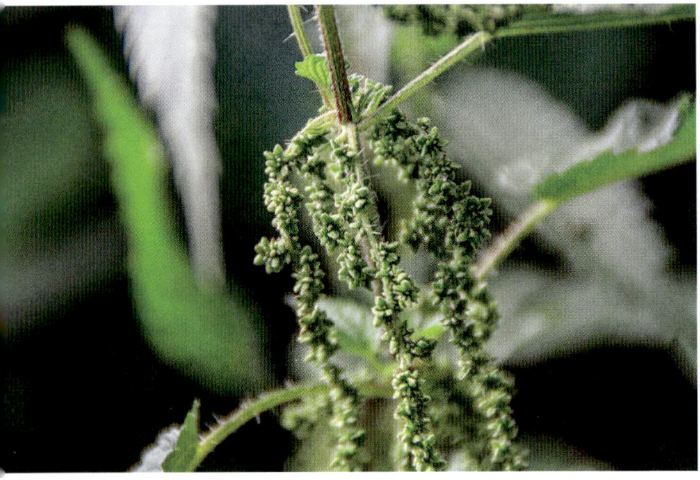

Die dreieckigen und ölreichen Samen können geerntet werden, sobald sie ausgehärtet sind. Vollreif (rehbraun) sind sie besonders nahrhaft. Denken Sie daran, dass es männliche und weibliche Pflanzen gibt. Die Samen erhalten Sie natürlich nur an den weiblichen.

Die starren, borstigen Haare durchstechen sogar feste Kleidung mit Leichtigkeit und entleeren ihre Brennladung in der Oberhaut, was durch Pusteln am Körper zu sehen und durch einen starken Juckreiz zu spüren ist. Brennnesseln sind Ihnen sicherlich als Rohstoff für Tees und Spinat bekannt. Diese zwar wohlschmeckenden Zubereitungen sind für uns aber wegen fehlender Nährstoffe eher unwichtig.

Auch dass Brennnesselfasern eine stabile Leine erzeugen, wissen Sie spätestens seit dem Kapitel »Behelfe«. Für Notnahrungssuchende sind jedoch besonders die kolbenartigen Blüten von Interesse. Am Grund der Blätter entspringen nämlich schon vor dem Erreichen der vollen Wuchshöhe die unscheinbaren grünen Blütenstände. Diese können, wenn sie unreif sind, als Eiweißquelle dienen. Wenn die Samen der Brennnesseln ausgehärtet sind, enthalten sie große Mengen von nahrhaften Ölen. Damit der Körper jene verwerten kann, müssen die Samen entweder geröstet oder sorgfältig klein gekaut werden.

### *Baumfrüchte wie Esskastanien, Bucheckern, Eicheln*

Neben den unterirdischen Speicherorganen einiger Pflanzen lassen sich in gemäßigten Regionen oft die Nussfrüchte und Samen von Bäumen als Nahrung verwenden. Die Schwierigkeit dieser Energiespeicher ist jedoch, dass sie fast allesamt eine große Menge von verschiedenen Giftstoffen, wie Gerbsäuren, Saponinen und Fagin enthalten. Außerdem enthalten einige Samen eine bestimmte Menge von Blausäureverbindungen.

Aus diesem Grund gehören diese Nahrungsbestandteile zu jenen, die zum Erlangen der Genießbarkeit prozessiert werden müssen. Dieser Vorgang dauert meist mehrere Tage und ist erst dann angebracht, wenn das kurz- und mittelfristige Überleben gesichert ist, also außerhalb des Wirkungsbereichs dieses Buches.

**HINWEIS:**

Rosskastanien sind nicht mit Esskastanien verwandt. Merken Sie sich, dass die essbaren Maronen niemals (*K5*) zusammengesetzte Blätter besitzen.

Um Eicheln oder Bucheckern in kleinen Mengen verzehren zu können, sollten sie zumindest zerschnitten und geröstet worden sein, um einen Teil der giftigen Bestandteile auszutreiben. Maronen können gerös-

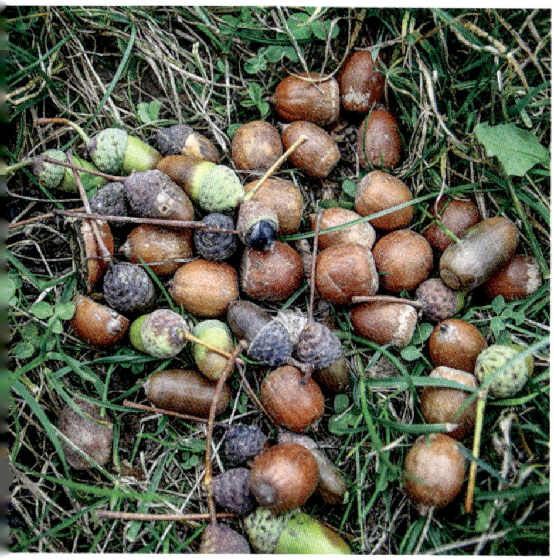

Eicheln müssen relativ aufwändig vorbereitet werden, wenn sie in großen Mengen verzehrt werden sollen.

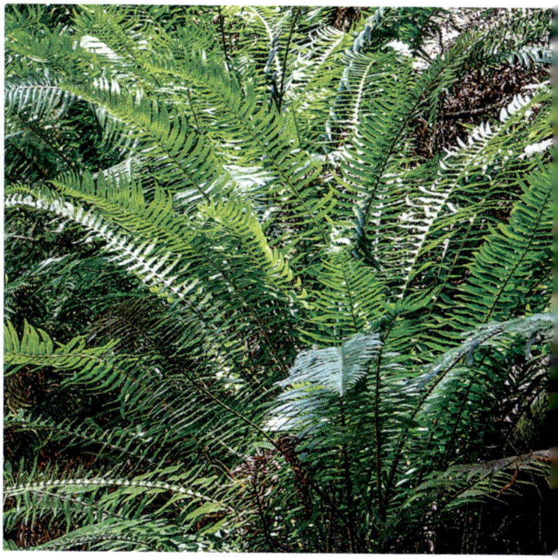

Farne, Schachtelhalme, Bärlappe und Moose sind nicht immer akut giftig, sollten aber gemieden werden.

tet in mäßigen Mengen verzehrt werden, bei zu viel kann Ihnen schlecht werden.

Von praktisch allen Koniferen mit klassischen Zapfen und Nadeln können die Samen verzehrt werden. Samen von Bäumen ohne typische Nadeln beziehungsweise Zapfen wie Thuja oder Eibe sollten unbedingt gemieden werden.

## *Farne, Schachtelhalme: Sporenpflanzen*

Verzehrt werden sollten vom Notnahrungssuchenden ausschließlich Samenpflanzen *(Spermatophytina)*, also solche, die sich als deutlich erkennbare Pflanze aus einem Samen und nicht einer Spore entwickelt haben. Pflanzen, die aus Sporen wachsen, dazu zählen neben Moosen hauptsächlich Farne und Schachtelhalme, sind aufgrund unterschiedlicher Inhaltsstoffen größtenteils giftig, oft sogar krebserregend. Dies gilt auch und in besonderem Maße für den häufig als essbar beschriebenen Adlerfarn *(Pteridium aquilinum)* und seine energiereichen, aber giftigen Rhizome, selbst für seine jungen Triebe. Es ist wenig hilfreich, wenn Sie sich einige Wochen lang mit Adlerfarn vergiften, um Jahre später an Krebs zu versterben.

Viele Farne wie der Wurmfarn *(Dryopteris filix-mas)* oder Schachtelhalme wie der Sumpfschachtelhalm *(Equisetum palustre)* führen außerdem durchaus zu akuten Vergiftungen. Aus diesem Grund sollten Pflanzen aus diesen Gruppen generell nicht als Nahrungsmittel verwendet werden, selbst wenn es den ein oder anderen ungiftigen Vertreter gäbe.

### Kleine Pflanzenliste

Von allen in der Tabelle auf Seite 148 als genießbar aufgeführten Arten lassen sich je nach Geschmacksintensität oder Fasermenge alle Pflanzenteile verzehren oder zerkauen, um den Mineralien-, Vitamin- und Wasserhaushalt aufrecht zu erhalten.

Diese kleine Liste zeigt Ihnen häufige Vertreter essbarer Pflanzen in Mitteleuropa auf, selbst wenn Sie nicht botanisch »vorbelastet« sind.

Mit etwas Vorwissen können Sie auch auf die »Dirty Dozen« zurückgreifen, beschrieben in dem Buch »Pflanzliche Notnahrung« (ISBN 978-3-613-50763-0).

## Häufige, einfach erkennbare und essbare Pflanzen

| Bezeichnung allg. | Bezeichnung bot. | Wichtiges Erkennungsmerkmal | Energiereiche Pflanzenteile | Inhaltsstoffe |
|---|---|---|---|---|
| Süßgrasartige (allgemein) | *Poales (Ordnung)* | Fehlendes Dickenwachstum, keine erkennbaren Blüten | Reife und unreife Samen, Rhizome | Stärke, Proteine |
| Schilfrohr | *Phragmites australis spp.* | Unverwechselbare Blüten, lanzettliche Blätter, hoher Wuchs | Samen, Rhizome | Stärke |
| Rohrkolben | *Typha spec.* | Zigarrenähnlicher Kolben, meterlange, schmal-lanzettliche Laubblätter | Rhizome | Stärke |
| Große Klette | *Arctium lappa* | Riesige Laubblätter, Klettfrüchte | Pfahlwurzel, Samen | Inulin, Stärke, Öle, Gerb- und Bitterstoffe |
| Löwenzahn | *Leontodon spec. Taraxacum spec.* | Blattrosette mit gesägten Blättern, buttergelbe Sammelblüte, weißer Milchsaft | Wurzel, Blüten | Inulin, Proteine |
| Fuchsschwanz | *Amaranthus spec.* | Vielblütige Blütenstände, grüne Kölbchen aus Blattachseln | Kölbchen bzw. Blütenstände | Stärke, Proteine |
| Wegerich | *Plantago spec.* | Bodenständige Blattrosetten, meist deutlich genervte Blätter, zentrale Halme mit Blütenköpfchen | Köpfchen | Öle, Stärke |
| Brennnesseln | *Urtica spec.* | Brennhaare an Blättern und Stiel, grüne Blütenstände in Blattachseln | Blütenstände, Samen | Öle, Vitamine |

**Der Beisatz »spec.« im botanischen Name bedeutet, dass verschiedene beziehungsweise alle Arten der Gattung essbar sind. »spp.« bedeutet, dass es sich um verschiedene Unterarten handelt. Botanische Namen sind folgendermaßen codiert: »Gattung art unterart«, wobei alle Unterarten der Art und jede Art der Gattung zugeordnet sind. Also gehören die beiden Arten Breitwegerich *Plantago major* und Spitzwegerich *Plantago lanceolata* zur gleichen Gattung, die hier mit *Plantago spec.* als essbar beschrieben ist.**

# Tierische Notnahrung

Wie eingangs erwähnt, interessieren uns an dieser Stelle hauptsächlich Tiere als Nahrung, die nicht oder nur sehr langsam fliehen können. Wir möchten mit Hilfe der gefangenen oder gesammelten Nahrung einen Zeitraum von maximal einer Woche überdauern, während wir eine grundsätzliche Infrastruktur und existenzielle Grundlagen einrichten müssen. Hier finden aus rein zeitlichen Gründen die aufwändigen und komplizierten Methoden des Fischfangs und der Fallenjagd keinen Raum. Mit diesen Themen beschäftigen Sie sich, wenn die Grundlagen zum Überleben gesichert worden sind. Also müssen wir uns um die schnell auffindbaren und einfach zubereitbaren Lebensmittel kümmern. Das sind größtenteils Insekten, Spinnen, Würmer, Krebstiere und Weichtiere.

Beachten Sie, dass tierische Nahrungsbestandteile sehr oft als Vektor in der Übertragung von Parasiten eine Rolle spielen. Deshalb kann auch in Mitteleuropa der Verzehr einer rohen Ameise oder einer ungekochten Schnecke die Infektion mit Saugwürmern, hier Leberegeln, ermöglichen.

Viele kleine Lebewesen ernähren sich von Säugetierkot. Dadurch aufgenommene Parasiteneier werden im Verdauungssystem der Kleintiere nicht abgetötet. So können viele Insekten oder Weichtiere auch Parasiten übertragen, die dabei als Sammelstelle überlebender Infektionsstadien von Säugetierparasiten wie beispielsweise Spulwürmern oder Bandwürmern dienen.

**HINWEIS:**

Tierische Bestandteile sollten immer gekocht oder geröstet werden.

Im Folgenden werden einige unterschiedliche Tiergruppen sowie deren Fundstellen aufgezählt. Diese Liste soll Ihnen als Anregung dienen, an welchen Stellen welche Art von Nahrung gefunden werden kann.

## Insekten

Bei fast jedem Wetter, mit Ausnahme von Temperaturen weit unter dem Gefrierpunkt, kann eine große Menge von Insektenlarven und Insekten in trockenem und morschem Holz aufgestöbert werden. In bewaldeten Regionen können umgestürzte Bäume mit einem Grab- und Hebelstock aufgebrochen werden. In lockerem Holz finden Sie oft Käferlarven oder Käfer. Sofern ein Käfer bei leichtem Druck auf den Hinterleib nicht unangenehm zu riechen beginnt, kann er als Nahrung dienen.

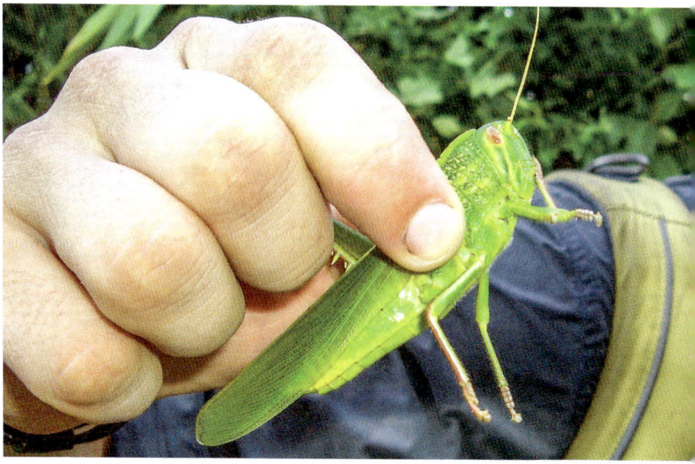

Sehr beliebter Snack, nicht nur in Survivalsituationen: Heuschrecken bieten eine große Menge verwertbarer Energie. Sie erkennen die großen Stacheln am Hinterbein, mit denen sich Heuschrecken teils sehr effektiv verteidigen können.

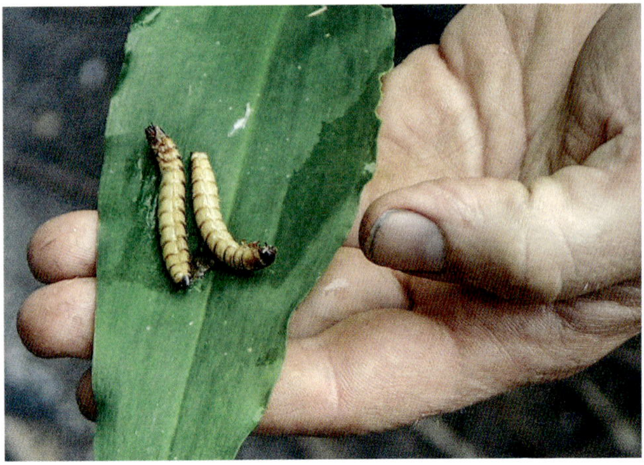

**Geröstete Käferlarven sind besonders delikat. Larven aller Art lassen sich unter Borke und in morschem Holz aufstöbern. Werden sie in einem luftigen Gefäß mit einigen feuchten Pflanzenbestandteilen gehältert, können sie auch über mehrere Tage transportiert werden.**

Auf trockenen Wiesen lassen sich häufig Heuschrecken oder Grillen finden. Diese können entweder mit der Hand gefangen oder mit einer Rute vom Halm geschlagen werden. Gleiches gilt für fliegende Insekten wie Bienen, Wespen und Hummeln, die aufgrund des Risikos eines Stichs mit Vorsicht gehandhabt und vor dem Verzehr geröstet werden müssen. Nester jener Tiere sind für den einigermaßen klar denkenden Notnahrungssuchenden selbstverständlich tabu *(K3)*, *(K7)*.

In ruhigen Gewässerregionen können Sie an Halmen, unter Steinen und in Uferbewuchs eine Menge unterschiedlicher Wasserinsekten fangen, die allesamt essbar sind. Dabei handelt es sich oft um Fliegenlarven oder Schwimmkäfer, von denen einige unangenehm zwicken oder sogar zustechen können. An diesen Orten lassen sich oft auch Weichtiere sammeln.

## Würmer

In Wäldern können unter feuchtem Moos und unter bodenbedeckenden Gegenständen wie unter Ästen oder Rinde eine große Anzahl von Regenwürmern ausgescharrt werden. Auf Wiesen lassen sie sich auch aus dem Boden scheuchen, indem auf im Boden eingesteckte Hölzer mit einem Stab geschlagen wird. Die Tiere vermuten, es handelt sich um auftreffende Regentropfen und verlassen instinktiv das Erdreich, um dem Ertrinken zu entgehen. Würmer werden erhitzt und unzerkaut geschluckt. Große Regenwürmer können vorher längs zerteilt werden, um den mit Sediment gefüllten Darm auszukratzen. Der geöffnete Wurm wird danach gekocht oder geröstet und im Ganzen geschluckt *(K3)*.

**Beute einer halbstündigen *Jagd* auf Regenwürmer. Die Anzahl der Bodentiere ist für den Laien unglaublich groß: Oft mehrere hundert Tiere je 10 Quadratmeter.**

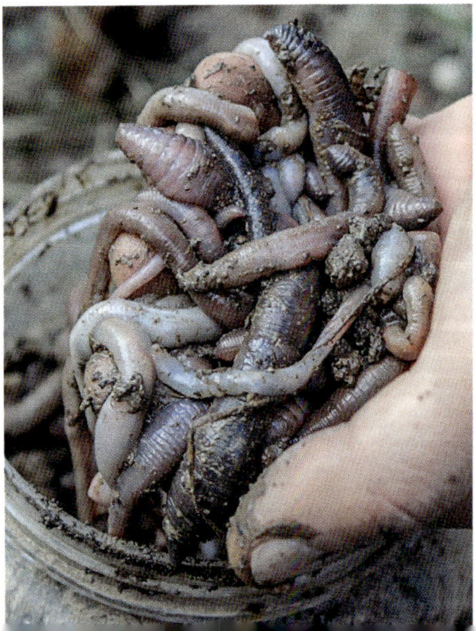

## Spinnen

In tropischen Regionen können mit einer Rute die handtellergroßen Radnetzspinnen oder Riesenkrabbenspinnen erschlagen werden. Dabei werden sie zuerst irgendwo am Körper getroffen und auf den Boden geschlagen. Mit einem Ast wird danach der vordere Körperteil eingedrückt. Die meist eher ungefährlichen Tiere sollten jedoch nicht von Hand berührt werden, sondern umgehend in der heißen Asche geröstet oder in Wasser gekocht werden. In Europa lassen sich unter lockerer Rinde oder umgedrehten Holzteilen große Spinnen fangen. Im Gestrüpp oder in üppigen Grasvorkommen finden Sie einheimische Netzspinnen wie beispielsweise Kreuzspinnen.

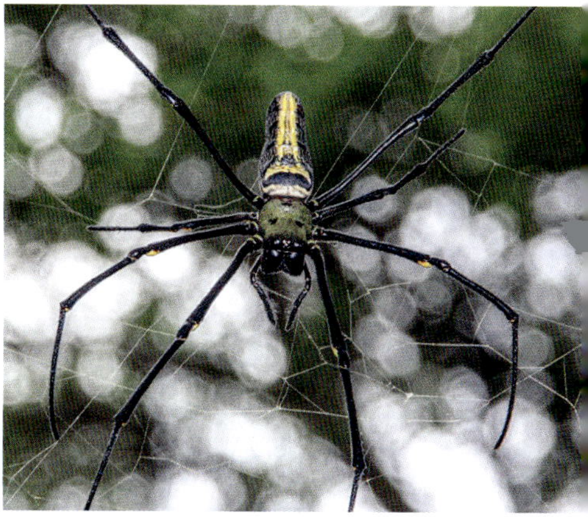

Radnetzspinnen (zu denen auch unsere Kreuzspinne gehört), sind oft eindrucksvoll groß, aber harmlos.

## Weichtiere

In allen feuchten Regionen lassen sich viele unterschiedliche Weichtiere finden. Für uns sind jedoch nur Arten interessant, die nicht fliehen und ein Gehäuse haben. Hierzu gehören landlebende Schnecken wie Schnirkelschnecken, die im unteren Stammbereich großer Bäume, unter loser Rinde oder totem Holz gefunden werden können. Oft sind sie auch in feuchtem Bewuchs zu sammeln. Gehäuselose Wegschnecken sind wegen ihrer Nahrung sowie Bitterstoffen in der Schleimhaut meist ungenießbar.

In langsamen Flüssen oder kleinen Tümpeln finden Sie auch im Winter am Uferbewuchs unter Wasser eine Menge von Schlammschnecken oder kleinen Muscheln. In flachen Flussbetten im Kehrstrom großer Steine oder in Seen mit reichem Uferbewuchs finden Sie außerdem eine Anzahl großer Muscheln im Schlick oder zwischen Wurzeln.

Da Schnecken allesamt Überträger unterschiedlicher, teilweise gefährlicher Parasiten sind, müssen sie unbedingt erhitzt werden. Verzehrt werden kann die gesamte Schnecke. Der Großteil der Proteine sind im Fuß gespeichert, Vitamine und Energie in Form von Speicherstoffen sind in der großen, etwas unansehnlichen, grün-braunen Mitteldarmdrüse eingelagert.

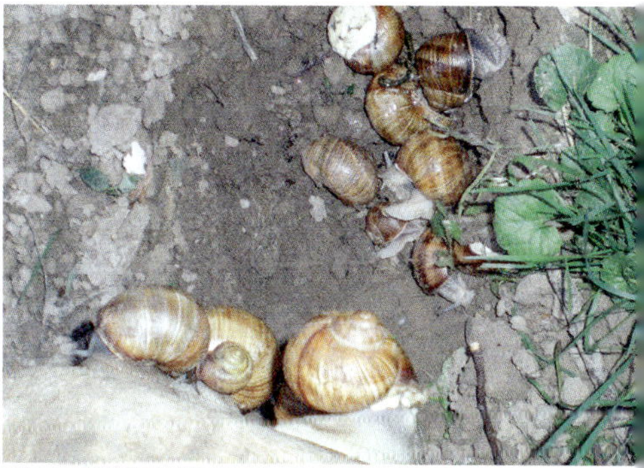

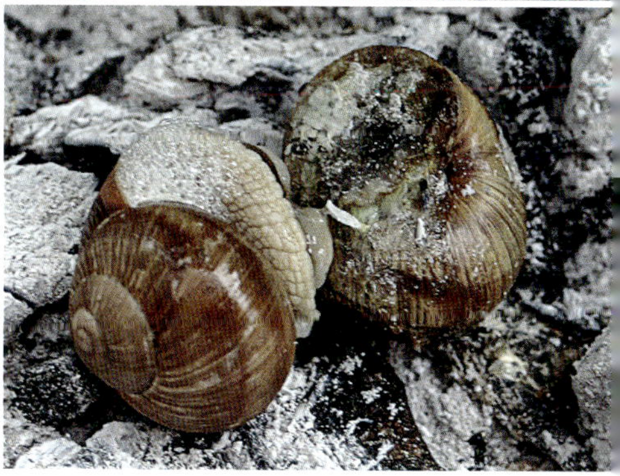

*Oben:* Nur selten werden Ihnen Schnecken entkommen. Sie lassen sich in einem kühlen Erdloch über Monate halten, um so als Vorrat zu dienen. *Unten:* Geröstete Schnecken schmecken ohne Kräuterbutter etwas gewöhnungsbedürftig.

Auch am Meer können viele Strandschnecken, Muscheln oder Napfschnecken gesammelt werden. Letztere lassen sich durch einen leichten Schlag mit einem Stein auf die Gehäusespitze vom Felsen ablösen.

### Krebstiere

Große, im Wasser lebende Krebse werden Sie nicht so einfach fangen können, da sie ein sehr effektives Abwehr- und Fluchtverhalten kennen. Der Fang dieser Tiere muss geübt werden. Unter Steinen und in Algen lassen sich jedoch eine Anzahl von Kleinkrebsen wie Flohkrebsen oder Wasserasseln sammeln. Diese finden genauso als Notnahrung Verwendung wie Asseln, die an Land in feuchten Holzteilen und unter loser Rinde zu finden sind. Aufgrund des mäßigen Geschmacks sollten jene geröstet und in einem Blatt eingewickelt geschluckt werden.

Mit etwas Geschick lassen sich am Meer die großen laufenden Strandkrabben aus der Entfernung erschlagen oder mit einem einfachen Spieß speeren. Der Versuch ist aber nur dann sinnvoll, wenn eine reelle Chance besteht, also genügend Tiere verfügbar sind, die sich nicht einfach unter Steine oder in Spalten zurückziehen können (K6).

**Oft vernachlässigt, da sie erst nach Sonnenuntergang ihre Höhlen und Verstecke verlassen, sind Süßwasserkrebse in allen Variationen und Größen.**

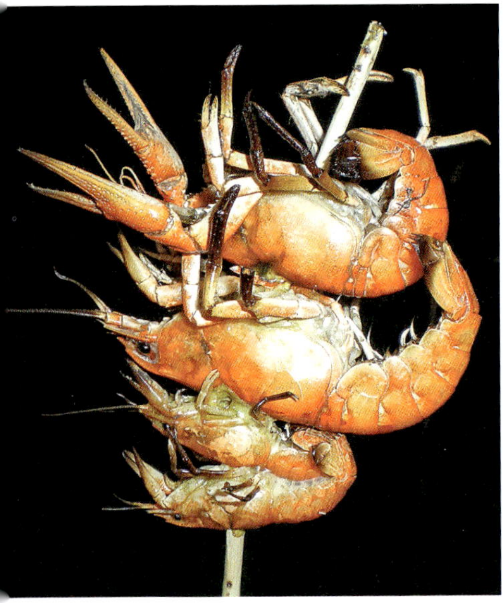

Es gibt eine Vielzahl von Tieren, die Sie jedoch nur mit größerem Aufwand fangen können. Dazu gehören aber sicher keine großen Säugetiere wie Wildschweine und Rehe. Denen werden Sie im Notfall mit einem improvisierten Bogen oder Vergleichbarem nie nachstellen können. Auch das Fallenstellen, der Fang von Vögeln und wasserbewohnenden Krebsen macht meist erst Sinn, wenn Sie Ihren Energiehaushalt die ersten Tage aufrecht halten konnten oder wenn Sie in den entsprechenden Techniken so gut geübt sind, dass Sie diese in wenigen Minuten durchführen können.

## Zubereitung

Vor eine besondere Herausforderung wird der Hungrige gestellt, wenn er seine mit Mühe gesammelte Nahrung zubereiten möchte. Eine Vielzahl von Parasiten und Krankheitserregern erfordern das Garen von tierischer Notnahrung. Verbesserter Geschmack und Bekömmlichkeit empfehlen außerdem das Kochen pflanzlicher Nahrungsbestandteile. Es stellt sich die berechtigte Frage, wie in Abwesenheit von Töpfen, Aluminiumfolie und Grillrosten überhaupt eine geeignete Möglichkeit der sicheren Nahrungszubereitung geschaffen werden soll. Um eine sinnvolle Auswahl treffen zu können, interessieren uns besonders Menge und Konsistenz des Lebensmittels.

Größtenteils flüssige Nahrung ist deutlich schwieriger zuzubereiten als feste. Spuren ungekochter Flüssigkeiten neigen zudem bei unsauberer Handhabung dazu, die zubereitete Nahrung wieder zu verkeimen. Dagegen sind feste Nahrungsbestandteile eher einfach zu handhaben. Es gibt sicherlich dutzende gut funktionierende Garmethoden. Wir möchten uns hier jedoch auf die einfachsten und sichersten konzentrieren. So beschränken wir uns auf die beiden rudimentären Zubereitungsmethoden. Prinzipiell lassen sich alle Arten von Nahrung ent-

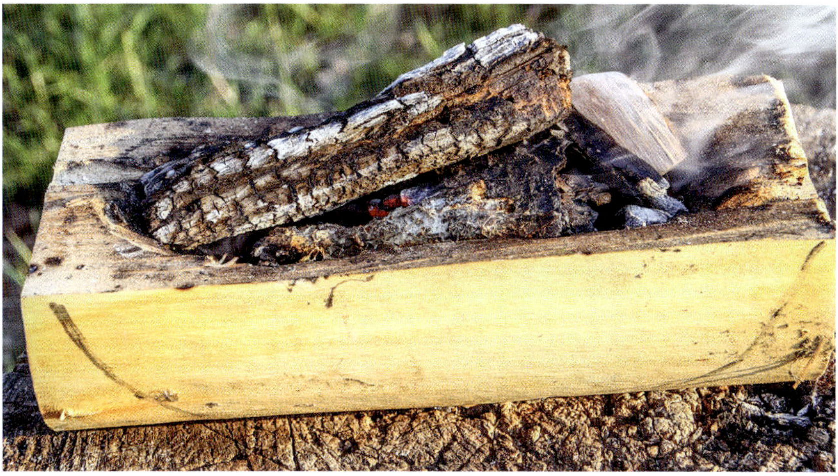

*Oben:* Herstellung einer einfachen Schale aus Holz. Glut wird auf einen Scheit (er benötigt keine gesägten Kanten) gelegt. *Unten:* Durch Einblasen von Luft wird in das Holz eine Vertiefung gebrannt.

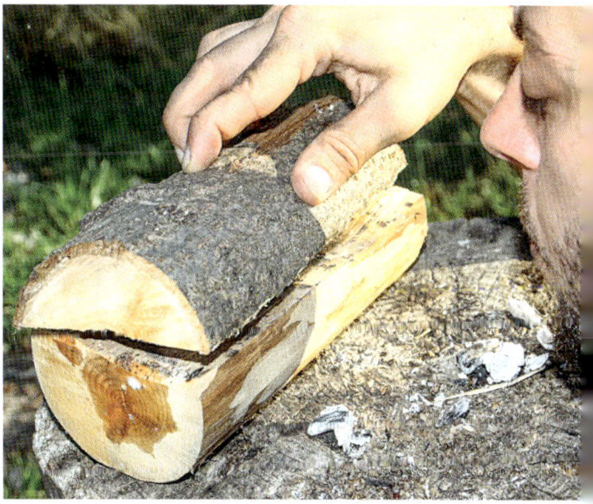

weder in siedendem Wasser kochen oder in der Hitze der Glut rösten. Es besteht jedoch keine Möglichkeit, vermutlich verkeimte Nahrung ohne Feuer sicher zuzubereiten. Im Falle des Verlusts von Feuer, oder wenn sich keines entzünden lässt, haben wir nur die Chance, pflanzliche Notnahrung zu suchen, die nicht gegart werden muss. Die meiste tierische Notnahrung kann in diesem Fall nicht sicher zubereitet werden.

## Kochen

Wenn Nahrung im Wasser gekocht werden soll, stellt sich die Aufgabe, genügend Wasser zu speichern, um die Lebensmittel damit zu bedecken. Außerdem muss die Hitze des Feuers auf das Wasser übertragen werden, was weit weniger trivial ist, als es sich anhört. Eine Methode, die sich dazu anbietet, ist das »inverse Kochen«, das außerdem bei der Wasseraufbereitung von großem Interesse ist. Das Prinzip scheint auf den ersten Blick eher simpel. Zuerst wird eine Aushöhlung geschaffen, die geeignet ist, Wasser zu halten. Danach wird dem Wasser Hitze zugeführt.

Um eine kleine Schale von rund zwei bis drei Litern Volumen als Topfersatz vorzubereiten, wird in ein Holz eine entsprechende Form geglüht oder geschabt. Hierzu wird ein möglichst trockenes Holzstück mit einem Spaltkeil gespalten. Auf die innere Fläche wird nun mit einer improvisierten Zange Glut aufgelegt und festgedrückt. Mit gleichmäßigem Pusten auf die Glut wird das Holz regelrecht aus seinem Verbund verdampft. Übrig bleibt ein Loch an der Stelle, wo das Glutstück lag. Hierzu eignen sich Weichhölzer wie Linde oder Pappel besonders gut.

Da diese Technik recht zeitaufwändig ist, bevorzuge ich, in den Erdboden eine entsprechende Grube zu scharren. Bevor diese

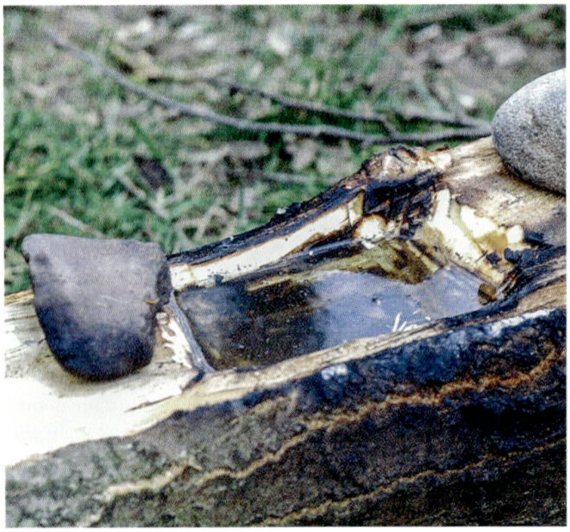

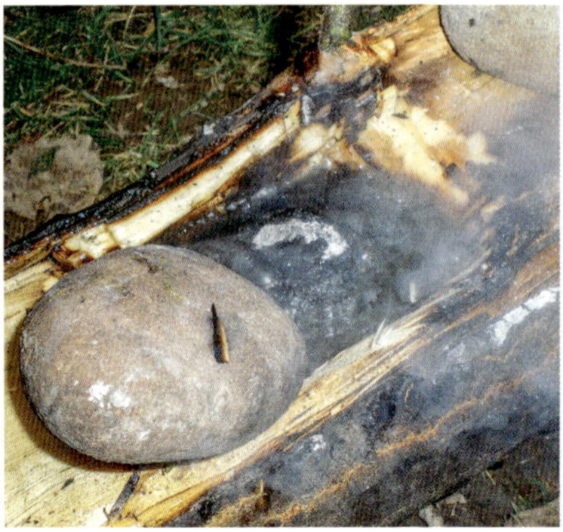

**_Links:_ Eine in Weichholz geschnittene oder gebrannte Aushöhlung kann als Topfersatz zum Kochen verwendet werden. Eine ideale Größe hat das Volumen von 0,5 bis 2 Litern. _Rechts:_ Aufgeheizte Steine werden in das Wasser gegeben. Nach wenigen Minuten kocht das Wasser lebhaft. Diese Methode ist geeignet, um Trinkwasser vorzubereiten.**

mit Wasser gefüllt werden kann, muss sie wasserdicht gemacht werden. Dazu wird zuerst eine Schicht aus möglichst trockener Vegetation in die Grube gelegt. Durch die eingeschlossene Luft zwischen den Zweigen und Fasern isoliert dieses einfache Polster gegen die Kälte des Bodens. Dieser einfache Trick erleichtert das Kochen enorm.

Der interessierte Leser vergleiche in einer ruhigen Minute die Methode mit und ohne Isolation. Die Isolationsschicht muss nun wasserdicht belegt werden. Sind Sie im Besitz einer Regenjacke oder eines Ponchos, können diese zum Auskleiden verwendet werden. Außerdem eignen sich unter anderem die riesigen Blätter der Klette, in den Tropen das Laub von Strelizien, Bananen oder vergleichbarem.

Da es schwierig ist, die Grube abzudichten, werden einige Schichten übereinander gelegt. Sollte das Wasser trotzdem langsam abfließen, ist das nicht allzu tragisch, sofern Ihr Bemühen nicht entkeimtes Trinkwasser als Ergebnis haben soll. Schon Reste des Wassers in der Grube reichen aus, um eine Dampfumgebung von mehr als 100 °C zu erzeugen. Deshalb wird auch so verfahren, wenn kein großes Blatt oder eine andere wasserdichte Schicht hierfür aufzutreiben ist. Die wasserdurchlässige Isolationsschicht fungiert dann als Schutz gegen Erde und Sand und die Speisen werden mehr gedünstet als gekocht.

Wenn die Grube einigermaßen dicht ist, wird eine Schicht aus Borke oder flachen Steinchen aufgelegt. Im Falle der Regenjacke als Topfwand verhindert dies das Verbrennen des Textils, beim Einsatz von Blättern werden diese vor Beschädigung beim Wechseln der Steine geschützt. Ist die Grube so-

**Mit großen Laubblättern lässt sich eine →Kochgrube wasserdicht auskleiden.**

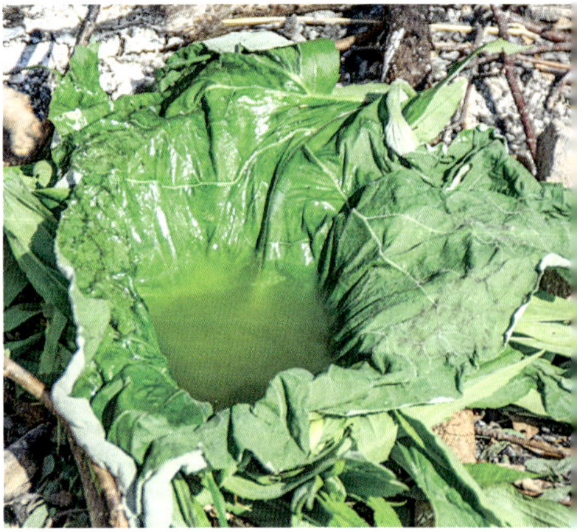

weit vorbereitet, wird sie etwa bis zur Hälfte mit Wasser gefüllt. Hier hinein wird das Kochgut gelegt. Es muss dabei nicht unbedingt vollständig mit Wasser bedeckt sein, sofern Sie darauf achten, dass es nicht in direkten Kontakt mit heißen Steinen kommt, da diese sonst festbacken.

Nun werden aus der Umgebung eine Anzahl von flachen Steinen mit etwa Handtellergröße gesucht. Man findet sie häufig an Ufern von Seen und Flüssen. Es ist übrigens eine Mär, dass Steine aus Gewässern wie Sprengladungen explodieren, wenn sie ins Feuer gelegt werden. Vielmehr können Steine beim Abschrecken oder Erhitzen platzen und springen, was aber weit von einer Explosion entfernt ist. Sie sollten jedoch trotzdem Kiesel verwenden und keine zusammengesetzten Steine, die an Kiesbeton erinnern. Mit Hilfe einer Holzzange werden die Steine in der Glut platziert, wo sie etwa zehn Minuten erhitzt werden.

Achten Sie darauf, die Steine niemals mit ungeschützter Hand zu berühren, da sie dazu neigen, an der Haut kleben zu bleiben, und schwerste Verbrennungen verursachen. Nun werden die heißen Kiesel nacheinander in die Grube gerollt, wo sie laut zischend ihre Hitze an das Wasser abgeben. Belassen Sie jeden Stein jeweils gut eine Minute in der Grube, da sie die Wärme langsam abgeben. Während dieser Zeit wird die Grube mit einer Steinplatte oder ein paar breiten Blättern abgedeckt. Nachdem Sie die Steine etwa fünfmal gewechselt haben, sollte das Wasser langsam zu kochen beginnen. Sie werden sicherlich erstaunt sein, wie schnell das geht.

Am besten merken Sie sich die Reihenfolge, in der die Steine aus dem Feuer genommen wurden, damit sie sich jeweils möglichst lange Zeit aufheizen können, bis sie wieder abgeschreckt werden. Kocht das Wasser erst einmal, dürfen die Steine bis zu fünf Minuten in der Grube verbleiben. Mit dieser Methode können viele Nahrungsmittel gekocht werden. Einziger Wermutstropfen ist, dass das Wasser nach und nach durch die Steine dunkel gefärbt wird und den Geschmack der Dichtungsschicht annimmt. Nach dem Kochen kann der mineralienreiche Sud aus der Grube geschlürft werden. Besonders gut eignet sich diese Methode übrigens zum Zubereiten von essbaren Pflanzenteilen wie Blätter und Wurzeln in Verbindung mit Insekten und Schnecken.

## Backen

Um etwas flüssigere Nahrungsbestandteile zuzubereiten, eignet sich das Kochen weniger. Brei aus zerdrückten Samen oder Beeren wird im Topf durch das Wasser aufgelöst und Sie verlieren mitunter einen beträchtlichen Teil der Nahrung durch das Versickern im Boden. Das ist bei einer improvisierten Topfwand aus Blättern oft nicht zu vermeiden.

In diesem Fall eignet sich die Methode, Nahrung in der direkten Hitze der Glut zu garen oder zu backen. Dazu wird je nach Menge und Konsistenz des Breis ein flacher Stein oder ein breites Holzscheit verwendet. Die Fläche wird kurz über dem Feuer erhitzt. Auf diese wird der Brei aufgetragen, verteilt und in die Nähe der Glut gelegt. Die Hitze des Feuers verfestigt in aller Regel innerhalb von etwa zehn Minuten den Brei so weit, dass die Fläche an einem Stein in Richtung Glut angestellt werden kann. Nun wird der Fladen durch die Hitzestrahlung zuerst gegart, dann getrocknet und zu guter Letzt gebacken.

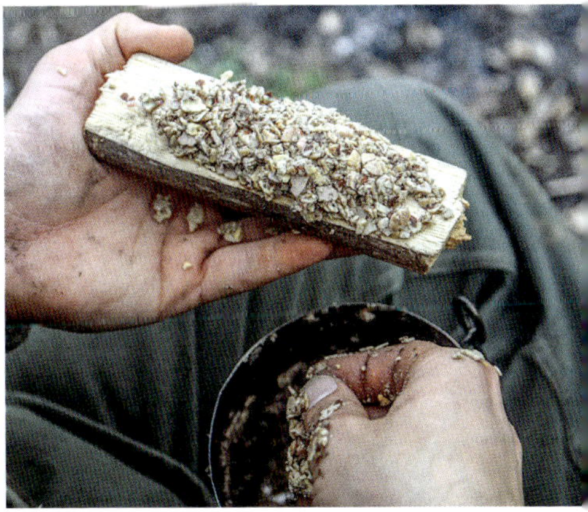

**»Teig« ohne Klebeeiweiß (Gluten) lässt sich nicht einfach in der Glut rösten. Er muss hierzu auf ein Brett gestrichen werden.**

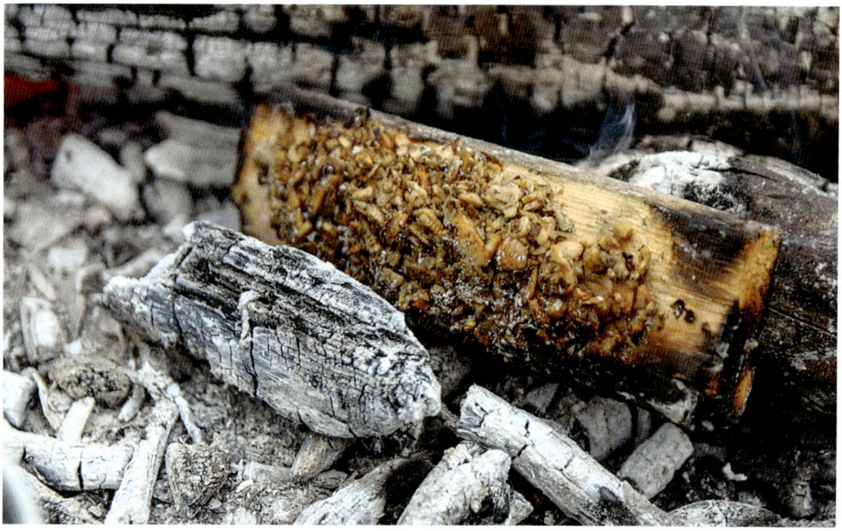

**Dieser kleine Fladen ist wohl nicht das, was Sie sich unter »Brot« vorstellen. Gut geröstet kann er delikat schmecken und bietet eine bekömmliche Energiequelle. Dazu wird er auf einem flachen Holzbrett an das Feuer gestellt.**

Ist der Brei fertig zubereitet, lässt er sich häufig in einem Streifen von der Oberfläche nehmen und verzehren. So stelle ich mir draußen gelegentlich regelrechte Müsliriegel her, indem ich Beeren durch ein Gewebe auspresse und den Saft trinke. Die verbliebenen Samen und Schalen verbacke ich zu Streifen. Diese schmecken zwar sehr »gesund«, decken aber einen guten Teil des Energiebedarfs durch Öl, organische Säuren und Zucker.

**HINWEIS:**

Wenn Sie genügend Nahrungsmittel für einen Tag gesammelt haben, versuchen Sie immer, Reserven bzw. Proviant für Regentage oder den Fall einer Verletzung anzulegen.

Besonders interessant ist außerdem, dass sich auf diese Art kleine Cracker aus zerriebenen Grassamen backen lassen. Diese können nach dem Abkühlen zum Konservieren ein weiteres Mal gebacken werden, wodurch sie die letzten Reste Feuchtigkeit verlieren.

## Grillen und Rösten

Zur Zubereitung vollständig fester Nahrungsbestandteile empfiehlt sich das Grillen in der Glut oder darüber auf einem Spieß. Kleine Nahrungsbestandteile wie Insekten oder Nüsse können auf mehrzackigen Spießchen erhitzt werden, um sie bekömmlich und geschmacklich ansprechend vorzubereiten.

Häufig wird beim Grillen jedoch der Fehler gemacht, das Grillgut einer zu hohen Hitze auszusetzen. Dabei neigt es dazu, in den äußeren Bereichen zu verkohlen, während es im Kern noch roh ist. Hier besteht das große Risiko eines ungenügenden Garens einiger Nahrungsbereiche, wodurch Krankheitserreger überleben könnten. Die Hitze sollte also so gewählt sein, dass Sie Ihre Hand ein bis zwei Sekunden auf Höhe des Grillguts belassen können, bevor Ihnen zu heiß wird. So kann auch voluminöses Grillgut lange genug gegrillt werden, ohne zu verkohlen.

Wenn das Nahrungsmittel gegrillt wird, sollten Sie bedenken, dass die Glut das Grillgut nur von einer Seite erhitzt. Also muss dieses regelmäßig gewendet werden, um ein

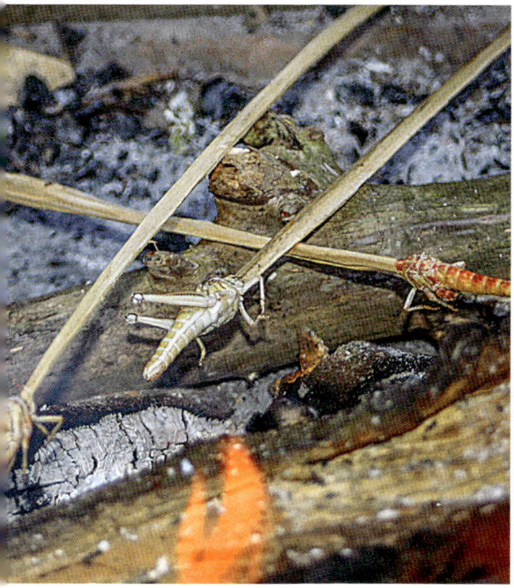
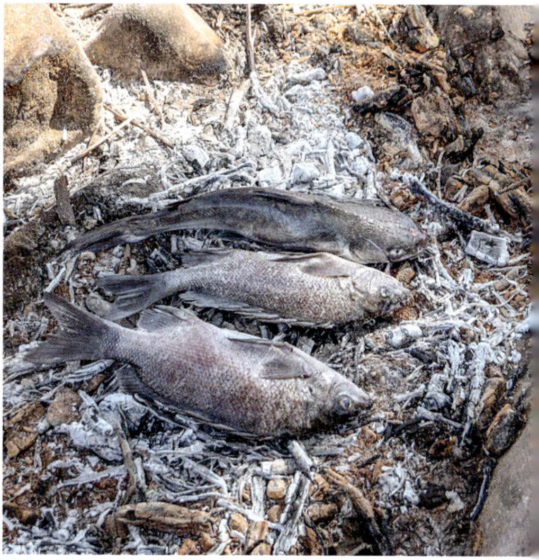

***Links:*** **Kleine Nahrungsbestandteile lassen sich innerhalb weniger Momente auf einem kleinen Spießchen über der Glut grillen.** ***Rechts:*** **Größere Stücke wie Früchte oder ganze Fische sollten eher in der moderaten Hitze des Asche- oder aufgeheizten Sandbettes langsam durchgegart werden.**

gleichmäßiges Ergebnis zu gewährleisten. Hierzu verwende ich meist einen kleinen Spieß, an dessen oberen Ende das Grillgut befestigt wird. Das untere wird angespitzt und vor der Glut in den Boden gerammt oder auf zwei Astgabeln über der Hitze platziert. So ein Spieß kann hin und wieder einfach gedreht werden.

Kleine Nahrungsbestandteile mussen meist nur wenige Sekunden geröstet werden. In diesem Fall kann man sie auch für kurze Zeit in die direkte Hitze legen. Am besten scharren Sie hierzu etwas Glut beiseite und fegen eine Rinne frei von Asche. Der aufgeheizte Boden gibt die Energie direkt an das Grillgut ab. Auf diese Weise können beispielsweise Nüsse und kleine Insekten geröstet werden.

**HINWEIS:**

Dauerstadien von Krankheitserregern und manche bakteriellen Gifte überstehen das Erhitzen. Egal, ob Sie sie zwei oder zwanzig Minuten lang kochen *(✚ K2)*.

Prinzipiell sind alle Zubereitungsmethoden gleichwertig. Wichtig ist dabei nur, dass die Kerntemperatur jeweils etwa 75 °C übersteigt. Es ist dabei völlig egal, wie lange die Zubereitung dauert. Einschlägige Literatur spricht hier gerne von mystischen zehn oder fünfzehn Minuten, die ein Nahrungsmittel mindestens kochen muss. Wie im Abschnitt

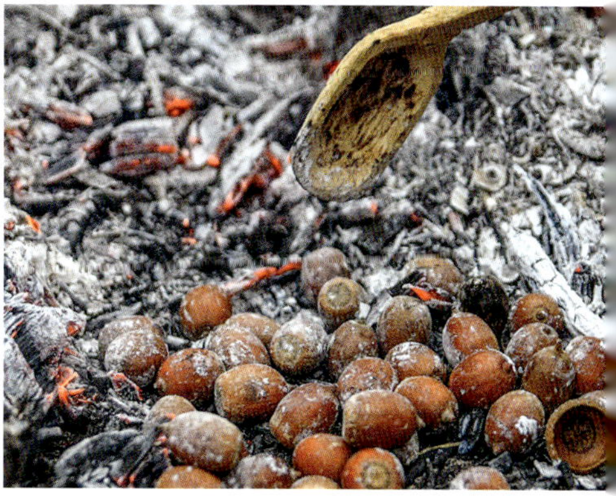

**Samen und Nüsse in Schale können unter ständigem Wenden in der Glut geröstet werden.**

»Trinkwasser« genauer erläutert, ist dieser Wert jedoch völlig willkürlich gesetzt. Alle gefährlichen Keime und Parasiten werden auch bei kurzzeitigem Erhitzen abgetötet.

## Nahrungsaufnahme

Es empfiehlt sich, für den Verzehr der gesammelten und zubereiteten Nahrung einen Löffel, eine Gabel oder sonstiges Werkzeug sowie eine Unterlage aus Blättern zu improvisieren. Sicherlich werden Sie mir zustimmen, dass es draußen ohne warmes Wasser und Seife nur schwer möglich ist, die gewohnte Toilettenhygiene aufrecht zu erhalten. Neben potenziell krankmachenden Fäkalkeimen, die in großen Mengen den Verdauungsapparat jedes Säugetiers besiedeln, können die Hände auch mit Eiern einiger Parasiten kontaminiert sein, die dafür bekannt sind, erst durch eine sogenannte Autoinfektion den Körper zu besiedeln.

Auch Bandwurm- oder Spulwurmeier können unter den Fingernägeln verbleiben. Wenn Sie sich an die Regel halten, dass zubereitete, also praktisch keimfreie Nahrung nicht mehr mit potenziell infektiösen Oberflächen in Berührung kommt, sind Sie auf der sicheren Seite.

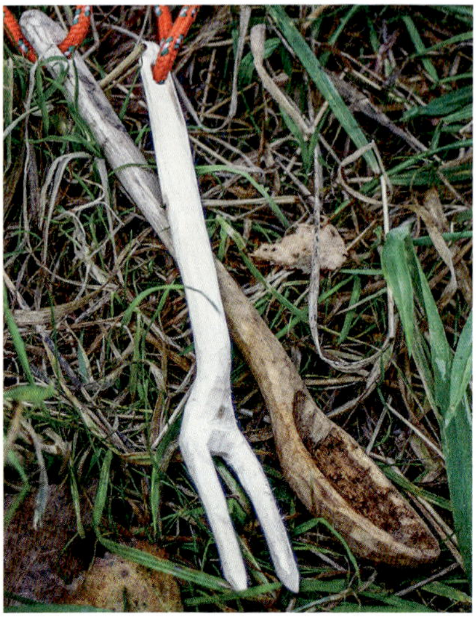

**Auch für die Nahrungsaufnahme im Notfall sollte auf Besteck zurückgegriffen werden. Das hat weniger kulturelle Gründe, sondern schützt in Zeiten mangelnder Hygiene vor Infektionen durch Parasiten, Fäkalkeime oder Krankheitserreger.**

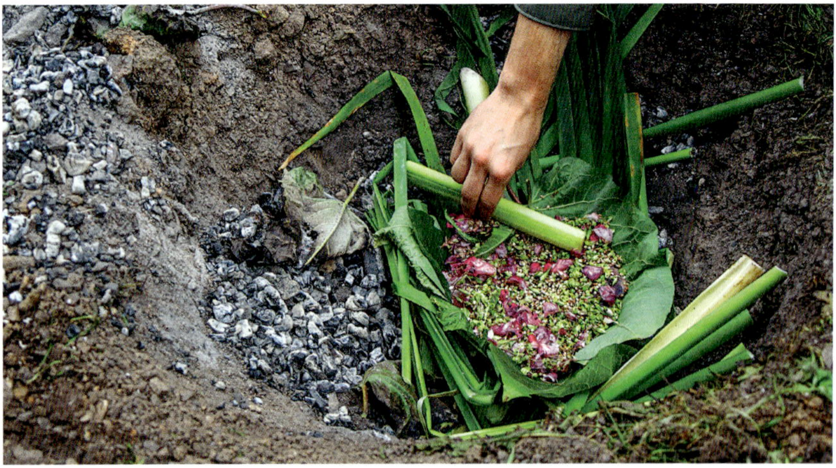

**Eine Alternativform zur Zubereitung von tierischen und pflanzlichen Nahrungsbestandteilen ist das Garen in einer durch glühende Steine und Glut erhitzte Grube für mehrere Stunden.**

# 11 Notunterkunft

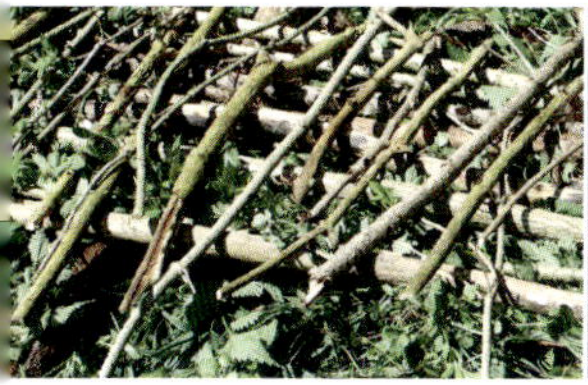 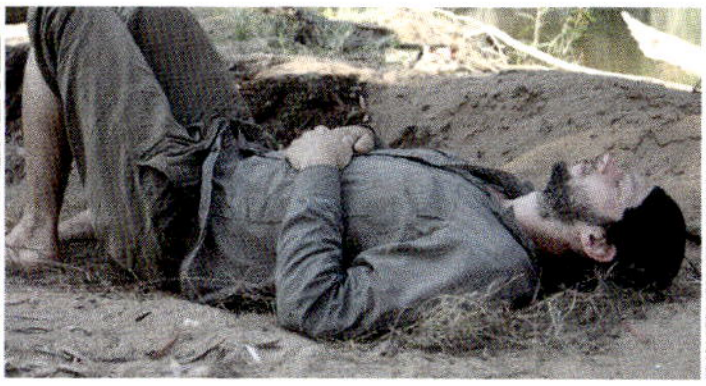 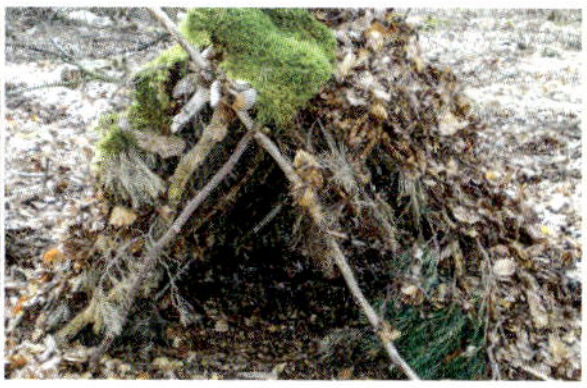

Ich glaube, dass wenig so romantisiert wird wie der Bau und das Leben in der eigenen Notunterkunft. Wenn Sie tatsächlich eine solche Behausung einmal gebaut und länger als zum Probeliegen bewohnt haben, stellt sich wahrscheinlich heraus, dass eine praktische Übernachtung ganz anders ist, als man sie sich vorstellt. Wenn Sie realistisch an Planung und Bau herangehen, sollten Sie trotzdem in der Lage sein, eine vernünftige Lagerstätte zum Durchstehen einiger Nächte zu errichten.

Bevor wir uns jedoch mit den einzelnen Techniken und Vorgehensweisen vertraut machen, will ich hier einige nicht durchführbare Methoden erklären, wie sie theoretisch exerziert werden und mit denen Sie im Ernstfall viel Zeit und Energie verlieren. Man wird mir sicherlich zustimmen, dass die Bodenisolation ein wichtiger, wenngleich aber nicht der einzige Faktor für eine gut überstandene Nacht ist.

Aus diesem Grund werden gerne groteske Vorschläge gemacht, wie für eine wärmende Unterlage zu sorgen sei. So soll zum Beispiel ein großes Feuer entzündet werden. Nachdem das Feuer heruntergebrannt ist, kann man sich auf die frei gefegte Fläche legen. Sollten Sie jemals so verfahren, testen Sie bitte vorher die Temperatur des Bodens. Stein und Kies nehmen Wärme recht langsam auf, speichern sie aber auch sehr lange. Es könnte sein, dass Sie bis zum nächsten Morgen warten müssen, bis die Oberfläche mit bloßer Hand berührt werden kann. Der Vorschlag, Grassoden oder Sand darauf zu legen, verbessert die Situation kaum. Selbst geringe Mengen von Feuchtigkeit werden aus dem Material ausgetrieben und kondensieren auf Ihnen. Zu Beginn wird der auf diesem Aufbau Schlafende gedünstet, später kühlt er durch die Feuchtigkeit zusätzlich ab.

**HINWEIS:**

Eine geeignete Notunterkunft muss in möglichst unterschiedlichen Situationen innerhalb von wenigen Stunden gebaut werden können.

Ein ähnlicher Vorschlag ist, ein System aus Kanälen zu graben, auf denen das Bett konstruiert wird. In der Nacht wird ein Feuer entzündet, dessen heißer Rauch durch die Kanäle strömt und als Fußbodenheizung fungieren soll. Worüber sich diese Anleitungen jedoch ausschweigen, ist der Grund, warum die heiße Luft entgegen allen physikalischen Grundlagen waagerecht unter der Notunterkunft entlangströmen soll. Außerdem erklären sie nicht, wodurch nach Stunden des Heizkanalbaus das Dach der Notunterkunft entsteht. Beide Vorschläge vernachlässigen damit, dass der Körper oberhalb genauso auskühlt und das Feuerholz deshalb besser gespart werden sollte. Einfache, improvisierte Matten aus Pflanzen erfüllen nämlich den Zweck als Bodenisolation hinreichend gut.

Zum Bau der einfachen Notunterkunft gibt es prinzipiell mehrere Alternativen, von

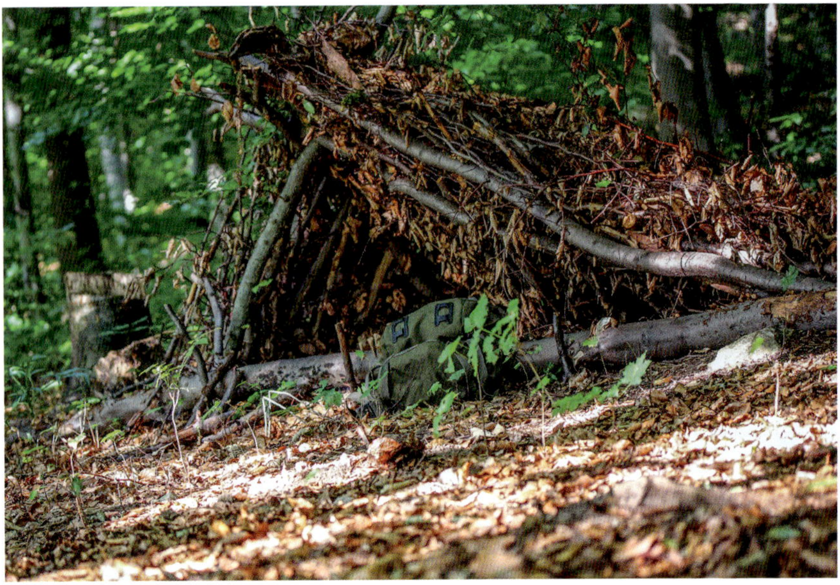

Eine am richtigen Ort gebaute Notunterkunft kann bei regelmäßiger Pflege mehrere Jahre überdauern.

denen ich eine, nämlich das Schrägdach in Kombination mit einem Wärmefeuer, bevorzuge. Sie können nach dem Ausprobieren Ihre eigenen Schlüsse ziehen und die jeweilige Hütte in situativ geeigneter Form einsetzen.

## Lagerplatzwahl

Sofern unsere Situation eine gewisse Freiheit erlaubt, den Lagerplatz zu wählen, müssen wir verschiedene Faktoren beachten und deren Einfluss gegeneinander aufwiegen. Dominant wird bei der Lagerplatzwahl gewertet, dass die Umgebung keine offensichtlichen oder versteckten Gefahren bergen darf.

Da das Leben in einer Notunterkunft große Mengen von natürlichen Ressourcen benötigt und gleichermaßen den Wetterbedingungen ausgesetzt ist, eignen sich grundsätzlich bewaldete oder bewachsene Bereiche besonders gut. Beachten Sie jedoch, dass es im Notfall Suchmannschaften aus dem Flugzeug deutlich schwieriger haben, wenn Sie im Wald lagern. Doch hier finden Sie Mengen an Feuerholz, Nahrung, Wasser und Schutz vor Wind. Dabei stellen Bäume wiederum eine potenzielle Gefahr dar. Bei Gewittern sind Sie im Wald zwar vor dem peitschenden Regen sicher, aber auch durch umfallende Bäume, abbrechende Äste oder einschlagende Blitze gefährdet. Suchen Sie nach Möglichkeit Bereiche auf, die fern von exponierten Kuppen, besonders hohen oder morschen Bäumen gelegen sind. Beachten Sie außerdem, dass leichte Senken dazu prädestiniert sind, bei Regen vollzulaufen.

Als nächstwichtige Voraussetzung zähle ich den Zugang zu Wasser. Einige Tricks, wie Sie Wasser finden, haben Sie im entsprechenden Kapitel erfahren. Sollten Sie in der Nähe eines Gewässers übernachten, müssen Sie an den morgens aufkommenden Nebel denken, der sich als kühlender Film auf den Schlafenden legt. Erfahrungsgemäß wird der Tau jedoch durch ein Feuer am Lager deutlich reduziert. Außerdem können auch kleinere Bäche nach einem Gewitter stark ansteigen und Ihr Lager überschwem-

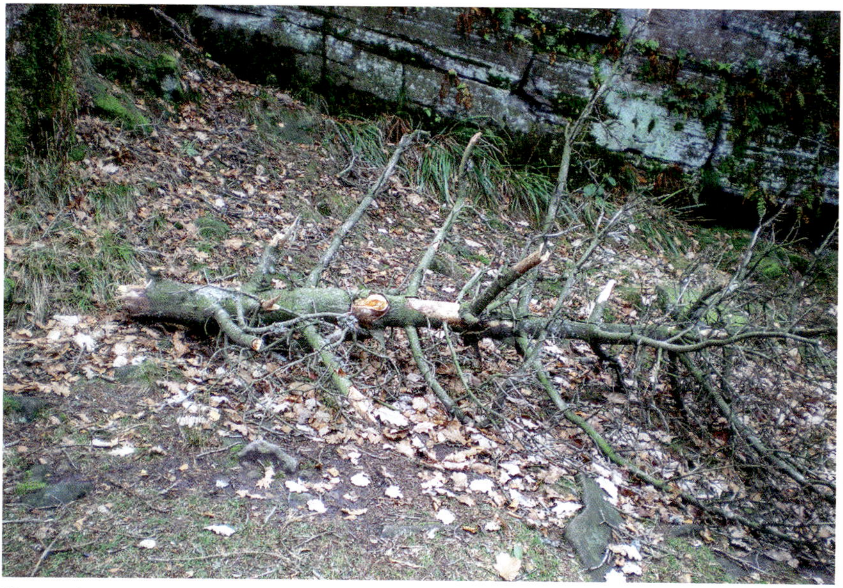

Dieser »Witwenmacher« landete nachts während eines Sturmbiwaks im Mittelgebirge nur wenige Schritt weit entfernt von meiner Liegestelle. Jedes Jahr sterben Menschen durch herunterfallende Äste.

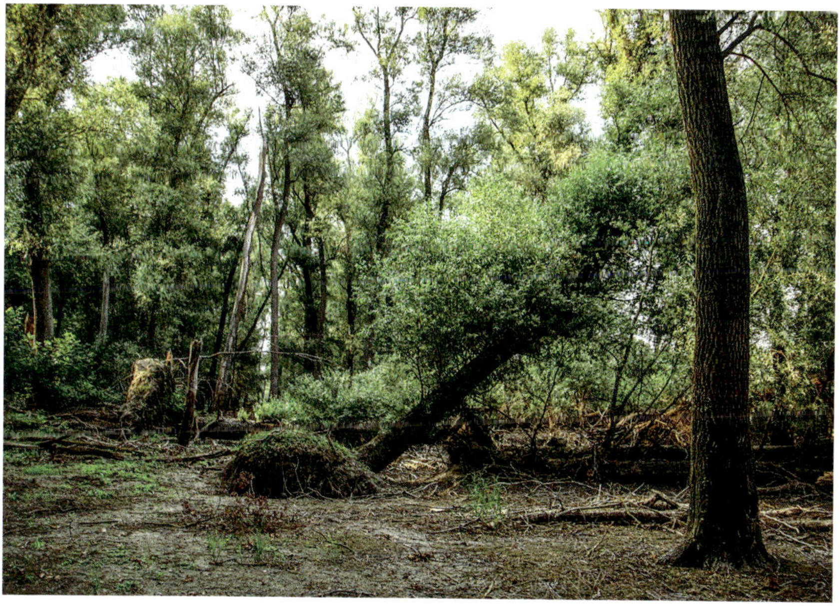

In feuchten Auenwäldern können riesige Bäume jederzeit – auch ohne Wind – und ohne jede Vorwarnung umstürzen. Dabei stellen nicht nur die Stämme, sondern auch die ausschlagenden Wurzelballen eine Gefahr dar.

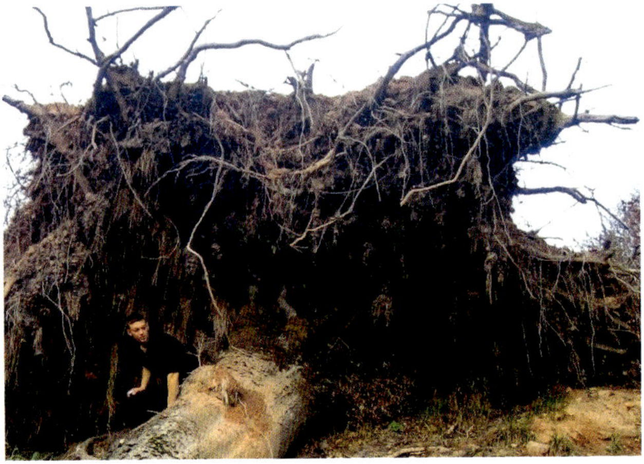

Große Wurzelballen umgestürzter Bäume können nicht nur vor plötzlichem Regen schützen, oft kann sogar das gesamte Lager nebst Feuerstelle unter dem riesigen Schirm ausgebreitet werden. Wichtig: Nicht den Wurzelkegel betreten. Bricht der Stamm, schlägt der Teller zurück und begräbt alles unter sich.

men. Des weiteren muss bei der Lagerplatzwahl bedacht werden, dass dort eine Menge Baumaterial und Feuerholz antransportiert werden muss. Besonders die Materialien zum Abdecken eines Dachs müssen verfügbar sein. Der Untergrund sollte möglichst eben und trocken sein. Vielleicht finden Sie sogar eine natürliche Windbarriere, wie die Ballen umgestürzter Stämme oder eine Gruppe junger Bäume.

Sie haben sicherlich bemerkt, dass es kaum den »perfekten« Lagerplatz gibt. Es lohnt sich trotzdem, die einzelnen Argumente für und wider einen bestimmten Ort abzuwägen, da Sie möglicherweise einige Zeit dort verbringen werden.

## Bodenisolation

Wie zuvor beschrieben, stellt die Isolation gegen die Bodenkälte eine wichtige Voraussetzung zum Übernachten dar. Auch wenn die Nacht zu kalt zum Schlafen sein sollte, werden Sie sich irgendwann einmal absetzen müssen. Sobald der Körper den kalten Boden berührt, kühlt er aus. Wir müssen uns also unbedingt gegen die Bodenkälte schützen, obgleich es unmöglich ist, von unten zu heizen. Eine improvisierte Isolationsmatte hat deutliche Vorteile gegenüber dem Schlafen auf nacktem Boden. Die einfachste Form einer solchen Bodenisolation ist das Ansammeln von Laub oder Moos. Besonderes Augenmerk müssen Sie beim Sammeln darauf richten, dass das Material absolut trocken ist. Ausnahme machen Stoffe, die als Halm innen hohl sind oder stark polstern. Während Laub und vergleichbare Pflanzenteile nur durch die übereinander gelegten Schichten isolieren, erhalten hohle Stäbe durch die darin eingeschlossene Luft die Wärme. Diese ist nämlich ein deutlich schlechterer Wärmeleiter als feuchtes Laub oder gar Wasser. Als Isolationsschicht eignen sich beispiels-

Weich, aber ein Schwamm ist gewachsenes Moos vom Boden. Getrocknetes Moos isoliert dagegen gut.

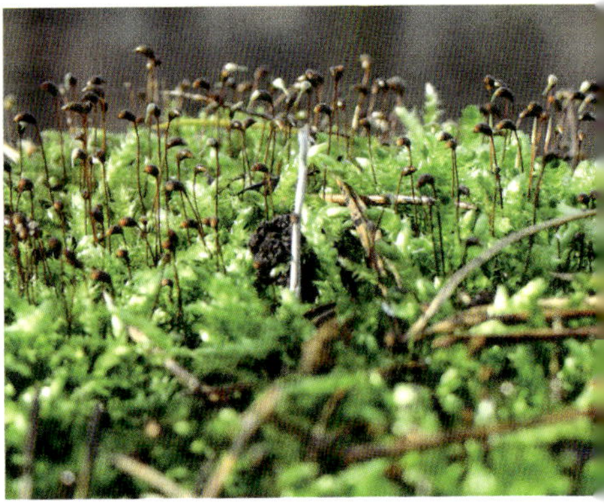

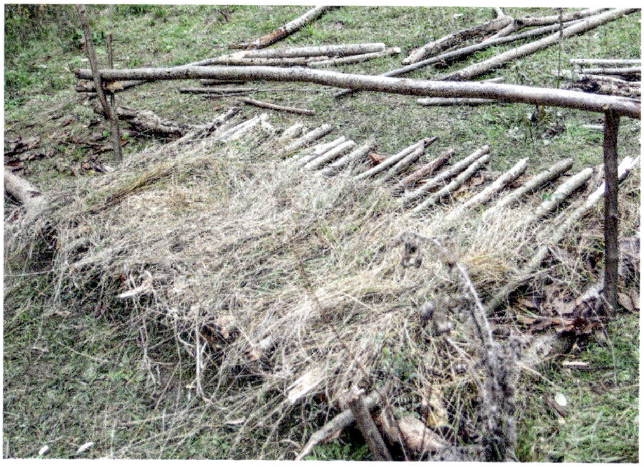

**Eine einfache, aber effektive Bodenisolation. Der dreischichtige Aufbau mit Polsterkammern kann es in Komfort und Isolationsvermögen durchaus mit einer modernen Isolationsmatte aufnehmen.**

weise die Halme von Brennnesseln, Schilf oder von der aus Kanada eingeschleppten Goldrute *(Solidago canadensis)* (*K7*). Um eine Schicht zur Bodenisolation auszulegen, werden die gesammelten Materialien längs geordnet übereinander gelegt. Es macht keinen Sinn, diese kreuz und quer zu verlegen, da ein dadurch entstehendes Luftvolumen bei Belastung meist zusammenfällt. Die Matte wird dadurch nur unbequem. Um eine ausreichende Isolation zu gewährleisten, sollte je nach verwendetem Material eine Schichtdicke von 20 bis 40 Zentimetern erreicht werden. Wenn Sie in kalten Regionen biwakieren müssen, eignet sich zur Isolation eine improvisierte Liege. Sinn dabei ist, dass das Isolationsmaterial bei Bodenfrost möglichst nicht belastet werden soll und dabei nicht zusammengepresst wird. Sonst wird die isolierende Schicht deutlich verringert, was das Durchkriechen der Kälte ermöglicht. Außerdem sollte so verfahren werden, wenn Sie nicht genügend trockenes Laub auftreiben können, um ein dickes Polster zusammenzustellen.

Zum Bau einer solchen Liegestätte verteilen Sie drei Prügel mit rund 20 Zentimetern Durchmesser auf dem Boden. Jeweils auf Höhe der Füße, der Hüfte und der Schultern, denjenigen Stellen mit der höchsten Belastung, legen Sie einen davon quer zur Liegerichtung. Die dadurch entstehenden beiden Kammern werden danach dicht mit Isolationsmaterial gepackt und zu den Flanken hin durch Holzstücke geschlossen. Auf diese Fläche werden einige körperhohe Schösslinge aufgelegt, die wiederum mit quer dazu gelegten Stöckchen, trockener Borke oder Ähnlichem abgedeckt werden. Ganz oben werden zusätzlich möglichst trockene und weiche Polstermaterialien wie Moos aufgelegt. Sie werden erstaunt sein, wie gut diese einfache Konstruktion vor Bodenkälte schützt.

## Biwakhütten

Um im Notfall einen Schutz vor Wetter und Nachtkälte zu erzeugen, müssen wir uns auf einfache Methoden beschränken. Wenn wir eine anständige Waldläuferhütte bauen möchten, benötigen wir nämlich allerhand Werkzeuge sowie deutlich mehr als einen Tag Arbeitszeit.

So möchte ich Notunterkünfte erörtern, die möglichst schnell gebaut sind und den notwendigen Schutz bieten. Wir können auf drei traditionelle Hüttenbauweisen zurückgreifen, die sehr unterschiedlich im praktischen Einsatz sind. Eine besonders wichtige Fragestellung ist, ob es wahrscheinlich möglich sein wird, ein Feuer zu entzünden.

Das Feuer stellt die wichtigste Entscheidungshilfe bei der Wahl der richtigen Unterkunft dar. Noch wichtiger ist natürlich, dass die Wahl der Prioritäten noch vor dem Bau einer Notunterkunft auf die jeweiligen Situationen angepasst wurde.

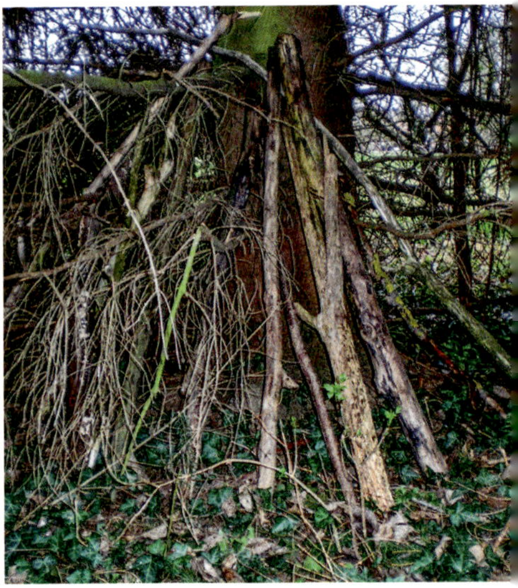

**HINWEIS:**

**Üben Sie in unterschiedlichen Klimabereichen den Bau von Hütten. Sie gewinnen dadurch die Erfahrung, wo welches System am sinnvollsten ist.**

Beginnen wir mit dem einfachsten Notunterstand, der in ihrer Funktionalität sehr eingeschränkten Baumkoje, um danach den Aufbau der »Debris Hut« sowie des einfachen Nässe-Hitzereflektors, des Schrägdachs oder auch »Lean-to« zu besprechen. Einige Sonderformen können in klimatischen Extremfällen das Übernachten ermöglichen.

## Baumkoje

Die Baumkoje ist weniger eine echte Notunterkunft als ein geschwind errichteter Unterstand zum Durchstehen gefährlicher Kälte- oder Nässeperioden oder wenn die Helligkeit nicht zum Bau einer festen Hütte gereicht hat. Bei nasskaltem Wetter, Schneeregen oder andauerndem Gewitter ist die höchste Pflicht, aus der Nässe zu kommen und zu trocknen. Da in diesen Situationen Gefahr im Verzug ist, muss schnellstmöglich gehandelt werden. Bei einem solchen Wetter ist es zumeist nicht möglich, Feuer mit alternativen Methoden zu entzünden, was die Gefahr der Unterkühlung deutlich erhöht. Zuallererst suchen Sie einen ausladenden Baum. Im Winter, wenn Laubbäume keine Blätter tragen, sollte es ein gedrungener, vielverzweigter Baum sein, besser noch ein Nadelgehölz oder ein überhängender Wurzelballen.

Davon werden Sie schon ein wenig vor der Nässe geschützt. Auf der windabgewandten Seite lockern Sie den Boden ein wenig auf, damit eingeströmtes Wasser ablaufen kann und eine geringfügig bessere Bodenisolation ermöglicht wird. Der Untergrund wird mit allem Greifbaren bedeckt. Strauchwerk, Blätter, Reisig und Halme jeder Art werden angehäuft. Aus der direkten Umgebung sammeln Sie nun eine möglichst große Menge von Holzstangen, Rindenstückchen und Reisig. Es müssen keine geraden Stäbe sein. Diese werden relativ ungeordnet an den Baum angestellt, so dass eine Art Halbtipi von etwa anderthalb Metern Höhe mit einem kleinen Eingang auf der wetterabgewandten Seite entsteht. Nach einigen aufgehäuften Schichten aus Holz suchen Sie beliebiges Pflanzenmaterial und legen es auf das Gerüst. In der vorliegenden Situation ist eine Isolierung gegen außen eher zweitrangig. Wichtig ist vielmehr ein unmittelbarer Schutz vor einfallendem Regen.

Die Baumkoje ist fertig, wenn kein oder nur noch wenig Wasser durch die Schichten der Dachkonstruktion dringen kann. Obwohl dieser Aufbau relativ schnell und einfach erledigt ist, handelt es sich um einen von mir eher ungerne verwendeten Notbehelf. Warum das so ist, werden Sie beim Einsteigen bemerken. Um darin geschützt zu sein, müssen Sie sich um den Stamm krümmen und in einer ziemlich unbequemen Position verharren. Den Eingang

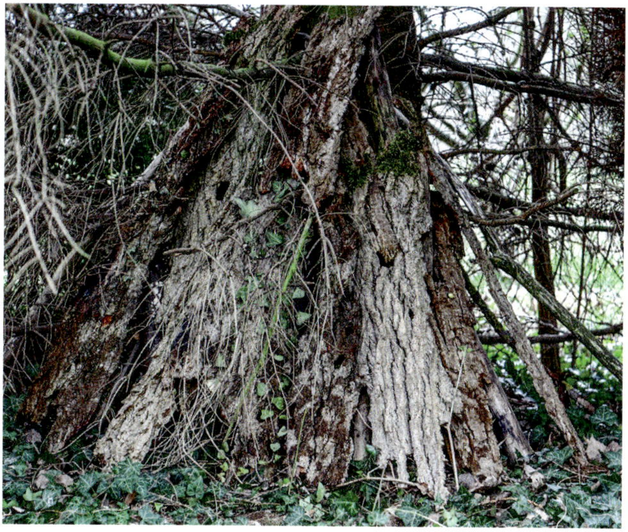

*Links:* Wirklich eine reine Notunterkunft. Eine Baumkoje kann nur das Erfrieren hinauszögern. Als dauerhafte Unterkunft muss etwas Geräumigeres mit Heizmöglichkeit gebaut werden. Der Aufbau des Grundgerüsts der Baumkoje ist jedoch in einem Bruchteil der Arbeitszeit geschafft. *Rechts:* Das Gerüst der Baumkoje wird mit allem abgedeckt, das den Regen abzuhalten vermag. Das kann Borke, Reisig, Holz oder dichtes Gestrüpp sein. Durch das Anstellen an einen Baum ist die Hütte außerdem durch überhängende Äste und den Stamm geschützt.

sollten Sie mit etwas Reisig oder einigen Büscheln Farn oder Gestrüpp schließen, um zu verhindern, dass der Wind hindurchfegt. Da dieser Behelf kaum ausreichende Isolation gegen Kälte bietet, ist er nur dazu gedacht, im akuten Notfall dem harschen Wind und Wetter zu entkommen und so Erfrierungen oder Unterkühlung zu verringern. An erholsamen Schlaf werden Sie darin wahrscheinlich nicht denken können, sondern sich durch aktives Zittern warm halten und etwas trocknen.

## Debris Hut

Eine klassische und einfache Waldläuferhütte ist die so genannte »Debris Hut«. Leider hat diese Hütte ein recht eingeschränktes Einsatzspektrum, da Sie zum Bau eine Menge trockenes Laub und einigen zeitlichen Aufwand benötigen. Trotzdem ist zu bedenken, dass diese Hütte der einzige Aufbau ist, der ohne Feuer nachts nicht zu sehr auskühlt, weshalb darin auch bei niedrigen Temperaturen ohne weiteres sehr angenehm genächtigt werden kann.

Der Aufbau erfolgt aus drei Materialgruppen. Für den Rahmen werden einige stabile Astgabeln und ein langer, gerader Stab verwendet. Die Dachkonstruktion besteht aus einer Anzahl auf Länge gebrochener Ruten. Für die Dachbedeckung und Isolation selbst wird trockenes Laub verwendet – eine riesige Menge trockenes Laub, die meist nur im Herbst in dichten Buchenwäldern aufgetrieben werden kann. Zu allen anderen Jahreszeiten werden die Blätter ziemlich feucht sein.

Die Debris Hut kann man sich prinzipiell vorstellen wie ein kleines Firstzelt, das auf der Fußseite in den Boden übergeht. Da es sich um eine geschlossene Konstruktion handelt, muss der Innenraum ein so kleines Volumen besitzen, dass Sie gerade noch Platz darin finden. Je größer die Hütte wird, desto kälter wird die Nacht darin werden. Also suchen Sie einen Holm, der etwa einen Meter länger als Ihre Körpergröße ist.

Außerdem benötigen Sie einen etwa anderthalb Meter langen Stab mit einer terminalen Astgabel und einen ohne eine solche. An einer Stelle mit geradem und weichem Boden wird der Ast mit Gabel in einem Winkel von etwa 45 Grad in den Boden gerammt. Wenn der Winkel stumpfer ist, dringt schneller Wasser durch das Dach.

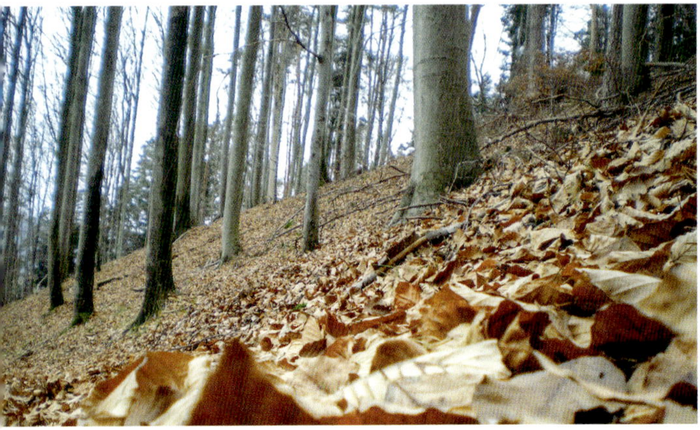

Ein Buchenwald im Herbst. Dicke Schichten aus frisch abgeworfenem Laub machen den Bau einer Debris Hut zum reinen Vergnügen. Die Realität ist oft leider weniger trocken.

Wenn der Winkel deutlich steiler als 45 Grad ist, bleiben die Deckmaterialien nicht vollständig auf dem Gerüst liegen und werden innerhalb von einigen Stunden auf den Boden absacken.

In etwas mehr als einem Meter Entfernung stecken Sie den zweiten Stab in den Boden. Diesmal verwenden Sie etwas weniger als den Winkel des ersten Stabs, damit die Rute mit etwas Spannung in die Astgabel gedrückt wird. Sie haben damit eine Konstruktion aus den beiden Stöcken hergestellt, die der Form des griechischen Buchstabens Lambda »Λ« gleicht. Am oberen Winkel der Konstruktion sollte nun eine Auflagemöglichkeit entstanden sein, in die Sie den langen Holm einlegen können. Falls die beiden Stäbe durch den Druck auseinander weichen, verbinden Sie diese mit etwas improvisierter Leine. Sicherlich können Sie statt des Lambdas »Λ« auch einfach eine einzelne Astgabel verwenden, um den Holm zu sichern. Erfahrungsgemäß wird diese Konstruktion allerdings nicht nur sehr instabil, sondern es entsteht ein nahezu unüberwindbares Hindernis, wenn Sie versuchen, in die Hütte zu kriechen, ohne dieselbige abzuräumen.

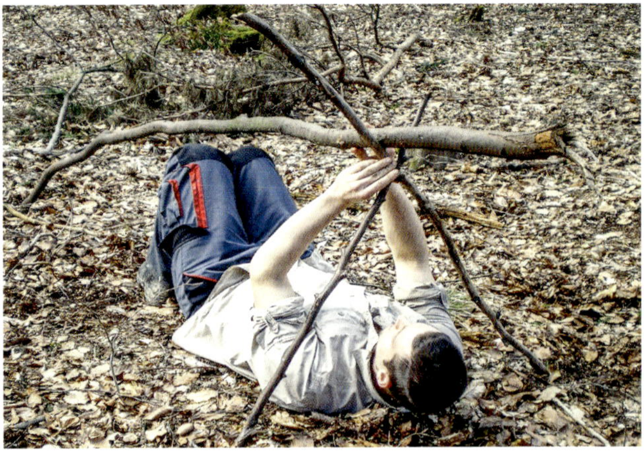

Die Debris Hut wird nur etwas länger als Ihre Körperlänge und nur so hoch, dass Sie gerade noch hineinkriechen können. Freiraum bedeutet hier Kälte.

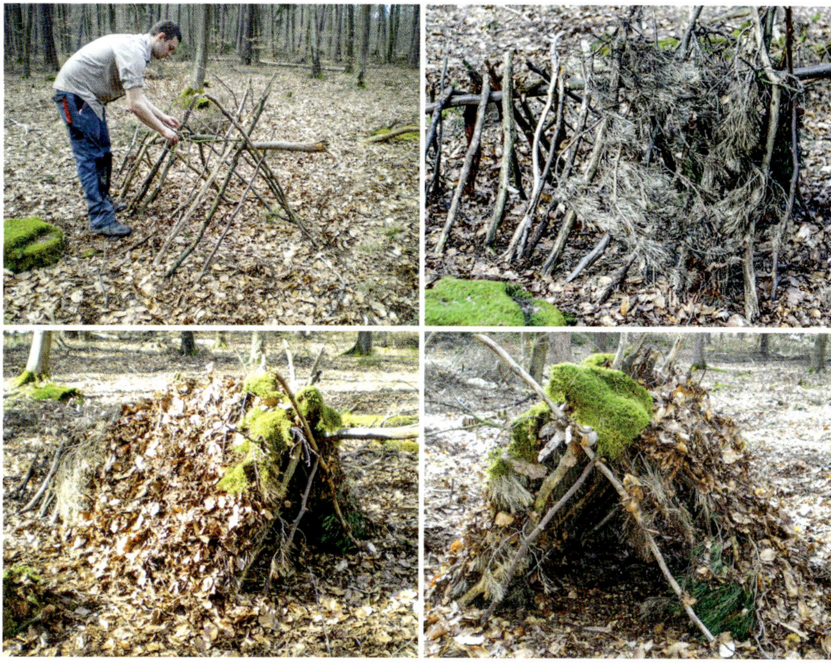

**Der Bau der Debris Hut. *Oben links:* Der First wird beidseitig dicht mit Stöckchen belegt. *Oben rechts:* Die Zwischenräume der »Spanten« werden mit Reisig abgedichtet. *Unten:* Auf die Fläche werden große Mengen von Laub angehäuft. Ganz zum Schluss verhindert eine Schicht von Moos und Holz das Abrutschen des Dachs.**

Nach dem Abschluss der Dachkonstruktion testen Sie die Hütte das erste Mal. Sie sollten mit den Füßen nicht an den First stoßen, während über dem Kopf noch ein halber Meter Luft sein sollte. Falls Sie nicht hineinpassen oder zu viel Raum übrig bleibt, bessern Sie nach. Nun wird die Bodenfläche mit Massen von trockenem Laub – im Notfall auch mit feuchten Blättern, gemischt mit Halmen, Reisig und Moos – abgedeckt.

Denken Sie immer daran, dass die Bodenisolation während der ersten Nacht deutlich an Volumen verliert. Wenn die Unterkunft dauerhaft sein soll, erstellen Sie auf der Basisfläche die weiter oben beschriebene Isolationsliege.

Nun beginnen Sie damit, dünne Stöcke, Reisig und Vergleichbares an den First als Sparren anzustellen. Achten Sie darauf, dass die aufgelegten Stöcke eine dichte Fläche bilden, die verhindert, dass Laub hindurchfällt. Einige dutzend dürre Stöckchen werden so aufgelegt, dass vom Fußende bis zum Eingang alle Bereiche dicht bedeckt worden sind. Nachdem der Dachstuhl der Debris Hut errichtet wurde, wird begonnen, Laub anzuhäufen.

Beginnen Sie am besten damit, Laub zu sammeln und am hinteren Ende der Hütte zu lagern. Versuchen Sie dabei, möglichst das Laub der oberen Schichten zu verwenden, da dieses eher trocken ist. Eine große Hilfe ist mir dabei ein improvisierter Besen aus Reisig, mit dem das Blattwerk zusammengekehrt werden kann. Nun beginnen Sie mit dem Aufhäufen der Blätter. Ihnen sollte spätestens jetzt klar sein, dass diese Hütte nur durch Ihre Körperwärme beheizt werden kann. Deshalb sollten Sie eine rund einen halben Meter dicke Schicht Laub, besser sogar noch mehr, vom Fußende bis zum Eingang auflegen.

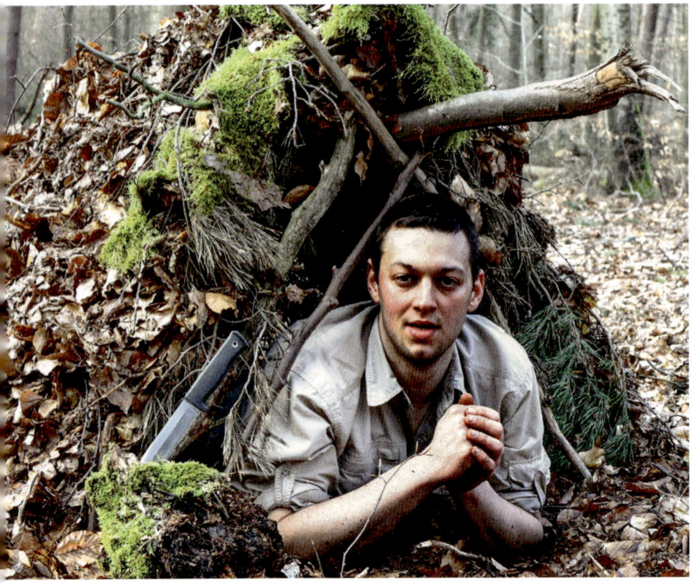

**Nach rund vier bis sechs Stunden der Arbeit kann die Debris Hut endlich bezogen werden. Wenn gerade keine Fotoaufnahmen anfallen, ist die Vordertür mit Reisig verschlossen und das Messer in der Gürtelscheide.**

Wenn Sie schon einmal in einer realistisch gebauten Debris Hut übernachtet haben, kennen Sie sicherlich das Gefühl, das diese Hütte zu einer Notunterkunft werden lässt, die nur eingesetzt wird, wenn kein Feuer zu entzünden war. Mit »realistisch« ist hier gemeint, dass Sie größtenteils feuchtes Laub, das schon einige Monate auf dem Boden verbracht hat, verwenden. Wenn Sie wissen möchten, wie sich ein Mistwurm im Komposthaufen fühlt, sollten Sie diese Hütte also unbedingt einmal gebaut haben. Falls Sie sich fragen, warum diese Zeilen so plastisch beschrieben sind: Beim Verfassen der Zeilen hat der Autor gerade eine Nacht in einer pilzig-feuchten Debris Hut hinter sich. Daher bin ich dieser Hütte gegenüber zugegebenerweise etwas unfair.

Wenn Sie kein Feuer machen können und im kalten Wald schlafen müssen, finden Sie darin eine Möglichkeit, die Nacht unbeschadet und ohne Unterkühlung zu überstehen. Falls die Debris Hut aus absolut trockenem Laub angehäuft wurde, ist sie tatsächlich eine bequeme Alternative zu einem Schlafsack.

## Schrägdach

Viel lieber als auf den Bau einer Debris Hut konzentriere ich mich allerdings darauf, ein Feuer zu entflammen und eine einseitige Schutzhütte gegen Wind und Regen zu errichten. Diese benötigt zwar unbedingt ein Feuer, das auch nachts regelmäßig versorgt werden muss, der einfache Hitzereflektor ist aber meines Erachtens eine der wenigen Möglichkeiten, wirklich entspannt und erholt die Nacht zu verbringen.

Wenn wir uns vornehmen, an einem Feuer zu nächtigen, müssen wir bedenken, dass die Hitze als Strahlung wahrgenommen wird, die einen unsichtbaren Bereich des Lichts darstellt. Es ist das sogenannte infrarote Lichtspektrum. Sie können sich sicherlich vorstellen, dass eine Reflexion der Licht- und Wärmestrahlen auch ein Zurückwerfen der Hitze erzeugt. So wie wir ein Buch in indirektem Licht durch Reflexion einer Lampe an Wand und Decke lesen können, haben wir die gleiche Möglichkeit mit Wärmestrahlung. Hitze, die durch Feuer entsteht, ist nicht alleine die warme Luft der

Verbrennungsgase, sondern Energie in Form von modulierbarem Licht. Es gibt einige Methoden, am Feuer zu schlafen. Eine Möglichkeit ist das ständige Wenden und Drehen, um alle Körperseiten gleichmäßig warm zu halten. Eine andere besteht darin, zwei Feuer zu versorgen, von denen eines vor, eines hinter dem gestrecktem Körper platziert ist.

Meines Erachtens ist die angenehmste Methode jedoch das Umlenken der Hitzestrahlung, um indirekt den Körper auch von der dem Feuer abgewandten Seite zu beheizen. Hierzu wird eine einfache Konstruktion verwendet. Da der Bau im Vergleich zur Debris Hut recht schnell erfolgt, je nach verfügbaren Ressourcen also in zwei bis fünf Stunden, kann dieser Unterstand auch unterwegs gebaut werden. Man sollte dann jedoch mit dem Sammeln der Baumaterialien mehr als drei Stunden vor Einsetzen der Dämmerung begonnen haben und Feuer zum Beispiel durch Feuerschlagen verfügbar halten.

Die Grundkonstruktion besteht aus einer schrägen Abdeckung, die einseitig aufgestützt wird und die effektive Größe einer Zimmertür hat. Im Abstand von etwas weniger als Körperlänge werden zwei etwa anderthalb Meter lange Stützgabeln in den Boden gerammt. Diese können aus gegeneinander verschränkten Ruten oder Astgabeln bestehen.

Auf die beiden Firstgabeln wird eine lange, gerade Stange aufgelegt. Diese Konstruktion ähnelt dem Rahmen der Debris Hut, mit dem Unterschied, dass beide Enden über dem Boden angehoben sind. Nun beginnen Sie, das Schrägdach auf der wetterexponierten Seite mit Ruten zu bedecken. Der Anstellwinkel dieser Wandstützen ist deutlich steiler als 45 Grad. An dieser Fläche soll nämlich das Wasser nach unten abfließen können, ohne durch die Dachbedeckung zu sickern. Die entstandene Dachfläche wird mit Stöcken und Reisig kreuz und quer bedeckt. Es soll bestenfalls eine stabile Gitterkonstruktion entstehen, auf die die eigentliche Dachbedeckung aufgelegt wird. Hierzu werden aus der Umgebung Brennnesseln, Goldruten, Schilf, Borkenstücke, Klettenblätter und vergleichbares gesammelt. Bündelweise werden die Materialien von unten Schicht für Schicht bis zum First auf das Dach gelegt. Dabei zeigt das Stän-

**Ein Schrägdach kann sehr einfach beheizt werden und erlaubt das Arbeiten im regengeschützten Bereich.**

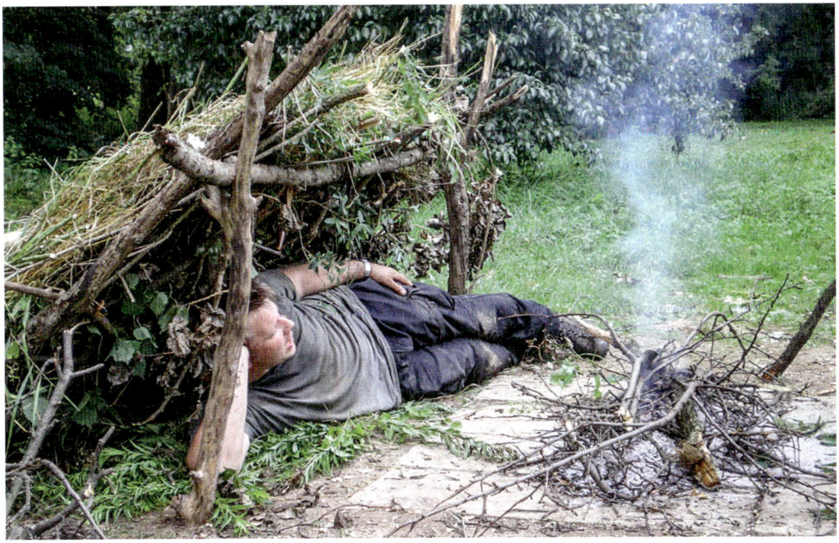

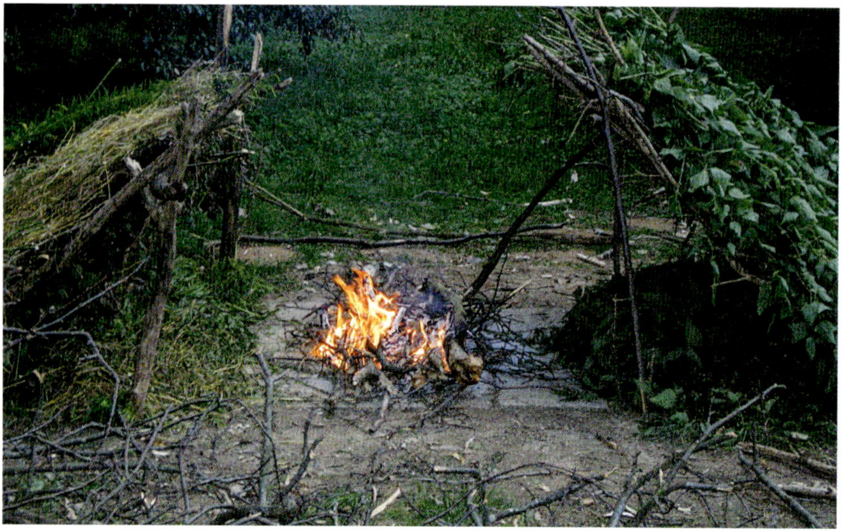

**Ein zweites Schrägdach kann entweder als Unterkunft für »Freitag« dienen oder erfüllt seinen Zweck als Wind- und Regenschutz für das Feuer beziehungsweise dient als vorderer Hitzereflektor.**

gelende, das Richtung Boden stand, nach oben. Durch diese Richtung können nicht nur unbelaubte Bereiche durch die nächste Schicht bedeckt werden, sondern das nach oben umgeklappte Laub ermöglicht das einfache Ablaufen des Wassers. Nachdem die Schichten etwa 20 Zentimeter dick abgedeckt worden sind, ist das Dach größtenteils regenfest. Von außen werden noch ein paar Stöcke aufgelegt, um das Herabrutschen des Belags zu verhindern.

Unter einem Schrägdach wird übernachtet, indem direkt davor ein längliches Feuer entzündet wird, dessen Zentrum etwa den Bereich von Schulter bis Hüfte wärmt. Wenn Licht und Hitze in das Gesicht strahlen, ist das meist eher unangenehm. Zum Schlafen dreht man sich je nach herrschender Temperatur mit dem Rücken zum Feuer und kauert sich in Fetusstellung zusammen. Das ist deshalb sinnvoll, weil der Rücken eine gut durchblutete und große Wärmeaustauschfläche bietet.

Sie werden erstaunt sein, wie angenehm eine so verbrachte Nacht sein kann. Sie werden beidseitig gewärmt, spüren die Geborgenheit des Feuers, sind vor Regen oder Wind geschützt und müssen lediglich das Feuer regelmäßig nachlegen. Je nach Brennwert des Holzes brennt das Wärmefeuer innerhalb von einer halben bis dreiviertel Stunde nieder.

Meistens errichte ich zum Übernachten ein solches Schrägdach. Durch den großen Dachwinkel läuft Wasser zuverlässig ab. Außerdem sind die Materialien, die zum Abdecken dieser Unterkunft benötigt werden, fast überall verfügbar.

Der große Nachteil des Schrägdaches, der gleichzeitig das wichtigste Argument für die Debris Hut darstellt, ist die zwingende Verfügbarkeit eines Feuers. Alleine das Schrägdach reicht meist nicht zum Schlafen aus. Selbst bei lauen Temperaturen werden Sie schnell zu frösteln beginnen, wenn der Kreislauf erst einmal heruntergeregelt wurde. Sie sollten zum Austesten solcher Bauten unbedingt eine gesamte Nacht darin verbracht haben, bevor Sie Aussagen über die Isolation machen können. Wenn Sie die Hütte gebaut haben und sich eine Stunde hineinlegen, liegt Ihr Wärmehaushalt noch deutlich über dem Nachtstoffwechsel.

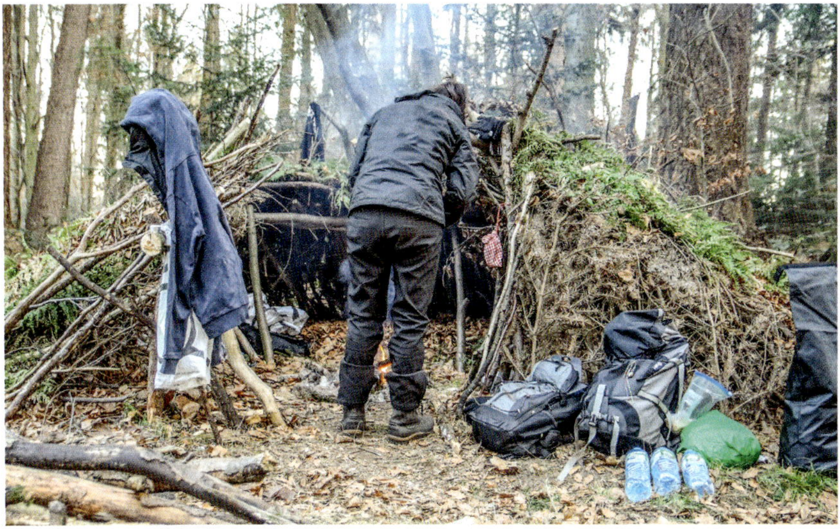

**Kombinierte, isolierte und beheizbare Unterkünfte können auch Mischformen aus Debris Hut und Schrägdach sein. Allerdings muss hier strenge Feuerwache eingehalten werden, um Unfälle zu verhindern.**

Im Falle eines fehlenden Feuers müssen wir also auf den Laubhaufen der Debris Hut zurückgreifen, der in seiner Funktion mehr als Schlafsack denn als Hütte fungiert. Selbstverständlich steht Ihnen die Möglichkeit zur Verfügung, die Hütten so zu kombinieren, dass die für Sie ideale Verbindung entsteht. Das Schrägdach kann mit trockenem Laub so weit ausgestopft werden, dass es möglich ist, zumindest bei Temperaturen über dem Gefrierpunkt eine Nacht darin zu verbringen. Ähnlich gut können Sie auch die Dachflächen der Debris Hut in einem steileren Winkel aufstellen und das Dach zusätzlich mit Büscheln Pflanzenmaterial abdecken. Am besten werden Sie meines Erachtens in einer Unterkunft in Kombination mit Wärmefeuer die Nacht durchstehen.

## Sonderformen

### *Schneehöhle*

Eine Schneehöhle kann in unserer Situation keine »echte« Notunterkunft sein. Wenn nur Schnee zum Bau eines Lagers zur Verfügung steht, kann ein solches allenfalls als Schutz vor einem Sturm genutzt werden. Ohne Bodenisolation darf auf keinen Fall versucht werden, darin zu schlafen. Schnee ist in der Lage, bei direktem Körperkontakt große Mengen Energie zu absorbieren, die zum Schmelzen zu Wasser aufgewendet wird. So werden Sie bei Kontakt zwangsläufig auskühlen. Nach dem Einschlafen kann Sie der Kältetod ereilen.

**HINWEIS:**

Das Schneebiwak ist ohne Schlafsack ein riskantes Unterfangen. Eine Schneehöhle verlangsamt nur den Kältetod.

Sollten Isolationsmaterialien verfügbar sein, kann eine Schneehöhle ein ausgesprochen guter Schutzraum sein, um sich eine Nacht lang vor dem Erfrieren zu schützen. Voraussetzung ist jedoch genügend bodenbedeckende Isolation. Die wichtigste Funktion der Schneehöhle ist das Verringern des →Windchill, was beispielsweise in den Bergen bei einem Wetterumschwung den Unterschied zwischen Leben und Tod bedeutet.

Ohne Ausrüstung ist der Bau einer Schneehöhle nicht einfach. So sollten Sie

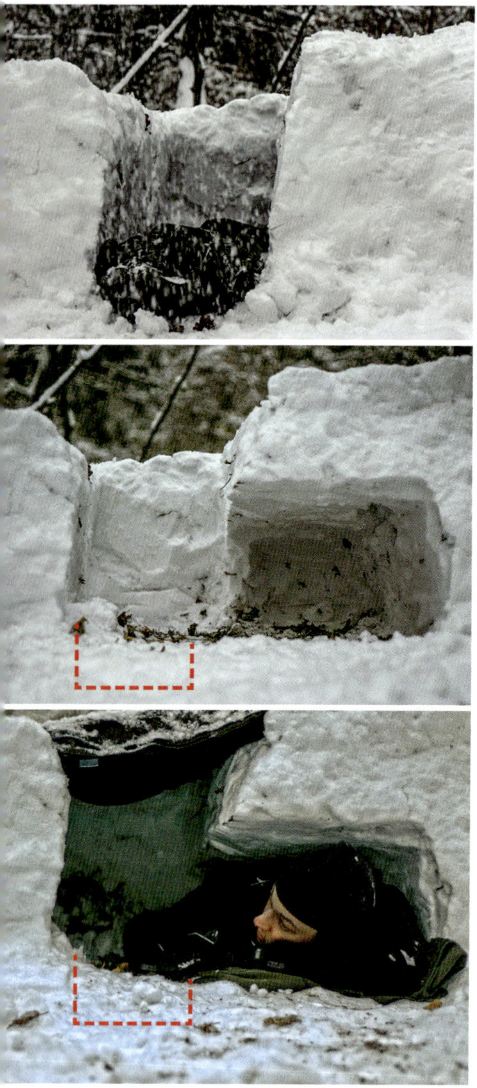

Eine Schneehöhle im Querschnitt zur Veranschaulichung; Kältefalle = gestrichelte Linie. *Oben:* In den Schnee wird eine senkrechte Grube von etwa einem Meter Tiefe gegraben. *Mitte:* Etwas über dem Boden der Grube wird in die seitliche Wand eine Rinne von etwa Mannslänge eingearbeitet. Dabei kann diese Liegefläche auch länger sein als der Einstieg. *Unten:* Der Boden muss isoliert werden. Der Eingang der Schneehöhle kann mit einem Stück Gewebe abgedeckt werden. Die Luftzufuhr muss allerdings auch bei Einschneien gewährleistet sein.

zumindest einen Grabstock herstellen, um verdichtete Schneemassen zu lösen. Eine Schneehöhle kann schon bei einer Schneetiefe von rund einem Meter gegraben werden. Hierzu wird immer von der Seite aus gearbeitet, unter der die Höhlung nicht entstehen soll. Diese Schneefläche darf nicht belastet werden.

Auf einer Fläche von rund einem mal zwei Metern wird der Boden aufgerissen und aufgelockert. Möglichst tief wird der Schnee entfernt und auf die Seite, auf der die Höhle entstehen soll, geschichtet. Wenn Sie eine Tiefe von etwa einem Meter erreicht haben, schachten Sie die Grube senkrecht aus. In eine der beiden langen Seitenwände wird je nach Schneetiefe etwa 10–30 Zentimeter über dem Boden der Grube eine Rinne gescharrt, die etwa 40 bis 60 Zentimeter hoch, einen Meter breit und etwas länger als Ihre Körpergröße bemessen ist. Die darüber geschichteten Schneemassen sollten nur so stark verdichtet werden, dass Sie im Falle eines Einstürzens in der Lage sind, den Schnee selbstständig wegzuräumen. Sie werden schnell ein Gefühl dafür bekommen, wie schwer die Masse ist. Der Boden dieser kleinen Kammer wird mit möglichst viel Polstermaterial gegen den Schnee isoliert.

Da die Liegefläche etwas oberhalb des Grubenbodens liegt, haben Sie eine Kältefalle, in der sich die besonders kalte und damit schwere Luft »ablegen« kann.

**HINWEIS:**

Schnee schmilzt bei ±0 °C (*K 3, »Eis«*). In einer kleinen Schneehöhle wird es aus diesem Grund maximal bzw. minimal 0 °C.

Wenn Sie warme Winterkleidung zur Verfügung haben, können Sie auch in einer solchen Schneehöhle übernachten. Sollte es in die Höhle ziehen, kann der Eingang mit Schneeschindeln verengt oder mit einer Jacke abgedeckt werden. Sie sollten jedoch auf genügende Luftzufuhr achten (*K 11*). Außerdem müssen Sie sich bei großer Kälte aktiv wachhalten, da der Körper in diesem Zustand mehr Wärme produziert.

Bietet sich Ihnen die Möglichkeit, sollten Sie im Notfall eine solche lebensfeindliche Region mit geschlossener Schneedecke so schnell wie möglich verlassen und in dichten Waldgebieten Flächen mit bewachsenem Boden als Ort für die Notunterkunft aufsuchen.

### *Tropenhütte*

Besonders vorteilhaft kann es sein, wenn der Untergrund der Notbehausung einige Zentimeter über dem Boden schwebt. Vor allem in den Tropen möchten Sie nachts nicht durch eine Armee von Ameisen aufgeweckt werden oder mit Skorpionen, Geißelspinnen oder Schlangen das Bett teilen.

Um in diesem Spezialfall den Körper vom Boden abzuheben, kann eine Art Hängeliege verwendet werden. Dazu muss die Grundeinheit des Bettes, also die Längsstreben, auf ein Podest gebracht werden.

Hier müssen Sie beachten, dass Astgabeln nicht zu einer praktikablen Möglichkeit gehören. Sie werden im Dschungel sehr selten oder schlicht keine Hölzer finden, die stark genug sind und eine Gabel am Ende besitzen. Auch Konstruktionen von X-förmig eingesteckten Ästen neigen dazu, den Schlafenden nach einiger Zeit auf dem Boden abzulegen. Also muss das Bett an einem großen Gestell gesichert werden. Dazu werden vier mannslange Stangen benutzt, die jeweils wie zu zwei großen, aufrechten »Λ« verbunden werden. In etwa zwei Metern Entfernung werden sie parallel zueinander in die Erde gesteckt, so dass die beiden Schenkel eines »Λ« am Boden etwa einen Meter voneinander entfernt stehen. Auf Höhe von etwa 30 Zentimetern wird in jedes »Λ« eine Querstrebe eingebunden, die die Konstruktion zu zwei »A« erweitert. Auf diese Querstreben werden nun eine Anzahl langer, gerader Stangen aufgelegt, die die eigentliche Liegefläche bilden. Durch die Liegefläche sind die beiden »A« jetzt miteinander verbunden.

Nun werden möglichst viele dicke Stöcke (ob es Palmwedel sind oder die Stämmchen kleiner Bäume, ist prinzipiell egal) mit Druck unter die beiden Querstreben gepresst, was diese am Herunterrutschen bei Belastung hindert. Durch vorsichtiges Auf-

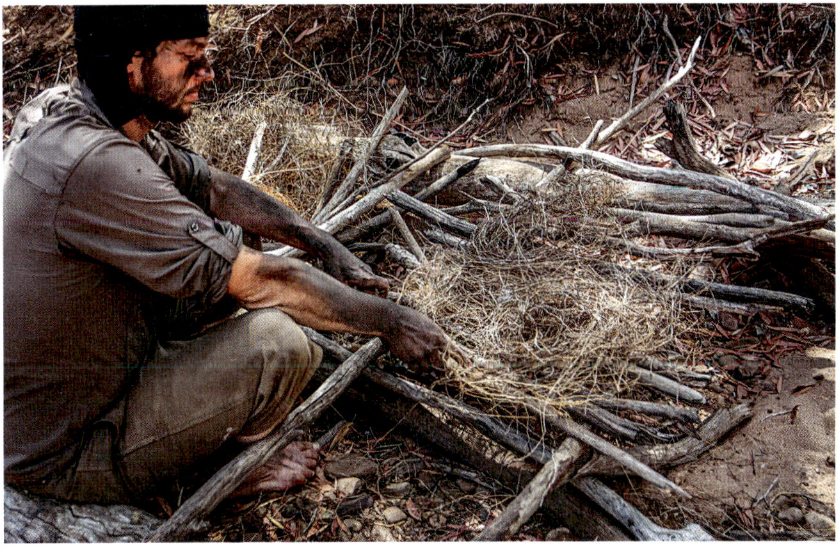

**Auch in trockenen Regionen in Übersee, in denen der Bau eines Dachs unnötig ist, empfiehlt es sich, eine Liegefläche zu bauen, die auf Baumstämmen o. ä. aufliegt und so vom Boden abgehoben ist.**

setzen auf die Liegefläche wird die gesamte Konstruktion etwas in den Boden gedrückt und dadurch zusätzlich stabilisiert. Auf die obere Gabel der »A-Streben« kann ein First aufgelegt werden, der zu einem Regendach erweitert werden kann. Da bodennahe Stauden in den Tropen genügend Licht zum Wachsen aufnehmen müssen, besitzen sie besonders große Blätter, was das Abdecken des Regendachs deutlich erleichtert. Eine solche Konstruktion wird auch in Regionen gefertigt, in denen der Boden zu sumpfig für eine einfache Schlafstätte ist oder regelmäßige Überflutungen zu erwarten sind.

## Latrine

Leider wird sich Ihr Verdauungsapparat nicht davon überzeugen lassen, wenigstens im Notfall kurzzeitig seine Arbeit einzustellen. Meistens melden sich drängende Bedürfnisse in den unpassendsten Situationen, während der Autobahnfahrt, dem Start des Flugzeugs oder im Kino an der spannendsten Stelle des Films. Auch draußen wird es meist eher ungelegen sein, zum großen Spatengang genötigt zu werden. So ist es sinnvoll, darauf vorbereitet zu sein.

Für kleinere »Bedürfnisse« bedarf es sicherlich keiner gesonderten Anleitung. Anders sieht das beim Stuhlgang aus. Und besonders bei ungewohnter Ernährung oder körperlicher Belastung neigt der Darm zu erhöhter Aktivität. Nun stehen wir vor zwei Herausforderungen, die es gilt, mit vorhandenem Material zu meistern. Zum Gang auf die Toilette sollte ein geeigneter Ort verfügbar sein. In der Nähe des Lagers darf das auch eine improvisierte Latrine sein. Weitaus schwieriger ist jedoch die Reinigung des Gesäßes.

Falls Sie schon einmal in der Wüste unterwegs waren, können Sie sicherlich nachempfinden, dass sich der Mensch mit heruntergelassener Hose und blankem Hintern ohne Sichtschutz immer sehr hilflos fühlt. Selbst wenn keine Menschenseele im Umkreis hunderter Kilometer lebt und Ihr Reisepartner versprochen hat, in eine andere Richtung zu blicken und auf die fotografische Dokumentation zu verzichten, gehört diese Situation nicht zu den angenehmen dieser Reise. So empfehle ich, auch in der Einsamkeit eine Stelle zu suchen, die Ihnen Sichtschutz und Geborgenheit gibt. Hierbei eignen sich besonders kleine Gebüsche oder umwachsene Bäume, die Rückendeckung bieten. An dieser Stelle wird eine kleine, längliche Rinne gescharrt, die nur so breit sein sollte, dass man sich mit leicht geöffneten Beinen bequem darüber hocken kann. Soll die Latrine dauerhafter sein, wird sie gut 40 Zentimeter tief und auf den Trittflächen mit Stöcken stabilisiert. Rechts und links neben die Rinne werden zwei Äste in den Boden gesteckt, die

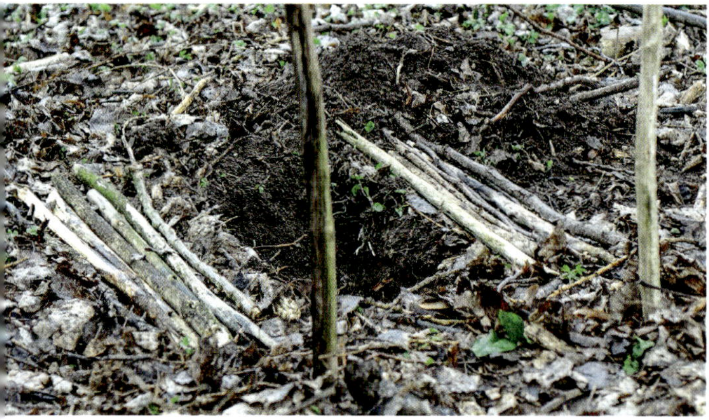

Auch draußen möchten Sie vorgesorgt haben. Eine solche gängige Latrine ist in wenigen Minuten ausgehoben. Sie werden diese kleine Mehrarbeit zu schätzen wissen.

als Haltegriffe verhindern sollen, dass Sie rückwärts in die Grube kippen. Der Bau einer solchen Latrine dauert keine halbe Stunde, spart jedoch auf Dauer viel Zeit. Menschliche Hinterlassenschaften sollten immer außerhalb des Lagers verscharrt werden, um zu verhindern, dass Tiere angelockt werden. Nach jeder Benutzung wird also eine Hand voll Aushub in die Grube zurückgeworfen. Ist diese nach einigen Tagen aufgefüllt, wird nebenan eine neue gescharrt. Insbesondere beim Training sollten Sie so verfahren, da eingegrabene Fäkalien von der Erdfauna innerhalb kurzer Zeit zersetzt werden können, während sie an der Oberfläche oft über Monate verbleiben.

Sinnvoll ist es außerdem, eine kleine temporäre Feuerstelle einzurichten. Hier wird bei Helligkeit etwas Brennholz aufgeschichtet, das nachts mit einer Fackel entzündet werden kann, um etwas Licht sowie Qualm gegen Insekten zu haben. Sicherlich ist es überflüssig zu erwähnen, dass nach Verlassen der Örtlichkeit das Feuer mitgenommen beziehungsweise gelöscht werden muss.

**HINWEIS:**

Wer ohne Schlafsack draußen übernachtet und in der Dunkelheit die Schlafstätte am Feuer verlassen muss, freut sich selbst über eine kleine Flamme an der Latrine.

Ich denke, dass ich Ihnen den Vorgang nicht beschreiben muss, wie er auf der Latrine durchgeführt wird. Da Sie offensichtlich des Lesens mächtig sind, werden Sie sicherlich auch schon selbstständig die Toilette benutzen. Viel interessanter als der Vorgang selbst werden wohl die Materialien sein, die geeignet sind, das Toilettenpapier zu ersetzen. Eine Problematik wird sich ergeben, die besonders auf die Gewöhnung an weiches Papier zurückzuführen ist. Meistens ist der verfügbare Ersatz einlagig, ziemlich rau und wenig sanft.

Pflanzen sind daran interessiert, ihr Laub möglichst unangenehm für Fraßfeinde zu formen. Dass Distel- und Brennnesselblätter als Toilettenpapier ausscheiden, leuchtet sicherlich ein. Anders sieht es mit einigen Pflanzen aus, die große behaarte Laubblätter besitzen. Die filzige Oberfläche begünstigt den Reinigungsvorgang deutlich, zumal Laub eigentlich keinerlei Saugfähigkeit vorweist. Es eignen sich besonders gut Blätter von Huflattich, Frauenmantel, Kletten und Königskerzen. Bis auf die Wahl des eher stachlig als filzig behaarten Riesenbärenklau *(Heracleum mantegazzianum)* oder von Brennnesselblättern können Sie dabei wenig falsch machen.

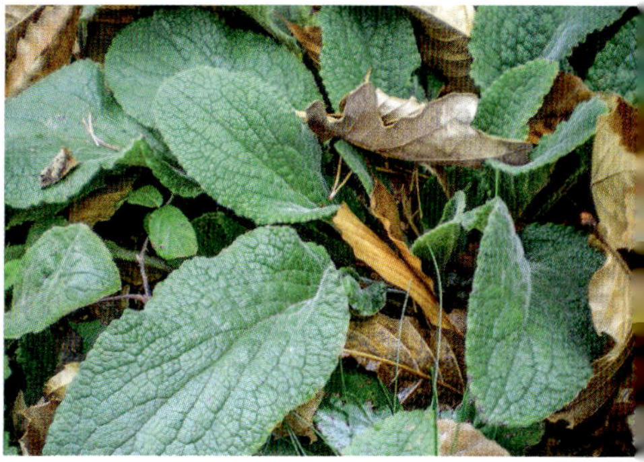

**Weiche Oberfläche, leicht befilzt und handflächengroß: geeignetes →Toilettenpapier.**

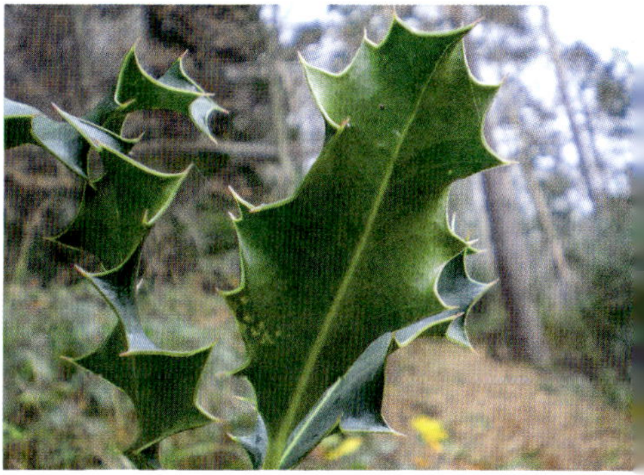

**Ohne weitere Erklärung: ungeeignet.**

Beispiele für geeignetes Toilettenpapier:

- Huflattich
- Königskerze
- Pestwurz
- Große Klette.

Ist von diesen Pflanzen keine verfügbar, können wir auf den nächsten, nicht ganz so guten Ersatz zurückgreifen. Dieser besteht aus Moos, Farn oder Büscheln von rauen Laubblättern wie Spitzwegerich und Schilf. Noch schlechter funktionieren gewöhnliche Blätter von Laubbäumen. Sie sind speckig und glatt.

Eine ganz andere Methode ist jene, die heute noch in vielen arabischen Ländern Verwendung findet. Sie besteht darin, die linke Hand mit etwas Wasser zu befeuchten und zum Reinigen zu verwenden. Jene wird normalerweise unter einem Wasserstrahl ohne Zuhilfenahme der rechten Hand gewaschen und von der anderweitigen Verwendung ausgeschlossen. Diese Methode verdient durchaus unsere Beachtung. Bevor keine andere Weise zu dem erwünschten Ergebnis führt, können wir uns ihrer entsinnen.

Ein unvollständig gesäubertes Gesäß führt häufig zu Entzündungen und Scheuerstellen. Im Falle eingeschränkter medizinischer Versorgung sollten wir auch diese vermeintlich leichten Erkrankungen vermeiden, zumal sie sich gerne infizieren. Sollten Sie gezwungen sein, sich auf die arabische Art zu säubern, nehmen Sie auch den Brauch an, dass die linke Hand insbesondere bei der Nahrungsaufnahme und im Gesicht keine Verwendung mehr haben darf, bis Sie sich mit Wasser und Sand die Hände vollständig gereinigt haben.

## Übernachten im Notbiwak

Möglicherweise sind Sie schon ein »alter Hase«, was das Übernachten in der Natur angeht. Vielleicht haben Sie auch mal unter einem Tarp oder unter freiem Himmel biwakiert. Nur wenige haben jedoch den Ansporn oder auch die Überwindung, völlig ohne industriell gefertigte Hilfsmittel, also ohne Zelt, Isomatte und Schlafsack eine oder mehrere Nächte draußen zu verbringen. Das mag vielleicht auch daran liegen, dass man sich die Nacht in einer Notunterkunft sehr unangenehm vorstellt, was bei einer unzureichenden oder falschen Notunterkunft auch sein kann. Das ist aber nicht zwangsläufig so.

**HINWEIS:**

Wer zu »extrem« beginnt, scheitert schnell. Wer es etwas langsamer angehen lässt, kann sich dagegen steigern.

Ich würde mir wünschen, dass Sie nach dem Durcharbeiten des Buchs das eine oder andere Projekt in Angriff nehmen, das da heißen mag: »Übernachten ohne Schlafsack am Feuer«, »Ein Wochenende ohne Ausrüstung in freier Natur«, oder gar: »Eine Woche lang autark«. Sie werden sehen, dass es ein wenig Übung braucht, um die erste Nacht nicht als »Frierend um 2:00 Uhr nach Hause marschiert« zu beenden. Deshalb macht es auch Sinn, in kleinen Schritten zu beginnen und zumindest in den kälteren Jahreszeiten immer entweder die warme Stube oder einen Schlafsack in Reichweite zu haben.

Als übereifriger »Jungsurvivalist« habe ich darauf verzichten wollen. Das Ergebnis war oft, dass ich die Morgenstunden schlotternd in einer Telefonzelle über einem Teelicht kauernd verbrachte und feststellen musste, dass im Notfall bei minus 19 °C eine Rettungsdecke keine ausreichende Wärmeisolation bietet. Beim Übernachten ohne Schlafsack kann man einiges falsch machen. Zuallererst müssen wir daran denken, dass die in diesem Buch beschriebenen Bauten und Techniken immer mit größtmöglicher Sorgfalt durchzuführen sind. Dass das bei leerem Magen nicht immer angenehm ist, leuchtet ein. Spätestens wenn sich die Bodenisolation unter Belastung auflöst oder die ersten Tropfen Regen durch das undichte Dach dringen, werden Sie gewahr, was das nächste Mal besser gemacht werden sollte. Aber dies ist ein Lernprozess, den Sie sich zugestehen sollten. Es wäre utopisch anzunehmen, dass alles beim ersten Mal richtig gemacht wird, und gerade deshalb sind Training und Übung genauso wichtig wie Rückschläge.

Einer der beliebtesten Fehler ist, beim Notbiwak die Menge des benötigten Feu-

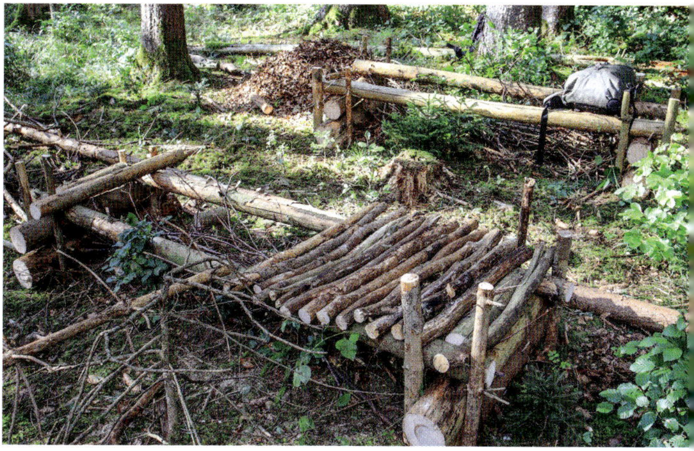

**Ein Trapperbett ist bequem und in Kombination mit Dach und Feuer eine tolle Unterkunft. Wer die Bauzeit falsch einschätzt schläft in der Praxis aber schnell unter freiem Himmel ohne Wärmequelle.**

erholzes falsch einzuschätzen. Um eine Stunde lang ein Wärmefeuer am Leben zu halten, benötigen wir je nach Kälte und Holzqualität etwa vier bis zehn Kilogramm Holz. Im Winter mit rund 14 Stunden Dunkelheit können das mehr als zwei Zentner Holz sein, die beigeschafft werden müssen. Sie können die benötigte Menge vorerst unzerkleinert am Lager liegen lassen und bei Bedarf zerbrechen oder zerbrennen, was jedoch unbequem ist, da man sich jedesmal aufraffen muss, um genügend Kraft für den Vorgang zu haben. Besser ist, Sie beginnen nach Einbruch der Dunkelheit damit, das Holz sukzessive zu verarbeiten. In dieser Zeit sind Sie meist noch vom Tag zu aufgewühlt, um zu schlafen und es ist zu wenig Licht vorhanden, um anderen Tätigkeiten nachzugehen. Auf keinen Fall dürfen Sie jedoch bei schlechten Lichtverhältnissen mit dem Messer arbeiten. Sollte zu wenig Holz zum Durchheizen der Nacht vorhanden sein, können Sie sich mit den Übungen, die im Medizinteil unter »Hypothermie« beschrieben sind, warm halten.

Ein anderer Fehler, der zumeist erst bei Nacht bemerkt wird, ist, dass zu wenige oder überhaupt keine Fackeln für den Spätengang zur Verfügung stehen. Diese sind jedoch wirklich nur Lampen, um kurze Zeit etwas zu beleuchten. Für länger dauernde Arbeiten ist das Licht nicht ausreichend und auch nicht gedacht. Tätigkeiten, die viel Licht benötigen, sollten generell tagsüber gemacht werden. Auch ist das Sammeln von Holz in der Finsternis zu gefährlich. Denken Sie daran, dass eine Fackel für Sie einen großen Wert darstellt. Sie wird entzündet, wenn Sie unbedingt Licht benötigen.

Wenn Sie in Ihrer Notunterkunft liegen – ob Sie die richtige gewählt haben, werden Sie ziemlich bald feststellen –, merken Sie bei niedrigen Temperaturen schnell, dass es einige sehr kälteempfindliche Stellen am Körper gibt. Während die Bauchseite der meisten Menschen durch eine gewisse Fettschicht, die Bauchmuskeln und den Brustkorb einigermaßen vor Kälte geschützt ist, liegen auf der Rückseite des Menschen lebenswichtige Organe sehr nahe unter der Haut. Besonders werden Sie merken, dass die Lenden- oder Nierengegend unangenehm auskühlen kann. Dagegen wird man an der Vorderseite nahezu überhitzt, wenn man diese Richtung Feuer ausgerichtet hat. Hier werden Sie feststellen, dass so kaum eine angenehme Schlaftiefe erreicht werden kann. Feuer, das mit seinem roten Schein die geschlossenen Augenlider durchdringt, wird Sie bei jedem Züngeln und Aufflammen der Feuerstelle aufschrecken. Aus diesen Gründen wird selbst bei großer Kälte in der Regel vom Feuer abgewandt geschlafen.

Wenn ein Schrägdach eine ungeeignete Neigung besitzt, kann es sein, dass die Hitzestrahlung über Sie hinweg reflektiert wird. Das passiert besonders bei Dächern, die für regenreiche Gegenden ausgerüstet sind und deshalb einen steileren Winkel haben. In diesem Fall können Sie einen einfachen Trick anwenden. Verteilen Sie schon vormittags Steine auf einer Grundfläche von etwa DIN-A4-Größe um das Feuer in der Entfernung, die Sie mit der Hand noch aushalten. Die Steine nehmen die Wärme auf und speichern sie für lange Zeit. Sie sollten jedoch nicht so stark aufgeheizt werden, dass sie nicht mehr berührt werden können. Wenn Sie auf einen der Steine Speichel tropfen lassen, sollte dieser nicht zischend verdampfen, sondern langsam zu sieden beginnen. Steine können vor den Bauch gelegt werden, später, wenn sie die meiste Hitze abgegeben haben, können sie als eine Art »Wärmflasche« in die Kleidung gelegt werden. Wichtig ist, vorher auszutesten, ob die Steine nicht zu heiß sind.

Wenn die Temperatur nachts nicht übermäßig tief fällt, kann auch anders vorgegangen werden. Es gibt einen Akademikerwitz (die als solche nicht immer lustig sein müssen), bei dem ein Statistiker, der mit den Beinen in kochendem Wasser steht, seine Hände jedoch im Eis versenkt hält, gefragt wird, wie er sich fühlt. Während er sich die Füße verbrennt und die Arme verkühlt, ist seine Antwort: »Im Schnitt ganz gut.« Das Bild, das dieser Witz beschreibt, muss ich mir immer vorstellen, wenn ich im Sommer am niedergebrannten Feuer einschlafe. So absurd die Szene sein mag, hat sie doch etwas Wahres. Bei Außentemperaturen, die nicht weit unter 10 °C fallen, lässt sich nämlich folgende Wärmemethode anwenden. Unter einem Schrägdach oder in einer Debris Hut reicht oft ein kleines Feuer, um sich zu wärmen. Dabei muss man daran denken, dass eine Debris Hut aus Gründen der Kohlenmonoxid- und Feuergefahr eigentlich gar nicht beheizt werden kann. Hier liegt der Trick ganz einfach darin, in der Hütte zu liegen und beide Hände außerhalb der Hütte an den Flanken des nahen Feuers zu platzieren. Der menschliche Organismus ist nämlich in der Lage, Wärme, die von Extremitäten empfangen wurde, an den Rumpf weiterzuführen. So wird der gesamte Körper von der leichten Überhitzung der Hände gewärmt. Auf diese Weise kann der Körper in lauen Nächten auf einer angenehmen Temperatur gehalten werden.

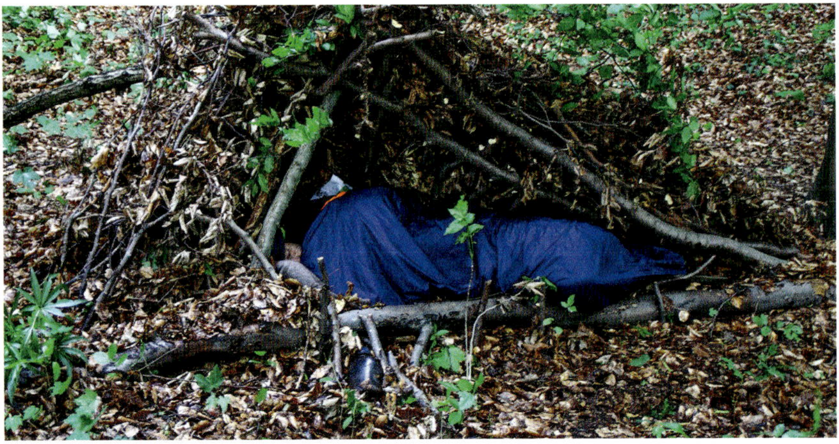

**Auch im Schlafsack hat die Übernachtung in einer offenen Hütte ihren Reiz. Sie lernen, wie Sie sich im Bau bewegen müssen, wie sich eine schlecht gepolsterte Matratze anfühlt und wie viel Wasser morgens auf Ihnen kondensiert. In einer natürlichen Struktur schlafend suchen Sie auch mehr Tiere als im Zelt heim.**

# 12 Wege zur Rettung

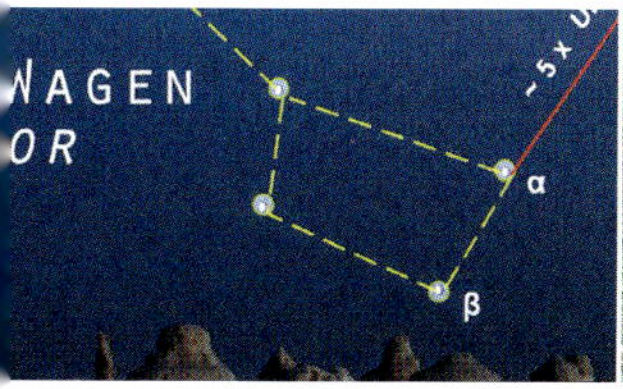

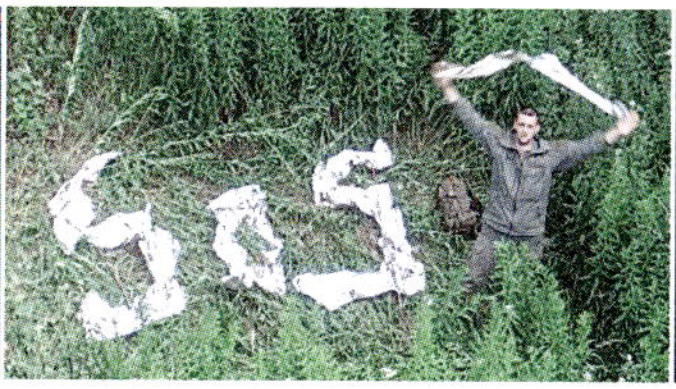


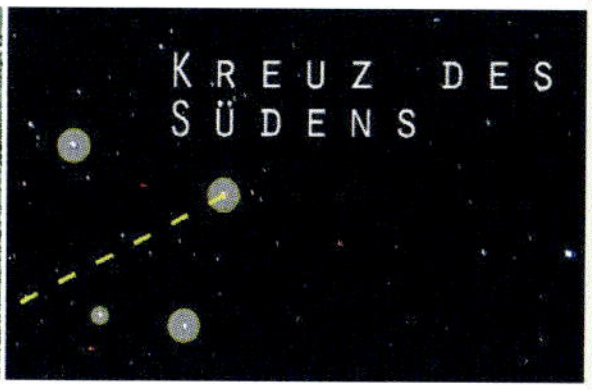


Einige Tage bis Wochen nach Ihrem Verschwinden müssen Sie eine ungeheuer wichtige Entscheidung treffen. Wir gehen davon aus, dass Sie die Lage, in der Sie sich befinden, nicht selbst gewählt haben. Also ist Ihr Bestreben, möglichst bald in die Zivilisation zurückzukehren.

Hierzu sind drei Faktoren wichtig. Zuerst müssen Sie das Verlassen des Lagers vorbereiten. Das bedeutet, dass Feuer verfügbar gehalten werden muss, Marschverpflegung vorbereitet wurde und Wasser für mindestens einen Tag gespeichert werden kann. Anleitungen hierzu haben Sie in den vergangenen Kapiteln hoffentlich zu Genüge gefunden. Als nächstes steht das Konservieren des Lagers an, das im Gegensatz zur Übung nicht aus Abriss und Renaturierung besteht. Vielmehr muss das Lager gesichert worden sein, damit es nicht sofort zerfällt und Sie gegebenenfalls später darauf zurückgreifen können. Zu guter Letzt interessiert uns eine einfache Orientierungsmöglichkeit, um die Suche nach Zivilisation nicht zu einem ziel- und planlosen Unterfangen werden zu lassen.

## Vorbereitungen

Es ist eine allzu menschliche Eigenschaft, zu vermuten, dass anderswo die Weiden saftiger sind, das Leben einfacher oder angenehmer. Aus diesem Grund werden Sie bei ausbleibender Rettung irgendwann aufbrechen, um menschliche Ansiedlungen zu erreichen oder in eine Umgebung mit üppigeren Ressourcen zu ziehen. So kann es durchaus sein, dass Sie nach erfolglosem Versuch, die Zivilisation zu erreichen, an Ihr Lager zurückkehren müssen, wenn Sie bemerken, dass die Umstände auf Ihrem Marsch ständig schlechter werden. In diesem Fall muss es entweder möglich sein, ein völlig neues Lager aufzubauen oder an das alte zurückzukehren. Dazu muss sichergestellt worden sein, dass auch nach Tagen oder Wochen der Abwesenheit das Meiste noch brauchbar ist. Denn ohne Betreuung und ständige Ausbesserungsarbeiten zerfällt das Aufgebaute binnen weniger Tage.

Um die rudimentäre Infrastruktur zu konservieren, müssen nur einige wenige Dinge unternommen werden. Alle Materialien, die nicht mitgeführt werden können und trocken gehalten werden müssen, werden in einen dichten Baum gehängt. Dort überstehen sie Monate ohne Schäden. Die Feuerstelle wird mit Wasser gelöscht und dick mit Laub und Rinde bedeckt. Der Boden darunter hat keine Struktur mehr und erodiert durch Regen zu einem Krater. Durch die Bedeckung wird die Erde jedoch trocken gehalten. Die Notunterkunft wird von innen dicht mit Reisig ausgestopft und von außen mit Asten, Rinde und Moosplacken bedeckt und damit vor Stürmen geschützt. Mitgeführt werden zum Beispiel in einem Hosenbein oder Hemd als Bündel an den Grabstock gebunden und wie »Waltzing Matilda« über die Schulter gelegt improvisierte Wasserflaschen, Wasserfilter, Feuerbohrer, Zunder, Schnüre und Verbandsmaterial. Am Feuer getrocknete Notnahrung jeder Art kann in Blätter eingewickelt oder in Schilfröhrchen verpackt mitgenommen werden. Außerdem sollte etwas Asche als Insekten- und Sonnenschutz sowie als Salzersatz eingepackt worden sein. Sonstige Rohstoffe werden in der Notunterkunft auf dem Stopfmaterial gelagert.

## Aufbruch

Als Entscheidungshilfe, das sichere Lager zu verlassen, mag die Frage zählen, ob Sie erwarten, dass noch nach Ihnen gesucht wird. Natürlich gehört dazu, dass die Suche voraussichtlich an jener Stelle vorgenommen wird, an der Sie lagern. Sollte ausgeschlossen sein, dass Sie gefunden werden, ist zunächst abzuklären, ob Sie derzeit überhaupt in der Lage sind, loszuziehen. Leiden Sie an Krankheiten, sind Sie gegebenenfalls verletzt oder geschwächt, warten Sie besser noch ein paar Tage oder Wochen. Stationär verbleibend können Sie solche Probleme besser in den Griff bekommen als auf Wanderschaft.

**HINWEIS:**

Wenn Sie aufbrechen, hinterlassen Sie immer Zeichen und präparieren Ihr Lager so, dass Sie jederzeit wieder zurückkehren können.

Verlassen Sie das Lager dagegen nach dem Training, bringen Sie alles wieder in den Zustand, in dem Sie den Trainingsort vorgefunden haben.

Wenn Sie bereit sind, müssen Sie überlegen, ob die Umgebung Ihnen das bieten kann, was Sie zum täglichen Leben auf der Wanderschaft benötigen: Wasser, Nahrung und Schutz vor Sonne oder Kälte. Feuer sollten Sie entweder als Glut oder improvisiertes Feuerzeug wie Feuerbohrer oder -schläger verfügbar und transportierbar halten. Kleidung muss warm genug sein oder zusätzlich mit Pflanzenfasern ausgestopft worden sein, damit Sie unterwegs möglichst auch mal ohne Unterkunft eine Nacht am Feuer durchstehen.

Wenn Sie sich entschließen aufzubrechen, stellen Sie am besten einen festen Zeitplan auf sowie ein Ultimatum, bis zu dem alles vorbereitet sein muss. Das Verlassen des Lagers verlangt viel Mut und wird sonst wahrscheinlich hinausgezögert. Vor dem Abreisen müssen Sie eine Notiz hinterlassen, die klar macht, in welche Richtung Sie losziehen.

Vermeiden Sie Formulierungen, gravieren Sie vielmehr mit einem glühenden Stab in Holz, wie viele Personen in welche Richtung unterwegs sind, und dass Sie Hilfe benötigen. Unterwegs wird alle paar hundert Meter ein Ast abgeknickt, ein Baum mit dem Messer markiert oder mit Steinen oder Ästen Pfeile ausgelegt. Solche Piktogramme und Zeichen kann jeder Buschmann interpretieren. Sie können außerdem den Zeichen folgend zum Lager zurückfinden. Erfahrene Jäger werden Sie übrigens auch ohne diese Markierungen aufspüren. Außerdem sollte auf einer möglichst gut einsehbaren Fläche in der Nähe des Lagers ein großes Dreieck oder besser noch ein »SOS« ausgelegt worden sein. Dazu werden am besten gut kontrastierte Materialien wie weiße Steine auf dunklem Boden verwendet. Jenes Zeichen sollte übrigens neben der im Kapitel »Feuer« beschriebenen Signalpyramide nach dem Unglück möglichst schnell aufgestellt worden sein. Dreieck und Signalpyramide werden auf Ihrem Marsch in die Rettung jeden Abend aufgebaut. Dreieckige Strukturen sind in der Natur äußerst selten und dienen international als Notsignal. Wird das Dreieck nach Ihrem Verlassen des Lagers aufgefunden, besteht die hohe Wahrscheinlichkeit, dass Ihr Lager und dort aufgestellte Informationen über Ihren Verbleib entdeckt werden.

## Signale

Neben den Rauchsignalen kann vor allem das Blinken mit einem Spiegel Rettungskräfte aufmerksam machen. Das ist vor allem dann wichtig, wenn Sie in strukturierten Bereichen wie in Schonungen, Windbruch oder vor vergleichbar »chaotischem« Untergrund stehen.

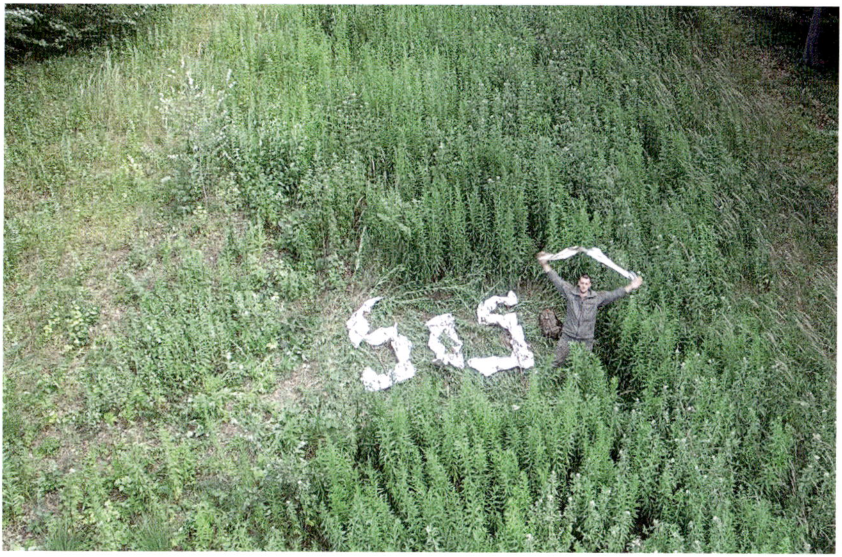

**Wenn Sie auf einer Lichtung die internationalen Notzeichen »SOS« auslegen und mit beiden schräg ausgestreckten Armen (ggf. mit reflektierendem *Winkelement*) auf sich aufmerksam machen, wird dies weltweit richtig verstanden.** *Abbildung von Oliver Jergis (wecamfly.com)*

In diesem Fall können Sie ein Messer (sofern es nicht beschichtet bzw. mattiert ist) oder einen einfachen Spiegel, eine Glasscherbe etc. verwenden. Zum Anpeilen mit solchen Spiegelflächen (manche Rettungsspiegel besitzen spezielle Zielvorrichtungen, deren Verwendung auf dem Spiegel beschrieben sein sollte) stellen Sie sich so hin, dass die Sonne auftreffen kann. Da es sehr schwierig ist, ohne Sichtprüfung die Spiegelrichtung zu erkennen, halten Sie eine Hand so zwischen Spiegel und Sonne, dass der Reflexionspunkt darauf fällt. Nun peilen Sie über die Spiegelfläche auf die Hand und drehen sich nun so (den Spiegel dabei unabhängig von der Peilhand drehen und wenden, so dass der Lichtpunkt immer an der Hand zu sehen ist), bis Sie, über den Spiegel peilend, die Hand mit der angeschnittenen Reflexion und dem Luftgefährt oder Boot in einer Linie halten. Genauer müssen Sie nicht zielen, vielmehr sollten Sie alles relativ »locker« halten, da über die Entfernung der Lichtpunkt über viele Hundert Meter tanzt. Wird der Lichtpunkt gesehen, macht das Gefährt in der Regel eine Wendung und überfliegt Sie. In diesem Fall müssen Sie auf sich aufmerksam machen, indem Sie mit beiden Armen in der Luft (wie ein »Y« stehend) winken. Dieses Signal wird international als »Benötige Hilfe« interpretiert.

Sollten Sie sich allerdings mit Ihrer Lage so weit abgefunden haben, dass Sie die Rettung und damit Rückkehr zu Alltag und Bürostress vermeiden möchten, winken Sie mit einer Hand. Das bedeutet »Hallo« oder auch »Mir geht's gut, alles in Ordnung«.

## Orientierung

Ich werde nicht müde zu betonen, dass Sie nicht lediglich mit diesem Buch bewaffnet – aber sonst unvorbereitet – in die Wildnis losziehen sollten. Es soll eine Übungsanleitung sein. Vertiefende Literatur ist natürlich wichtig, deshalb werden Sie auch weitere Techniken als die hier vorgestellten aus Fachbüchern der Nautik oder Naviga-

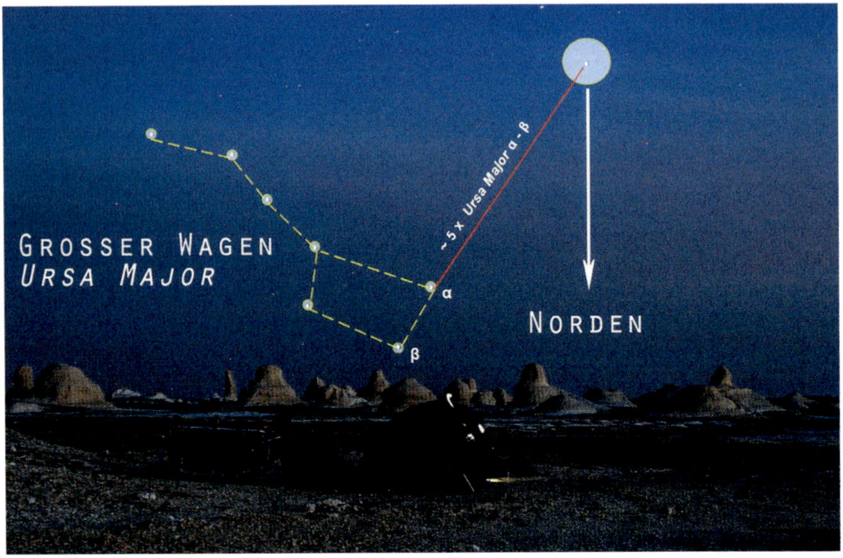


Um den Polarstern zu entdecken, wird klarer Himmel benötigt. Das hintere Ende des »Großen Wagens« deutet mit der fünffachen Verlängerung der Kante Ursa Major »a–b« auf den Polarstern. Jener steht ziemlich genau über dem geografischen Nordpol. Der große Wagen ist als zirkumpolares Sternenbild nördlich des 35. Breitengrades ganzjährig vollständig zu sehen.

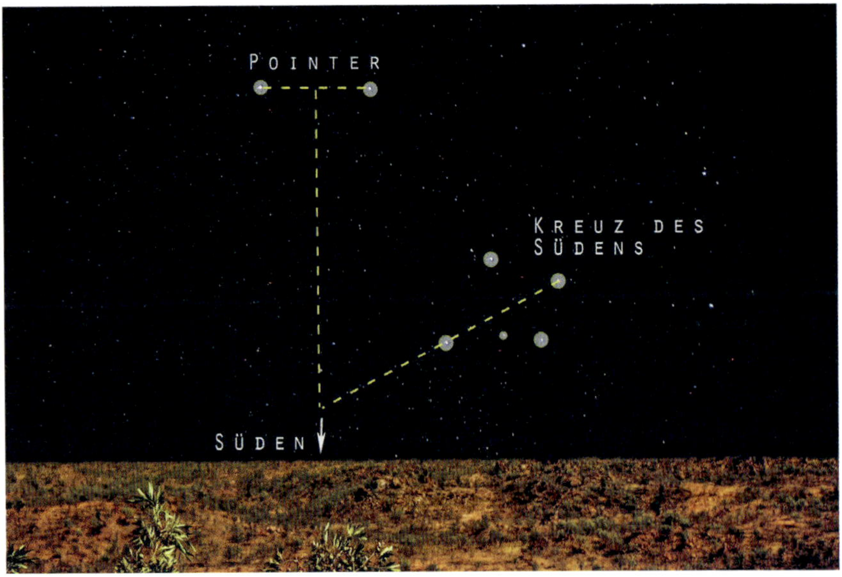


Um mit dem Kreuz des Südens zu navigieren, ist schon etwas mehr Abstraktion vonnöten. Die lange Seite des Kreuzes wird in Richtung Horizont verlängert. Dort trifft die Linie am geografischen Südpol auf die Senkrechte der Verbindung der beiden hellen »Pointer-Sterne«.

tion kennen. Besonders im Themenkomplex Orientierung ist es jedoch ungemein wichtig, dass Sie die Informationen nicht nur einmal gelesen, sondern verinnerlicht haben und abrufbar halten. Selbst einfache Orientierung und Navigation ist ein äußerst weites Themenfeld, dessen Besonderheit darin liegt, dass die anzuwendenden Regeln besonders stark von allen möglichen äußeren Faktoren abhängen.

Örtlich begrenzt, beeinflusst von geografischen Besonderheiten und astronomischen Zuständen, benötigt der Navigator meist eine Vielzahl von Datensätzen wie etwaiger Ort, Zeit, Informationen über Kontinentale Lage, Missweisung und vieles mehr.

**HINWEIS:**

Verlassen Sie sich nur auf Orientierungsmethoden, die unabhängig von Hemisphäre, lokalem Klima und Wetter sind.

Bevor wir uns also damit beschäftigen, jeden nur erdenklichen und notwendigen Datensatz aufzulisten, möchten wir überlegen, welche Informationen überhaupt benötigt werden. Um es vereinfacht auszudrücken: Wissen Sie nicht, wo Sie sich befinden, muss der Standpunkt festgestellt werden. Es gibt durchaus die Möglichkeit, mithilfe des Sternbildes des Großen Wagens beziehungsweise des Großen Bären den Polar- oder Nordstern ausfindig zu machen, über den Sie den geografischen Nordpol ableiten können. Eine recht einfache Winkelfunktion sagt Ihnen, auf welcher Breite Sie sich etwa befinden. Liegt der Polarstern auf halbem Weg zwischen Zenit und Horizont, befinden Sie sich etwa auf dem 45. Grad nördlicher Breite. Steht er hingegen im rechten Winkel zum Äquator, sind Sie am Nordpol. Das haben Sie jedoch vermutlich schon vorher festgestellt. Um die Länge jedoch herauszufinden, müssten Sie eine Tabelle (sie findet sich in einem nautischen Almanach) besitzen, die mit Hilfe einer Uhr und der geografisch koordinierten Weltzeit den Stand bestimmter Sterne, des Mondes oder der Sonne definiert.

Ich gehe davon aus, dass der Durchschnittsmensch (dabei vernachlässige ich manch einen Hobbyastronomen in meinem Freundeskreis) gerade noch in der Lage ist, den Nordstern zu entdecken. Selbst wenn Sie weitere Navigationsmethoden einmal gelernt haben, wird sich das astronomische Navigieren im Notfall auf das »kleine Einmaleins« beschränken.

Neben dem eigenen Standort ist als nächster Faktor das Ziel notwendig. Da wir nicht wissen, wo wir Hilfe zu erwarten haben, ist eine zielgenaue Navigation nicht notwendig. Selbst wenn wir wüssten, wo »auf der Karte« Hilfe wäre, könnten wir nicht sagen, wo sie relativ zu uns ist, da unser eigener Standort undefiniert ist. Uns interessieren also Großrichtungen wie »Norden« oder »Südwest«, die eine Idee darstellen, wohin man marschieren möchte. Für uns ist prinzipiell nur wichtig, dass wir nicht im Kreis laufen. Denn im Umkreis von 300 bis 500 Kilometern finden sich fast überall auf der Welt befahrene Straßen oder Ansiedlungen. Das ist also eine Entfernung, die im Notfall mit einigen Tagen Vorbereitung innerhalb von zwei Wochen Marsch erreichbar ist.

Nehmen wir also an, wir vermuten Hilfe in der westlichen Richtung. Um jene zu erreichen, müssen wir uns orientieren, was nichts anderes ist, als die Himmelsrichtungen zu bestimmen. Dazu können Sie prinzipiell unterschiedlich vorgehen, ich bewerte jedoch alleine den Weg von Sonne und Sternen als zuverlässig genug. Warum, werde ich in wenigen Worten erläutern. Es gibt eine Vielzahl von Techniken, die zur Orientierung klimatische beziehungsweise wetterbedingte Eigenschaften zu Rate ziehen. Es gilt beispielsweise, dass Bäume meist auf westlicher Seite bemoost sind und nach Osten gebeugt stehen. Erklärt werden kann das jedoch nur mit der »Wetterseite«, die in Mitteleuropa meist atlantischer Natur ist. Wie sieht es jedoch hinter Gebirgen aus, wo Fallwinde in entgegengesetzter Richtung wehen? Wo ist die »Wetterseite« in Südeuropa, West- oder Ostskandinavien, in Südostasien? Unsere Richtungsbestimmung muss also immer wetterunabhängig sein.

Eine Möglichkeit, wie man vermeiden kann, immer wieder im Kreis zu laufen ist, sich eine »polare« Struktur zu suchen, wie es ein Hang oder ein Flusslauf sein kann. Wenn Sie eine Zeit lang immer bergab beziehungsweise flussabwärts laufen, kommen Sie per definitionem in einer Richtung weiter. Mit der Zeit steigt die Wahrscheinlichkeit, dass Sie auf Zivilisation stoßen. Besonders Flussläufe sind dabei sehr vielversprechend, da sie durch Wildwechsel schnell erreicht werden können und wichtige Siedlungspunkte sind.

Eine gute Methode, um ein möglichst großes Gebiet abzusuchen ist, dass Sie darauf achten, die Sonne immer von der gleichen Seite auf den Körper fallen zu lassen. Angenommen, die Sonne soll immer von hinten leuchten, marschieren Sie morgens Richtung Westen, mittags nach Norden und abends nach Osten. So entsteht eine wellenförmige Rasterlinie nach Norden. Diese Methode lässt sich so variieren, dass Sie eine relativ gerade »Schlangenlinie« marschieren. Wenn Sie etwa vormittags die Sonne immer von links auf sich fallen lassen, mittags der Sonne entgegen laufen und sie abends auf der rechten Seite haben, laufen Sie auf der Nordhalbkugel Richtung Süden.

**Wesentlich einfacher ist es, am Tag die Richtung zu bestimmen. Das Ende des Schattens eines senkrechten Stabes wirdmarkiert (1). Kurze Zeit später wird erneut eine Markierung des Schattens vorgenommen (2). Die Verbindungslinie der beiden Markierungen zeigt in Ost(2)-West(1)-Richtung.**

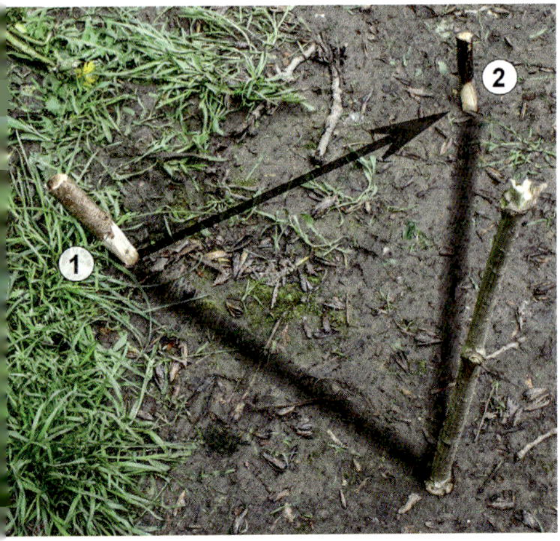


Liegt Ihr Ansinnen darin, in einer bestimmten Richtung voranzukommen, müssen Sie die Himmelsrichtungen genauer bestimmen. Dazu suchen Sie einen möglichst erhobenen Ort auf. Hier wird senkrecht auf flachem Boden ein Stab von etwa 30 Zentimetern Länge in den Untergrund gesteckt. Markieren Sie das Ende des Schattens mit einem Steinchen. Eine Viertelstunde später wird dieser deutlich weiter gewandert sein. Das Ende wird wiederum markiert. Die Verbindungslinie zeigt hinreichend genau die Ost-West-Richtung an. Die zweite Markierung stellt dabei das Ostende der Linie dar. Mit der Kenntnis der Himmelsrichtungen suchen Sie Ihre Marschrichtung, gegebenenfalls unter Verwendung von Winkelhalbierenden.

Diese Methode ist besonders genau, wenn die Messzeitpunkte um den Zenit liegen. Wenn Sie also 10 Minuten vor und 10 Minuten nach dem Zenit (kürzester Schatten des Tages) den Schatten markieren, haben Sie fast ziemlich exakt die West-Ost-Richtung.

In der Marschrichtung suchen Sie einen möglichst prägnanten Punkt, etwa eine Kuppe oder ein Wäldchen, und marschieren darauf zu. Dort angekommen verfahren Sie jeweils ein weiteres Mal nach dieser Methode. Der Vorteil daran ist, dass sie weltweit gleich angewendet werden kann. Der zweite Schatten ist immer das Ostende. Der Schatten ist außerdem oft auch bei bedecktem Himmel sichtbar. Nachts können die Himmelsrichtungen wie weiter oben beschrieben über den Polastern auf der Nordhalbkugel oder das Kreuz des Südens auf der Südhalbkugel bestimmt werden.

## Rettung

Mit der ehrlichen Offenbarung, dass ich mit einer Ausnahme noch nie aus einer wirklich üblen Situation erlöst werden musste, und der Hoffnung, dass Ihnen ein solches

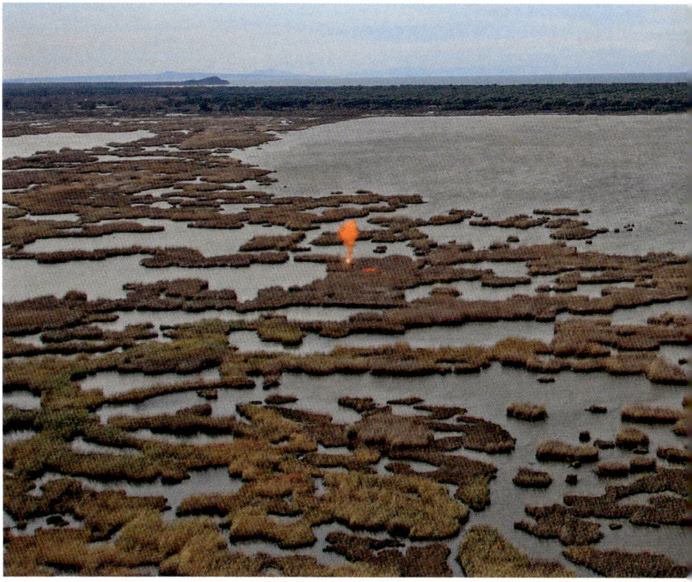

Ziel des Survivals ist nicht, dass Sie im Notfall bei schwindenden Kräften auf ihre Abholung warten. Vielmehr soll Ihnen Überlebenstraining ermöglichen, dass Sie längere Zeit auf sich alleine gestellt überstehen und bei einer Rettung möglichst gesund und voll leistungsfähig sind.

Erlebnis erspart bleibt, möchte ich mich hier auf einen Bereich beschränken, der medizinische Relevanz hat, auf den Bergungstod.

Ich habe in diesem Buch das ein oder andere Mal auf diese Gefahr hingewiesen. In der Rettungssituation kann sie zum völlig unerwarteten Exitus führen. Es ist müßig, darüber zu schreiben, wie ein solcher Fall vermieden werden kann.

Wenn Sie nach all dem Hoffen und Bangen, nach Wochen und Monaten der Qual Rettung erreicht haben, kann der Verlust des »Notfallmodus« dazu führen, dass der bis dahin gerade noch so am Laufen gehaltene Organismus aufgibt. Sie verlieren das Leben mit einem erleichterten Seufzen der erreichten Geborgenheit. Es ist vermutlich ein schöner Tod. In dieser Situation wird keiner die Disziplin haben, bewusst in einem künstlichen Überlebensmodus zu bleiben. Das einzige, was an dieser Stelle empfohlen werden kann ist, dass Sie sich im Voraus so gut vorbereitet haben, dass ein so schwerer Entkräftungs- und Erschöpfungszustand vermieden werden kann.

Mein Wunsch wäre es, dass Sie zumindest in gemäßigten Regionen (theoretisch) die Möglichkeit hätten, trotz Rettung noch ein paar Wochen an Ihrem Lager zu bleiben. Diese absolute Autarkie werden Sie jedoch nicht alleine durch das Lesen dieses Buchs erreichen können, sondern durch Monate und Jahre des Lernens, Erlebens und Erfahrens der Wildnis.

Dieses Buch soll Ihnen als praktische Anleitung zum Erlernen der benötigten Kenntnisse und Fertigkeiten dienen. Mit etwas Glück machen Sie beim Austesten ein paar Fehler weniger als ich. Scheuen Sie sich also nicht, Themen, Anleitungen und Erklärungen zu hinterfragen und sich Ihre eigenen Gedanken dazu zu machen. Wenn ich Bücher meiner Leser signieren soll, freue ich mich immer am meisten, wenn das Buch durch den Leser abgenutzt, zerfleddert, erdig und mit Notizen vollgekritzelt ist.

**Survival ist nicht nur Überleben im Notfall, Survival ist vielmehr ein dynamischer Zustand, der durch Ihr eigenes Erleben wächst.**

# 13 Epilog

»Outdoor Survival«, ein Begriff, der mittlerweile nicht nur bestimmte Techniken, ein zeitintensives und erfüllendes Hobby, ja, mit der wachsenden Szene einen ganzen Lifestyle beschreibt, ist tatsächlich so viel mehr als das Leben und Überleben im Wald.

Outdoor Survival beschreibt eine Reihe von Werten, die einen ganz eigenen Blick auf etliche Bereiche unseres Lebens bescheren. Viele dieser Werte werden ganz gezielt verfolgt. Sei es Umwelt- und Naturschutz, die demjenigen, der viel freie Zeit draußen verbringt, anscheinend näher am Herzen liegen, als denen, die sich auf das reine »Stadtleben« eingestellt haben. Für den »Bushcrafter« ist es selbstverständlich, wenn er mehr Müll aus dem Wald mit nach Hause nimmt, als er selbst produziert hat, und dass er seine Lagerstätten und Feuerstellen wieder vollständig zurückbaut.

So haben die Tierfänger, Fallensteller, Angler und Jäger unter uns oftmals eine verantwortungsvollere Einstellung zu Tierzucht und Fleischproduktion und mit dem Wissen über das Töten und Schlachten von Lebewesen auch einen großen Respekt vor dem Leben. Diese subtilen »Vorzüge« des Survivaltrainings und des Lebens *mit* der Natur werden oft mit einer gewissen »Reife« eines Menschen in Verbindung gebracht, die aus einer ganz eigenständigen Beziehung mit der Natur als Lehrer entsteht.

Oft konzentriert man sich allerdings zu sehr auf genau diese Vorstellungen, so dass der basale Faktor vernachlässigt wird, der allen Techniken, dem Wissen und den Werten zu Grunde liegt. Diesen wahrzunehmen, ist für viele von uns schwierig.

Bushcraft, Survival, Outdoortraining, wie Sie es auch nennen möchten, ist meines Erachtens die wichtigste gemeinsame Sprache, die wir Menschen alle teilen. Viel stärker als die kulturellen Unterschiede durch Religion, gesprochene Sprache, Schrift und gesellschaftliche Normen ist uns allen der unbedingte und *im Gegensatz zu Tieren durch das abstrakte Wissen über den Tod* bewusste Drang zum Überleben in die Wiege gelegt.

Ob Feuerbohren, Jagd mit dem Speer oder Bumerang oder das Sammeln von essbaren oder medizinisch wirksamen Pflanzen – es sind diejenigen Grundlagen, auf denen *jede Gesellschaft* dieser Welt entstanden ist. Zu sehr lassen wir uns von Ursprungsort, Abstammung, Sprache, Hautfarbe oder dem Namen des »Hauptgottes« dazu verleiten, Menschen auszugrenzen. Eine Entwicklung, die in den letzten Jahren *schon wieder* erschreckende Ausmaße angenommen hat.

Als gemeinsame *»Homo sapiens«* streben wir alle einem Leben in lebenswerter Umgebung entgegen und flüchten unter Zurücklassung aller materiellen Güter, um diese

**Während eines Survivalprojektes besuchte mich der junge Aboriginal Tisho. Hier bin ich der Ausländer.**

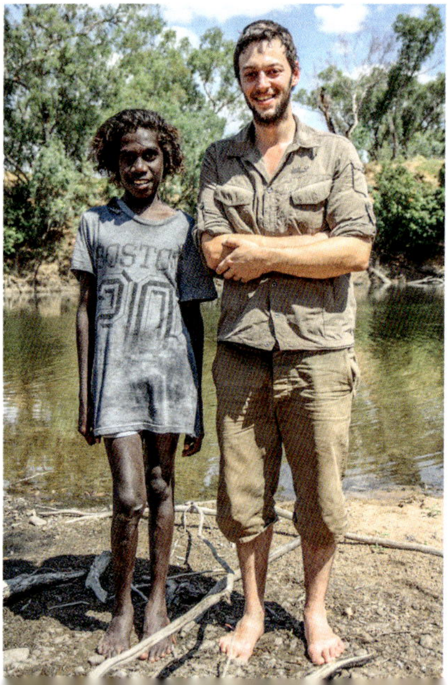

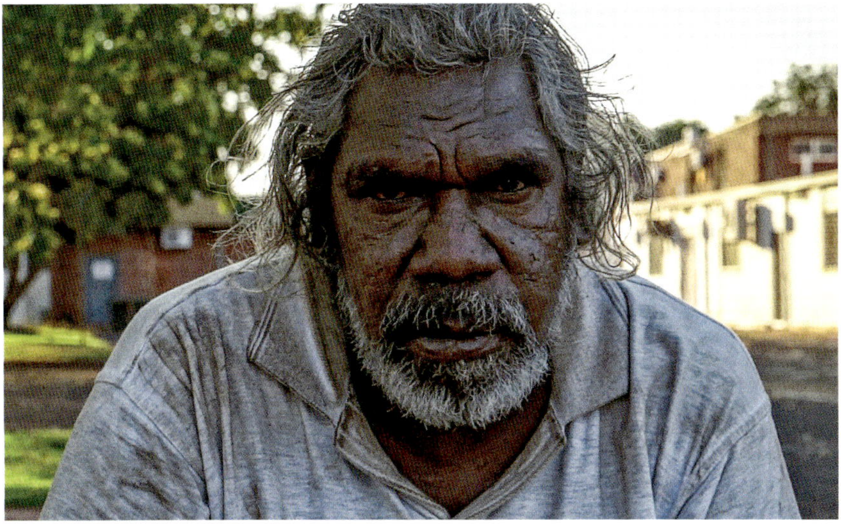

Nachdem ich lange Zeit gebraucht habe, die richtigen Pflanzen als Nahrung und für einen Feuerbohrer zu finden, erklärt mir der alte Ureinwohner David aus Kalamburu in wenigen Worten, was ich falsch gemacht habe.

Hoffnung nicht aufgeben zu müssen. Dies war zu allen Zeiten so – und das hat uns zu dem gemacht, was wir heute sind.

Seit Anbeginn unserer Geschichte wanderten ganze Völker, getrieben durch Dürren, Überflutungen, Krieg und begrenzte Ressourcen. Der Neandertaler, vormals als toter Zweig der menschlichen Evolution angesehen, besiedelte vor entwicklungsgeschichtlich sehr kurzer Zeit ganz Europa, während sich vor rund 40.000 Jahren der in Afrika entwickelte *Homo sapiens* auf die Reise noch Norden machte.

Beide Menschengruppen vernichteten sich allerdings nicht gegenseitig, sondern gingen ineinander auf – kulturell wie genetisch, was zu einer kulturellen Kernschmelze mit darauf folgender Entwicklungsexplosion führte.

Viel eher als den sogenannten genetischen »M-Marker« erkennen Sie die Gemeinsamkeiten aller Menschen in ihrer technischen Geschichte, die irgendwo auf dem afrikanischen Kontinent mit dem weiter oben benannten »ersten Stein« begonnen hat.

Viele Techniken haben aus dieser Zeit bis heute überdauert – in einigen Regionen der Welt sind sie noch Lebensgrundlage.

Dieser gemeinsame archaische Funke, den wir heute beim »Bushcraft« oder »Outdoor Survival« zelebrieren, entzündet sich wieder, wenn Sie in Australien mit einem Aboriginal Warane jagen, in Asien mit einem Feldarbeiter Wildgemüse sammeln oder in Südamerika mit einem Indio Feuer sägen. Es sind die Gemeinsamkeiten, die uns als Menschen definieren, nicht die Unterschiede, die die menschliche Art so vielfältig machen.

Bergen und erhalten wir diesen Schatz gemeinsam, indem wir Menschen anderer Kultur und Hautfarbe als das begrüßen, was sie sind. Unsere Brüder und Schwestern, die wir lange Zeit nicht mehr gesehen haben. Wir haben uns einiges zu erzählen und können viel voneinander lernen. Machen wir nicht den Fehler, den Generationen vor uns gemacht haben, indem wir Menschen anderer Herkunft, deren Kultur und Lebensweise als Gefahr ansehen. Sie sind es nicht.

*Ihr Joe Vogel*

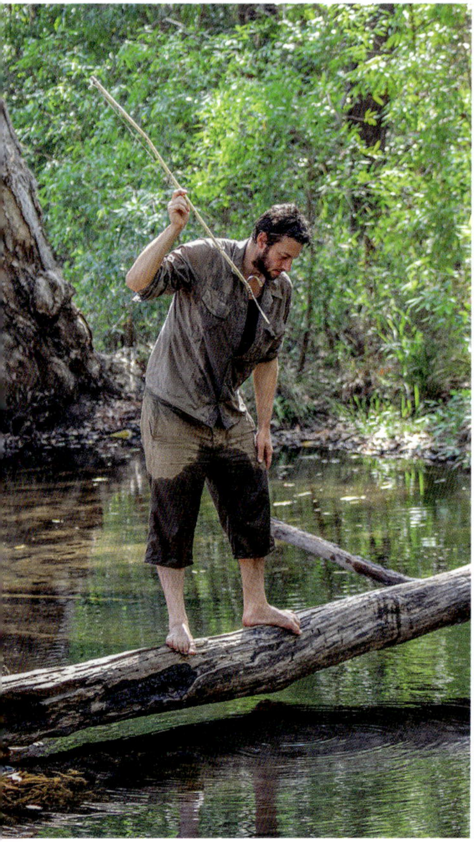

## Dank

- **Patricia Braun** für die grafische Umsetzung und Unterstützung während der Fertigstellung des Buchs.
- **Susanne Fischer** für das geduldige Lektorat und die bitter nötige Hilfe bei der Organisation dieser Neuauflage.
- **Niko Schmidt** für die tolle Zusammenarbeit.
- **Prof. Dr. med. Axel Schmidt** für die Hilfe bei der Überarbeitung des Kapitels zu den parasitären Gefahren sowie für die hilfreichen Schriftwechsel zum Thema RSSE.
- **Christoph Haberl** für die Hilfe bei der Umsetzung der Notfallmedizin.
- **Adi, Duy, Gregor, Marco, Norbert sowie meinen Kollegen Sepp, Peter, Michael und Thorsten** für die hilfreichen Diskussionen zum Thema Tierfang, Feuerbohren und Notfalltechniken.
- **Roslyn Karadada und Dan, Tisho, David sowie Ben Broady** für den sehr spannenden Gedankenaustausch im Busch.
- **Pilot Oliver Jergis** für die Luftaufnahmen.
- **Phillip Greitner** für die zur Verfügungstellung seines geschundenen Handgelenks.
- **sowie den vielen Freunden, Unterstützern und Kursteilnehmern,** die mir geholfen haben, wichtige technische Fehler und komplexe Techniken besser zu verstehen.

## Infos & Kontakt

**Weiterführende Informationen** zum Thema, über die aktuellste Auflage sowie Links zu Videos, weiteren Veröffentlichungen von mir und Infos zu Ausrüstung finden Sie auf meiner Website: **www.vivalranger.com**

Wenn Sie an einer **Veranstaltung** mit mir interessiert sind, besuchen Sie doch einfach meine Website oder nehmen Sie über eine E-Mail direkt mit mir Kontakt auf: **info@vivalranger.com** Ich freue mich auf Sie.

**Lizenzen zu Bildern oder Auszüge aus dem Buch** können Sie ebenfalls per E-Mail erfragen.

# Weitere Bücher zum Themenkomplex

In der Buchreihe zum Thema autarkes Leben im Survivalnotfall sind außerdem von mir erschienen:

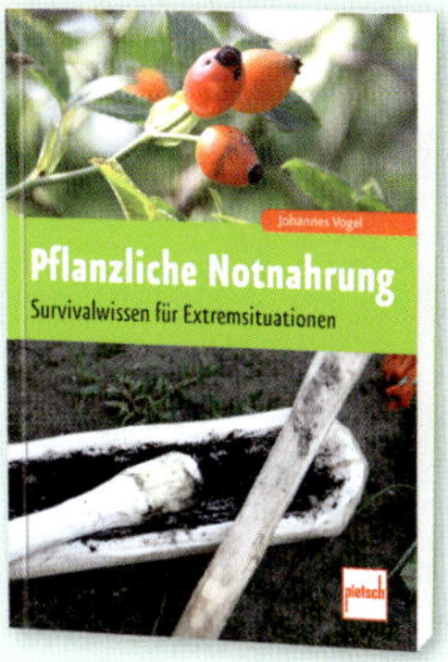


**Pflanzliche Notnahrung**
**Survivalwissen für Extremsituationen**
240 Seiten, 225 Abb.
ISBN 978-3-613-50763-0
**€ 19,95 [D]**

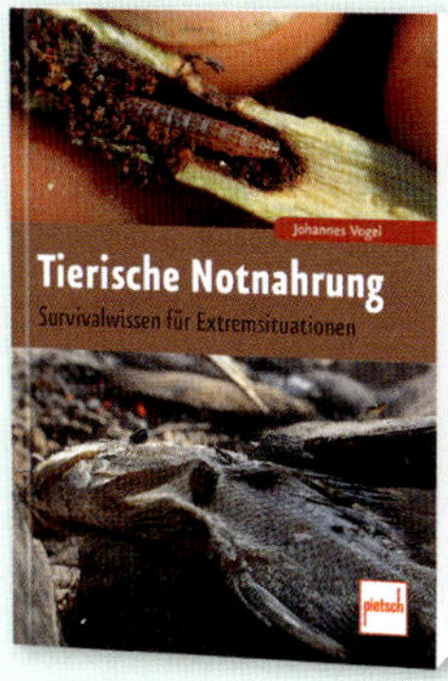


**Tierische Notnahrung**
**Survivalwissen für Extremsituationen**
192 Seiten, 340 Abb.
ISBN 978-3-613-50815-6
**€ 19,95 [D]**

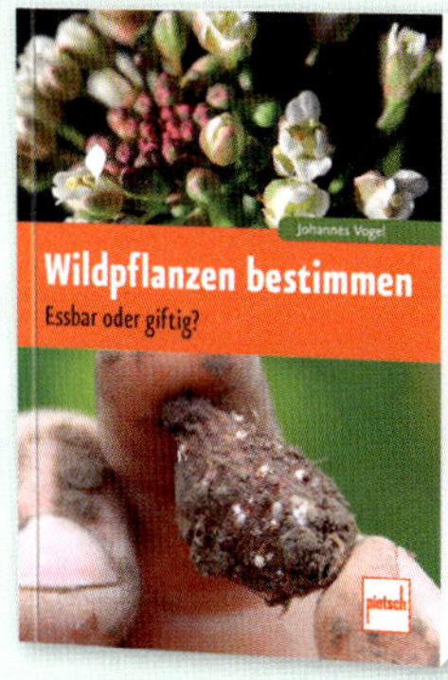


**Wildpflanzen bestimmen**
**Essbar oder giftig?**
208 Seiten, 755 Abb.
ISBN 978-3-613-50806-4
**€ 19,95 [D]**

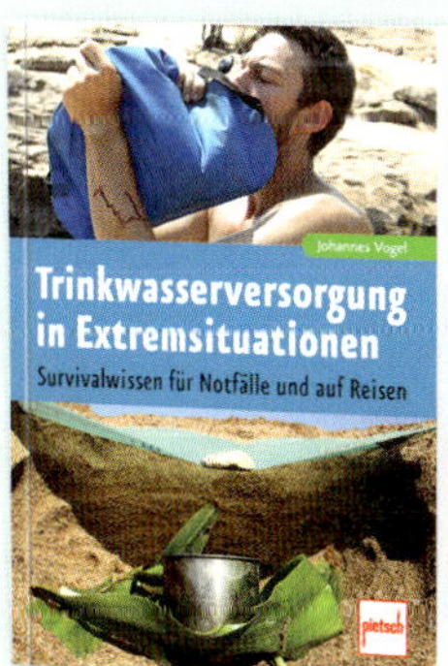


**Trinkwasserversorgung in Extremsituationen**
**Survivalwissen für Notfälle und auf Reisen**
176 Seiten, 190 Abb.
ISBN 978-3-613-50852-1
**€ 19,95 [D]**

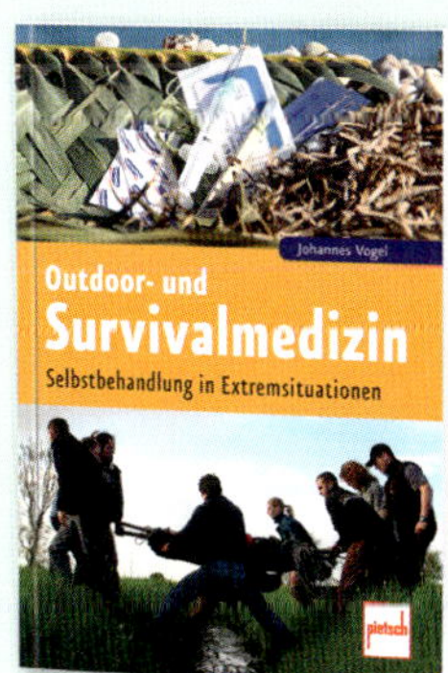


**Outdoor- und Survivalmedizin**
**Selbstbehandlung in Extremsituationen**
208 Seiten, 174 Abb.
ISBN 978-3-613-50835-4
**€ 19,95 [D]**

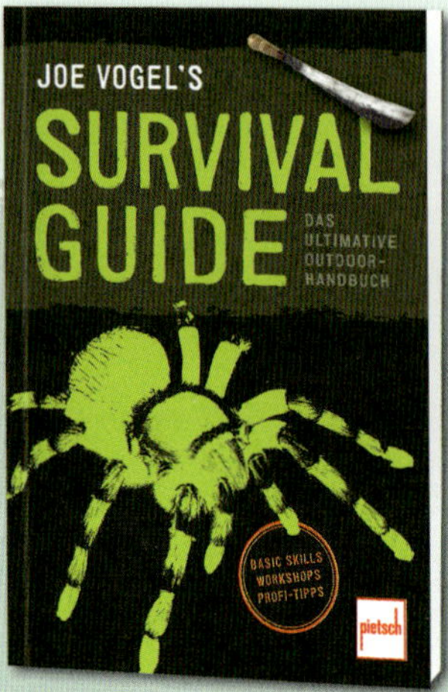


**Joe Vogel's Survival Guide**
**Das ultimative Outdoor-Handbuch**
256 Seiten, ca. 600 Abb.
ISBN 978-3-613-50905-4
**€ 19,95 [D]**

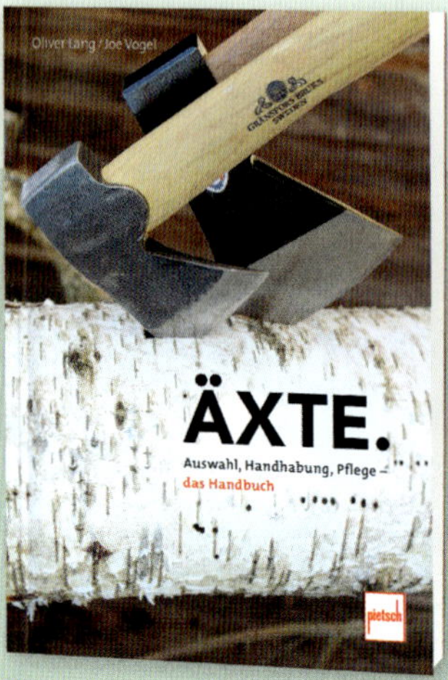


**Äxte. Das Handbuch**
**Auswahl, Handhabung, Pflege**
256 Seiten, 350 Abb.
ISBN 978-3-613-50886-6
**€ 29,90 [D]**

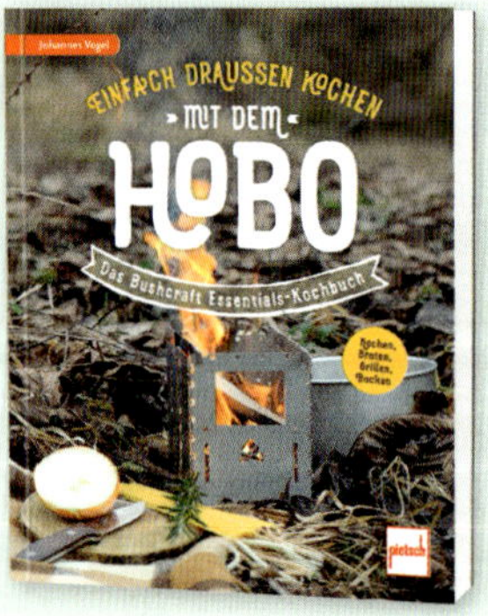


**Einfach draußen kochen mit dem Hobo**
**Das Bushcraft-Essentials-Kochbuch**
208 Seiten, 155 Abb.
ISBN 978-3-613-50851-4
**€ 19,95 [D]**

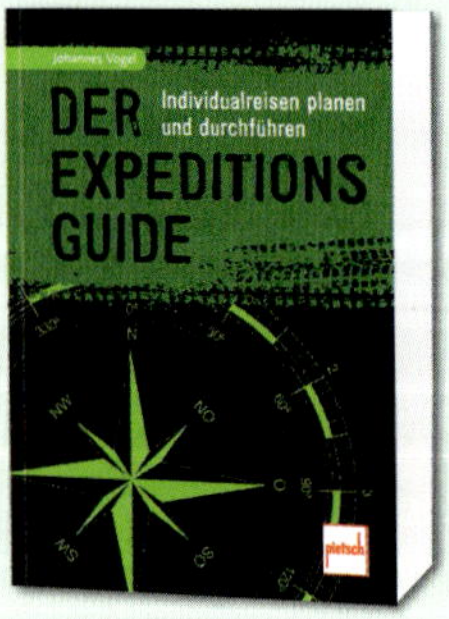


**Der Expeditions-Guide**
**Individualreisen planen und durchführen**
384 Seiten, 400 Abb.
ISBN 978-3-613-50860-6
**€ 24,90 [D]**

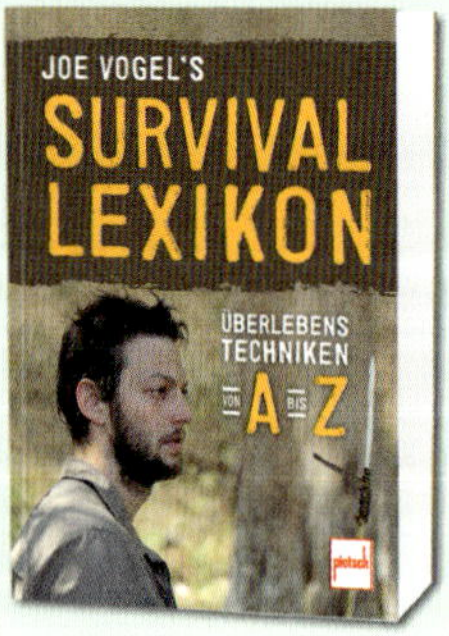


**Joe Vogel's Survival-Lexikon**
**Überlebenstechniken von A bis Z**
394 Seiten, 700 Abb.
ISBN 978-3-613-50875-0
**€ 24,90 [D]**

# EIN STARKES TEAM

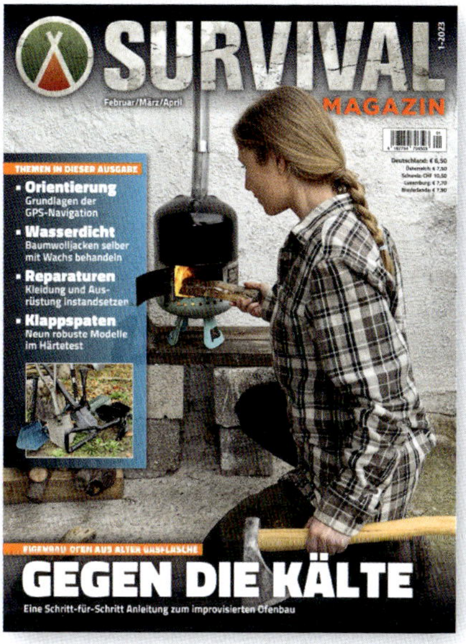


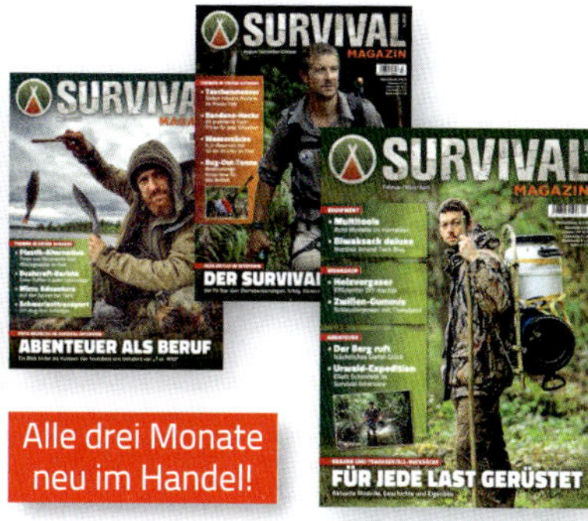


Alle drei Monate neu im Handel!

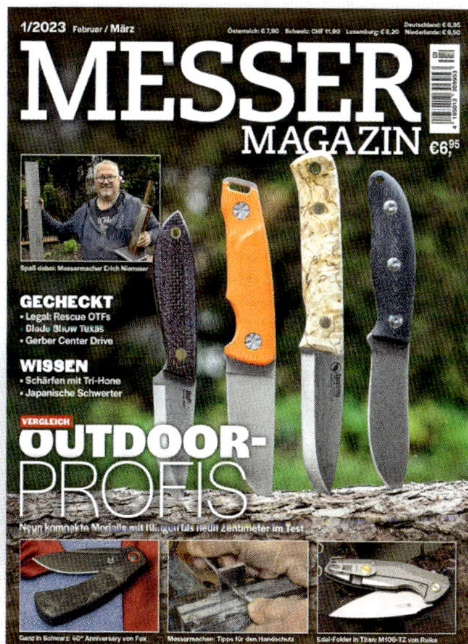


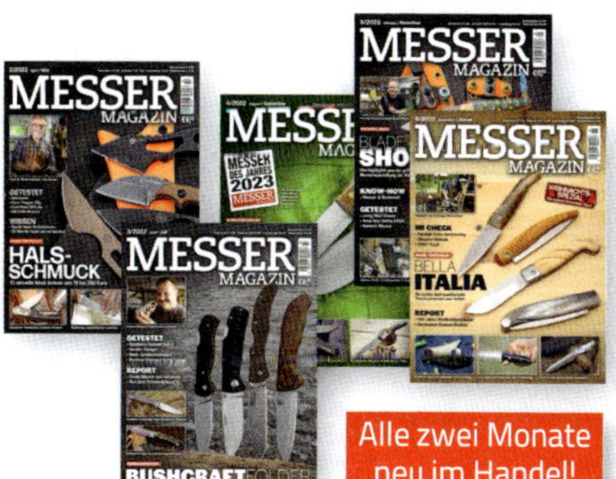


Alle zwei Monate neu im Handel!

**Direktbestellung** (in Deutschland versandkostenfrei):

**www.wieland-verlag.com**

WIELAND

# 14 Stichwortverzeichnis

- **Altweiberschlupf:** Falsch geknoteter Kreuzknoten, der sich schnell löst und die Leine stark beansprucht. Typisch beim Verknoten von einfachen Leinen im Haushalt und beim Schuhebinden.
- **App:** Mobile Application Software. Programm für mobile Endgeräte wie PDA oder Mobiltelefon.
- **Biegen und Richten:** S. 43
- **Binsen:** Gehören zu den Gräsern (Poales), allerdings nicht zu den Süßgräsern, wie der Golfrasen, sondern zu den Binsen- oder Simsengewächsen.
- **Debris Hut:** Aus dem englischen »Debris« für Unrat, Müll, Abfall.
- **Ekzem:** Unter der Haut liegende Entzündungen
- **Elle:** Hier nicht als antike Maßeinheit gedacht, sondern schlicht und einfach etwa so lang wie Ihr Unterarm.
- **Faustkeil, erster:** →One Eve Theory
- **feather sticks:** Von außen vielfach eingeschnittene Stöcke mit zahlreichen »Holzlöckchen«.
- **Fliegenpilz:** Entgegen der häufigen Annahme ist der Fliegenpilz nur selten tödlich giftig. Starke Vergiftungen sind allerdings dennoch häufig.
- **Giardia, Cryptosporidien, Schistosoma, HAV und Salmonellen:** Die wichtigsten Durchfallerreger weltweit. *(K. 4, »Einzeller und Parasiten«)*
- **Gift, Algen-:** Hochgiftige Stoffwechselprodukte von einzelligem Plankton. Diese Gifte sammeln sich im Wasser sowie darin lebenden Tieren an.
- **Hanta:** Auf Menschen übertragbare viröse Wildtierkrankheit.
- **Härten:** S. 43
- **Hypothermie:** →Unterkühlung
- **Kordel, grobe:** S. 47
- **Kraftschnitt:** S. 31
- **Lochschnitt:** S. 33
- **Lymphangitis:** Infektion der Lymphbahn.
- **Mastwurf:** S. 49
- **Nahrungszubereitung:** Zubereitung, S. 152
- **Neandertalerschaufeln:** Europäer teilen etwa 5 Prozent der Gene mit Neandertalern. Ein guter Anteil unseres Körperbaus scheint von diesen Vorfahren zu sein – allerdings haben wir die feingliedrigen Finger des aus Afrika eingewanderten Homo Sapiens bzw. Cro-Magnon-Menschen.
- **One Eve Theory:** Untersuchungen der mitochondriellen DNA stützen die Annahme, dass alle Menschen der Erde aus einer einzigen, winzigen Population (ggf. nur einer Person) abstammen.
- **Parachord-Bracelet:** Armband, das aus einer stabilen Leine geknüpft ist. Das Armband lässt sich aufknüpfen und die Leine zum Knoten etc. verwenden.
- **Phragmites australis altissimus:** Oft handelt es sich bei sehr großem Schilf auch um Rohrglanzgras, Elefantengras oder Pfahlrohr.
- **Prepper:** Personen, die sich (größtenteils daheim) durch Einlagern von Ausrüstung und Nahrungsmitteln auf eine allgemeine Krise vorbereiten.
- **PTBS:** Diese psychische Krankheit wird nach Krisen- und Kriegseinsätzen sträflich vernachlässigt. In den USA sind nach den Kriegen in Afghanistan und Irak weit mehr Veteranen durch die eigene Hand gestorben, als Soldaten im Einsatz getötet wurden.
- **Redundanz:** Mehrfaches Vorhandensein eines Gegenstandes als Ersatz oder Reserve.
- **Salmonellen:** Bakterien, die oft in Vogel- und Säugetierdärmen vorkommen und schwere Krankheiten verursachen.
- **Saponaria:** Nelkengewächs mit hohem Saponingehalt. Hier wird allerdings nicht wie oft beschrieben das Laub, sondern Wurzelauszüge zum Waschen verwendet.
- **Schnitztechnik:** →Messertechniken, S. 30
- **spalten:** S. 41
- **Speichel:** Speichel enthält selbstverständlich antibakterielle Stoffe. Diese sind jedoch nur geeignet, im Mund und Verdauungssystem Infektionen zu bekämpfen. Hinweis: Selbst in Kot gibt es antibakterielle Stoffe – Sie würden diesen allerdings wohl kaum in Wunden verteilen.
- **Stoffwechselprodukte:** Hier: harnpflichtige giftige Stoffe wie Harnstoff, Kreatinin, Harnsäure und andere.
- **Tantoklinge:** Klingenschliff, bei der nur eine Seite der Klinge angeschliffen wird, die andere ist völlig flach.
- **Toilettenpapier:** Vielleicht hat es der eine oder andere Botaniker gemerkt – abgebildet ist hier der hochgiftige Digitalis bzw. Fingerhut. Während er verzehrt tödlich wirken kann, ist die Verwendung als Toilettenpapier unproblematisch.
- **Tsunami:** Mittlerweile gab es wieder mehrere neue Katastrophen in Urlaubsregionen. Vom Arabischen Frühling über Regierungskrise in Thailand, Erdbeben in Costa Rica bis zum Tsunami in Japan u.v.a.
- **Tularämie:** Auf Menschen übertragbare bakterielle Wildtierkrankheit.
- **Unterkühlung:** S. 56
- **Vogelmiere:** Diese Pflanze enthält Saponine, weshalb sie zur Ernährung nicht in größeren Mengen verzehrt werden sollte. Allerdings ist die Giftwirkung im Trinkwassernotfall eher nachrangig.
- **Volumenmangel:** Zu wenig Blut im Körper.
- **Windchill:** S. 56
- **Zucker, Alkohol und Zellstoff:** Die Zusammensetzung besteht aus verschiedenen komplexen Alkoholen wie Conyferylalkohol und Cumyrylalkohol, Vielfachzuckern, die Zellulose und Hemizellulose bilden, sowie sogenannten Extraktstoffen wie Terpenen, Harzen und Fetten.
- **Zytokine:** Entzündungsstoffe, die beim Absterben von Zellen freigesetzt werden.